Stephen M. Johnson

Der narzisstische Persönlichkeitsstil

EHP – Edition Humanistische Psychologie

Hg. Anna und Milan Sreckovic

Der Autor

Stephen M. Johnson, Ph. D., lehrte zuerst an der University of Oregon und war dann Professor und Dekan der Pacific Graduate School of Psychology in Menlo Park, Kalifornien. Er war mehr als 20 Jahre sowohl als akademischer Lehrer und Forscher als auch in privater psychotherapeutischer Praxis tätig. Heute arbeitet er als Therapeut in freier Praxis, als Ausbilder und Supervisor sowie als Autor. Er ist Verfasser zahlreicher Aufsätze und Bücher; in deutscher Übersetzung liegt im selben Verlag vor: *Charakter-Transformation. Veränderung durch Therapie.*

Stephen M. Johnson

DER NARZISSTISCHE PERSÖNLICHKEITSSTIL

Integratives Modell und therapeutische Praxis

Aus dem Amerikanischen von Brigitte Stein

– E H P 2011 –

Die Originalausgabe erschien unter dem Titel »Humanizing the Narcistic Style« im Verlag Norton & Company, Inc., New York und Norton & Company, Ltd., London.

Bibliografische Information der Deutschen Nationalbibliothek
Die Deutsche Nationalbibliothek verzeichnet diese Publikation in der Deutschen Nationalbibliografie; detaillierte Daten sind im Internet über http://dnb.d-nb.de abrufbar.

6. Auflage 2011

Umschlagentwurf: Gerd Struwe, Uwe Giese
– unter Verwendung eines Bildes von Dieter Teusch –

Gedruckt in der EU

ISBN 978-3-926176-16-5

Inhaltsverzeichnis

Für die Lehrer, die den Weg erhellen und die Fackel weitergeben, und besonders für meinen Lehrer und Freund Edward Muller.

Has anyone ever given anything to you
In all your darkest hours
Did you ever give it back
Well, I have
I have given that to you
If it's all I ever do
This is your song.

(Hat dir jemals jemand etwas gegeben
In all deinen dunkelsten Stunden
Hast du es je zurückgegeben
Nun, ich habe
Ich habe dir das gegeben
Wenn dies alles ist, was ich je tue
Dies ist dein Lied).

— Stevie Nicks
Hat jemals jemand
Irgendetwas für dich geschrieben

Danksagungen

Ich habe dieses Buch aus den in der Widmung gleichnishaft ausgedrückten Gründen speziell Ed Muller zugeeignet. Ich habe viel von Ed gelernt, aber, was vielleicht noch wichtiger ist, er hat sich stets darüber gefreut, wie ich mir das von ihm Vermittelte angeeignet habe. Jede echte Unterweisung wirkt von sich aus fort. Sie zielt darauf ab, das Repertoire des Schülers zu erweitern, nicht, es einzuengen. Große Lehrer fördern die Ablösung und Individuation des Schülers und sind froh über das Verschwimmen der Rollen von Lehrendem und Lernendem.

Alle auf dieser Seite erwähnten Persönlichkeiten haben diesem Verhalten entsprochen: Sie sind bereit gewesen, mich etwas zu lehren, und bereit, von mir zu lernen. Selbst wenn diese Übergänge nicht ganz glatt waren, haben sie ausgeharrt — dieses Engagement hat mir am meisten bedeutet.

Drei meiner engsten Freunde, lauter Psychologen, haben sich seit langer Zeit aus nächster Nähe an diesem Dialog beteiligt. Ihre Loyalität und Unterstützung sind unschätzbar für mich; ich fühle mich ihnen lebenslang verbunden. Mein Dank an Peter Alevizos, Larry King und Janet Niven.

Drei andere Fachleute haben mir als unmittelbare Berater in den therapeutischen Prozessen gedient und meine berufliche Entwicklung gefördert. Es sind dies Gypsy Frankl-Podolsky, Susan Rutherford and G. Timothy Scott. Und sie alle sind Teil einer größeren Gruppe, deren langfristigen Mitgliedern ich viel an Erkenntnissen und Beistand verdanke. Mein

Dank gilt Debra Jackson, Pollyann Jamison, Richard Klotz, Judith Lindsay, Georgine Ollerenshaw, Mary Dwan and John Stacey.

Ich habe mit zwei Personen zusammengearbeitet, die dieses Buch im Grunde erst ermöglichten. Jane Gantor tippte das Manuskript und gab mir redaktionelle Ratschläge. Susan Barrows redigierte the Text und geleitete ihn durch alle Phasen der Herstellung. Beide begriffen die Essenz des Werkes, erkannten seinen Wert an und trugen mehr zu seiner Vollendung bei, als sie wissen können.

Schließlich sind da zwei Personengruppen, die ich ohne Namensnennung erwähnen muß. Meine Studentinnen und Studenten an der Universität von Oregon haben mich seit 18 Jahren bei dieser Arbeit vorangebracht und unterstützt. Speziell ihre Fragen haben die Anstöße geliefert, um mein Denken und Schreiben zu differenzieren. Meine Klienten, denen dieses Buch seine besten Abschnitte verdankt, haben den Mut bewiesen, dem ich nacheifern möchte, und das Vertrauen, das ich zu rechtfertigen hoffe. Dies ist ihr Lied.

Einführung

Einige meiner besten Freunde sind Narzißten. Ein Großteil meiner erfolgreichsten und bewegendsten therapeutischen Arbeit hat Personen gegolten, die man mit Hilfe der Konzepte des Narzißmus am genauesten verstehen kann. Aber die meisten dieser Freunde und Klienten sind nicht primär durch ihre Egozentrik und Selbstüberschätzung, durch ihren Stolz, ihre Ansprüche und ihre Neigung, andere zu manipulieren etc. gekennzeichnet, obwohl diese meist wohlverborgenen Merkmale ihrer Persönlichkeit sicher vorhanden sind. Sie zählen nicht zu den sehr unsympathischen, egoistischen, oft ausbeuterischen Schmarotzern, die einem einfallen, wenn man an die narzißtische Persönlichkeitsstörung denkt. Im großen und ganzen sind diese Menschen durchaus nützliche Mitglieder der Gesellschaft, aber sie bezahlen einen hohen Preis an Schmerzen und Lebendigkeit für ihre angestrengten Leistungen. Sie sind zu sehr damit beschäftigt, ihren Wert zu beweisen — oder richtiger, ihre Wertlosigkeit zu widerlegen — um die Liebe, Anerkennung und Freude menschlicher Verbundenheit zu *empfinden*, die ihre guten Werke potentiell bei ihnen und anderen hervorrufen könnten. Diese Personen sind nicht persönlichkeitsgestört. Es sind Menschen, die gequält sind von narzißtischen Kränkungen und die in ihren Funktionen behindert sind durch Entwicklungsbarrieren, die ihnen das erfüllte Leben unmöglich machen, das sie verdienen würden. Es sind gute, einen Beitrag leistende Menschen, die leiden — oft sehr schlimm leiden. Ihre Lebensweise und ihr Leiden ist durch ihren *narzißtischen Persönlichkeitsstil* bedingt.

Diese Form des Narzißmus ist ein integraler Bestandteil unserer lebensfeindlichen Kultur, die Leistung höher bewertet als Lust, Status höher als Liebe und den äußeren Schein höher als die Wirklichkeit. Sie ist die häufige Folge des materiellen Vollkommenheitswahns unserer Kultur. Sie hemmt einen sehr erheblichen Prozentsatz unserer Bevölkerung und lähmt manche unserer begabtesten und fähigsten Persönlichkeiten. Doch obwohl die Kultur den Narzismus verstärkt, ist seine Brutstätte die Familie. Obwohl die Werbewirtschaft seine Existenz nutzt und seine Entwicklung fördert, reichen seine Wurzeln viel tiefer.

Menschen, die an einem narzißtischen Persönlichkeitsstil leiden, kann von jenen geholfen werden, die die psychischen Grundstukturen des Narzißmus wirklich verstanden haben und die menschliche und therapeutische Kompetenz besitzen, um sie zu verändern. Durch psychotherapeutische Behandlung, die imstande ist, den Patienten dort zu begegnen, wo sie sich innerlich befinden, und ihnen das zu geben, was sie wirklich brauchen, kann ihnen die Fähigkeit vermittelt werden, ein Leben in emotionaler Verbundenheit zu führen, das ihre Beiträge für die Gemeinschaft vermutlich steigert. Das ist keine pädagogische Psychoanalyse oder kurzfristige Verhaltenstherapie, keine kognitive Modifikation oder oberflächliche Urschrei-Therapie. Vielmehr ist es eine Therapie, die von den tiefsten Erkenntnissen der psychoanalytischen Theorie und Praxis unter Einschluß sowohl aktiver wie rezeptiver Techniken geprägt ist. Diese helfen dem Individuum, sowohl Entwicklungshemmungen zu überwinden wie auch emotionale Verletzungen durchzuarbeiten.

In einem großen Teil der Literatur kommen sowohl die narzißtische Persönlichkeitsstörung als auch der narzißtische Persönlichkeitsstil schlecht weg. Dabei hat man sich in erster Linie mit den sehr unerfreulichen Charakteristika des narzißtisch gestörten Menschen auseinandergesetzt und nicht mit der Natur seiner Beschädigung, der Phänomenologie seines Leidens und der Zerbrechlichkeit seines Selbst. Die Konzentration auf diese phänomenologischen Aspekte der narzißtischen Lebenserfahrung ist geeignet, weitaus mehr Empathie und Verständnis hervorzurufen, eine Einstellung, die der Prüfstein unseres therapeutischen Umgangs mit allen narzißtischen Menschen sein sollte. In diesem Buch werde ich die narzißtische Persönlichkeitsstörung mit dem narzißtischen Persönlichkeitsstil vergleichen, wobei ich die Ähnlichkeiten und Unterschiede entlang dieses Kontinuums der Ich-Funktionen herausarbeiten und die wesentlichen Elemente der angemessenen Behandlung für beide Formen darstellen möchte.

Ich gehe dabei von einer integrierten psychoanalytischen Entwicklungstheorie aus, welche die Grundlage für eine Synthese therapeutischer Techniken bildet, die bei der narzißtischen Persönlichkeitsstörung und beim entsprechenden Persönlichkeitsstil anzuwenden sind. Im ersten Band dieser Reihe, *Characterological Transformation: The Hard Work Miracle*, habe ich die psychologischen Probleme dargestellt, die vor allem durch menschliche Kontakt- und Bindungsschwäche entstehen. Das vorliegende Buch beschäftigt sich in erster Linie mit Störungen der Individuation und der Entwicklung des Selbst — dem Versagen des normalen Narzißmus, das zum leiderfüllten Leben des pathologischen Narzißmus führt.

Bei diesem integrierten Modell wird die dargebotene Psychopathologie zu erklären versucht, indem man sich einerseits mit der Natur der Beschädigung auseinandersetzt und andererseits mit der Blockade der Ich- und Selbstentwicklung. Die Form der Beschädigung läßt sich am besten durch traditionellere analytische Erklärungen erhellen, insbesondere durch jene, die uns die Charakter- und Abwehranalyse zu bieten haben. Zu einem Verständnis der Entwicklungsblockade gelangen wir am besten durch die psychoanalytische Entwicklungspsychologie, die ich hier als einen Oberbegriff für Objektbeziehungs-, Selbst- und Ich-Psychologie verwende. Diese auf einen Nenner gebrachte psychoanalytische Theorie bildet dann die Grundlage für einen integrierten Behandlungsansatz, der die emotionale Verletzung zu heilen sucht und auf die Reifung des in seiner Entwicklung gehemmten Ichs hinarbeitet.

Zur Heilung der ursprünglichen Verletzung, insbesondere in ihren zentralen pathologischen Affekten, ist oft die Verwendung von Behandlungsverfahren nötig, die einen Zugang zu diesen archaischen und oft als katastrophal empfundenen Gefühlen suchen und diesen Ausdruck verschaffen. Solche Techniken reichen von ruhigen genetischen psychoanalytischen Deutungen bis zu den aktiveren und oft intensiven Interventionen der Gestalttherapie und der Bioenergetik. Im Gegensatz dazu arbeiten therapeutische Verfahren, die darauf abzielen, die blockierte Entwicklung des Ichs oder Selbst zu fördern, häufiger mit Erklärung, Rekonstruktion und anderen stützenden, kognitiven und verhaltensorientierten Interventionen, die zwar sicher Gefühle freisetzen und Frustrationen auslösen können, sich aber keiner ungewöhnlichen oder aktiven Methoden speziell zu diesem Zweck bedienen.

Ich bin der Auffassung, daß sich die analytische Entwicklungspsychologie und die Ansätze der Charakteranalyse *ergänzen* sollten. Beide Ansätze riskieren eine Überbetonung einer Seite der Ätiologie und Behandlung. Die Perspektiven des Entwicklungsmodells können zu einem Übergewicht erklärender, deutender und unterstützender Interventionen führen, wobei die zentrale Rolle der Bewußtheit und der Äußerung primitiver Affekte vernachlässigt wird. Aber die affektiveren Therapien können in Richtung auf eine Überbetonung der Bedeutung primitiver emotionaler Erlebnisse ohne ein volles Verständnis der Ich- und Selbstentwicklung fehlgehen und dabei übersehen, was nicht so sehr psychologische Abwehr, sondern lebensnotwendige *Selbst*erhaltungsstrategie ist. Schließlich kann es für beide dieser psychoanalytischen Ansätze überaus förderlich sein, sich über nicht tiefenpsychologische Strategien kundig zu machen, die von den kognitiven Therapien, der Verhaltensmodifikation, der Familien- und Systemtherapie, der strategischen Therapie, dem neurolinguistischen Programmieren, der Transaktionsanalyse, der Gestalttherapie und anderen Ansätzen herkommen. Wofür ich hier eintrete, ist kein bunt gemischter Eklektizismus. Vielmehr ist es eine integrierte Entwicklungstheorie und eine Synthese von Behandlungsansätzen, die auf die Behebung psychologischer Defizite und auf Konfliktlösung abzielen.

Die in diesem Buch dargestellte Integration spielt sich im Grunde auf drei Ebenen ab. Erstens gibt es die Integration der psychoanalytischen Entwicklungspsychologie. Dies ist die Synthese von Ich-Psychologie, Objektbeziehungspsychologie und Selbst-Psychologie. Diese erste Integration ist die leichteste, da diese drei Schulen viele Ähnlichkeiten aufweisen und sich hauptsächlich durch ihre Akzentsetzungen voneinander unterscheiden. Auf dieser ersten Ebene hoffe ich jedoch einen Beitrag zu leisten, indem ich das weitergebe, was ich für sehr wichtiges Material halte, das in der Regel nur dem analytisch höchst anspruchsvollen Leser zugänglich ist. Sowohl in diesem Werk als auch in *Characterological Transformation* habe ich mich bemüht, die Erkenntnisse der psychoanalytischen Entwicklungspsychologie für all jene aufzubereiten und zu integrieren, denen dieser reiche Fundus an Wissen sonst verschlossen bliebe.

Die zweite Ebene der Integration behält eine psychoanalytische Basis bei, aber eignet sich die Erkenntnisse der Charakter- und Abwehranalyse im Rahmen der differenzierteren Entwicklungsstruktur an, die uns die analytische Entwicklungspsychologie liefert. Hier hoffe ich insbesondere denjenigen zu dienen, die mich auf dem Gebiet der Charakteranalyse und der Bioenergetik so viel gelehrt haben, indem ich diesen wichtigen Wissensbestand in den größeren theoretischen Kontext integriere, dem er im Grunde angehört. Die Reichianische Therapie und die Bioenergetik verdienen es wirklich nicht, als Randerscheinungen angesehen zu werden, die von tradiotionellen Therapeuten fast aller anderen Richtungen lediglich als eine weitere »exzentrische« Mode einer hedonistischen Kultur abgetan wird. Die Charakteranalyse ist vielmehr ein Zweig der Psychoanalyse, der die energetische Panzerung als einen Bestandteil der klassischen Abwehranalyse — ein zentrales Element der traditionellen psychoanalytischen Theorie — begreift. Tatsächlich hat die gegenwärtige Betonung der Entwicklungstheorie ohne diesen Zweig der Analyse zwangsläufig eine größere Konzentration auf das theoretische und kognitive Verständnis von Psychopathologie auf Kosten der entscheidenden Rolle des primitiven Affekts für diese Psychopathologie und ihre mögliche Heilung zur Folge. Viele von uns in den hochgebildeten psychiatrischen Berufen neigen fast automatisch zu einem theoretischen Verständnis und kognitiven (d.h. auf Einsicht und Erklärung basierenden) Interventionen, denn sie sind gefahrloser als die Erforschung der Hexenkessel primitiver Emotionen. Selbst wenn wir die zentrale Rolle von Sexualität, Aggression, Trauer, Schrecken etc. anerkennen, ist es leichter, *über* diese Gefühle zu sprechen, als mitten in sie hineinzuspringen.

Ich hoffe, daß die affektiven Therapien (z.B. die Reichianische Bioenergetik, Gestalt, Rebirthing etc.) auch konservative Zeiten überstehen werden, da sie wesentlich dazu beitragen, uns in das eigentliche menschliche Drama verstricken zu lassen, um das es in der Psychotherapie im Grunde geht. Diese Therapien sind oft aus genau den Gründen notwendig, aus denen man sich gegen sie wehrt. Die einschnürenden, gefühlsverleugnenden, lebensängstlichen Aspekte unserer vorherrschenden jüdisch-christlichen Kultur bringen genau die Pathologien hervor, zu deren Heilung diese affektiven Therapien geschaffen wurden. Sie sind in den expansiven, experimentellen, alles hinterfragenden Perioden der Vergangenheit populär gewesen. Gegenwärtig haben sie einiges von dieser Popularität eingebüßt, da inzwischen gemäßigtere und konservativere Kräfte in unserer Gesellschaft die Oberhand bekommen haben. Unsere Kultur ist trendabhängig. Aber die Wissenschaft der Psychotherapie muß Trends transzendieren und weiterhin ein Modell für menschliches Wachstum anbieten, das sowohl vernünftig als auch wahrhaft human ist. Mit diesem Werk hoffe ich, diese affektiven oder expressiven Therapien zu integrieren, zu legitimieren und zu ihrer erneuten Popularisierung beizutragen. Dieses Vorhaben wird am ehesten mit der Reichianischen Therapie und der Bioenergetik zu verwirklichen sein, da die ihr zugrundeliegende Theorie der Charakterstruktur so substantiell und mit der neuen Psychoanalyse kompatibel ist.

Bei der dritten Ebene der Integration geht es um die Synthese verschiedener therapeutischer Techniken unter diesem entwicklungs- und charakterbezogenen Dach, so daß ein eklektischer Behandlungsansatz möglich wird, der sich an einer einheitlichen Theorie orientiert. Ich habe mich hier bemüht, die Nützlichkeit dieses Ansatzes deutlich zu machen — erstens durch eine detaillierte praktische Beschreibung der Konflikt- und Defizitprobleme des Narzißmus und zweitens durch einen theoretisch schlüssigen Katalog therapeutischer Verfahrensweisen, die zur Heilung angewandt werden können. Auf dieser dritten Ebene der Integration — der psychotherapeutischen Technik — versuche ich auch, fruchtbare psychoanalytische Konzepte auf die üblichere wöchentliche Einzelsitzung anzuwenden. Wenn man den Patienten nur einmal in der Woche sieht, mag die Übertragung in der Therapie weniger ausgeprägt sein, aber die Übertragung außerhalb der Therapie könnte um so wichtiger werden. Außerdem sind aktive therapeutische Techniken oft dort angebrachter, wo die Therapie seltener stattfindet und es um Probleme des Persönlichkeitsstils geht, da sich in diesen Fällen häufiger das Problem stellt, an primitive Emotionen heranzukommen und sie zu äußern, als sie im Zaum zu halten.

Bei dem hier dargestellten Entwicklungsmodell stellen die charakterlichen Anpassungen archetypische Manifestationen menschlicher Kernprobleme dar. Beim Narzißmus entstehen diese archetypischen Probleme in der Periode, in der das Kleinkind anfängt, zu einem autonomeren und eigenwilligeren Individuum zu werden als der passivere und abhängigere Säugling. Im Laufe dieses Individuationsprozesses braucht das Kind mehr Freiheit, mehr Unterstützung für die Entwicklung seiner autonomen Funktionen, größere Erlaubnis, die Frustrationen des Lebens kennenzulernen und auf sie zu reagieren, aber mit entsprechenden Grenzen, die auf seine Entwicklungsstufe abgestimmt sind. In gewisser Weise ist dies insofern die schwierigste Zeit, sich als Mutter/Vater zu bewähren, als es zu unvermeidlichen Konflikten sowohl im Kind selbst als auch mit seiner Umgebung kommt. Vielleicht begegnet es den schwierigsten Polaritäten der menschlichen Existenz erstmals zu dieser Zeit; die Folge davon ist, daß einige der universellsten menschlichen Dilemmata oft chronisch ungelöst bleiben.

Die *Wiederannäherung an die Realität* ist eine der grundlegenden Aufgaben des menschlichen Lebens, der wir in dieser Phase der Individuation erstmals begegnen, und die Mahler (1972) als *Rapprochement* bezeichnet. Obwohl dieses Etikett ursprünglich vor allem das erneute Bedürfnis des Kindes bezeichnete, nach seiner auffallenden Unabhängigkeit in der vorherigen *Übungsphase* der Entwicklung die Verbindung zur Mutter zu suchen, hat diese Bezeichnung eine viel profundere und dauerhaftere Bedeutung für mich angenommen. Die Wiederannäherung, um die es bei einem erst eineinhalb Jahre alten Kind zunächst geht, betrifft einige zentrale Realitäten des Daseins, die Gegensätze wie Einheit versus Trennung, Abhängigkeit versus Unabhängigkeit, Selbstüberschätzung versus Verletzbarkeit, den Wunsch zu beherrschen versus das Bedürfnis, beherrscht zu werden, Grenzenlosigkeit versus realistische Begrenzungen etc. Viele Erwachsene leiden immer noch unter Wutausbrüchen, Sinnestäuschungen, Depressionen, lähmender Angst, perfektionistischen Zwangsvorstellungen und -handlungen und anderen schmerzhaften Kompensationen des Versäumnisses, diese Wiederannäherung an die Realität zu verwirklichen. Aufgrund einer Entwicklungshemmung in dieser Phase der Individuation schlagen sich viele von uns immer noch mit diesen Dilemmata mit recht eingeschränkten und primitiven Ich-Funktionen herum.

Die meisten Menschen, die an solchen Schwierigkeiten leiden, haben typischerweise wenig, wenn überhaupt, Verständnis dafür, womit sie es eigentlich zu tun haben, wenn sie eine Psychotherapie beginnen. Und es ist ihnen oft wenig oder gar nicht bewußt, in welcher Art und Weise ihnen die Eltern oder andere Bezugspersonen diese Wiederannäherung schwierig oder unmöglich machten. Die Emotionen der unbewältigten Wiederannäherung waren gewöhnlich zu schmerzhaft, um ertragen zu werden, aber sie lieferten die wirkungsvolle tiefere Motivation für eine charakterliche Anpassung, die zu einem Zeitpunkt begrenzter affektiver, verhaltensbezogener und kognitiver Ressourcen *steckengeblieben* ist. Obwohl sie die Realitäten des Selbst, der Familie, ja die Grundbedürfnisse des Organismus als solchem leugnet, wird diese charakterliche Anpassung in der Regel, zumindest in hohem Maße, durch die Familie des Kindes oder deren Ersatz unterstützt. Getrieben von dem unablässigen Druck schmerzhafter Emotionen und unterstützt durch die Umgebung, hat sich die charakterliche Anpassung unverrückbar fixiert. Das im Entstehen begriffene wahre Selbst hatte buchstäblich keine Chance.

Die Synthese von Charakter-, Objektbeziehungs-, Ich- und Selbst-Psychologie bietet uns gegenwärtig die beste verfügbare Landkarte zum Verständnis dieser verbreiteten menschlichen Tragödie. Die Aufgabe der heutigen Psychotherapie ist es, aus diesem Verständnis heraus eine Umwelt zu entwickeln, in der das wahre Selbst wiedergewonnen und die Wiederannäherung an die Realität gefunden werden kann.

Eine in meinen Büchern vertretene zentrale Position ist, daß die Erreichung dieser Ziele eine Synthese therapeutischer Techniken erfordert, um den Aufbau von Ich-Kräften, die Phänomenologie eines soliden Selbst und die Lösung intrapsychischer emotionaler Grundkonflikte zu erreichen, wie dies von der klassischen Psychoanalyse gefordert wird. Dieser integrative, ein breites Spektrum umfassende psychotherapeutische Ansatz setzt ein Maximum an Flexibilität in der therapeutischen Technik voraus. Er erfordert vom Therapeuten, einerseits problemlos mit den aktivsten Interventionsformen umgehen zu können, wie sie für die bioenergetische Analyse, die Verhaltensmodifikation oder das neurolinguistische Programmieren kennzeichnend sind, und andererseits gleichermaßen fähig zum empfänglichsten Schweigen der Psychoanalyse zu sein, die den schöpferischen Prozeß der Selbstentdeckung respektiert.

Dieser Ansatz verschmelzt das, was ich in *Characterological Transformation* als das *Konfliktmodell* der menschlichen Pathologie bezeichnet habe, so wie es von der psychoanalytischen Theorie vertreten wird, mit dem *Defizitmodell*, das auf den Erkenntnissen der Ich-Psychologie, der Objektbeziehungs- und der Selbst-Psychologie beruht. Dies gestattet es, konsequent Ich-Aufbautechniken der kognitiven und verhaltenstherapeutischen Ansätze auf der einen und Konfliktlösungstechniken der Psychoanalyse, Gestalttherapie und Bioenergetik auf der anderen Seite zu verwenden. Das vorliegende Buch schildert die möglichen Anwendungen dieses integrativen Modells auf die narzißtische Persönlichkeitsstruktur, die sowohl durch das Versagen der Individuation als auch der nötigen Wiederannäherung an die Realität entsteht.

Im ersten Kapitel habe ich kurz das ganze Modell der Persönlichkeitsentwicklung skizziert und eine geschlossene Theorie dargestellt, die als Basis der therapeutischen Intervention bei der narzißtischen Persönlichkeitsstörung und dem entsprechenden Persönlichkeitsstil dienen kann. Obwohl sich dieses Buch mit dem Narzißmus beschäftigt, sind zumindest Grundkenntnisse des ganzen Modells für ein wirksames therapeutisches Vorgehen in jedem spezifischen Fall notwendig. Dies ist zum Teil deshalb so, weil *reiner* Narzißmus, der unbeeinflußt durch andere Persönlichkeitsprobleme ist, äußerst selten vorkommt, falls er überhaupt existiert. Es ist deshalb in jedem einzelnen Fall wichtig, sich der anderen interaktiven Persönlichkeitsprobleme bewußt zu sein, die die Äußerungen des Narzißmus umgeben. In gewissem Sinn sind alle charakterlichen Anpassungen insoweit narzißtisch, als es sich um abwehrende Kompensationen früher Verletzungen handelt. Ein Verständnis der Grundformen der Verletzung und der charakterlichen Anpassungen, die sie typischerweise hervorrufen, ist für eine differenzierte Diagnose und Behandlung notwendig. Darüber hinaus hilft dieser Blick auf die Entwicklungsgeschichte dem Therapeuten, sich ein Bild von den Stärken des Individuums ebenso zu machen wie von seinen Defiziten. Um vom Standpunkt der psychoanalytischen Entwicklungspsychopathologie aus therapeutisch arbeiten zu können, ist es nötig, von einem Verständnis des gesamten Modells der Persönlichkeitsentwicklung auszugehen.

In diesem ersten Kapitel habe ich mich, wie in allen folgenden, stärker als in meinen früheren Werken auf die Erkenntnisse von Heinz Kohut gestützt. Kohuts Perspektive ist besonders nützlich für das phänomenologische Verständnis der Entwicklung des Selbst — was wiederum so entscheidend für das Verständnis des Narzißmus ist. Darüber hinaus hilft uns dieser eher intrapsychische, phänomenologische Ansatz, die Erlebnisweise des narzißtischen Klienten besser zu verstehen und einen menschlicheren Zugang zu ihm zu finden. Im II. Kapitel beschreibe ich die narzißtische Persönlichkeitsstruktur. Ebenso wie in *Characterological Transformation* erörtere ich die narzißtischen Bedingungen nach folgenden Gesichtspunkten:

- Ätiologie
- Affekt, Verhalten, Kognition
- Energetischer Ausdruck
- Therapeutische Ziele
- Therapeutische Techniken

Im zweiten Kapitel liefere ich dann eine detaillierte Beschreibung des archetypischen ätiologischen Bildes, wie es sich aus der Charakteranalyse und der Objektbeziehungs-, Ich- und Selbst-Psychologie ergibt. Daran schließt sich eine Darstellung der archetypischen Persönlichkeitsstruktur, so wie sich diese in den manifesten und latenten Affekten des Individuums, seinen typischen Verhaltensweisen und seinen charakteristischen Einstellungen, Überzeugungen und Abwehrmechanismen äußert. Im Anschluß daran werden die Erkenntnisse der bioenergetischen Therapeuten zu einer Erläuterung der energetischen Panzerung herangezogen, die für den Narzißmus kennzeichnend ist. Dieser Schilderung folgt eine Erörterung der therapeutischen Zielsetzungen. Der größere Teil des Buches beschäftigt sich schließlich mit der Psychotherapie, die für den Narzißmus angemessen ist.

Verglichen mit *Characterological Transformation* ist das vorliegende Buch weniger grundlegend; es setzt mehr praktische Kenntnisse der Psychotherapie voraus und ist weniger ausdrücklich technisch orientiert. Hier stelle ich Modelle menschlicher Pathologie und Formeln für therapeutische Techniken vor. Der Leser sollte jedoch wissen, daß ich mir bewußt bin, daß diese Modelle und Formeln nur das sind — Landkarten des zu erforschenden Gebiets, nicht das Gebiet selbst. Sie mögen zwar als Orientierungshilfen für die weitgehend improvisierten therapeutischen Interaktionen dienen, können aber sicher nicht die Quintessenz der Kunstform vollständig erfassen, die der therapeutische Prozeß im Grunde darstellt. Es ist meine Absicht, unser Verständnis und unsere Praxis der

Psychotherapie weiter zu befreien und nicht, sie einzuengen, so daß wir mehr und mehr nur noch durch die Realität dessen eingeschränkt werden, was unsere Klienten gebrauchen können, und immer weniger durch die Fesseln, die uns unsere Modelle auferlegen.

Das Material über Behandlungstechniken wird entsprechend der triadischen Selbstdarstellung gegliedert, die der narzißtische Mensch an den Tag legt. Im dritten Kapitel werden die therapeutischen Reaktionen auf das *symptomatische Selbst* erörtert, zu dem depressive, somatische und kognitiv gestörte Symptomatologie zählt. Das vierte Kapitel befaßt sich mit der Behandlung der Aktivierung narzißtischer Abwehrformen — dem falschen Selbst. Das fünfte Kapitel geht auf die Behandlung der Emotionen und Forderungen des archaischen *wahren* Selbst ein, das beim reifer werdenden Patienten zum Leben erwacht.

Sechstes und siebentes Kapitel veranschaulichen die Gruppen- und Einzeltherapie narzißtischer Patienten mit Hilfe von Transkripten aufgezeichneter Sitzungen. Diese ausführlichen Fallberichte präsentieren in zwei Fällen eine Synthese von Gruppen- und Einzelbehandlung — wobei der eine Fall den narzißtischen Persönlichkeitsstil und der andere die narzißtische Persönlichkeitsstörung exemplifiziert. Für mich ist dies der gehaltvollste Teil des Buches, weil er den schrittweisen Verlauf eines dramatischen Prozesses schildert, der sonst nur theoretisch faßbar ist. Außerdem wurden diese Kapitel von den Menschen geschrieben, die ich eingangs erwähnt habe — meinen *narzißtischen* Klienten, die einander und mir so viel gegeben haben, die so offen über ihre Schmerzen gesprochen und dabei ihr lange verlorenes Selbst wiedergefunden haben.

Das achte Kapital beschäftigt sich mit der Frage der Veränderung. Ich weiß inzwischen, daß eine Veränderung des Narzißmus durch einen normalerweise langen und oft schmerzhaften therapeutischen Prozeß unter Anwendung des kombinierten Modells der Konfliktlösung und des Defizitabbaus möglich ist. Ist dies auch mit geringeren Schmerzen und in weniger Zeit zu bewirken? Oder ist eine solche Verheißung nichts weiter als der narzißtisch motivierte, eigennützige Betrug einiger Scharlatane? Dies sind gute Fragen, mit denen wir uns besser nach Abschluß der Arbeit befassen wollen, die Sie leisten werden, wenn Sie dieses Buch aktiv nachvollziehen, nicht nur lesen.

1. Kapitel

Objektbeziehungen und Selbstwerdung

Psychoanalytische Entwicklungspsychologie

Psychoanalytische Entwicklungspsychologie basiert auf der unmittelbaren Beobachtung der Evolution des kindlichen Verhaltens und Bewußtseins auf einer sehr breiten Grundlage psychoanalytischer Theorie. Sie wird ferner ergänzt durch die Ergebnisse langfristiger analytischer Psychotherapie, bei der die Analyse von Übertragungsbeziehungen dazu herangezogen wurde, frühkindliche Erfahrungen zu rekonstruieren und sie zur Psychopathologie des Erwachsenen in Beziehung zu setzen. All dies wird weiter bestätigt, differenziert und korrigiert durch andere nichtanalytische Quellen der Entwicklungsforschung.

Die Beobachtungen der Entwicklung beginnen mit dem Kind *in utero* bzw. bei der Geburt und verfolgen seine kognitive, verhaltensrelevante und affektive Entwicklung von der undifferenzierten Matrix der frühen Kindheit bis zum hochentwickelten Bewußtsein des funktionsfähigen jungen Erwachsenen. Obwohl diese gesamte Entwicklungsperiode abgedeckt wird, heben psychoanalytische Beobachter, Theoretiker und Analytiker die Rolle der ersten wenigen Lebensjahre hervor. Besonders entscheidend für diese analytische Sicht ist das Studium der *Evolution des Bewußtseins* und der undifferenzierten Matrix zur Differenzierung des Selbst von anderen Objekten in der Welt und das Studium der kognitiven Mechanismen, die diesen und andere Entwicklungsschritte ermöglichen.

Die drei Arten von analytischer Entwicklungspsychologie legen unterschiedliches Gewicht auf verschiedene Aspekte dieses entstehenden Bewußtseins, haben jedoch das theoretische Grundmodell miteinander gemein. Die Selbst-Psychologie (z. B. Goldberg, 1985; Kohut, 1966, 1971, 1978, 1984, 1985; Tolpin, 1983; Wolf, 1979; Wolf, Gedo & Terman, 1972) betont die Entwicklung der Phänomenologie des Selbst. Die Objektbeziehungsschule (z. B. Adler, 1985; Horner, 1979; Jacobson, 1964; Kernberg, 1975, 1976; Mahler, 1969, 1972; Mahler, Pine & Bergman, 1975; Masterson, 1976, 1981, 1985; Winnicott, 1953, 1965) konzentriert sich stärker auf die Veränderungen in den Beziehungen der sich entwickelnden Person zu den Objekten der Welt, insbesondere zu anderen Menschen. Die Ich-Psychologen (z. B. Beres, 1956; Blanck & Blanck, 1974, 1979; A. Freud, 1936; Hartmann, 1958) beschäftigten sich mehr mit dem Studium der kognitiven Mechanismen, die all diese Veränderungen ermöglichen. Während sich einzelne Angehörige jeder Schule beeilen würden, die Unterschiede zwischen ihren Theorien und Ergebnissen von denjenigen anderer Richtungen herauszuarbeiten, weisen sie viel mehr Gemeinsamkeiten als Widersprüche auf. Ihre gesammelten Beobachtungen der Entwicklungsstadien des Kindes und ihre Dokumentation der Auswirkung der frühen Umwelt auf die späteren Lebensfunktionen verhelfen uns zu einem stetig wachsenden Verständnis der essentiellen menschlichen Befindlichkeit.

Ich habe eine bemerkenswerte *Korrespondenz* zwischen der Beschreibung frühkindlicher Probleme durch die Entwicklungspsychologen und den auffallend ähnlichen Problemen von Erwachsenen festgestellt, die an psychischen Schmerzen leiden. Welche therapeutischen Techniken ich auch anwenden mag, ich habe die *entwicklungsmäßige Entsprechung* zur Psychopathologie als unschätzbaren Schlüssel zur Erklärung empfunden, der geeignet ist, die therapeutische Intervention zu bestimmen und zu strukturieren. Alle drei theoretischen Entwicklungsmodelle sind, jedes auf seine Weise, nützlich, wobei die Ich-Psychologie mehr über die Entwicklung und Fixierung von Ich-Fähigkeiten, die Objektbeziehungspsychologie mehr über die Entwicklung der Fixierung der zwischenmenschlichen Beziehungen und die Selbst-Psychologie mehr über die Entwicklung und Fixierung der phänomenologischen Erfahrung des Selbst beiträgt.

Psychologen, die ein quantitatives Herangehen an die Forschung fordern, werden dazu neigen, die Erkenntnisse dieser Schulen aufgrund ihrer qualitativen Ergebnisse, der intrapsychischen und nicht beobachtbaren Aspekte ihrer Theorien und aufgrund ihrer Meinungsverschiedenheiten in bestimmten Punkten geringzuschätzen. Ich halte diese Unterbewertung für äußerst unheilvoll und schädlich für den Fortschritt auf diesem so überaus wichtigen Gebiet. Diese Forscher bieten uns Perspektiven und Forschungsbefunde, die wir von nirgendwo sonst beziehen können. Diese Längsschnittuntersuchungen sowohl des Kindes als auch des Erwachsenen sind wirklich sehr aufschlußreich. Die Theorie hat sich, obwohl sie im Kern psychoanalytisch ist, aufgrund von Beobachtungen weiterentwickelt und ist immer noch in der Entwicklung. Schließlich ist auch ein wachsender Korpus an quantitativer Forschung vorhanden, die einige der zentralen Entwicklungskonzepte bestätigt (z. B. Emde, Gaensbauer & Harmon, 1976; Silverman & Weinberger, 1985).

Ich habe eine vierte Schule analytischer Theorie und Praxis wertvoll zur Ergänzung meines entwicklungsanalytischen Verständnisses von Patienten und für die Wahl meiner therapeutischen Interventionen gefunden. Es ist dies der charakteranalytische Ansatz, der in der klassischen Widerstandsanalyse wurzelt, aber eine entwicklungsbezogene Sicht einschließt und einzigartige Formen der Intervention beiträgt. Die Charakteranalyse geht auf das ursprüngliche Werk von Reich (1933) zurück und wurde von Lowen (z. B. 1958) und seinen bioenergetischen Kollegen (z. B. Boadella, 1977; Hilton, 1980; Keleman, 1981; Muller, 1982) weiterentwickelt. Der wichtigste Beitrag dieses Ansatzes ist die Hervorhebung der Formen psychischer Frustrationen, welche die von den anderen so gut dokumentierten Entwicklungsblockaden hervorrufen können. Die Charakteranalytiker zeichnen sich dadurch aus, daß sie als einzige auf die energetischen Konsequenzen jeder ätiologischen Konfiguration eingehen und die von Reich (1942) eingeführte Körpertherapie anwenden. Die charakteranalytische Typologie ist zwar nicht wirklich neu im psychoanalytischen Denken; sie liefert jedoch einen zeitgenössischen Katalog der erwachsenen Ausdrucksformen für zentrale Entwicklungsprobleme. Obwohl sie natürlich eine allzu starke Vereinfachung darstellen, bieten sie ein brauchbares Schema für weitere Überlegungen zu einem bis dahin diffus gebliebenen Komplex von Phänomenen.

Dem Leser eine Synthese dieser vier Schulen des psychoanalytischen Denkens zu bieten — Selbst-Psychologie, Objektbeziehungstheorie, Ich-Psychologie und Charakteranalyse — ist mein erstes Ziel in diesem Kapitel.

Im wesentlichen ist es so, daß eine bestimmte Form von elterlicher Frustration während einer bestimmten Entwicklungsphase entweder ausgeübt oder für das Kind relevant wird. In seinen frühesten Stadien scheint sich der Säugling zum Beispiel nur der grundlegendsten Elemente der Reaktion seiner Umwelt auf ihn bewußt zu sein. Er benötigt Geborgenheit, Pflege und unterstützende Behandlung in dieser Periode, in der er unter günstigsten Umständen ein Gefühl von Sicherheit und Vertrauen entwickelt. Solange diese einfachen Grundbedürfnisse erfüllt werden, ist seiner Entwicklung gedient. An späteren Punkten seiner Entwicklung benötigt das Kleinkind jedoch differenziertere Reaktionen, wenn es sich zu individualisieren, seine Umwelt zu erforschen und seine unverwechselbare

Individualität zu äußern versucht. In diesen Phasen wird es viel empfindlicher auf Frustrationen seiner Umwelt reagieren, die mit der Einschränkung seiner Individualität und Bewegungsfreiheit zu tun haben, auf Enttäuschungen in seiner Selbstverwirklichung oder darauf, daß es zur Befriedigung elterlicher oder anderer Personen seiner Umgebung genutzt wird. *Es ist die Interaktion natürlich entstehender Entwicklungsbedürfnisse mit der Unfähigkeit der Umgebung, diese zu erfüllen, was zum charakterlichen Problem, zur Blockade der Ich-Entwicklung und zur Hemmung der subjektiven Erlebnisfähigkeit des Selbst führt.*

Im ersten Band dieser Reihe, *Characterological Transformation: The Hard Work Miracle,* habe ich einen Abriß dieser Entwicklungsphasen geboten, die von Mahler und ihren Mitarbeitern (Mahler et al., 1975) beschrieben wurden. Im Anschluß daran habe ich eine Zusammenfassung der daraus resultierenden Charakterstrukturen und der damit zusammenhängenden Blockaden der Ich-Entwicklung für jede Struktur vorgelegt. Es ist notwendig, einiges davon hier zu wiederholen; doch obwohl mir meine Lehrerfahrungen gezeigt haben, daß eine solche Wiederholung oft förderlich ist, zögere ich, meinen Lesern und mir selbst eine ausführliche Wiederholung zuzumuten. Vielmehr ist dieses Kapitel einer Synthese dieser Theorien gewidmet mit viel stärkerer Betonung der Entwicklung des Selbst und der Objektbeziehungen einschließlich der Erkenntnisse von Heinz Kohut. Insbesondere ist die von Kohut hervorgehobene »erlebnisnahe« Beschreibung der Entwicklung eines *Selbstempfindens* wichtig, um Einfühlung aufbringen und psychotherapeutisch arbeiten zu können. Darüber hinaus ist Kohuts Perspektive besonders relevant für das Kernproblem dieses Buches — die Pathologien bei der Selbstwerdung. Deshalb wird dieses Kapitel der Darstellung einer integrierten Theorie darüber, wie ein solides Selbstempfinden in den ersten paar Lebensjahren entwickelt oder gehemmt wird und wie dieses resultierende Selbstempfinden aufs engste mit dem Stil zusammenhängt, wie der Betreffende sein ganzes Leben lang zu anderen in Beziehung tritt, gewidmet sein. Die hier präsentierte Theorie ist im wesentlichen dieselbe wie in *Characterological Transformation,* aber beeinflußt durch Kohut ist die Perspektive dieser Präsentation nachdrücklicher, subjektiver und intrapsychischer als die frühere Darstellung. Beide Ansätze haben natürlich ihre Vorzüge, wobei der externe Ansatz ein systematischeres, intellektuell befriedigenderes Verständnis, der interne dagegen ein humanistischeres, der Kommunikation förderlicheres Bild des inneren Zustands und Dilemmas des Klienten liefert.

Unseren Entwicklungstheoretikern zufolge umfaßt die Periode des Autismus bzw. des »primären Narzißmus«, wie sie oft genannt wird, etwa die beiden ersten Lebensmonate. Der Säugling ist in dieser Zeit außerordentlich empfänglich für seine eigenen inneren Bedürfniszustände, aber relativ wenig ansprechbar gegenüber seiner äußeren Umgebung. Sein Verhalten — oder vielmehr dessen Mangel — zeigt deutlich, daß er nicht zwischen äußeren Quellen der Gratifikation unterscheidet und kein Gedächtnis für sie hat. In diesem ersten Stadium der Evolution des Bewußtseins wird nicht zwischen dem Selbst und der Welt unterschieden. Es ist dies gewissermaßen das Erlebnis des Einsseins mit der Welt ohne Bewußtheit, daß es eine Welt gibt. Es ist ein unbewußtes universelles Bewußtsein. Vermutlich ist in dieser Periode seitens der Umgebung nichts weiter erforderlich als relativ unmittelbare Bedürfnisbefriedigung. Der in seinem »omnipotenten, autistischen Orbit« ohne Frustrationstoleranz existierende Säugling stößt an die Grenzen seiner Omnipotenzillusion, sobald es zu hoffentlich geringfügigen Verzögerungen seiner Bedürfnisbefriedigung kommt.

Der Theorie zufolge kann massive umweltbedingte Frustration an diesem Punkt die Entwicklung blockieren, während massive Frustration in der späteren Entwicklung zu einer Regression in diesen narzißtischen Primärzustand führen kann. Die reinsten Formen von Psychopathie scheinen Beispiele dieser Art von primärnarzißtischem Umgang mit der Welt zu sein. In dieser zum Glück seltenen Pathologie ist eine grandiose Einstellung gegenüber der Welt vorhanden, daß heißt, der Psychopath benützt diese total und in amoralischer Weise für seine unmittelbare Befriedigung. Es ist, als ob auf irgendeiner Bewußtheitsebene keine Unterscheidung zwischen innen und außen getroffen würde und entsprechend keine wirkliche Einfühlung für die Menschen in der Welt vorhanden sei, die er zur Befriedigung seiner Bedürfnisse benutzt. Darüber hinaus ist relativ wenig oder gar keine Frustrationstoleranz vorhanden, sowie ein Unvermögen vorauszuplanen bzw. künftige Konsequenzen vorherzusehen. Diese Bewußtseinsebene repräsentiert natürlich den Gipfel an primärprozeßhaftem Denken. Das Individuum glaubt, auf alles ein Anrecht zu haben, was die Welt bieten könnte, und reagiert mit unmittelbarer Wut auf jede Frustration dieser Überzeugung.

Zur Veranschaulichung möchte ich die wahre Geschichte eines Mannes und seiner Frau erzählen, die spät abends heimkehrten und einen Einbrecher in ihrem Haus vorfanden. Der Einbrecher richtete einen Revolver auf den Mann und forderte sein Geld. Als ihm der Mann das wenige Geld gab, das er bei sich hatte, geriet der Einbrecher in Zorn und sagte, »Was meinen Sie, wie ich von zehn Dollar leben soll?«, und schoß den Mann in einem Anfall narzißtischer Wut ins Gesicht. Ähnlich wie der neugeborene Säugling, der sein Gegenstück ist, vermag auch der extreme Psychopath nichts aus Erfahrungen zu lernen, fast als ob er hinter einer »Reizschranke« lebte. Die Umwelt beeinflußt kaum sein Bewußtsein oder sein Verhalten.

Bei der normalen Entwicklung des Säuglings hebt sich diese Schranke offensichtlich jedoch sowohl periodisch als auch allmählich bis zu dem bedeutungsvollen Ereignis, wenn der Säugling beim *Wiedererkennen* des menschlichen Gesichts lächelt (Emde et al., 1976; Emde & Robinson, 1978). Schon vor diesem Ereignis ist es offensichtlich, daß das Kind durch menschlichen Kontakt besänftigt wird. Das Werk von Spitz (1965) demonstriert in dramatischer Weise, wie wertvoll der menschliche Kontakt in dieser Periode ist. Wir wissen, daß Säuglinge, denen es an ausreichendem Kontakt fehlt, während ihrer ganzen Kindheit mindestens ein geringeres Gefühl von Sicherheit haben als jene, die ihn erhalten. Das *Erkennungslächeln* ist das Signal des beginnenden Unterscheidungsvermögens bzw. Bewußtseins und gleichzeitig der erste erkennbare Schritt in den psychologischen Beziehungen des Menschen. Es ist keine Übertreibung zu behaupten, daß es die wiederholte Kopplung des menschlichen Gesichts mit der Bedürfnisbefriedigung ist, was zumindest teilweise das Wiedererkennen dieses Objektes als erstes in der äußeren Umgebung bedingt und auch die Beschaffenheit dieser Reaktion — das Lächeln — bestimmt.

Auf irgendeine sehr wichtige Art und Weise beginnt das Kind sogar in dieser frühen und etwas abgeschirmten Periode seines Daseins einen vorläufigen und wahrscheinlich sehr globalen Eindruck von der Qualität der Lebenserfahrung als solcher zu gewinnen. Hier beginnt es, die Möglichkeit zu spüren, im Leben die Befriedigung seiner Bedürfnisse zu erlangen, es erfährt das Leben als überwiegend genießbar oder schmerzhaft und lernt die Rolle anderer Menschen in dieser Grunderfahrung kennen.

Aufgrund der äußerst globalen, undifferenzierten, »unbewußten« Erfahrungen dieser Periode haben wir guten Grund zu der Annahme, daß durchgängige Muster in der Art und Weise, wie der Säugling behandelt wird, weitreichende Folgen für seine künftige Entwicklung und sein Erleben haben können. Ohne das genaue Ausmaß des Schadens zu kennen, können wir uns die möglichen Konsequenzen für ein Kind vorstellen, das in diesen ersten Lebensmonaten unerwünscht ist, das mißhandelt oder chronisch vernachlässigt wird. Das Werk von Spitz (1965) und natürlich die vergleichbaren Arbeiten von Harlow (z. B. Harlow & Harlow, 1966) geben uns eine Vorstellung, wie umfassend und gravierend sich die Folgen von frühem Kontaktmangel und vermutlich auch von früher Mißhandlung auswirken. Da sich eine so unzulängliche, nicht einfühlsame Behandlung wahrscheinlich über die ersten zwei Lebensmonate hinaus fortsetzt, ist es schwierig zu wissen, an welchem Entwicklungspunkt sie ihre bestimmenden Wirkungen entfaltet. Dennoch sind die Ähnlichkeiten zwischen dem Bewußtsein des Säuglings im primär-narzißtischen Stadium und des Bewußtseins des extrem psychopathischen Charakters auffallend. Die entwicklungsbezogene Analogie paßt.

Mami und ich sind eins

Mahler zufolge beginnt die Symbiose im Alter von zwei Monaten. Es entsteht eine verschmolzene Repräsentanz mit der Mutter in dem Sinne, daß Mutter und Kind zu einem »omnipotenten System« werden — einer »dualen Einheit mit einer gemeinsamen Grenze« (Mahler et al., 1975, S. 44). Diese verschmolzene Repräsentanz ist konsolidiert oder fest etabliert, wenn das Kind fünf oder sechs Monate alt ist, und dieses Gefühl einer sicheren symbiotischen Einheit wird durch eine Mutter gefördert, die besonders feines Gespür für die subtilen und weniger subtilen Signale besitzt, die ihr Kind aussendet.

In manchen primitiven Kulturen sind Mutter und Kind so aufeinander abgestimmt, daß zum Beispiel Reinlichkeitserziehung als solche niemals wirklich nötig ist. Und zwar deshalb, weil die Mutter, die in fast ständigem Kontakt mit ihrem Kind ist, aufgrund relativ subtiler Signale weiß, wann das Kind seinen Darm zu entleeren beginnt. Sie geht dann mit ihm so oft wie nötig ins Gebüsch und erzieht es dadurch allmählich, mühelos und einfühlsam zur Reinlichkeit. Ebenso wie eine sanfte, einfühlsame Entbindung bewahrt diese eingespielte symbiotische Beziehung das Kind vor dem Schock der Außenwelt und der Realität seiner hilflosen Stellung in dieser.

In der symbiotischen Periode genießt das Kind außerdem die Illusion von Herrschaft, weil es glaubt, an der Allmacht der Mutter teilzuhaben oder diese zu beherrschen. Die symbiotische Illusion ist eine adaptive, instinktive Orientierungshilfe für die Entwicklung des Bewußtseins. In dem Maße, in dem das Bedürfnis nach einer solchen einfühlsamen Symbiose erfüllt wird, entwickelt das Kind ein tiefes Urvertrauen in die Welt. Es fühlt sich sicher, geborgen und relativ unverletzlich. Diese Periode der Geborgenheit scheint, auch wenn sie eine Illusion ist, nötig zu sein, um eine

»zuversichtliche Erwartungshaltung« für die Konfrontation mit allen folgenden Herausforderungen der Entwicklung und des Lebens hervorzubringen. Durch diese Sicherheit gewährende Matrix der Tröstung und Beruhigung und des Schutzes vor Reizüberflutung und durch die ursprünglich von außen kommende Triebregelung internalisiert das Kleinkind allmählich die Fähigkeit zu Selbstberuhigung, Signalangst und unabhängiger Triebreduktion. In dem Maß wie diese wichtigen Funktionen von der ursprünglich äußeren Quelle nicht geboten werden, wird es ein tiefsitzendes archaisches Bedürfnis danach und eine gleichzeitige Erwartung beibehalten, sie auch in Zukunft niemals geboten zu bekommen.

Wenn es der Mutterfigur in dieser symbiotischen Phase und der folgenden Differenzierungsphase nicht gelingt, sich ausreichend auf das Kind einzustellen, wird es charakterliche Muster entwickeln, die von den Charaktertheoretikern als schizoid und oral bezeichnet werden. Die schizoide Anpassung stammt häufiger von chronisch unzureichendem und kaltem Pflegeverhalten während dieser Periode und / oder von schmerzhafter Mißhandlung des Kindes, gewöhnlich durch seine primäre Pflegeperson. Das orale Muster ist gewöhnlich die Folge einer chronisch unzuverlässigen Pflegeumgebung. In diesem Fall kann es angemessene Betreuung geben, diese kann aber starken Schwankungen aufgrund elterlicher Ausfälle bedingt durch Depression, Drogenabhängigkeit, Überarbeitung oder einfach elterliche Unzulänglichkeit unterworfen sein. Der Verlust eines Elternteils durch Tod oder andere schwerwiegende Umstände kann ebenfalls orale Anpassung hervorrufen, obwohl diese katastrophenbedingte Form der Verlassenheit weniger häufig ist.

Obwohl es wichtige Unterschiede zwischen der oralen und der schizoiden Anpassung gibt, besteht eine wesentliche Ähnlichkeit in dem zugrundeliegenden Erleben des Selbst. Diese grundlegende Ähnlichkeit betrifft den Mangel an Geborgenheit und das Erlebnis von Furcht und Schrecken, das noch dadurch verschlimmert wird, daß jene inneren Strukturen, die zur eigenen Beruhigung dienen könnten, entweder fehlen oder unzureichend sind. Dies schafft eine Situation, in der das Individuum chronisch abhängig von äußeren Quellen des Trostes und dennoch chronisch mißtrauisch und oft voll Ablehnung gegenüber denjenigen ist, von denen es abhängig ist. In diesem Dilemma gibt es bei der schizoiden Anpassung eine größere Tendenz zum Rückzug, während bei der oralen die Tendenz zu verzweifelter Abhängigkeit und Anfällen unbegründeter und übertriebener Unabhängigkeit vorherrscht. Das erste Buch in dieser Reihe beschäftigte sich mit der Aufklärung und Behandlung dieser beiden Charakterbilder, die im wesentlichen durch das Versagen der Empathie in den ersten beiden Lebensmonaten entstehen.

Silverman und Weinberger (1985) haben mehr als vierzig Studien untersucht, in denen der Satz »Mami und ich sind eins« verschiedenen Personengruppen unterschwellig vermittelt wurde. Eine Reihe günstiger Auswirkungen dieses psychoanalytisch fundierten Experiments wurden inzwischen dokumentiert, was diese Forscher zu dem Schluß veranlaßte, daß diese unbewußte Wiederherstellung des symbiotischen Zustands der Sicherheit und Geborgenheit die aktive therapeutische Komponente in all diesen Studien ist. In einem signifikanten Maße hat der schizoide Klient niemals oder nur selten diesen Zustand kennengelernt und hungert unbewußt weiterhin danach, während der orale Klient ihn bis zu einem gewissen Grad erlebt hat, aber unzuverlässig, oder seinen tieftraumatischen Verlust verkraften mußte. Die unglückselige Folge in all diesen Fällen ist ein chronisch verunsicherteres Selbst, das bei allen künftigen Entwicklungsaufgaben und Lebensverantwortungen gehandicapt ist. Darüber hinaus sind die persönlichen Beziehungen von Menschen, die im ersten Lebensjahr »falsch« behandelt wurden, hinsichtlich der Äußerung menschlicher Bedürfnisse durch Extreme der sozialen Annäherung und / oder Vermeidung gekennzeichnet.

Die Anpassung des Schizoiden an eine unzureichend nährende, ja strafende Umwelt besteht in einer inneren Emigration und in extremen Fällen in der Regression auf eine autistischere Form der Anpassung. Das falsche, kompensatorische Selbst der schizoiden Persönlichkeit ist durch Distanz gekennzeichnet und nicht durch ein in sich ruhendes, für andere zugängliches Dasein.

Bei der oralen Anpassung wird im Gegensatz dazu das primitive Bedürfnis verdrängt, und der oder die Betreffende stellt sich gleichzeitig als eine weiche, bedürfnisbefriedigende Persönlichkeit dar. Die Bedürfnisbefriedigung, die der orale Charakter bietet, wird jedoch oft als fordernd und einengend erlebt, weil ihr tieferer Zweck die Befriedigung des Selbstwertgefühls entweder stellvertretend oder durch Erzwingen von Zuwendung seitens anderer ist.

In der Übertragungssituation der Psychotherapie oder in der Übertragung, die durch eine intime Beziehung bewirkt wird, legt die schizoide Persönlichkeit rasch starkes Mißtrauen an den Tag, sie distanziert sich und schützt sich auf diese Weise gegen ihre primitive Furcht und ihr Bedürfnis nach Nähe. Der Orale wird im Gegensatz dazu viel eher geneigt sein, zunächst seine eigenen Bedürfnisse zu leugnen, während er die Bedürfnisse des anderen (seines Analytikers, Liebespartners oder Kindes) erfüllt. Viel rascher als der Schizoide wird sich jedoch der Orale tief in die archaischen Bedürfnisse fallenlassen, die nur teilweise befriedigt wurden.

Wie bei allen prä-ödipal geprägten Charakterstrukturen neigen auch diese beiden zur Idealisierung des Geliebten oder des Übertragungsobjekts. Der Inhalt der Idealisierung kann jedoch je nach den Bedürfnissen des Patienten etwas schwanken. In dem Maße, in dem der Patient immer noch tieferliegende archaische Bedürfnisse abwehrt, wird er dazu neigen, den anderen auf einer bewußten Ebene entsprechend seinem eigenen Ich-Ideal zu idealisieren. So kann der Schizoide den Therapeuten / die Therapeutin als jemanden ansehen, der ihm die lange gesuchten philosophischen Antworten auf das Leben liefert, während der Orale ihn / sie als warmherzige, liebevolle Persönlichkeit (die vollkommene Mutterfigur) idealisiert.

Wie alle Idealisierungen bereiten auch diese beiden den Boden für die unvermeidliche Desillusionierung; dies schafft die Gelegenheit für die Entwicklung der Ich-Strukturen und das wahre Erleben eines erhöhten und echten Selbst. Tatsächlich ist es die Frustration unerfüllter Idealisierungen, die in diesem Kontext die Substanz des therapeutischen Prozesses — der Durcharbeitung — bildet.

Optimale Frustration

Es empfiehlt sich, an diesem Punkt der Darstellung der psychoanalytischen Entwicklungstheorie Kohuts (1971) Konzept der *optimalen Frustration* einzuführen. Kohut geht davon aus, daß das Kind in jeder Entwicklungsphase durch eine Verweigerung der Befriedigung seiner Hoffnungen und Illusionen frustriert wird. Von Anfang an werden nicht alle seine Bedürfnisse befriedigt, nicht alle seine Triebregungen unmittelbar reduziert, nicht alle seine Erwartungen erfüllt. Doch gerade durch seine Reaktion auf diese Frustration beginnt das Kind, *Ich-Strukturen* aufzubauen und sein *Selbst zu erleben.* Obwohl es nicht das früheste Beispiel ist, scheint das Problem der Trennungsangst und seine Bewältigung eines der deutlichsten Beispiele für diesen Prozeß zu sein. Sobald das Kind ein Erkennungsgedächtnis (Fraiberg, 1969) entwickelt, kann es die primäre Pflegeperson von anderen unterscheiden und merkt schließlich, daß diese Person kommt und geht. Das Weggehen der Pflegeperson kann äußerst traumatisch sein, nicht nur, weil das Kind so abhängig von jemandem ist, den es nicht im Gedächtnis »behalten« kann, sondern auch, weil das Kind die primäre Bezugsperson immer noch als einen Teil von sich selbst erlebt und sich in der Trennungsangst mit dem entscheidenden Probelm der Ablösung und Individuation auseinandersetzen muß. Dementsprechend frustriert jede Trennung die symbiotische Illusion und gefährdet die Sicherheit. Alle analytischen Entwicklungstheoretiker scheinen darin übereinzustimmen, daß das Kind in genau diesen Augenblicken der Frustration anfängt, sein Ich und sein Selbstwertgefühl aufzubauen, indem es die fürsorglichen und besänftigenden Funktionen des äußeren Objekts internalisiert.

Übergangsobjekte wie Decken und Teddybären finden in dieser Übergangsphase von der äußeren Tröstung zur Selbsttröstung Verwendung. Im Laufe der Zeit werden die tröstenden Funktionen sowohl der anderen Person als auch des äußeren Objekts verinnerlicht, um eine tragfähigere Ich-Struktur und eine sich entwickelnde Erfahrung des Selbst zu schaffen. Wenn jede dieser Trennungen *optimal* ist — Form und Dauer der Trennung nicht zu traumatisch sind — erfährt das Kind wiederholt, daß die Pflegeperson zurückkehrt. Mit jedem Durchgang festigt sich etwas die innere Struktur, welche die Fähigkeit zur Selbsttröstung einschließt. Kohut (1971) bezeichnet diesen Prozeß als *transmutierende Verinnerlichung*. Transmutierend bedeutet eine Verwandlung von einer Beschaffenheit, Form oder Substanz in eine andere. Somit ist es die wiederholte Reaktion auf die Frustration der Trennung, wodurch sich der abhängige Säugling mit seiner symbiotischen Illusion allmählich in das unabhängigere Kleinkind mit seinem Bewußtsein der Getrenntheit und dem Gefühl der Ganzheit in dieser Individuation entwickelt.

Dieser Prozeß der Ich-Bildung bzw. der Selbstwerdung scheint mir analog zum Prozeß der Entwicklung von Kraft und Volumen in den Muskelstrukturen zu verlaufen. Beim Vorgang des »Body Building« trainieren wir einen Muskel bis zu dem Punkt, an dem es zu geringfügigen Geweberissen kommt. Im Verlauf von einigen Stunden heilt das Gewebe wieder, und bei dieser Heilung nimmt der Muskel an Umfang und Struktur zu. Es ist wichtig beim Muskelaufbau, daß die Gewebeschäden nur nach und nach bzw. in optimalem Umfang erfolgen — daß der Muskel nicht reißt oder schwer beschädigt wird. Aus der minimalen bzw. optimalen Überbeanspruchung geht er vergrößert, gestärkt und gefestigt hervor. Muskelbildung ist ebenso wie Ich-Bildung nicht ganz schmerzlos, und es besteht ein innerlicher Widerstand, sich darauf einzulassen. Das ist der Grund, warum viele von uns Schwierigkeiten mit der Selbstdisziplin haben, die für regelmäßiges Fitness-Training nötig ist, und weshalb wir den Druck mangelhafter Gesundheit oder der Eitelkeit brauchen, um den Widerstand zu überwinden, sowie einen regelmäßigen Stundenplan, Kurse oder Verabredungen mit anderen, um uns an ein Trainingsprogramm zu halten.

In ähnlicher Weise wird auch dem Prozeß der Ich- oder Selbst-Entwicklung, der zumindest einige Frustration und Schmerzen kostet, oft massiver Widerstand entgegengesetzt. Beim Kind geht der Zwang von der natürlichen Evolution des Bewußtseins und den Anforderungen des Lebens aus, mit denen die Elternfiguren kollaborieren. Die Rolle der Eltern ist es, darauf zu bestehen, daß sich das Kind diesen Realitäten des Lebens stellt und dabei gleichzeitig diesen Kontakt abzufedern, indem sie dafür sorgen, daß die Frustrationen optimal sind und indem sie ihm eine Umgebung voll Liebe und Respekt bieten, so daß es sich mit diesen Frustrationen vor einem Hintergrund der Geborgenheit auseinandersetzen kann. Beim Erwachsenen in Psychotherapie ist die Rolle des Therapeuten dieselbe wie die eines Elternteils. Der Rahmen muß dem Betreffenden genügend Sicherheit vermitteln, damit er sich schwierigen und manchmal massiven Frustrationen und mächtigen archaischen Gefühlen stellen kann. Gleichzeitig muß die Situation frustrierend genug bleiben, damit die Realitäten des Lebens ständig präsent sind.

Kohut vertritt die Auffassung, Psychotherapie heile durch die Wiederholung dieses Prozesses optimaler Frustration und transmutierender Internalisierung. In der Psychotherapie tritt zum Beispiel optimale Frustration ein, wenn sich der Therapeut weigert, die Abhängigkeitsbedürfnisse, die Idealisierungen, die narzißtischen Bedürfnisse nach Aufmerksamkeit und Unterstützung etc. zu befriedigen. Zu transmutierenden Verinnerlichungen kommt es, wenn der Patient die Akzeptanz, die Zuwendung und Anerkennung internalisiert, die ihm der Therapeut bietet, sowie die ich-aufbauenden Beschreibungen, Deutungen und erklärenden Konstrukte, die der Therapeut liefert. Ebenso wie beim Kind muß auch dieser Prozeß der Frustration und Transformation schrittweise und in Wiederholungen erfolgen, um die Ich-Funktionen aufzubauen und zu einem ganzheitlichen Erleben des Selbst zu gelangen.

Das verlorene Paradies

Nach dem Schema von Mahler beginnt sich das Kind mit etwa sechs Monaten, gerade wenn sich bei ihm das Konzept der Symbiose konsolidiert, mit dessen Desillusionierung auseinanderzusetzen. Die Subphase der Differenzierung in diesem Prozeß der Ablösung und Individuation beginnt mit etwa sechs Monaten und erstreckt sich etwa bis zum zehnten Monat. Zu den Schlüsselereignissen dieser Periode zählt das spezifische *Erkennungslächeln* für die Mutterfigur, das auf eine symbiotische Bindung hinweist, von der man annimmt, daß sie das oben geschilderte symbiotische Bewußtsein begleitet. Ein zweites, damit verwandtes Schlüsselereignis in dieser Periode ist das Anzeichen, daß das Kind Fremde von seiner Mutterfigur *unterscheiden* kann (siehe auch Emde et al., 1976; Emde & Robinson, 1979). Die Erkenntnisse Mahlers deuten darauf hin, daß Kinder, die eine »hinreichend gute« symbiotische Periode erlebt haben, Neugier und Interesse gegenüber Fremden bekunden, während Kinder, die eine weniger optimale symbiotische Bindung hatten, mehr Angst und Unwohlsein im Umgang mit Fremden erkennen lassen. Die Ausprägung der »Acht-Monats-Angst« schwankt also in voraussagbarer Weise, je nachdem wie zuversichtlich die Erwartung ist, die das Kind aus der Geborgenheit der früheren symbiotischen Periode bezieht. Es ist wahrscheinlich notwendig, die Tatsache hervorzuheben, daß das Kind während der Periode der Differenzierung und auch noch einige Zeit danach die Illusion symbiotischer Bindung beibehält. Erst während der Differenzierung beginnt es sich dieser Illusion zu stellen und schließlich an der Bewußtheit der Trennung zu arbeiten.

»Trennungsangst« und »Angst vor Fremden« sind die zwei Entwicklungsanalogien für die damit zusammenhängenden Erwachsenenpathologien, die sich am deutlichsten in dieser Entwicklungsperiode zeigen. Man denke zum Beispiel an die extremen Angstreaktionen, welche abhängige Personen kennzeichnen, die in leichte bis extreme Panik geraten, wenn sich eine Bezugsperson bei einer Verabredung verspätet, die es »nicht ertragen können«, allein zu sein oder von einem geliebten Menschen Abschied zu nehmen, oder die massive und ungerechtfertigte Eifersuchtsreaktionen erleben. Ihre entwicklungsbedingte Fixierung wurzelt oft in Trennungsangst. Man vergleiche Bowlbys (1960, 1969, 1973) Arbeiten über die Auswirkungen früher Trennung für ein Modell dieser Pathologie. Die Erklärung der erforderlichen optimalen Frustration ist häufig sehr therapeutisch für Personen, die an diesem Problem leiden. Sie müssen einfach immer wieder die Trennung und das Alleinsein erfahren, die im Erwachsenenleben unumgänglich sind, und immer wieder die Erfahrung machen, daß die geliebte Person zurückkehrt und in ihrer Zuneigung konstant ist. Auf diese Weise verinnerlicht der oder die Betroffene allmählich diese Konstanz und das Vertrauen zu dem anderen, die für eine gute, erwachsene Anpassung nötig sind. Diese Erklärung oder Begründung des Problems liefert als solche bereits das Material für eine »transmutierende Internalisierung«. Sie ist ein kognitiv vermittelter, ich-strukturierender Pfeiler des besser funktionierenden Selbst. Schon während er verinnerlicht wird, kann dieser Gedanke eine selbstberuhigende Funktion in jenen Zeiten erfüllen, wenn sich eine Person einsam, ängstlich oder eifersüchtig fühlt. Jede solche Erfahrung dient somit als eine Art von Ich-Training, das nach und nach die Strukturen des Ichs aufbaut und kräftigt und dem Betreffenden die Erfahrung eines belastbareren und stärkeren Selbst vermittelt. In einem sehr realen Sinn ist dieser *Gedanke* ein Übergangsobjekt, das geeignet ist, die Person zu trösten, und das ihr hilft, die schwierige Erfahrung des Alleinseins und des damit verbundenen Mißbehagens zu überstehen.

Während die Trennungsangst eine brauchbare Entsprechung für die oralen und symbiotischen Charakterprobleme in Verbindung mit dem Alleinsein ist, kann die Angst vor Fremden als gute entwicklungsmäßige Analogie für Personen mit einem schizoiden Charakter oder Persönlichkeitsstil dienen. Die »zuversichtliche Erwartung« ist beim Schizoiden unzureichend. Es bleibt immer ein Rest an Furcht vor Verletzung durch andere. In sehr großem Ausmaß ist der Rückzug des Schizoiden durch die Vermeidung von Angst bedingt, die für ihn mit dem menschlichen Kontakt verbunden ist. Und obwohl der Grad dieser Angst durch eine Reihe therapeutischer Interventionen verringert werden kann, wird der Schizoide bei sozialen Interaktionen noch einige Zeit lang, wenn nicht unbegrenzt, Angst empfinden. Der Sozialkontakte vermeidende Schizoide muß sich zwingen, *trotz* dieser anhaltenden Angst Kontakte zu suchen und aufrechtzuerhalten. Er muß sich wiederholt der optimalen Frustration sozialer Interaktionen aussetzen und wiederholt die Erfahrung machen, daß seine Befürchtungen ungerechtfertigt sind. Er muß ein Gefühl für den Grad und die Dauer von Intimität entwickeln, die er imstande ist zu tolerieren, und ebenso wie der Body-Builder wiederholt seine Toleranz für sozialen Austausch und Intimität testen und dadurch steigern. Er muß allmählich lernen, genügend zu vertrauen, um seinen Schild abzulegen und auf diese Weise die Vorzüge des Kontakts und der Intimität mehr und mehr an sich heranzulassen. Er muß lernen, nicht nur die Angst des sozialen Austauschs zu tolerieren, sondern auch die Angst, die ständig entstehen wird, sobald er mehr und mehr Intimität zuläßt. Je mehr Liebe er sich gestattet zu empfangen, desto mehr Angst wird er in seiner sehr realen Verletzbarkeit verspüren.

Diese Erklärung oder Begründung liefert ebenfalls selbstberuhigendes Material für eine transmutierende Internalisierung. Sie mildert diese beunruhigende Angst ab, macht sie akzeptabel und verständlich und verleiht dem Klienten die Hoffnung, daß sich dieses lähmende Gefühl mit der Zeit vermindern und ganz verschwinden wird, wenn er sich ihm stellt. Mein Skilehrer pflegte zu mir zu sagen: »Wenn du nicht hinfällst, lernst du nichts.« Im Falle der wiederbelebten Trennungsangst und der Angst vor Fremden verwandelt diese Deutung oder Sichtweise die Angsterfahrung in ein Signal, daß Reifung und Wachstum stattfinden. D aus gibt sie dem Betreffenden eine ebenso nützliche Handha Angst auf einem erträglichen Niveau zu halten, Situationen z den, die zu schwierig oder traumatisch sind, und sich gelegent nem Fall Abhängigkeit und im anderen einen Rückzug leisten zu Dies führt zu einer Akzeptanz der eigenen Probleme und Abwehr nismen und fördert gleichzeitig eine Bewußtheit, daß es notwendig ist, bis an die eigenen Grenzen und darüber hinaus zu gehen und das eigene Selbst durch das Erleben von Angst und den Umgang mit dieser zu stärken. Außerdem kann der hinreichend gute Therapeut dem Klienten anfangs helfen, Unterscheidungen zu treffen, was zuviel für ihn ist und was er versuchen sollte, obwohl es ihm Mißbehagen bereitet. Mit fortschreitender Therapie kann der Therapeut dann allmählich diese Form der Ich-Unterstützung reduzieren und gestatten bzw. fordern, daß der Klient diese Entscheidungen selbst trifft.

Das Leben genießen

In Mahlers Modell wird die nächste Subphase der Ablösung bzw. Individuation als *Übungsphase* bezeichnet. Vielleicht am wichtigsten in dieser Periode ist, daß das Kind lernt, sich aufrecht zu bewegen, daß es die Welt aus einer ganz neuen Perspektive sieht und imstande ist, sie auf völlig neue Weise zu erobern. Ebenso wie der Jugendliche mit seinem ersten Auto ist das Kleinkind euphorisch angesichts dieser und anderer neuer Fähigkeiten und ganz gefangengenommen von der Ausübung dieser autonomen Funktionen. Während dieser Zeit sagt man von ihm, daß es eine »Liebesbeziehung zu der Welt« (Greenacre, 1959) habe und glaube, daß »die Welt ihm gehöre« (Mahler, 1972). So davon beansprucht, seine vielen neuen Fähigkeiten zu *üben* und die Wunder der Welt zu entdecken, ist das Kind relativ unempfindlich gegenüber kleinen Unfällen und Stürzen und bedarf der elterlichen Aufmerksamkeit und Zuwendung weniger als bisher oder bald wieder.

Den Entwicklungspsychologen zufolge überschätzt sich das Kind jetzt selbst und erlebt ein Gefühl der Allmacht, das teilweise auf den beibehaltenen Glauben an die Einheit mit der Mutter zurückzuführen ist. Das Kleinkind möchte immer noch glauben und bildet sich offenbar ein, daß es die magischen Kräfte seiner Mutter besitzt und die absolute Herrschaft über diese hat. Mit Sicherheit muß es ständige und, wie zu hoffen ist, optimal frustrierende Ausnahmen von dieser Illusion erleben. Doch wähend es den Begriff der Getrenntheit entwickelt, wird es durch seine kognitive Unreife immer noch vor der vollen Erkenntnis seiner Eigenständigkeit und Verletzbarkeit bewahrt. Die manischen Hochphasen dieser Periode sowie seine Beanspruchung durch die Entwicklung autonomer Funktionen und seine Interaktionen mit der auf neue Weise erlebten Welt schützen es ebenfalls davor, sich dieser unangenehmen Realitäten bewußtzuwerden.

Die Grandiosität und Allmachtsgefühle, die Euphorie und das Beschäftigtsein mit sich selbst in dieser Periode stellen die eindeutigsten entwicklungsmäßigen Analogien der Grandiosität dar, die bei den sehr ausgeprägt narzißtischen Patienten festzustellen ist. Da diese Grandiosität gewöhnlich in der nächsten Phase, *der Wiederannäherung* neutralisiert wird, glaube ich, daß die Entwicklungsblockade des Narzißmus gewöhnlich im Stadium der Wiederannäherung eintritt. Doch nachdem das Unvermögen, diese Grandiosität zu neutralisieren, diese Blockade herruft, ist auch die entwicklungsbezogene Entsprechung der *Übungsphase* in vieler Hinsicht aufschlußreich. Sie hilft Ihnen als Therapeuten, die wahrhaft infantile Natur all dieser Verhaltensweisen und Einstellungen zu verstehen. In gewissem Grad kann sie auch dem Patienten helfen, die Gründe für seine Unreife auf diesem Gebiet seiner Persönlichkeit und deren Beschaffenheit zu begreifen. Der auf dieser Entwicklungsstufe stehengebliebene narzißtische Klient glaubt, ein Recht darauf zu haben, den Therapeuten zu besitzen, er kann Anspruch auf fast unbegrenzten Zugang zum Therapeuten erheben und das Recht fordern, in der therapeutischen Beziehung bevorzugt behandelt zu werden. Wenn die Euphorie und Grandiosität, die Omnipotenz, der Anspruch auf besondere Rechte und andere Kennzeichen, die mit der Übungsphase verknüpft sind, mit bestimmten Tendenzen zu Idealisierung, Wut über die Enttäuschung oder Frustration und mit der Weigerung, die Grenzen der Realität zu akzeptieren, zusammentreffen — charakteristisch für Kinder, die durch die Wiederannäherungs-Krise gehen — haben wir es mit einer vollständigen und durchgängigen entwicklungsmäßigen Analogie zu den verschiedenen Problemen des Narzißmus zu tun.

Das Bewußtsein der Übungsphase ist überaus attraktiv sowohl für Personen, die in der Periode davor wie auch solche, die in späteren Perioden geschädigt wurden. Für den oralen Klienten, der zu wenig Geborgenheit erhielt und verfrüht zur Unabhängigkeit gedrängt wurde, bietet die Übungsperiode einen Fluchtweg in manische Erregung und die Beteiligung an einer Welt, die weitaus bestätigender ist als die unzuverlässige Fürsorge, die ihm früher zuteil wurde. Insbesondere orale Charaktere sind für ihre Neigung bekannt, sich in Perioden manischer Erregung zu übernehmen, nur um nach dieser Verausgabung einen körperlichen oder psychischen Zusammenbruch zu erleiden bzw. in Krankheit oder Depressionen zu versinken. Sowohl beim Kind wie beim Erwachsenen ist die Euphorie eine Erlösung aus den Gefühlen des Verlusts und der Unzulänglichkeit. Wenn das Kind andererseits in der folgenden Wiederannäherungsphase übermäßig frustriert wird — wenn sein Bedürfnis danach, seine Wünsche nach unabhängigem Ausdruck und abhängigem Einssein zu integrieren, ungeschickt behandelt wird und / oder wenn auf sein Bedürfnis nach Integration von Grandiosität und Verletzbarkeit in unangemessener Weise eingegangen wird — dann ist oft die Weigerung, die Wiederannäherung an die Realität zu akzeptieren, das Ergebnis. Das Kind regrediert dann zu den tröstlichen Illusionen der Grandiosität und der symbiotischen Einheit und bleibt auf dieser Entwicklungsstufe stehen. Weil die Durcharbeitung dieser Probleme genau dem vergleichbar ist, was für das optimale Kind in der Wiederannäherung passiert, verschiebe ich die Erörterung der therapeutischen Durcharbeitung, bis die Probleme und Prozesse dieser Periode vollständig erkundet wurden.

Die Wiederannäherung an die Realität

In dieser Periode, die Mahler als Wiederannäherung bezeichnet hat (15. bis 24. Monat) beginnt sich das Kind erstmals mit den herausforderndsten Realitäten des Lebens auseinanderzusetzen. Es sind dies Getrenntheit und Verletzbarkeit. Die natürliche Bewußtseinsentwicklung des kleinen Kindes erfordert eine Konfrontation mit diesen Fakten, während die natürlichen Abwehrmechanismen bzw. die Triebentwicklung des Organismus das Bewußtsein vor der vollständigen Erkenntnis dieser Wahrheiten abschirmt. Die Grandiosität und Hochstimmung der Übungsperiode stellen eine solche natürliche Abwehrhaltung dar. Diese Abwehrhaltung verleugnet auch eine der primären Realitäten, mit der sich das Kind in dieser kritischen Phase auseinandersetzen sollte — der Bregrenztheit.

Eine andere spontan auftretende Abwehrhaltung in dieser Periode ist die Idealisierung. In den Frühstadien der Wiederannäherung neigt das Kind dazu, die Idealisierung des anderen mit der fortbestehenden Illusion des Einsseins mit diesem zu koppeln. In den späteren Stadien der Subphasen der Wiederannäherung kann der idealisierte Elternteil dagegen zwar als getrennt wahrgenommen werden, aber seine vollkommenen Eigenschaften nach wie vor beibehalten.

Die dritte von Natur aus auftretende Abwehrhaltung, die sich in dieser Entwicklungsphase zeigt, ist die »Spaltung«. Wenn das Kind außerstande ist, gleichzeitig positive und negative Auffassungen von sich oder einer anderen Person beizubehalten, wird es seine guten und schlechten Vorstellungen voneinander abspalten bzw. isolieren. Dann wird es sich jeweils nur einer Seite der Polarität bewußt sein bzw. die damit verbundenen Bewertungen und Affekte bewußt erleben. Entwickelt sich das Bewußtsein des Kindes normal und optimal, dann wird es gegen Ende der Wiederannäherung und zu Beginn der nächsten Entwicklungsphasen diese Polaritäten zu einer ambivalenten Vorstellung von sich selbst, seiner Mutter und dann von anderen verschmelzen.

In dem Maße, in dem die Probleme der Wiederannäherungsphase nicht angemessen bewältigt werden, kann das Individuum in sehr bedeutungsvoller Weise in seiner Entwicklung auf dieses Muster archaischen kindlichen Bewußtseins fixiert bleiben — Grandiosität, Idealisierung, Aufspaltung der Repräsentanzen von sich selbst und anderen. Da ein wahres Selbstwertgefühl durch die Neutralisierung der eigenen Grandiosität und -idealisierung bzw. deren Anpassung an die Realität entsteht (Kohut, 1971) tritt durch eine solche Entwicklungsblockade eine echte Schädigung des Selbst ein. Das Individuum richtet vielleicht sein ganzes Leben lang falsche Erwartungen an sich selbst — es erwartet von sich die Erfüllung seiner archaischen Grandiosität und / oder die Erfüllung seiner archaischen Idealisierung. Im ersteren Fall scheint das Lebensthema zu lauten: »Ich bin nichts, wenn ich nicht vollkommen bin.« Im letzeren scheint das Lebensthema zu sein: »Ich kann nichts sein ohne den vollkommenen anderen, mit dem ich entweder verschmelzen kann oder der mir die Orientierung und Bestätigung gibt, die mein Leben sinnvoll machen werden.« In allen diesen Fällen scheint eine ziemlich dramatische Polarisierung vorzuliegen, die auf der einen Seite mit der Erfahrung eines grandiosen oder geschwächten Selbst zu tun hat, und auf der anderen mit der Erfahrung einer perfektionistischen Idealisierung bzw. einer niederschmetternden Desillusionierung. In beiden Fällen wird das Selbst außerhalb seiner selbst gesucht — in Leistung oder in anderen. Häufiger kommt es allerdings vor, daß diese beiden Themen in ein und derselben narzißtischen Person koexistieren.

Zwei Charakterstrukturen scheinen vor allem auf schwerwiegende umweltbedingte Frustration während dieser entscheidenden Entwicklungsphase zurückführbar zu sein. Es sind dies der *symbiotische Charakter* und der *narzißtische Charakter.* Der symbiotische Charakter, der größte Ähnlichkeit mit dem Typus der Borderline-Persönlichkeit hat, der von

Masterson (1976, 1981) beschrieben wurde, leidet in erster Linie an seinem Unvermögen, das Probelm des Getrenntseins zu bewältigen. Ungenügend individualisiert, kann sich der symbiotische Charakter nur in unmittelbarer Beziehung zu jemand anderem spüren oder kennen. Deshalb wird er dazu neigen, entweder mit einer Bezugsperson zu verschmelzen oder diese abwechselnd von sich wegzustoßen, um ein andauerndes Gefühl seiner eigenen Existenz, seiner Grenzen und seiner Identität zu behalten. Wie das Kind, dem er nacheifert, ist dieser Charaktertypus durch Versuche gekennzeichnet, andere zu zwingen, sich um ihn zu kümmern, auf ihn zu reagieren, mit ihm zu streiten und auf all diese Weisen seine ansonsten fragile Existenz zu bestätigen. Ich habe diese Struktur von »borderline« in »symbiotisch« umbenannt, weil ich ebenso wie viele andere Theoretiker glaube (z. B. Adler, 1985; Abend, Porder & Willich, 1983; Chessick, 1985; Giovacchini, 1975; Grinker & Werbel, 1975; Horner, 1979), daß die Borderline-Diagnose primär eine deskriptive und klinisch nützliche Kategorie ist, die eine Reihe psychischer Probleme abdeckt. In allen meinen Arbeiten habe ich die Bezeichnung Borderline-Ich auf ein Ich angewandt, das unter Stress zusammenbricht und das bei allen prä-ödipalen Charakterstrukturen vorhanden sein kann. Es ist jedoch meine Erfahrung, daß die schwersten Borderline-Fälle eine Geschichte haben, die einer gravierenden schizoiden und oralen Ätiologie entspricht. Die bedenklichste Borderline-Psychopathologie hat ihre ätiologischen Ursprünge immer in den frühesten Entwicklungsperioden, wie am klarsten von Adler (1985) in Übereinstimmung mit Horner (1979) und Giovacchini (1975) dargestellt wurde.

Der narzißtische Charakter entsteht primär durch ein Unvermögen, das Problem der Grandiosität und der eigenen Grenzen zu bewältigen. In unserer Kultur ist es häufiger ein Mann, der eine Stütze für sein unsicheres Selbstbewußtsein eher in der Verfolgung seiner illusionären Grandiosität als im Festhalten an der symbiotischen Illusion sucht. Aufgrund einer Frustration der einen oder anderen Art durch die Umwelt wird der Narzißt in dem Entwicklungsstadium blockiert, in dem er seine Grandiosität neutralisieren müßte. Sein grandioses Selbstbild wurde vor der nötigen wiederholten Erfahrung der Begrenztheit bewahrt. Obwohl diese Grandiosität für andere sehr offensichtlich sein mag, ist es dem Narzißten oft weitgehend nicht bewußt, wie wahrhaft infantil grandios er ist. Dennoch erlebt er jede Bedrohung seines falschen Selbst, das im wesentlichen ein Ausdruck dieser Grandiosität ist, als eine Bedrohung seiner gesamten Existenz.

In der Diagnose der eigentlichen Persönlichkeitsstörung ist übrigens ein sehr ausgeprägter Unterschied zwischen den Geschlechtern hinsichtlich der Häufigkeit des Borderline-Syndroms bei Frauen und des narzißtischen Syndroms bei Männern festzustellen. Ich glaube, derselbe Trend bleibt auch erhalten, wenn wir leichter gestörte Menschen ansehen, die den symbiotischen bzw. den narzißtischen Persönlichkeitsstil aufweisen. Dies trifft aus mindestens zwei Gründen zu. Zum einen ist beim Jungen eine stärkere Tendenz vorhanden, sich von seiner Mutter zu unterscheiden. Der Junge ist anatomisch und chemisch anders als sie und identifiziert sich in seiner Entwicklung mit seinem Vater oder einer Vaterfigur. Die Folge ist, daß der Junge, wenn er ein erheblich gestörtes Selbstwertgefühl hat, eher dazu neigt, auf sich selbst zu achten bzw. sein Selbst durch Grandiosität und die fortgesetzte Suche nach Spiegelung und Zustimmung aufzublähen. Dieser biologische Unterschied wird dann noch durch den Einfluß der Kultur gesteigert. In den meisten heutigen Kulturen wird der Junge eher von seinen Bezugspersonen ermutigt, sich zu differenzieren oder sogar zu rebellieren, während das Mädchen mit geringerer Wahrscheinlichkeit eine solche Ermutigung und Unterstützung erhält. Mädchen werden von ihren sie aufziehenden Eltern eher als Objekte zur Befriedigung der anhaltenden symbiotischen Bedürfnisse der Eltern *benutzt,* während Jungen von ihren Eltern eher als Objekte unangemessener Idealisierung *benutzt* werden oder als Zielscheiben neiderfüllter Angriffe bzw. Vergeltungsschläge dienen. Es ist hier hervorzuheben, daß es sicherlich auch narzißtische Frauen und umgekehrt Männer mit einer ernsthaften symbiotischen Problematik gibt. Es ist nur so, daß ein relativ ausgeprägter kultureller Trend in der beobachteten Richtung besteht.

Die Wiederannäherung bildet gewissermaßen die erste Phase der Adoleszenz, und es ist äußerst schwierig in dieser Zeit, ebenso wie in der Adoleszenz selbst, ein »hinreichend guter« Elternpart zu sein. So wie der Adoleszente teils Kind und teils Erwachsener ist, ist der kleine Mensch im Stadium der Wiederannäherung teils kleines und teils größeres Kind, oszilliert unvorhersagbar zwischen beidem und läßt einen offenen Konflikt zwischen Abhängigkeitsbedürfnissen und dem Wunsch nach Unabhängigkeit erkennen. Die Entwicklung des kindlichen Bewußtseins fordert, daß es sich mit seinen Grenzen und seinem Getrenntsein auseinandersetzt, während sein natürliches Verlangen nach Trost und die Komplikationen der Grandiosität und der symbiotischen Illusion diese Bewußtwerdung abblocken.

Beim Unterrichten über dieses Thema fiel mir oft meine eigene Bewußtseinsentwicklung in Zusammenhang mit der Existenz des Weihnachtsmanns ein. Wie vielen, mit denen ich seither darüber gesprochen habe, wurde mir damals allmählich klar, daß der Weihnachtsmann nicht wirklich *existierte,* und daß die zusätzlichen Geschenke am Weihnachtsmorgen in Wirklichkeit von meinen Eltern stammten. Trotzdem war die Faszination dieses idealisierten, allmächtigen, gütigen und heiteren alten Mannes, der mir Geschenke machte, einfach zu groß, um sie ohne weiteres aufzugeben. So erinnere ich mich, schon lange vorher den Verdacht gehabt zu haben, daß es den Weihnachtsmann nicht *wirklich* gibt, bevor ich aufhörte, an seine Existenz zu glauben. So ähnlich, glaube ich, ist es auch mit der Illusion der eigenen Grandiosität und der Illusion der Symbiose — sie sind zu tröstlich und funktional, um sich kampflos von ihnen zu trennen. Und die Eltern können sich ihren eigenen Bedürfnissen entsprechend sehr leicht in das Ringen des Kindes mit diesen Problemen hineinverstricken. So kommt es zum Beispiel häufig vor, daß eine Mutter, die ihre eigene symbiotische Problematik nicht gelöst hat, es versäumt, in optimaler Weise auf der nötigen Trennung zu bestehen und die Angebote zur Symbiose in unangebrachter Weise verstärkt. Um sich entsprechend zu entwickeln, braucht das Kind eine häufige, dennoch optimale Frustration seiner Verschmelzungsillusion. Obwohl es erwartet, seine Bedürfnisse befriedigt zu bekommen, einfach indem es ein Bedürfnis hat bzw. es in einer primitiven Weise äußert, ist es notwendig, daß das Kind enttäuscht wird, um eine autonome Funktionsfähigkeit zu entwickeln. Wenn es in dieser Periode von der Mutter beschattet und ständig verwöhnt wird, kann diese notwendige optimale Frustration nicht eintreten. Wenn das Kind außerdem mit dem Entzug mütterlicher Aufmerksamkeit und Wertschätzung beantwortet wird, sobald es Unabhängigkeit äußert, insbesondere in dieser sehr verletzbaren Phase, dann wird das Problem der symbiotischen Bindung nicht gelöst werden. Es wird verdrängt bzw. von dem notwendigen Prozeß der Rückmeldung und Korrektur abgetrennt und isoliert.

Was die Frage der Grandiosität betrifft, so braucht das Kind eine wiederholte, aber stützende Frustration dieser Illusion. Von der Übungsphase der Individuation bis zum Abschluß der ödipalen Phase muß es wiederholt aber sachte lernen, daß es nicht allmächtig ist und nicht alles, was es will, tun oder haben kann, einfach, weil es das will. Es muß durch Fehlschläge und unverwirklichte Erwartungen in optimaler Weise frustriert werden. Aber es braucht nicht durch harte, ständige, unnötige oder massive Konfrontation mit seiner wahren Statur gedemütigt zu werden. Keinesfalls zuträglich ist ihm auch die Verstärkung dieser Illusion durch einen Elternteil, der aufgrund eigener Bedürfnisse von dem Kind fordert, mehr zu sein, als es in Wahrheit sein kann. Manche Kinder geraten in eine echte Zwickmühle mit diesem Entwicklungsproblem, wenn ein Elternteil das

Bedürfnis hat, sie herabzusetzen und zu demütigen, während der andere möchte, daß sie mehr sind, als sie sein können, und ihre Grandiosität ständig verstärkt. Dies scheint bedauerlicherweise der Kindheitshintergrund einer Reihe von Menschen mit der narzißtischen Anpassungsform zu sein.

Setlage (1977) hat eine brauchbare Aufzählung der Entwicklungsaufgaben des Stadiums der Wiederannäherung angeführt und sie um eine Liste der Behandlungsziele für die meisten symbiotischen und narzißtischen Charaktere ergänzt. Dies sind:

(1) Beherrschung der kognitiv verstärkten Trennungsangst; (2) Bekräftigung des Urvertrauens; (3) Allmählicher Abbau und Verzicht auf die Omnipotenzgefühle, die in der symbiotischen Zweisamkeit mit der Mutter erlebt werden; (4) allmähliche Kompensation des geschrumpften Allmachtsgefühls durch Entwicklung der keimenden Ich-Kapazitäten und des kindlichen Autonomiebewußtseins; (5) eine Festigung des vorhandenen Selbstwertgefühls; (6) Entwicklung des Bewußtseins der Fähigkeit zur Ich-Kontrolle und Modulation starker libidinöser und aggressiver Impulse und Affekte (z. B. kindlicher Zorn); (7) Heilung der normalen Entwicklungstendenz, die Beziehung zum Liebesobjekt aufrechtzuerhalten, indem man es in ein »gutes« und ein »schlechtes« Objekt aufspaltet, und dadurch auch Heilung der korrespondierenden intrapsychischen Spaltung; und (8) Ersetzung der Spaltungsabwehr durch Verdrängung als das spätere Abwehrmittel zur Beherrschung inakzeptabler Affekte und Impulse gegenüber Liebesobjekten.

In der Psychoanalyse werden diese Ziele durch Hervorrufen der archaischen Übertragungen in einer sicheren therapeutischen Umgebung angepeilt, die weder infantilisierend noch demütigend ist. Obwohl manche der archaischen Bedürfnisse einigermaßen widerstrebend befriedigt werden mögen (Kohut, 1971), ist das Therapieziel insgesamt die optimale Frustration der archaischen Forderungen und Illusionen bei gleichzeitiger Deutung und Rekonstruktion ihrer Ursprünge. Die Mobilisierung der Übertragung in der Analyse federt die schwierige Aufgabe ab, der man sich stellen muß, genau so wie die ursprüngliche empathische Beziehung zu dem Elternteil diesen Prozeß in der Kindheit abgefedert haben könnte. Wenn der oder die Betreffende optimal frustriert und dabei gleichzeitig unterstützt und einfühlsam verstanden wird, dann wird es ihm oder ihr gelingen, ganz allmählich jene strukturbildenden Fähigkeiten zu internalisieren, die eine echte Reifung und Entwicklung des Selbst ermöglichen (Kohut, 1971).

Bei der hier beschriebenen Form einer aktiven, humanistischen, psychoanalytischen Psychotherapie ist derselbe Prozeß am Werk. In vielen der Fälle, die ich darstelle, sind die Probleme nicht so schwerwiegend wie bei den von Autoren wie Kernberg, Kohut und Masterson beschriebenen. Darüber hinaus bewirkt die Psychotherapie, da sie gewöhnlich nur einmal wöchentlich eine Stunde lang stattfindet, nicht so häufig jene Art von tiefer, archaischer Übertragung, die eine drei- bis fünfmal wöchentlich stattfindende Analyse auslösen kann. Aus diesen Gründen ist es in dieser Therapieform häufiger nötig, die Übertragungsreaktionen, die im sozialen Leben des Patienten eine besondere Rolle spielen, zu untersuchen, zu analysieren und auf andere Arten damit umzugehen. Außerdem ist es in dieser Form von Psychotherapie, insbesondere bei funktionsfähigeren Personen, hilfreich, Bioenergetik, Gestalttherapie und andere erlebnisorientierte Behandlungsverfahren anzuwenden, um aktiv solche archaischen Übertragungsbedürfnisse und kindlichen Gefühle zu fördern. Es kann außerdem auch nützlich sein, hypnotische und kognitive Therapieverfahren anzuwenden, die die Generalisierung der wichtigsten Internalisierungsprozesse von Funktionen und Strukturen steigern, beschleunigen oder fördern können. Schließlich können Interventionen auf der verhaltensmäßigen und sozialen Ebene durch die Techniken der Verhaltensmodifikation, der Familientherapie oder der strategischen Therapie herangezogen werden, um die soziale Funktionsfähigkeit des Klienten bzw. die therapeutischen Qualitäten der sozialen Umgebung zu erhöhen, die er sich schafft. Indem man dem Klienten hilft, seine soziale Umwelt und sein Verhalten in dieser entsprechend zu gestalten, kann man die narzißtische und symbiotische Heilung voranbringen.

Der größere Teil dieses Buches ist der Anwendung all dieser Strategien im Rahmen einer psychoanalytisch konzipierten Psychotherapie, angereichert durch aktive Techniken, gewidmet. Während der erste Band in dieser Reihe der Darstellung dieser Auffassung für die oralen und schizoiden Klienten diente, strebt dieses Buch eine ähnliche Darlegung dieser Strategie für den narzißtischen Charakter an.

»Nein« und Identitätsbildung

In den späteren Stadien der Wiederannäherung und bis ins vierte Stadium der Trennung bzw. Individuation, das Mahler (1972) als *das Kind auf dem Weg zur Objektkonstanz* (22. bis 30. Monat) bezeichnet hat, schafft sich das Kind seine Identität teilweise durch Opposition. »Nein« wird zu einem Lieblingswort, weil es seine separate Identität ausbildet, indem es einen dem anderen entgegengesetzten Standpunkt einnimmt. Durch dieses Neinsagen sowie die allgemeine Entwicklung des Bewußtseins erzielt *das Kind auf dem Weg zur Objektkonstanz* eine geschlossenere und realistischere innere Repräsentanz sowohl des Selbst als auch des anderen. Wenn die Probleme der Wiederannäherung gut gelöst werden, dann kann sich das Kind eine internalisierte Quelle des Trostes und der Liebe schaffen. Mit dieser Internalisierung wird der andere immer mehr als eine Person eigenen Rechtes gesehen und nicht mehr als ein narzißtisch besetzter Teil des kindlichen Selbst. Sobald diese realistische Weltsicht gefestigt ist, wird sich die primäre Angst des Kindes vollständig von der Furcht vor dem Verlust des Objektes in die Furcht vor dem Verlust der Liebe des Objekts gewandelt haben (Blanck & Blanck, 1974).

Es ist wichtig für die Entwicklung des Kindes, daß es im Zusammenhang mit der Äußerung seiner Oppositionstendenzen in optimaler Weise frustriert wird. Das heißt, es ist wichtig, daß es *einige* dieser Auseinandersetzungen verliert, aber auch, daß es diese Schlachten ohne unnötige Demütigung oder Gewaltanwendung verliert. Eine wichtige Variante der Individuationspathologien ist diejenige, die von Lowen und seinen Anhängern als *Masochismus* bezeichnet wurde. Die masochistische Problematik entwickelt sich aus der konsequenten und oft niederschmetternden Weigerung der Eltern, je zuzulassen, daß ein solches oppositionelles Verhalten verstärkt wird, wobei dem Kind oft gleichzeitig der elterliche Wille in bezug auf Essen, Reinlichkeitserziehung und andere Verhaltensweisen aufgezwungen wird, so daß sich das Kind dem elterlichen Schema anpaßt und nicht mehr seinen eigenen Bedürfnissen folgt. Diese wiederholte Nötigung bewirkt ein Brechen des Willens und eine erzwungene, oberflächliche Fügsamkeit bei gleichzeitigem unbewußten Groll gegenüber denjenigen, die eine solche unnatürliche Anpassung erzwangen. Diese Geschichte führt typischerweise zu einem willfährigen, sich selbst aufopfernden und selbst abwertenden, passiven Individuum, das voll unterdrückter Aggressionen steckt. Oft ist wegen der etwas späteren Entwicklung des Masochismus in Zusammenhang mit Fragen der Beherrschung und Unabhängigkeit wenig oder gar keine Grandiosität, Idealisierung oder Aufspaltung vorhanden, wie wir sie von den symbiotischen und narzißtischen Charakteren kennen. Die Objektkonstanz ist größer und das Selbst-Bewußtsein etwas besser ausgebildet.

Die Abhängigkeit von der Mutter oder einem anderen Liebesobjekt besteht jedoch ebenso weiter wie der Widerstand gegen diese Abhängigkeit und gegen die Identifizierung mit dem Objekt. Die Internalisierung der mütterlichen Funktionen ist noch unvollständig, wenn auch etwas weiter entwickelt als bei den bisher beschriebenen Charakterstrukturen. Wegen der großen Feindseligkeit gegenüber der Person, von der er abhängig ist, fürchtet der Masochist, daß diese unterdrückten Gefühle herauskommen könnten. Aus diesem Grund ist passiv-aggressives Verhalten charakteristisch für das soziale Verhalten des Masochisten.

Die therapeutische Aufgabe besteht in diesem Fall im möglichst kontinuierlichen Durcharbeiten von Identität und Objektkonstanz. Das erste Ziel bei der einfachsten Form masochistischer Anpassung ist es jedoch, die Äußerung der verborgenen Feindseligkeit zu ermöglichen und zu fördern, die mit dem Zerbrechen des unabhängigen Willens des Betreffenden zusammenhängt. Nach meiner Erfahrung sind bioenergetische Techniken sehr wirksam bei diesem Persönlichkeitstypus, da sie unwiderstehlich affektive Zustände herbeiführen und bei deren Äußerung helfen. Der masochistische Charakter hat eher ein ungeäußertes oder unentdecktes Selbst als ein ungeformtes Selbst. Die Behandlung des masochistischen Charakters ist demnach eher in traditionell analytischer Weise zu konzipieren, wobei die Aufgabe darin besteht, das Selbst und seine Affekte zur Äußerung und Konfliktlösung an die Oberfläche des Bewußtseins zu bringen.

Mamas kleiner Mann, Papas kleine Prinzessin

Die Vertreter der Ich-Psychologie, der Objektbeziehungs- und auch der Selbst-Psychologie unterscheiden sich im großen und ganzen nicht substantiell von der klassischen Freudschen Position gegenüber dem Ödipuskomplex. Vergegenwärtigen wir uns kurz diese klassische analytische Position. Sobald die Differenzierung abgeschlossen und die Individuation im Alter von etwa drei Jahren konsolidiert ist, wird das Kind zu echter Objektliebe und Objektrivalität fähig. Man nimmt an, daß das Kind mit dieser Fähigkeit und der damit einhergehenden gesteigerten Bewußtheit der Sexualität den bewußten Wunsch erlebt, nicht nur vom andersgeschlechtlichen Elternteil bevorzugt zu werden, sondern ihn auch sexuell zu besitzen. Man nimmt auch an, daß sich das Kind der naturgemäßen Ausschließlichkeit der sexuellen Beziehung und auf irgendeiner Ebene auch des Inzesttabus bewußt ist. Gleichzeitig ist der Wunsch vorhanden, den gleichgeschlechtlichen Elternteil, der als Rivale erlebt wird, zu besiegen. Freud glaubte, daß dieser Wunsch, den anderen zu besiegen, buchstäblich ein Tötungswunsch wäre. Diese inzestuösen und mörderischen Wünsche rufen, wie man annimmt, bestimmte voraussagbare Befürchtungen hervor — die Furcht vor Vergeltung seitens des gleichgeschlechtlichen Elternteils, die Furcht vor Zurückweisung und dem Verlust der Liebe des andersgeschlechtlichen Elternteils, die Furcht vor dem Verlust der Kontrolle über diese mächtigen Impulse etc.

Wenn die ödipalen Wünsche frustriert werden, nimmt man an, daß das Kind Wut auf den andersgeschlechtlichen Elternteil empfindet sowie ein Gefühl des Scheiterns, anhaltende Traurigkeit und Sehnsucht. Dem Rivalen bzw. der Rivalin gegenüber empfindet das Kind Aggressionen, Neid und vielleicht Demütigung. Kohut (1971) bezeichnet diese klassische, ödipale Situation als eine »massive, aber phasenentsprechende« Frustration. Die folgende Internalisierung ist der Theorie entsprechend ebenfalls massiv, nämlich die Installierung des Über-Ichs — der jetzt verinnerlichten Struktur des andergeschlechtlichen Elternteils, so wie dieser vom Ich des Kindes *wahrgenommen* wird. In der Entstehungsphase des Über-Ichs, so wird angenommen, werden die Impulse, die damit verknüpften Ängste und die Reaktionen beider Eltern wirksam verdrängt und dadurch unbewußt gemacht.

Die Analytiker, die sich auf die prä-ödipale Entwicklung konzentriert haben, leisten einige einzigartige Beiträge zum Verständnis der ödipalen Situation. Im großen und ganzen haben diese Beiträge mit einem tieferen Verständnis dafür zu tun, wie ein Mensch mit beeinträchtigter und blokkierter Ich-Entwicklung mit einer solchen schwierigen Konfliktsituation umgeht. Davon abgesehen halten die meisten dieser Analytiker jedoch im wesentlichen am Freudschen Konzept der ödipalen Situation fest.

Im Gegensatz zu dieser klassischen Sichtweise steht die neuere Auffassung, derzufolge ödipale, sexuelle oder neurotische Probleme weniger als natürliche Folge der ödipalen Situation anzusehen sind, sondern vielmehr als Konsequenz von Mißhandlung oder Mißbrauch seitens der Eltern. Alice Miller (1984) ist vielleicht die eloquenteste und aggressivste Vertreterin dieser Auffassung. Die klassische Konzeption ist ihrer Ansicht nach ungerechtfertigt. Wird sie dem Patienten in der Analyse aufgenötigt, dann habe sie den Effekt, dem natürlichen Kind erneut die Schuld zuzuschieben und es weiter zu unterdrücken, während die Eltern freigesprochen werden und die Verdrängung des tatsächlich Geschehenen gefördert wird. Sie erklärt:

> Ich glaube nicht, daß eine Neurose ihren Ursprung darin hat, daß ein Triebkonflikt verdrängt wurde, wie Freud glaubte, sondern vielmehr, daß frühe traumatische Erlebnisse nicht ausgedrückt werden konnten und daher *verdrängt werden mußten*... Ich kann das Problem »kindlicher Sexualität« nicht isoliert betrachten, sondern sehe es im Zusammenhang mit meinem Wissen um all die Methoden, mit denen Kinder von ihren Eltern benutzt werden können. Ich habe Schwierigkeiten, zwischen dem zu trennen, was Freud als libidinöse Wünsche deutet und den narzistischen Bedürfnissen des Kindes nach Reaktionen, Respekt, Aufmerksamkeit, Widerspiegelung, Akzeptanz und Verständnis (1984, S. 52-53).

Diese Auffassung deckt sich mit der charakterologischen Sichtw[eise,] die von Lowen (1958), Hilton (1980) und anderen vertreten wurde un[d bei] der die Betonung nicht auf dem Triebkonflikt liegt, sondern auf der [Miß-]handlung bzw. dem Mißbrauch des Kindes durch die Umwelt. Diese letztgenannte Sicht entspricht auch eher meiner eigenen Auffassung von der Problematik. Obwohl ich mit einigen der theoretischen Fragen noch ringe (z. B. der Unterscheidbarkeit der sexuellen Triebwünsche von der großen Klasse narzißtischer Wünsche), kann ich eindeutig sagen, daß ich nie einem sexuellen, ödipalen Problem begegnet bin, das auf Kindheitserfahrungen zurückgeführt werden konnte und bei dem nicht irgendein Mißbrauch oder eine Mißhandlung seitens der Eltern oder Pflegepersonen vorlag. Darüber hinaus deckt sich diese Auffassung mit meinem gesamten Verständnis der charakterlichen Entwicklungsprobleme: sie entstehen durch das Zusammenspiel kindlicher Entwicklungsbedürfnisse mit der Unfähigkeit der Umgebung, diese angemessen zu erfüllen.

Schließlich scheint es mir, daß Miller recht hat, wenn sie die traditionelle oder klassische Sichtweise als »pädagogisch« bezeichnet. Die klassische Freudsche Auffassung wird dem analytischen Patienten oft aufgenötigt, statt von ihm hergeleitet zu werden. Ich habe den Eindruck, daß die aufgeschlossene, experimentierfreudige Einstellung, die zu der »neuen Psychoanalyse« geführt hat, früher oder später eine Neuformulierung der ödipalen Situation zur Folge haben wird, die unseren inzwischen gesammelten Erfahrungen genauer entsprechen dürfte. Sexueller Mißbrauch bzw. Mißhandlung von Kindern, von subtilen bis zu sehr massiven Formen, scheint verbreitet zu sein — zumindest weitaus verbreiteter, als wir uns je träumen ließen. Dies muß als ein äußerst gravierender ätiologischer Faktor in der Entwicklung von Psychopathologie erkannt werden. Unsere Theorien werden entsprechend umgestaltet werden müssen, um dieser Erkenntnis gerecht zu werden. Eine Neukombination dieser Erkenntnis mit unserem wachsenden Verständnis der Ich- und Selbst-Bildung wird von unschätzbarem Wert für unser Verständnis und die Behandlung von Menschen mit Beziehungsproblemen, sexuellen Schwierigkeiten und anderen neurotischen Problemen sein. Die Möglichkeiten, auf diesen Gebieten Beiträge zu leisten, sind beträchtlich.

Es ist leicht, einige der offenkundigsten Interaktionen bei sexuell bedingter Ätiologie zu nennen. Obwohl das verführerische Verhalten des andersgeschlechtlichen Elternteils in gewisser Weise gewünscht und begrüßt werden mag, insbesondere in einem ansonsten öden Dasein, ist es auch überwältigend und verwirrend. In solchen Situationen ist vergeltendes oder abweisendes Verhalten des jeweils anderen Elternteils oft die Realität, und das ist ähnlich überwältigend und verwirrend. Wo immer die sexuelle Reaktion von der liebevollen Reaktion abgespalten ist, sei es im Verhalten des Elternteils oder in der Reaktion des Kindes, wird sich der sehr verbreitete Effekt einer solchen Spaltung im Erwachsenenleben wiederfinden. Wo immer die primitiven sexuellen Reaktionen des Kindes mißbilligt und bestraft werden, wird auf dieser Reaktionsebene eine Umwandlung, Deformation oder Perversion erfolgen. Und so weiter und so fort. Dieser ganze Bereich bedarf einer umfassenden empirischen und theoretischen Neubewertung. Zum gegenwärtigen Zeitpunkt kann ich nur die Umrisse dieser Neubewertung ansprechen. Ein wesentlicher Aspekt dabei scheint mir jedoch die Einnahme einer nicht-pädagogischen Haltung — ja einer empirischen Haltung — gegenüber der Analyse von Patienten mit diesen Problemen zu sein.

Charakter und Temperament

Es ist notwendig, bei der Darlegung dieser analytischen Entwicklungstheorie, welche die Interaktion zwischen den Ansprüchen des heranwachsenden Kindes und der Fähigkeit der Umwelt, diesen zu entsprechen, hervorhebt, die Rolle individueller Unterschiede in der daraus resultierenden Charakterbildung anzuerkennen. Es gibt genügend Belege für die Stabilität individueller Unterschiede in der sehr frühen Empfänglichkeit für verschiedene Formen der Stimulierung, die das bestätigen, was auch in unserer Erfahrung recht offensichtlich ist. Die Menschen unterscheiden sich in ihrer genetischen Ausstattung, zumindest in bezug auf grundlegende Eigenschaften wie Reizbarkeit, Entspannungsfähigkeit, Spannungs- und Aktivitätsniveau (z. B. Beckwith, 1979; Birns, Barten & Bridger, 1969; Bronson, 1966; Matheny, Riese & Wilson, 1985; Thomas & Chess, 1977, 1980).

Infolge dieser Temperamentvariablen sowie anderer, die vielleicht noch nicht identifiziert sind, wird es individuelle Unterschiede in der Reaktion auf entwicklungsbedingte Erfordernisse und umweltbedingte Realitäten geben. Obwohl diese Variablen nicht im Mittelpunkt der hier zusammengefaßten Theorien stehen, ist es dennoch wichtig, ihre Bedeutung anzuerkennen. Sie spielen eine erhebliche Rolle in jedem individuellen Behandlungsfall, in dem es darum geht, dem Klienten zu helfen, die Fakten seiner oder ihrer Existenz herauszufinden, zu akzeptieren und realistisch damit umgehen zu lernen. Unsere angeborenen Fähigkeiten und Verletzbarkeiten sind ein offenkundiger, wesentlicher Teil unseres realen Selbst. Sie interagieren auf unzählige Weisen mit Entwicklungs- und Umweltvariablen. Sie sind überaus bedeutsam.

Das Konfliktmodell und das Defizitmodell

Die hier präsentierte Synthese der psychodynamischen Theorien bietet eine Reihe von Vorzügen. Der wichtigste ist die dadurch ermöglichte Integration dessen, was ich als das *Konfliktmodell* und das *Defizitmodell* bezeichnet habe. Das Defizitmodell ist am eindeutigsten in der Objektbeziehungs-, Ich- und Selbst-Psychologie vertreten. Es betont die Auffassung, daß die Psychopathologie eine Folge von Defiziten bei der Strukturbildung ist, wie auch immer man diese Struktur bezeichnen mag (z. B. Selbst, Ich, Über-Ich). Das Konfliktmodell entspricht der klassischen analytischen Auffassung und bis zu einem gewissen Grad auch der charakteranalytischen Sicht. Dabei liegt der Akzent auf widersprüchlichen Impulsen, Trieben oder Affekten. Zur Lösung dieser Konfliktprobleme ist es nötig, die Impulse, Triebe und Affekte aufzudecken, sie zu äußern und schließlich zu zähmen bzw. aufzulösen.

Nach meiner Ansicht sind beide Deutungsebenen nötig, um die Schwierigkeiten zu verstehen und zu behandeln, mit denen die meisten Patienten in die ambulante Therapie kommen. Die Traumata der Vergangenheit haben zumindest bis zu einem bestimmten Maß Defizite in den psychischen Strukturen bzw. im Selbstempfinden hervorgerufen. Gleichzeitig — und zwar um so ausgeprägter, je besser die psychische Abwehr funktioniert — ist da das Problem verdrängter, unbewußter, miteinander in Widerstreit stehender Triebe, Impulse und Affekte. Diese ins Bewußtsein zu rufen, sie auf die geeigneten Ziele zu richten und schließlich zu zähmen, ist unerläßlich. Wird strukturellen Defiziten zu große Aufmerksamkeit gewidmet, dann kann das zur Folge haben, daß zu wenig an der Freisetzung und schließlich an der Regulierung der Affekte gearbeitet wird. Zuviel Aufmerksamkeit für Konflikte, deren Bewußtmachung und Äußerung zu legen, kann eine zu geringe »optimale Frustration« in der Therapie und dadurch eine Vernachlässigung des Aufbaus von Strukturen nach sich ziehen.

Schließlich geht die tiefste Heilung über den Aufbau von Strukturen und die Lösung von Konflikten hinaus. Die anzustrebende Transformation ist nicht vergangenheitsorientiert, sondern gegenwartsbezogen. In dem Maße, in dem die Struktur stärker wird und die Reaktionen auf die Gegenwart klarer und weniger durch die Vergangenheit bestimmt werden, entwickelt sich eine immer kraftvollere persönliche Verantwortung für die Gestaltung der Gegenwart. Diese Gestaltung, die nicht auf Verleugnung von Defiziten oder Konflikten basiert (das ist der springende Punkt) wird zu einer tragfähigen Basis für die Selbstverwirklichung. Dies ist die Transformation, um die es uns geht: die Schaffung einer soliden Struktur, die Befreiung und relative Löschung von Reaktionen, die auf frühere, Traumen zurückgehen, und die realistische, auf Fakten beruhende Gestaltung der Gegenwart. Von all dem handelt dieses Buch.

2. Kapitel

Das benutzte Kind: die narzißtische Erfahrung

Ätiologie

Die Schlüssel zum Verständnis des Narzißmus sind die *narzißtische Kränkung* und die *Wiederannäherungs-Krise.* Der Nachvollzug der Kränkung des Narzißten führt uns zum Verständnis seiner zugrundeliegenden emotionalen Erfahrung. Ein Großteil seiner Selbstdarstellung, wenn nicht die gesamte, sowohl sich selbst als auch anderen gegenüber, dient der Kompensation dieser Kränkung. Die Wiederannäherungs-Krise ergibt ein Verständnis der Entwicklungspotentiale, der Ich-Kräfte und Ich-Defizite und damit der Beschaffenheit seiner Objektbeziehungen, seiner Abwehrstruktur und der Erfahrung seiner selbst.

Die Kränkung ist eine tiefe Wunde, die der Erfahrung des wahren Selbst zugefügt wurde. In den extremeren Fällen einer narzißtischen Störung geht diese Verletzung so tief und sind die Kompensationen so krampfhaft, daß die betreffende Person keine Erfahrung bzw. kein Verständnis ihres wahren Selbst mehr übrig hat. Bei den weniger extremen Varianten dieser Störung, die in unserer Kultur verbreitet sind, ist oft eine verschleierte Bewußtheit des wahren Selbst vorhanden, das aber gleichzeitig abgelehnt wird. Obwohl der Begriff des Narzißmus auf den griechischen Mythos zurückgeht, der oberlächlich verstanden Eigenliebe bedeutet, trifft für die narzißtische Persönlichkeitsstörung bzw. den narzißtischen Persönlichkeitsstil genau das Gegenteil zu. Der Narzißt hat den Ausdruck seines wahren Selbst aufgrund früher Verletzungen begraben und es durch ein hochentwickeltes, kompensatorisches falsches Selbst ersetzt.

Die narzißtische Kränkung kann eine unbegrenzte Zahl spezifischer Formen annehmen, aber im wesentlichen tritt sie ein, wenn die Umwelt vom Individuum verlangt, etwas grundlegend anderes zu sein als er oder sie in Wirklichkeit ist. Im Grunde lautet die Botschaft an die sich entwickelnde Persönlichkeit: »Sei nicht, wer du bist, sei der, den ich brauche. Der du bist, enttäuscht mich, bedroht mich, ärgert mich, überreizt mich. Sei, was ich will, und ich werde dich lieben.«

Wie bereits dargelegt, könnte jedes charakterliche Problem in dieser allgemeinen Weise gesehen werden. Im wesentlichen wird dem Schizoiden signalisiert, nicht zu existieren, dem Oralen, nicht zu wollen, dem Symbiotischen, sich nicht zu individualisieren etc. Die Folge ist, daß bei jeder charakterlichen Anpassung Narzißmus ins Spiel kommt, und daß narzißtische Eigenschaften in größerem oder geringerem Maß bei jeder Charakterstruktur zu finden sind, die sich vor oder während der Wiederannäherung entwickelt hat.

Dies trifft aus mehreren Gründen zu. Erstens kommt es bei jeder charakterlichen Anpassung zur Entwicklung eines kompensatorischen falschen Selbst, in das das Ich investiert und das es durch Abwehrmaßnahmen verteidigt. Zweitens sind die Aufgaben der Wiederannäherungs-Subphase der Individuation wirklich schwierig und erfordern eine intakte Ich-Struktur und eine einfühlsame, verständnisvolle, respektvolle, spiegelnde und bestätigende Umwelt. Die Umgebungen, welche die schizoiden und oralen Strukturen entstehen lassen, sind ihrer Definition nach alles andere als angemessen, und die bereits vorhandenen Ich-Verwundungen können schon beträchtlich sein. Eine Reihe der Schwierigkeiten in der Selbstdarstellung, den Objektbeziehungen, dem Realitätsbezug und den Abwehrfunktionen, die für die offensichtlicher narzßtische Persönlichkeit kennzeichnend sind, werden deshalb auch bei diesen anderen charakterlichen Anpassungsformen zu finden sein.

Gleichzeitig ist es oft der Fall, daß Personen mit den gravierendsten narzißtischen Fehlanpassungen in den vorangegangenen Perioden, die Körperkontakt und Fürsorge erforderten, eindeutig eine unzureichende Betreuung hatten. Eltern, die Narzißmus hervorbringen, können oft nicht mit ihren Kindern als reale, lebendige menschliche Organismen in Beziehung treten. Dies ergibt eine Art von grundlegender schizoider Unwirklichkeit in den Objekt- und Realitätsbeziehungen — ein idealer Nährboden für eine ausgeprägt narzißtische Anpassung, wenn es um die Auseinandersetzungen mit den Problemen der Selbst-Werdung geht. Insbesondere, wenn dann eine elterliche Idealisierung und / oder Demütigung des Kindes vorliegt, das ein Selbst zu bilden versucht, wird der Drang zu einer narzißtischen Lösung überwältigend.

Diese generalisiertere Auffassung des Narzißmus ist nicht neu, sondern spiegelt sich auch in den Werken von Adler (1985), Blanck & Blanck (1974, 1979), Miller (1981, 1984) und Lowen (1983). Auf mein eigenes Denken über den Narzißmus hat sich klärend ausgewirkt, daß ich ihn als eine generalisierte Schwierigkeit erkannte, die alle Charakterstrukturen betrifft, welche vor oder während der Wiederannäherungs-Phase der Individuation entstehen. Ich bin somit auf narzißtische Merkmale auch bei anderen Charakterstrukturen vorbereitet, auch wenn die wichtigsten Lebensprobleme, mit denen jemand in Therapie kommt, nicht eindeutig narzißtisch sein mögen. Gleichzeitig unterscheide ich inzwischen auch einen Narzißmus, der eine spezifischere Ätiologie aufweist und der zu einem spezifischen Persönlichkeitsmuster führt. Dieser »Narzißmus im engeren Sinn« stellt eine sehr wertvolle diagnostische Kategorie dar. Kurz gesagt können Personen als narzißtisch im engeren Sinn betrachtet werden, wenn sie vor der narzißtischen Kränkung, die sie in der Wiederannäherungs-Periode erlitten, sehr wenig Traumata aufwiesen. Die Folge ist, daß sie ein Anpassungsmuster zeigen, bei dem die eigene Integrität und Selbstachtung große Schwierigkeiten machen, ein grundlegendes Sicherheitsgefühl jedoch kein Problem darstellt. Ich bezeichne diese Spielart als »reinen« Narzißmus bzw. »Narzißmus im engeren Sinn«, um ihn von narzißtischen Anpassungsformen zu unterscheiden, die andere Strukturen überdecken.

Im folgenden werde ich diesen Narzißmus im engeren Sinn auf seinen heuristischen Wert hin untersuchen, wobei mir klar ist, daß narzißtische Kränkungen und Schwierigkeiten in der Selbstrepräsentanz und den Objektbeziehungen auch in anderen Kategorien auftreten. Dies entspricht dem in diesen Bänden vertretenen Ansatz, demzufolge Charakterstrukturen als Ausdruck zentraler Lebensprobleme gewertet werden. Innerhalb dieses Rahmens kann ein bestimmtes Individuum Schwierigkeiten mit einem oder allen genannten Kernproblemen aufweisen. Dies trifft für die narzißtischen Kränkungen und Anpassungen aufgrund ihrer Position in der Entwicklungssequenz und der Tatsache, daß alle Traumata in dieser Sequenz letztlich dem wahren Selbst zugefügt werden, um so mehr zu.

Im engeren Sinn repräsentiert die narzißtische Pathologie somit jene Schwierigkeiten in der Selbstrepräsentanz und den Objektbeziehungen, die aus Schwierigkeiten in der Wiederannäherungs-Subphase der Trennung bzw. Individuation entstehen. Das ist die kritische Phase, in der das Individuum erstmals voll und ganz seine Getrenntheit begreift, diese Realität emotional verarbeiten muß und vor der Aufgabe steht, seine Großartigkeit mit seiner Verletzbarkeit zu vereinbaren. Diese Wiederannäherung stellt den ersten Versuch des Individuums dar, seinen idealisierten Traum, der die Illusionen der *Symbiose* und der eigenen *Großartigkeit* einschließt, mit den Realitäten des Daseins in Einklang zu bringen, die *Getrenntsein* und *Begrenztheit* einschließen. Wenn die Umwelt beide Seiten dieser Polarität akzeptieren und nähren kann, wenn sie die Wunder einer entstehenden Persönlichkeit und die Schönheit eines offenen, abhängigen Kleinkindes lieben kann, dann wird das wahre Selbst dieses Individuums gefestigt, verstärkt und verwirklicht. Das Individuum kann dann so großartig sein, wie es seinen Anlagen entspricht, und so schwach und verletzbar, wie es in seiner Natur liegt. Wenn die Umwelt das Kind sein läßt, wie es ist, dann tritt keine Störung des Selbst ein. Aber wenn das, was ich bin, zuviel oder zuwenig ist, wenn ich zuviel oder zuwenig Energie habe oder zu sexuell oder nicht sexuell genug bin, zu stimulierend oder nicht stimulierend genug, zu frühreif oder zu langsam, zu unabhängig oder nicht unabhängig genug... dann kann ich mich nicht frei selbst verwirklichen. *Das* ist die narzißtische Kränkung.

Der Versuch des Kindes, so zu sein, wie die Umwelt es haben möchte, ist das falsche Selbst. Und die als »narzißtisch« bezeichneten Pathologien sind einfach die Folge davon, (1) daß es so wurde, wie man es haben wollte, statt so, wie es seinen Anlagen entsprach, und (2) die Folge seiner Entwicklungshemmung an dem Punkt, an dem es eine unterstützende Spiegelung brauchte, um wirklich es selbst zu werden. Ein sehr bedeutender Anteil der daraus folgenden Pathologie ist dadurch bedingt, daß das Kind sich selbst ablehnt. Man spiegelt seine Umgebung, indem man an sich selbst ablehnt, was von anderen abgelehnt wurde. Man versucht, das zu verstecken, was abgelehnt wurde, und man arbeitet eifrig daran, dies zu kompensieren. In der Regel meidet man diejenigen oder ärgert sich über sie, die all das aufweisen, was man bei sich selbst abgelehnt hat.

Die Objektbeziehung des Narzißten wird ständig seine Versuche widerspiegeln, die abgelehnte und unterdrückte Realität zu leugnen und die falsche Kompensation zu erreichen und zu präsentieren. Das Verhaltensmuster ist am offenkundigsten bei jenen narzißtischen Persönlichkeiten, die ein fast zwanghaftes Bedürfnis aufweisen, die richtigen Kleider, die richtige Wohnung, das richtige Auto und den richtigen Partner zu haben, um die Welt mit dieser Kompensation des falschen Selbst zu beeindrucken. Dabei ist es wichtig, sich daran zu erinnern, daß auch zwanghafte formen der Selbstverleugnung und Bescheidenheit in der Weise, in der wir hier davon sprechen, narzißtisch sein können. Wenn die eigene Verletzbarkeit oder Menschlichkeit bedrohlich war, wurde sie verleugnet; umgekehrt wurde auch die Großartigkeit verleugnet, wenn sie zuviel war. Der Narzißmus ist einfach die Zurschaustellung des falschen Selbst anstelle der Äußerung des wahren Selbst. Erfolgreiche Therapie besteht darin, das wahre

Selbst wiederzufinden und dann zum Ausdruck zu bringen.

Ich finde es nützlich, die von Mahler so benannte Subphase der Wiederannäherung als das Stadium anzusehen, in dem zwei menschliche Grundpolaritäten dem kleinen Kind erstmals zur allmählichen Integration präsentiert werden. Diese Polaritäten sind (1) Einheit-Individuation und (2) Grandiosität-Verletzlichkeit. Selbst unter den günstigsten Umständen ist diese Integration nicht einfach. Ernste menschliche Psychopathologie entsteht aus jenen familiären Situationen, in denen ein Teil dieser beiden Polaritäten nicht frei erlebt und dann integriert werden kann. Offensichtlich entsteht der symbiotische Charakter eher aus der blockierten Integration der ersten Polarität, während der narzißtische Charakter eher durch die blockierte Integration der zweiten zustandekommt. Diese Dichotomie ist jedoch vielleicht insofern eher heuristisch denn real, als sich der narzißtische Charakter niemals wirklich individualisiert, weil er niemals wirklich er selbst wird. Stattdessen versucht er so zu werden, wie es seine Umwelt von ihm will, und infolgedessen ist seine Individuation unecht. Dennoch erweckt er den Anschein der Individuation und ist in der Regel fähig zu aktivem, scheinbar individualistischem Verhalten in der realen Welt.

Besonders hilfreich für das Verständnis von Menschen mit narzißtischen Problemen ist es, sich an die große Verletzlichkeit zu erinnern, die das Kind während der Wiederannäherungs-Phase erlebt. Das Kind fühlt sich durch seine wachsende Bewußtheit der eigenen Verwundbarkeit und Machtlosigkeit ebenso bedroht wie durch seine zunehmende Erkenntnis, daß es von der Mutterfigur getrennt ist und nicht ihre magischen Kräfte besitzt. Wenn es die ziemlich manische Übungsphase hinter sich hat, benötigt es besonders einfühlsames Verständnis und Sympathie, seine Worte müssen einen Widerhall finden, es muß gespiegelt und mit Respekt behandelt werden. Dies ist die Subphase, in der es am schwierigsten erscheint, eine »ausreichend gute« Mutterfigur zu sein. Gut genug zu sein bedeutet, dem sich entwickelnden Individuum zu gestatten, die Eltern bei der Bewältigung dieser schwierigen inneren Konflikte narzißtisch zu besetzen bzw. zu benutzen.

Ein Verständnis des Begriffs *narzißtische Besetzung* ist nötig, um die narzißtische Entwicklung und deren Äußerung im Erwachsenenleben wirklich würdigen zu können. Ein Objekt wird narzißtisch besetzt, wenn es das Ziel eigener Investition oder Bindung ist, ihm aber kein eigenes Lebenszentrum bzw. keine eigene Aktivität zugestanden wird. Als bedeutsam wird es nur im Rahmen des eigenen Lebens und als wertvoll nur insofern angesehen, als es Bezug zu einem selbst hat, ja man erwartet von ihm, gewissermaßen bedingungslos den eigenen Bedürfnissen zu dienen. Mit anderen Worten, es ist ein archaisches *Selbstobjekt*, das nur so wahrgenommen wird wie man es braucht, und nicht als ein *wirkliches Objekt*, das so gesehen wird, wie es wirlich ist.*

Für das Kind in der Wiederannäherungs-Phase ist dies ein legitimer Entwicklungsschritt. Der reife Elternteil unterstützt seinen Sprößling, indem er ihm diese narzißtische Besetzung gestattet und sich vom Kind dazu benutzen läßt, sein entstehendes und eigenständiges Selbst zu definieren. Das Verständnis, der Respekt und die Liebe sowie die Bereitschaft, dem Kind als Spiegel und Echo zu dienen, all diese Dinge, von denen die analytischen Entwicklungspsychologen sprechen, sind mit Carl Rogers' Konzepten der »Empatie« und der bedingungslosen positiven Wertschätzung des Klienten in der Psychotherapie zu vergleichen. Obwohl die »hinreichend guten« Eltern ihrem Kind Grenzen setzen müssen, wird in ihrem Umgang mit ihm die Botschaft mitschwingen, daß das Kind in Ordnung, akzeptabel und liebenswert ist, so wie es ist. Diese bedingungslose positive Wertschätzung gilt seiner essentiellen Menschlichkeit mit all seiner Großartigkeit und all seiner Verletzlichkeit. Es ist dieselbe Art von Akzeptanz, die wirklich liebevolle Partner imstande sind, einander als Erwachsene entgegenzubringen, wenn sie sich von realem Objekt zu realem Objekt aneinander binden und die Stärken des anderen zu würdigen wissen, während sie einander gleichzeitig hinsichtlich ihrer akzeptierten Verletzlichkeiten unterstützen.

Alice Miller (1981) hat mir durch ihre Darstellung, wie narzißtische Eltern narzißtische Kinder hervorbringen, das Verständnis des Narzißmus erleichtert. Wenn der Elternteil in seiner Kindheit selbst eine narzißtische Kränkung erlitt, erwartet er von seinem Kind, daß es ihm das narzißtische Verständnis und die Spiegelung entgegenbringt, die er selbst damals nicht erhalten hat. Die Folge ist, daß der Elternteil vom Kind nicht zur Bewältigung der großen Probleme der Wiederannäherung benutzt werden kann; vielmehr benutzt der Vater / die Mutter das Kind für die Spiegelung, die er / sie immer noch benötigt.

Die klassische archetypische Mutterfigur, die ihr eigenes Kind narzißtisch besetzt, ist die »Bühnenmutter«. Diese in der Regel bedauernswerte Person lebt durch die künstlerische Leistung ihres Sprößlings und übersteigt ihre Grenzen in dieser Identifizierung. Typisch ist, daß das Kind der

* Kohut trifft nicht diese Unterscheidung zwischen Selbstobjekt und wirklichem Objekt, die ich für heuristisch bedeutsam halte.

Bühnenmutter in der Hoffnung benutzt wird, die Enttäuschungen und Mängel im Leben der Mutter wettzumachen; die Folge ist, daß das Management durch die Bühnenmutter etwas Verzweifeltes an sich hat. In dem Film *Fame* wird die Tänzerin Doris Finsecker von einer klassischen Bühnenmutter begleitet. Die Mutter mischt sich immer wieder ein, während Doris an der New Yorker Schule der Darstellenden Künste vortanzt. Als sie später angerufen wird und das Ergebnis erfahren soll, fragt die Mutter ängstlich-gespannt: »Nun, ist sie drin oder ist sie draußen?« Nachdem sie die Antwort vernommen hat, wendet sie sich vom Telefon ab und ruft triumphierend: »Doris, wir haben es geschafft!«

Wenn das Kind nicht das notwendige Echo liefert oder die übertriebenen Erwartungen nicht erfüllt, kann die Mutterfigur ihm ihre Liebe entziehen oder mit den Wutausbrüchen reagieren, die für die Wiederannäherungs-Phase des Kindes kennzeichnend sind. Das verletzliche und abhängige Kind wird dann sein wahres Selbst verleugnen, um die Mutterfigur nicht zu verlieren. Während es ihren idealisierten Erwartungen zu entsprechen und ihren narzißtischen Bedürfnissen zu dienen versucht, verleugnet und verliert es sich selbst. Es investiert in das idealisierte, falsche Selbst und versucht dadurch, das wiederzugewinnen, was es verloren hat — die Liebe, den Respekt, die Resonanz und die Spiegelung, die es benötigte, um sein wahres Selbst zu entdecken, zu akzeptieren, zu entwickeln und zu lieben. Nach dieser ätiologischen Formulierung besteht die narzißtische Kränkung in der Unfähigkeit der Eltern, das Kind mit all seinen realen Konflikten, seinen Schwächen und Stärken zu akzeptieren, zu verstehen und zu lieben. Die Ablehnung des eigenen wahren Selbst erneut zu spüren heißt, die sehr chaotischen und überwältigenden Emotionen der Wiederannäherungs-Periode aufs Neue zu erleben, ohne die nötige elterliche Unterstützung zur Bewältigung der Krise. Zu einer Auseinandersetzung mit diesem Zustand, der von Masterson (1976) als »Verlassenheitsdepression« bezeichnet wird, kommt es bei jeder Behandlung der narzißtischen Problematik.

Es existiert ein verwandtes ätiologisches Bild, bei dem ein narzißtischer Elternteil vorhanden ist, der sich von den sichtbar werdenden Stärken des kleinen Kindes bedroht fühlt. Ein solcher Elternteil — der gewöhnlich in seiner Kindheit selbst unterdrückt und gedemütigt wurde — möchte seinem Kind nicht geben, was ihm selbst vorenthalten wurde. Insbesondere, wenn er merkt, daß der andere Elternteil das Kind idealisiert, wird er ausagieren, um das heranwachsende Individuum in seinem Kind zu demütigen.

Ich habe oft die Kombination dieser ätiologischen Faktoren erlebt, die gewöhnlich einem vorhersagbaren sexuellen Schema folgen. Ich habe zum Beispiel oft erlebt, daß die Mutter eines Jungen, die von ihrem Partner enttäuscht wurde, ihren Sohn idealisiert und von ihm erwartet, daß er sich um sie kümmert und ihrem idealisierten Bild von ihm entspricht. Oft hatte die Mutter zuvor ihren Vater idealisiert, bevor sie von ihm desillusioniert wurde. Sie besetzt nun ihren Jungen narzißtisch, re-investiert ihre Idealisierung jetzt in ihn und bereitet den Boden für eine doppelt schmerzhafte narzißtische Kränkung ihres Sohnes. Der eifersüchtige Vater reagiert, indem er seinen Sohn demütigt, während der Junge die Besetzung seitens der Mutter durch die Entwicklung eines narzißtischen falschen Selbst beantwortet. In diesem Fall wird das wahre Selbst des Kindes zweifach gekränkt: erstens durch die Unfähigkeit der Mutter, seine Verletzlichkeit zu akzeptieren, und durch ihre Idealisierung, und zweitens durch das Bedürfnis des Vaters, sich an ihm zu rächen und ihn zu demütigen.

Die Verzweiflung, mit der der klassische Narzißt an seinem zur Schau getragenen falschen Selbst festhält, wird verständlich, wenn man sich die unerhörte Pein vergegenwärtigt, die er durch diese doppelte Ablehnung seines wahren Selbst durchmachen mußte. Wenn diese Seite der Polarität innerhalb oder außerhalb von Therapie erlebt wird, empfindet der oder die Betreffende einen schrecklichen Mangel an Unterstützung und Verständnis, erlebt sich als wertlos und gedemütigt und verspürt ein verzweifeltes Bedürfnis, diese überwältigenden Gefühle von sich abzuwehren. An diesem Punkt kann die narzißtisch gestörte Person versuchen, jede mögliche Abwehr zu mobilisieren, um sich vor diesen Gefühlen zu schützen. Zu diesen Abwehrmanövern zählen eine intensivierte Re-investition in das falsche Selbst, unbegründete Größenphantasien, Ausagieren in Gewalttätigkeit, Suizid oder Drogenmißbrauch und eine Aufspaltung der sozialen Umgebung in dem Sinne, daß andere als ausschließlich unterstützend oder als bedrohlich gesehen werden. Erst die Durcharbeitung der Verlassenheitsdepression und die allmähliche Assimilierung des grandiosen und des verletzlichen Selbst wird den Weg für die charakterliche Verwandlung des Narzißten ebnen.

Die narzißtische Kompensation entsteht somit als Reaktion auf die Kränkung. Diese Kompensation beinhaltet ein Steckenbleiben in der Grandiosität, die, da sie völlig unrealistisch ist, äußerst verletzbar ist. Um mit dieser extremen Verletzbarkeit zu leben, wendet der Narzißt zwei Grundstrategien an: (1) Er versucht, seiner Grandiosität zu entsprechen, indem er sich um Vollkommenheit bemüht, und (2) er verleugnet und verdrängt den geradezu absolutistischen und primitiven Charakter seiner

Grandiosität. Je erfolgreicher sein Kompromiß ist, desto schwieriger wird es sein, ihn jemals aufzugeben.

Das Kind benutzt den Elternteil in der Wiederannäherungs-Phase legitimerweise, um sich selbst zu finden. Es gewinnt seine Identität aus dem symbiotischen Orbit, während es die Identifizierung mit der Elternfigur und deren Idealisierung dazu benutzt, um sich selbst zu definieren und seine eigene Identität in der Spiegelung zu entdecken, die ihm der Erwachsene bietet. Im Gegensatz dazu benutzt der narzißtische Erwachsene andere, um sein falsches Selbst zu stützen, zu festigen und aufzublähen. Dies setzt bedauerlicherweise die Abhängigkeit fort, denn das falsche Selbst kann niemals autonom und mit sich selbst zufrieden werden. Wie wir in den folgenden Kapiteln über die Behandlung des Narzißten sehen werden, ist ein entscheidender Wendepunkt in der Heilung des Narzißten erreicht, wenn er sich erneut an andere wendet, um sie zur Entdeckung und Stärkung seines wahren Selbst zu benutzen. Zunächst bedeutet dies, ebenso wie beim Kleinkind, eine offensichtlicher abhängige Position. Aber sobald der Betreffende die Unzulänglichkeit seines wahren Selbst zugibt und sich von anderen dabei helfen läßt, dieses zu entdecken und zu nähren, ist der Keim zur Unabhängigkeit gelegt, denn das Auffinden des wahren Selbst beendet die Suche danach und damit auch das verzweifelte Bedürfnis nach ständiger Bewunderung. Sobald der Narzißt aufhört, andere zur Verewigung seines falschen Selbst zu benutzen und anfängt, sich von anderen bei der Entdeckung seines wahren Selbst helfen zu lassen, ist er auf dem Weg zu sich selbst.

Verhalten, Einstellung und Gefühl

Der Narzißt kann durch die Polarität verstanden werden, die er im Zusammenhang mit der Problematik von Grandiosität / Wertlosigkeit präsentiert. Obwohl die meisten Beschreibungen der narzißtischen Persönlichkeit die kompensierte Seite dieser Polarität hervorheben — den Mangel an Bescheidenheit, die Unfähigkeit, Fehlschläge zu akzeptieren, die Furcht vor Hilflosigkeit, die Tendenz, andere zu manipulieren, Machtstreben und Willenskraft — lassen viele narzißtische Charaktere, oft schon in der ersten therapeutischen Sitzung, den entgegengesetzten Pol erkennen. Der Betreffende gesteht sein tiefes Gefühl der Wertlosigkeit, sein quälendes Empfinden, niemals genug zu sein oder zu haben, sein ständiges Bedürfnis, provisorischen Wert zu erlangen, und sein tiefer Neid gegenüber denjenigen, die er als erfolgreich und gesund empfindet. Mit diesem Geständnis wird er oft das Gefühl zugeben, andere mit seiner Fassade der Stärke, der Kompetenz und des Glücks nur zu täuschen. In dieser seelischen Verfassung weiß er, daß das Selbst, das er der Welt präsentiert, falsch ist, daß es ihm keine Quelle des Vergnügens und keine Stütze ist und daß er keine dauerhafte Erfahrung von sich als einem wirklichen menschlichen Wesen hat.

Obwohl das kompensierte falsche Selbst typischer für seine soziale Präsenz ist, kann er in Therapie kommen, wenn seine Kompensation aus irgendeinem Grund zusammenbricht und ihn die überwältigenden Gefühle des Zerfalls zwingen, sich Hilfe zu suchen. Ebenso wie der orale Charakter in seiner kollabierten Phase will der Narzißt in dieser existentiellen Krise etwas, das seine Schmerzen beendet. Typischerweise kommt er nicht in Therapie, um sich charakterlich zu verändern, sondern, weil er Hilfe zur Aufrechterhaltung seiner Kompensationsformen sucht. Es kann notwendig sein, sich auf therapeutische Manöver einzulassen, um dieses Ziel, zumindest anfänglich, zu erreichen, denn der schlecht funktionierende Narzißt kann in der Panik der Dekompensation sehr gefährlich für sich und andere sein. Er kann zum Beispiel in heftige Schuldzuweisungen gegen die »bösen« anderen ausbrechen, die ihm nach seinem Eindruck die Pein verursachen, und er kann gewalttätig gegen sie agieren. Andererseits kann er auf dem Tiefpunkt seines Gefühls von Wertlosigkeit oder sobald er seine Unechtheit erkennt, in ernste Suizidgefahr geraten.

Emotional ist er in diesen Phasen ein 15 bis 24 Monate altes Kind, das sich mit den entscheidenden Problemen herumschlägt, mit der entsprechenden Verzweiflung und den Wutausbrüchen dieser Periode. Vor der Herstellung einer sehr vertrauensvollen therapeutischen Beziehung und einer kritischen Ich-Bildung kann der narzißtische Patient völlig unfähig sein, diese Wiederannäherungs-Krise durchzuarbeiten. Respekt für den Grad seiner Schmerzen und Verzweiflung ist ebenso angebracht wie Respekt davor, wie gefährlich ein Erwachsener in der Agonie seiner Wiederannäherungs-Krise sein kann. Eine echte therapeutische Veränderung kann beginnen, sobald genügend Beziehung und Ich-Stärke vorhanden sind, damit das narzißtische Individuum den Abgrund seiner Wertlosigkeit, Unechtheit und Verzweiflung erleben kann. Dies ist das wesentliche Erlebnis, das durchgemacht werden muß, damit eine Veränderung möglich wird.

Der narzißtische Charakter in seiner kompensierten Phase ist ein Mensch, der einfach jene Verhaltensweisen, Einstellungen und Affekte manifestiert, die ihn vor der Krise verzweifelter Gefühle schützen. In der Regel zählen dazu Überheblichkeit, Stolz, Ansprüche, Manipulation und Objektivierung anderer, Egozentrik und ein großes Leistungsbedürfnis zum Schutz einer brüchigen Selbstachtung. Obwohl er in seiner Selbstdarstellung aufgeblasen wirkt, ist er außerordentlich abhängig von äußerer Bestätigung des Wertes seiner Qualitäten und Leistungen. Bezeichnenderweise werden Personen, die solche Qualitäten nicht besitzen oder nicht anerkennen, entweder extrem abgewertet oder überschätzt. Jede Quelle negativer Rückmeldungen kann ernste erneute Kränkungen bewirken und Aggressionen oder Abwehr gegen diese auslösen. Seine Polarisierung in bezug auf den eigenen Wert spiegelt sich in seiner Bewertung anderer. Manche werden als übertrieben wertvoll empfunden und in extremer Weise idealisiert, während andere als völlig wertlos und verächtlich hingestellt werden. Paradoxerweise werden gerade Personen, die das falsche Selbst, das er zur Schau trägt, anerkennen oder die darauf hereinfallen, oft abgewertet. Da er auf irgendeiner Bewußtseinsebene weiß, daß seine Selbstdarstellung unecht ist, hat der Narzißt das Gefühl, diejenigen getäuscht zu haben, die ihm die Anerkennung spenden, welche er sich so verzweifelt wünscht. Deshalb verliert er einiges an Achtung und Vertrauen gegenüber allen, die auf den Köder des falschen Selbst hereinfallen, das er zur Schau trägt.

Wie jeder Mensch, der idealisiert, ist auch der Narzißt anfällig für Desillusionierung, wenn die idealisierten anderen seinen unrealistischen Erwartungen nicht entsprechen. Dieses Muster der Idealisierung und Enttäuschung ist besonders häufig in der psychotherapeutischen Interaktion anzutreffen. Tatsächlich sind ja alle persönlichen Beziehungen des Narzißten durch die narzißtische Besetzung anderer gekennzeichnet. Mit anderen Worten, der Narzißt sieht andere nicht so, wie sie sind, sondern so, wie er sie haben möchte. Sie sind also Bewunderer, idealisierte Vorbilder, Beispiele dessen, was er ablehnt und für schlecht hält etc. Menschen werden in Kategorien wie gut und böse eingeteilt; er benutzt sie, aber geht mit ihnen nicht als die Menschen um, die sie sind. Andere werden nicht um der Gaben willen gesehen, an denen sie uns teilhaben lassen, der Begrenzungen, mit denen sie konfrontiert sind, oder der Schmerzen, die sie erleben. Der Narzißt nimmt sie nur mit Blick auf seine eigenen Bedürfnisse wahr. Im Zusammenhang mit dem Narzißten gewinnt der Begriff *Objektbeziehungen* seine besondere Schärfe. Wir sind Objekte für ihn, und soweit wir selbst narzißtisch sind, sind andere Objekte für uns. Der Narzißt sieht und hört und spürt nicht wirklich, wer wir sind, und in dem Maße, in dem wir narzißtisch sind, sehen und hören und empfinden wir nicht die wahre Präsenz anderer. Sie, wir, sind Objekte.

Wenn man nachvollziehen kann, wie sich diese Objektivierung von beiden Seiten aus, dem Objekt und dem Objektivierer, anfühlt, hat man die Essenz der narzißtischen Erfahrung begriffen. Ich bin nicht wirklich. Du bist nicht wirklich. Du bist ein Objekt für mich. Ich bin ein Objekt für dich. Wir benutzen und manipulieren einander, wir spielen miteinander. Wir haben keinen inneren Kontakt, wir fühlen nicht, wir lieben nicht. Wir sind Maschinen, die einander bei dem mechanischen Vorgang benutzen, den Tag und die Nacht durchzustehen.

Es ist so leicht, die unangenehmen Eigenschaften des Narzißten, die er oft durch eine Depression unterdrückt, zu sehen, ihn zu objektivieren, den Kontakt mit seinem quälenden inneren Erleben zu verlieren und zu vergessen, daß er in seinen kompensatorischen Aktivitäten anderen oft von großem Nutzen ist. In einem sehr realen Sinn hat er sich für andere aufgeopfert, und er ist oft nahe daran, der Held oder Erlöser zu werden, der er glaubt, werden zu müssen, um etwas wert zu sein. Insbesondere bei den weitverbreiteten, für unsere Kultur typischen Fällen des narzißtischen Persönlichkeitsstils werden die grandioseren und manipulativeren Aspekte wirksam unterdrückt und bleiben einem selbst und anderen dadurch weitgehend verborgen. Was im Bewußtsein bleibt, ist nur die auf das Ego bezogene Forderung, durch Leistung Wert zu erwerben. Daß dieser Wert ein Ersatz für die Liebe ist, die der Narzißt eigentlich brauchte, daß er sich für einen Trostpreis geopfert hat und daß er das Leben in seinem Kampf verfehlt, all dies ist zu schmerzhaft, um es ins Bewußtsein dringen zu lassen.

Und dennoch ist da das mit dem Alter immer quälender ins Bewußtsein dringende Gefühl, daß das Leben mehr zu bieten hat als dies. In jenen Augenblicken, in denen er seine Abwehrmechanismen außer Kraft setzt, erkennt der Narzißt, daß andere einander sehen und hören und spüren, daß die Erlebnisse mancher anderer echte Freude und Liebe enthalten, daß in menschlichen Erfahrungen Wirklichkeit ist. In dieser Erkenntnis und in diesem Neid liegt der Keim zur narzißtischen Transformation.

Die Rettung des Narzißten liegt nicht in seinen Leistungen, seiner Besonderheit oder Einzigartigkeit. Das »Drama des begabten Kindes« (Miller, 1981) besteht in der Entdeckung seiner menschlichen Gewöhnlichkeit. In dieser Gewöhnlichkeit steckt sein Vermögen, echte menschliche Gefühle zu empfinden, ungeachtet der Billigung oder Ablehnung dieser Gefühle durch seine internalisierten Eltern. Sobald er seine Gewöhnlichkeit erkannt hat, kann er seine Gaben als eben das äußern, was sie sind — Gaben. Nicht seine Begabung macht ihn aus, sondern seine Menschlichkeit.

Die harte Arbeit der Psychotherapie besteht beim Narzißten darin, ihm zu helfen, auf den Kompromiß zu verzichten, der sich oft schlecht anfühlte, ihm aber auch eine gewisse Befriedigung verschaffte und nach außen hin oft gut wirkte. Stattdessen muß er sich auf eine neue Vergewisserung seines Selbst einlassen, bei der er neue Kränkungen riskiert und all die alten Gefühle der Verletzung aufrührt, was ihm aber letztlich Erfüllung verspricht.

Der Narzißt kann am klarsten durch seine Pathologie in der Selbstrepräsentanz und den Objektbeziehungen beschrieben werden. Darüber hinaus ist es nützlich, sich auf die Unterschiede in seinen Formen der psychischen Abwehr zu konzentrieren, um ihn von den anderen Charakterstrukturen zu unterscheiden, die narzißtische Bestandteile enthalten. Aus diesen Gründen möchte ich die Beschreibung seines Verhaltens, seiner Einstellung und der charakteristischen Affekte mit den folgenden drei Kategorien von Ich-Funktionen beginnen: Objektrepräsentanzen und -beziehungen, Identitätsbildung sowie Abwehrfunktionen.

Objektrepräsentanzen und Objektbeziehungen

Vom Standpunkt der Objektbeziehungen aus gesehen ist der Narzißt in der Wiederannäherungs-Phase der Trennung / Individuation in seiner Entwicklung steckengeblieben. Die Folge ist eine grundlegende Pathologie in seiner Fähigkeit, sich — auf einer psychologischen Ebene — von wichtigen Bezugspersonen zu differenzieren. Anders als der symbiotische Charakter unterscheidet der Narzißt im engeren Sinn auf der körperlichen Ebene klar zwischen sich und anderen und hat nicht dieselbe Art von diffusen Körper-Ich-Grenzen, die bei der symbiotischen Struktur anzutreffen sind. Auf der psychologischen Ebene besteht jedoch eine Verwirrung hinsichtlich der Grenzen. Das Ausmaß dieser Verwirrung und der Grad, in dem sie als ich-entsprechend wahrgenommen wird, repräsentiert das Ausmaß der Ich-Beschädigung. Am untersten Ende dieser Skala hat Kohut (1971) die Objektbeziehungen als *Verschmelzung durch Erweiterung des aufgeblasenen Selbst* bezeichnet. In diesem Extremfall sieht sich der Klient als psychisch verschmolzen, zumindest mit den nächsten Bezugspersonen, und dazu »berechtigt«, diese vollständig und ausschließlich zu benutzen.

Dies ist die Art von Person, die empört oder wütend auf einen Therapeuten oder Partner reagiert, der ihr nicht bedingungslos zu ihrem unbegrenzten Gebrauch zur Verfügung steht. Sie ist typischerweise eifersüchtig auf die Arbeit ihres Partners, seine Steckenpferde oder andere Beziehungen, die in irgendeiner Weise seine Verfügbarkeit einschränken. In extremen Fällen verübelt es ein solcher Klient seinem Therapeuten ganz offen, auch noch andere Leute zu behandeln als nur ihn. Außerdem erwartet er freien und unbegrenzten Zugang zu seinem Therapeuten oder anderen Bezugspersonen und reagiert aggressiv auf alle Beschränkungen, die andere einführen, um ihre eigenen Grenzen zu wahren. Wenn die Entwicklung in einem so frühen Stadium blockiert wurde, lagen gewöhnlich schwere Mängel in der elterlichen Fürsorge und dem Körperkontakt sowie damit zusammenhängende Pathologien schizoid-oraler Natur vor.

Alle narzißtischen Charaktere neigen zur Idealisierung, aber an diesem extremen Pol der Verschmelzung sonnt sich der Betreffende geradezu im »narzißtischen Glanz« aller positiven Attribute des besetzten anderen. Eine schöne Gattin läßt ihn physisch attraktiver erscheinen, ein brillanter Therapeut unterstreicht seine eigene Brillanz, ein begabter Sohn läßt ihn oder sie ähnlich begabt erscheinen. Man erinnere sich an das Beispiel der Bühnenmutter, die vollkommen mit ihrem talentierten Sprößling verschmolzen ist. Häufig erfolgt die Verschmelzung mit jenen Objekten, die am eindeutigsten einen Aspekt des Selbst repräsentieren, an dem es Zweifel oder Kritik gibt. Wenn ich mich häßlich fühle, dann möchte ich mich mit jemanden zusammentun, den ich als schön empfinde. Wenn ich mich dumm fühle, dann möchte ich mit jemandem verschmelzen, den ich als intelligent ansehe. Wenn ich mich für langweilig halte, dann suche ich die Nähe eines anregenden Menschen.

Obwohl diese verschmelzende Übertragung den Tiefpunkt der Entwicklungsskala in den narzißtischen Objektbeziehungen darstellt, habe ich Unterschiede in der Fähigkeit von Klienten erlebt, ein mehr oder weniger »erwachsenes, beobachtendes Ich« einzusetzen, das sich dieser Anpassung bewußt ist und damit in Einklang oder Widerspruch steht. Mit anderen Worten, manche Klienten sind imstande zu erkennen, daß sie zu mehr oder weniger verschmelzenden Übertragungsbeziehungen mit ihren Partnern, Kindern und Therapeuten tendieren, und betrachten das als bedauernswert. Es kann also nach meiner Erfahrung eine Fixierung auf diesem Entwicklungsniveau bei gleichzeitiger Weiterentwicklung der Denkprozesse und des Realitätsbezugs vorhanden sein, die geeignet sind, den extremen Manifestationen der oben geschilderten verschmelzenden Übertragung einen Riegel vorzuschieben.

Kohut (1971) vertritt den Standpunkt, daß die »Zwillings-Übertragung« entwicklungsmäßig etwas weiter fortgeschritten ist als die eben dargestellte verschmelzende Übertragung. In diesem Fall wird zwar die Getrenntheit anerkannt, aber das Individuum geht davon aus, daß es und sein Objekt eine mehr oder weniger identische Psychologie mit ähnlichen Vorliegen, Abneigungen, Philosophien etc. haben. Die Aufrechterhaltung dieser Illusion ist notwendig für die Aufrechterhaltung bedeutsamer Beziehungen. Die Entdeckung, daß der andere selbst in irgendeiner unwichtigen Hinsicht nicht »genauso ist wie ich«, reicht aus, um die Beziehung zu bedrohen. Die Zwillingsbindung ist in all ihrer Zerbrechlichkeit oft bei Liebesbeziehungen von Halbwüchsigen zu beobachten, bei denen die Bindung zum Teil die Funktion hat, ihr eigenes Selbst zu entdecken. Nicht selten finden narzißtische Charaktere, die diese Form von Übertragungsbeziehung aufweisen, im wesentlichen orale oder symbiotische Persönlichkeiten, die diese Zwillingserwartung tatsächlich erfüllen. Die gegenwärtig populäre Literatur über »Seelenverwandtschaft« scheint mir zumindest gelegentlich diese Art von Übertragungsbeziehung fortzuführen, die auf der Suche nach dem vollkommenen *alter ego* basiert.

Kohuts (1971) am weitesten entwickelte Form der narzißtischen Übertragung ist die »Spiegelübertragung«. Bei dieser Beziehungsform wird der andere primär zu dem Zweck *benutzt*, das falsche Selbst anzuerkennen oder weiter aufzublähen. Hier bildet das Bedürfnis nach Aufmerksamkeit, Wertschätzung, Respekt und Zuwendung den Brennpunkt der Beziehung. Diese Form von Übertragung ist insofern reifer, als sie sich stärker auf die Entwicklung des eigenständigen Selbst richtet. Bei dieser Übertragung ist das falsche Selbst etwas weiter entwickelt, und andere werden narzißtisch besetzt, damit sie es stützen helfen. Die Tragik liegt natürlich darin, daß andere benutzt werden, das *falsche* Selbst zu erhöhen, und nicht, um einem zu helfen, sein *wahres* Selbst zu entdecken und zu akzeptieren. Beispiele dieser spiegelnden Übertragung wären etwa die Empörung eines Klienten darüber, daß der Therapeut ein geringfügiges Detail vergessen hat, von dem in einer früheren Sitzung die Rede war; daß der Therapeut versäumt, die neueste Leistung zu loben, oder daß er kein Wort über eine neue Frisur oder eine andere bedeutsame Veränderung in der persönlichen Erscheinung verliert. Das innere Erleben dieses Bedürfnisses nach Spiegelung beschränkt sich auf ein mehr oder weniger ständiges Verlangen, daß andere von dem unsicheren Selbst, das man der Welt präsentiert, Notiz nehmen, es bestätigen und aufbauen helfen. Narzißten dieser Entwicklungsstufe sind oft zur Einsicht in ihren narzißtischen Charakter fähig, auch wenn sie diese abwertende und unglückliche Etikettierung vielleicht nicht kennen. Auch sind sie sich oft des negativen und unsicheren Gegenpols ihrer Selbstkonzepts viel deutlicher bewußt. Deshalb erscheinen sie viel »neurotischer« im klassischen Sinn; dennoch ist ihr Versagen bei der Aufgabe der Wiederannäherung und ihre Geschichte des *Benutztwerdens* zur Erzielung eines therapeutischen Fortschritts äußerst hilfreich.

Ich finde Kohuts Kategorisierung sehr nützlich zur Beschreibung verschiedener Formen narzißtischer Übertragung sowohl innerhalb als auch außerhalb von Therapie. Andererseits habe ich beobachtet, daß bei einem Individuum alle Formen gleichzeitig vorhanden sein können. Insbesondere habe ich unter extremen Stress Regressionen zu niedrigeren Entwicklungsformen der Übertragung (z. B. Verschmelzungsübertragung) festgestellt, und umgekehrt leichtere Formen des Bedürfnisses nach Spiegelung, wenn die therapeutische Beziehung tragfähig und die Belastung gering ist.

Aus dieser Skizzierung der Objektbeziehungen des Narzißten wird klar, daß er der Prototyp des außengesteuerten Individuums ist. Sein Selbst wird fast ausschließlich durch den anderen bzw. die Reaktion des anderen auf ihn definiert. In Abwesenheit des anderen oder in Abwesenheit einer zustimmenden Reaktion stellt sich Leere, Verzweiflung, Depression oder ein Erregungszustand ein, der eigentlich der verborgene Gefühlszustand des Narzißten ist. Zur Abwehr dieses Zustands nimmt die narzißtische Persönlichkeit äußerste Mühen auf sich, um spiegelnde Objekte zu finden oder diejenigen, die sie hat, zu der gewünschten Reaktion zu nötigen.

Die Idealisierung anderer, die Narzißten zeigen, kann man sich gut entsprechend der Entwicklungsskala vorstellen — Verschmelzung, Zwillingsform und Spiegelung. Bei der Verschmelzungsübertragung sucht das Individuum im anderen das *vollkommene* Objekt, mit dem es verschmelzen könnte, und mißdeutet ihn dann als solches. Im alltäglichen Leben wird diese Vollkommenheit am häufigsten beim *potentiellen* Partner vermutet — potentiell, weil es nahezu unmöglich ist, die Idealisierung bei näherem Kontakt aufrechtzuerhalten. Wo Verschmelzungsidealisierung vorhanden ist, liegen immer ätiologische Schwierigkeiten mit den Pflegefunktionen und dem Körperkontakt der ursprünglichen Betreuer zugrunde. Der oder die Betreffende sucht immer noch nach der Symbiose, die entweder unzureichend war oder vorzeitig verlorenging.

Das vollkommene Zwillingsverhältnis ist die Idealisierung der Alter-Ego-Übertragung, die bei vielen Liebesbeziehungen von Halbwüchsigen vorliegt. Das vollkommene Rollenvorbild ist die Idealisierung der spiegelnden Übertragung. Bei dieser späteren Entwicklungshemmung braucht das Individuum jemanden, zu dem es aufschauen, an den es glauben und den es nachahmen kann.

Bei all diesen Idealisierungen sucht das Individuum im anderen nach seinem Selbst. In einem sehr realen Sinne ist dies auch ein fruchtbarer Ort für eine solche Suche, da diese Art von Beziehungen den sozialen Kontext bieten, in dem wir uns selbst kennenlernen. Aber sofern der infantile, absolute Charakter der Idealisierung nicht neutralisiert wird, kann keine Reifung durch Internalisierung erfolgen. Stattdessen dreht sich die narzißtische Person endlos im Kreis, von Idealisierung und Desillusionierung, wie der sprichwörtliche Hund, der seinem Schwanz nachjagt.

Identitätsbildung

Die narzißtische Ätiologie führt zu einer grundlegenden Störung des Selbstempfindens, des Selbst*konzepts* und des Selbst*bildes.* Ich benutze diese drei Bezeichnungen ganz bewußt, um die Tatsache zu beleuchten, daß die Selbst-Repräsentanzen des Narzißten in allen drei grundlegenden sensorischen Systemen (visuell, akustisch und kinästhetisch) eine Pathologie erleiden werden. Die ätiologischen Umstände veranlassen den Betreffenden zu der Schlußfolgerung: »Mit mir ist etwas nicht in Ordnung, so wie ich bin. Ich muß etwas Besonderes sein.« Diese grundlegende »Script-Entscheidung« gleicht der des Schizoiden, obwohl es dabei nicht um das Problem der eigenen Daseinsberechtigung geht, und auch nicht die extreme Furcht des Schizoiden vor anderen und dessen ungeheure Lebensangst vorliegen. Vielmehr betrifft diese Entscheidung eher das eigene Selbstverständnis in allen Repräsentationskanälen. In der Periode der Selbstwerdung wird der Narzißt veranlaßt, einen Teil von sich selbst abzulehnen, seine Gefühle der Traurigkeit und Wut, die diese Ablehnung begleiten, zu unterdrücken und seine Energien in die Entwicklung jenes falschen Selbst zu investieren, das die Billigung seiner Umwelt erfährt. Es erfordert beträchtliche Willenskraft, die realen Lustwünsche des Organismus zu unterdrücken und sich stattdessen die geforderte idealisierte Funktionsweise anzueignen. Doch durch diesen Willensakt verschafft sich das Kind Macht in einer Umwelt, die der Äußerung seines wahren Selbstausdrucks in wichtigen Aspekten feindlich gesinnt ist. In der narzißtischen Situation ist die normale Eltern-Kind-Beziehung in einigen wichtigen Punkten umgekehrt, das heißt, das Kind wird dazu benutzt, die narzißtischen Bedürfnisse des Elternteils zu befriedigen. Bei dieser Umkehrung gewinnt das Kind beträchtliche Macht, die Umwelt in einer Entwicklungsperiode zu manipulieren und zu beherrschen, in der Manipulation und Beherrschung der Umwelt von zentraler Bedeutung sind. Das Kind lernt somit, auf die Freuden des wahren Selbst zu verzichten bzw. sie gegen die Macht und Herrschaft einzutauschen, die es sich durch die Willensakte verschaffen kann, die nötig sind, um das von der Umwelt geforderte falsche Selbst zu verwirklichen.

Beim eben beschriebenen Szenarium schneidet sich das Kind von einem realen, durch sensorische Eindrücke gespeisten Erleben des Selbst ab und investiert ausschließlicher in das Selbst, das zur Schau getragen wird oder in der Vorstellung existiert (das Selbstbild oder Selbstkonzept). Mit anderen Worten, das Selbst beginnt, nicht als das organismische Ganze, das es ist, mit all seinen Bedürfnissen und Freuden erlebt zu werden. Vielmehr ist das Selbst ein Ideal, ein Image, ein Konzept, eine Abstraktion. Die Entwicklungshemmung im Stadium der Grandiosität wird dann durch die Macht verstärkt, die das Kind erlebt, wenn es die Bedürfnisse der Eltern durch die Entwicklung eines falschen Selbst befriedigt. In gewissem Sinn repräsentiert das falsche Selbst den erfolgreichsten Versuch des Ichs, Grandiosität zu verwirklichen. Dabei trifft das Kind die unvermeidliche tragische Entscheidung, zugunsten von Macht auf echten Lustgewinn zu verzichten. Die Selbstrepräsentanz ist somit auf einer kinästhetischen Ebene oft nur positiv durch jene Gefühle des Triumphs und der Euphorie vorhanden, die sich durch Erfolg, Leistung oder die hohlen Freuden des Beherrschens, Manipulierens oder Beeindruckens anderer ergeben. Infolge dessen ist die Integrität dieses »Selbst« außerordentlich abhängig von jenen äußeren Quellen der Bestätigung, und dabei ist die resultierende Stärkung jeweils nur vorübergehend und unbefriedigend. Man hungert ständig nach mehr von etwas, das gut schmecken mag, das einen aber nie dauerhaft sättigt.

Wie bereits erwähnt, ist die Selbst-Repräsentanz weitaus mehr visuell und konzeptionell bewußt als kinästhetisch: es ist wichtiger, gut auszusehen und eine gute Meinung von sich selbst zu haben, als sich gut zu fühlen. Mit anderen Worten: »Ich bin jemand, der seinem Selbstbild und Selbstkonzept gerecht wird.« Gute Gefühle beziehe ich nur aus zweiter Hand und aus künstlicher Quelle, nämlich wenn meine Umwelt das Bild oder die Vorstellung, die ich von mir habe, bestätigt. Der Triumph, die Hochstimmung oder der Stolz, die man beim Narzißten im Zusammenhang mit seiner positiven Erfahrung des Selbst beobachten kann, sind oft sehr »geistig« und unsinnlich, das heißt, sie repräsentieren nicht wirklich ein kinästhetisches Erleben von Lust am Körper oder auch nur von wirklicher Freude über eine Leistung. Die Schattenseite der Polarität des Narzißten hinsichtlich seiner Selbst-Repräsentanz ist viel stärker kinästhetischer Natur. Wenn das falsche Selbst in irgendeiner Weise versagt oder die Willenskraft erschöpft ist, bricht der Narzißt zusammen oder kompensiert durch ichfremde Symptomatik.

Ich habe es nützlich gefunden, zur Beschreibung der für den narzißtischen Patienten kennzeichnenden drei Typen von Selbstdarstellungen Kohuts Konzept der vertikalen und horizontalen Spaltung zu verwenden. In der Tabelle 1 stelle ich dieses Schema vor, das mit den Konzepten des falschen Selbst, des symptomatischen Selbst und des realen Selbst arbeitet. Das falsche Selbst schließt die Verhaltensweisen, Einstellungen und Gefühle der Kompensation ein, inklusive der Entwicklungshemmung in der Phase der Selbstüberschätzung mit all der damit verbundenen Unreife der Ich-Funktionen. Der Grad, in dem sich das Individuum der Attribute des falschen Selbst bewußt ist, kann sehr stark schwanken. So mag der Betreffende zwar wissen, daß seine Selbstachtung stark abhängig von Leistungen ist, oder daß er ein Perfektionist ist, aber er merkt nicht, wie extrem diese Tendenzen eigentlich sind. Auch kann er sich vielleicht gelegentlich zu den weniger attraktiven Aspekten seiner Gefühle von Anspruch, Stolz und Egozentrik bekennen, aber es wird ihm verständlicherweise noch schwerer fallen, das wahre Ausmaß dieser Eigenschaften zuzugeben. Besonders hilfreich ist Kohuts Erklärung, daß die mangelnde Bewußtheit des falschen Selbst auf *Verleugnung* zurückzuführen ist. Dies hilft uns, seine partielle und unstetige Bewußtheit zu differenzieren und zu verstehen. Es hilft uns auch zu begreifen, wie es kommt, daß uns die Egozentrik des Narzißten so offenkundig erscheint, für ihn aber offensichtlich nicht wahrnehmbar ist.

Tabelle 1

Drei Ausdrucksformen von Narzißmus

Falsches Selbst	*Symptomatisches Selbst*
Abhängigkeit von Leistung	Anfällig für Scham und Demütigung
Perfektionismus	Hypochondrisch, psychosomatisch
Grandiosität-Allmachtsgefühle	Wertlosigkeit, Selbstabwertung
Stolz	Isolierung, Einsamkeit
Anspruchshaltung	Depression, Trägheit, Arbeitshemmung
Manipulation und Verobjektivierung anderer	

Wahres Selbst
Gefühle von Leere, Hohlheit, Panik mit Schwächung und Spaltung des Selbst
Archaische Forderungen der Wiederannäherungs-Phase: Verschmelzung, Zwillingsverhältnis, Spiegel- und Idealisierungsübertragungen
Gefühle von Wut und Kränkung über die empathische Versagung der archaischen Ansprüche
Suche nach dem wahren Selbst, Entdeckung und Entwicklung desselben: angeborene Fähigkeiten, Identifizierung, Ambitionen und Ideale

Diese höchst brüchige Kompensation ist schwer aufrechtzuerhalten, und ihr Zusammenbruch hat die in der rechten Spalte angeführte Symptomatik zur Folge. In diesem Zustand ist der oder die Betreffende äußerst empfindlich für Beleidigungen, Kränkungen oder Kritik, neigt zu Depressionen oder Hypochondrie, wird von Gedanken der Wertlosigkeit und eigener Mängel geplagt etc. Diese Symptome sind bewußt, aber ihr Zusammenhang mit der archaischen Selbstüberschätzung ist weitgehend unbekannt.

Diese symptomatischen Abwehrmechanismen sind gewöhnlich das genaue Gegenteil jener Eigenschaften, welche im falschen Selbst die Triumphgefühle, die Hochstimmung und den Stolz bewirken. Wenn die Kompensation üblicherweise durch ein schönes Selbstbild gestützt wird, fühlt sich der Narzißt nun extrem häßlich. Wenn Intelligenz das Bollwerk des falschen Selbst bildet, dann fühlt er sich jetzt unbeschreiblich dumm. Wenn energische Kraft die kompensatorische Eigenschaft ist, wird er schwach. Wenn materieller Besitz die nötige positive projektive Identifizierung bietet, dann erscheint dieser Besitz eines Tages hohl oder unzulänglich.

Der Narzißt mit guter Abwehr verbringt seine Zeit überwiegend im linken Feld dieser vertikalen Spaltung, aber mit einem schwachen Bewußtsein seiner eigentlichen Oberflächlichkeit und Unechtheit. Er steht aktiv im Leben, ist verzweifelt bemüht, seine aktiv-verleugnenden Abwehrstrukturen aufrechtzuerhalten. Solange diese ichgerechte Kompensation funktioniert, gibt es eigentlich keinen Grund für ihn, sich um eine therapeutische Intervention zu bemühen; tut er es dennoch, dann wird es ihm vor allem darum gehen, in der Therapie diesen kompensatorischen Zustand erneut zu festigen. Der narzißtische Charakter mit weniger guter Abwehr wird einen größeren Teil seiner Zeit im rechten Feld der vertikalen Spaltung in einem chronischen Zustand des Kreisens um sich selbst verbringen, das kognitiver und / oder körperlicher Natur sein kann, oder er wird in die Krisen geraten, die eintreten, wenn alle Abwehrmaßnahmen versagen. Dies ist natürlich der Zustand, in dem sich die meisten Patienten mit einem narzißtischen Persönlichkeitsstil bzw. einer entsprechenden Charakterstörung zur Behandlung einfinden. Fast alle wünschen die Beseitigung dieser Symptome; nur wenige haben eine verschwommene Ahnung von der zugrundeliegenden emotionalen Realität, die im Unbewußten, d. h. unter der horizontalen Linie existiert. Diese Realität, die jeder sicherlich vermeiden möchte, schließt die archaischen Krisen der Wiederannäherungs-Phase und die Affekte ein, die mit der Unfähigkeit ihrer Bewältigung einhergingen. Dazu zählen die Kränkung und Wut angesichts legitimer narzißtischer Ansprüche, die chronisch unbefriedigt blieben, und, was vielleicht die größte Angst macht, das Gefühl von Leere in der Erfahrung mit irgendeinem wahren Selbst.

Die vertikale Spaltung bezieht sich somit auf das Erleben der Polarität im Zusammenhang mit der Selbstwertproblematik. Die oberhalb des waagrechten Striches genannten Eigenschaften entsprechen dem Bild, das der Narzißt bietet. Er wird einige der Eigenschaften des falschen Selbst bewußt und ichgerecht erleben, aber die meisten werden zumindest partiell verleugnet. Die horizontale Spaltung deckt die darunterliegenden unbewußten Ansprüche und Gefühle und das essentielle Fehlen eines Selbst ab. Vielleicht der schwierigste Aspekt der Psychotherapie bei allen Charakterproblemen betrifft die Tatsache, daß sie auf dem Weg zur charakterlichen Veränderung das sehr unangenehme Erlebnis der tieferen emotionalen Realität mit sich bringt. Gegen das Erleben dieser Realität setzt sich der Betroffene ganz verständlicherweise zur Wehr, oft auf einer unbewußten körperlichen Ebene, was den Entdeckungsprozeß lang und schmerzhaft macht.

Da der reine Narzißt im allgemeinen über eine bessere Abwehr verfügt als jene Charakterstrukturen, die in früheren Phasen des Entwicklungsprozesses entstanden, bedarf es oft massiver, sich häufender Fehlschläge sowie unterstützender therapeutischer Intervention, um ihn an diese höchst unangenehme zugrundeliegende emotionale Realität heranzuführen. Der Schlüssel zur erfolgreichen Behandlung dieser tragischen Persönlichkeit besteht darin, einen Zugang zum wahren Selbst zu finden, soweit dieses vorhanden ist, und die Entwicklung des Selbst von der Blockade zur Transformation zu fördern. Sobald die Kompensationen, sowohl die ichgerechten als auch die ichwidrigen, aufgelöst sind, wird der oder die Betreffende anfangen, sein sehr primitives und verletzbares Selbst zu spüren, das noch überwältigenden affektiven Zuständen ausgesetzt ist. Wie in Tabelle 1 dargestellt, kann die betreffende Person dann jene höchst unangenehmen Gefühle von Panik, Leere und Hohlheit empfinden, die mit dem Eindruck zusammenhängen, daß ihr Selbst keine Substanz habe. Diese unmittelbare Erfahrung von Nichtigkeit, von Schwäche und Zerfall ist wahrscheinlich das überwältigendste affektive Erlebnis und für jene Narzißten, die eine Neigung zum Ausagieren haben, auch das gefährlichste.

Insbesondere am unteren bzw. Borderline-Ende der Skala werden diese Gefühle von heftigen Anfällen des Zornes und der Verletzung begleitet sein. Der oder die Betreffende wird vollkommene Einfühlung und damit sofortige Befriedigung der archaischen Ansprüche der ursprünglichen Wiederannäherungs-Phase fordern — des Bedürfnisses, mit dem vollkommenen, idealisierten anderen zu verschmelzen, des Bedürfnisses nach einem symbiotischen Zwillingsverhältnis und des Wunsches nach ständiger und vollkommener Spiegelung.

Diese Patienten können in solchen Augenblicken den Therapeuten und andere wichtige Bezugspersonen laut und heftig angreifen. Es besteht eine sehr reale Gefahr von Gewalttätigkeit, die sich gegen die eigene Person oder gegen andere richten kann.

Am oberen Ende der Skala — dem narzißtischen Persönlichkeitsstil — können ebenfalls ziemlich extreme Anfälle von Panik und Gefühle der Leere und Hohlheit auftreten, begleitet von einem kontrollierteren Erlebnis jener archaischen Ansprüche und der damit einhergehenden narzißtischen Wut und Kränkung. Mit anderen Worten, der besser funktionierende Narzißt kann das zwar empfinden, sich aber gleichzeitig über das Ausmaß wundern, indem er Idealisierung oder Spiegelung zu brauchen scheint, und er kann entsetzt über die Heftigkeit seiner Kränkung und seiner Aggressionen sein. Obwohl er dank der Stärke seines beobachtenden Ichs klinisch leichter zu handhaben ist, sollte man sich über die Intensität seines affektiven Erlebens im klaren sein.

Der Silberstreif in diesen sehr dunklen Wolken ist der Beginn des Erlebens von Wirklichkeit. Bei einer differenzierteren Funktionsweise des Narzißten kann es sogar Äußerungen der Erleichterung und Dankbarkeit angesichts der tief empfundenen Wirklichkeit dieses Erlebens geben. Auch wenn es unangenehm ist, so ist es doch wirklich, und diese Wirklichkeit ist für den Menschen mit differenzierterer Funktionsweise ermutigend und gewissermaßen belebend. Es bedarf tatsächlich dieser tiefen emotionalen Erfahrung, um den entscheidenden Schritt von der *Benutzung anderer zur Stützung und Erhöhung des falschen Selbst* zur *Benutzung anderer zur Auffindung und Stärkung des wahren Selbst* zu tun. Sobald dieser Schritt getan ist, kann der Betroffene dann seine Energie dieser Aufgabe zuwenden, die gleichzeitig menschlich und heroisch, einfach und grandios ist.

Für mich ist es die Polarität im Bereich der Selbstrepräsentanz in der vertikalen Spaltung, die klinisch den größten Definitionswert für das narzißtische Krankheitsbild hat. Es ist jedoch die *spezielle* Form des Zusammenbruchs und Rückfalls in die verborgene emotionale Realität des einzelnen Klienten, wodurch sie die Natur der frühen Beschädigungen in der Entwicklung und der daraus resultierenden Persönlichkeitsprobleme offenbart. Die Kompensation des falschen Selbst ist die bestmögliche Anpassung des Ichs zum Zeitpunkt der ursprünglichen Beschädigung, um zu überleben, in Kontakt zu bleiben, sich Liebe zu sichern und das Selbst zu formen. Wenn die Kompensation versagt und die symptomatischen Abwehrmechanismen nicht mehr greifen, wird die primäre Angst der Entwicklungsperiode, in der mit dem Aufbau des falschen Selbst begonnen wurde, wieder zutage treten.

Beim schizoiden Charakter wird dies die buchstäbliche Angst vor Vernichtung sein. Für den Schizoiden stirbt zusammen mit dem falschen Selbst auch seine physische Existenz oder wird getötet. Das schizoide Individuum, das ein hinreichendes Maß an erwachsenen, beobachtenden Ich-Fähigkeiten entwickelt hat, wird sich der Irrationalität dieser Angst bewußt sein. Doch wird dieser Mensch dennoch diese äußerste existentielle Bedrohung erleben und häufig unter Gedanken und Vorstellungen tatsächlicher Vernichtung leiden, wenn das falsche Selbst bedroht ist. Im Gegensatz dazu wird sich der orale Charakter in Perioden schwerer Depression als äußerst bedürftig, schwach und minderwertig erleben und sich vor dem Verlassenwerden durch Bindungsobjekte fürchten, die ihm viel bedeuten. Der Zusammenbruch der Kompensation des falschen Selbst wird zum Kern seiner Angst vor dem Objektverlust führen.

Beim symbiotischen Charakter löst der Zusammenbruch des falschen Selbst ähnliche Ängste vor dem Verlust des Objekts und gleichzeitig und in erschreckender Weise vor dem Verlust des sich abzeichnenden wahren Selbst aus. Der symbiotische Charakter weiß nur in Beziehung zum Bindungsobjekt, wer er ist; deshalb löst der Verlust des Objekts die Furcht vor dem Verlust des entstehenden Selbst aus. Beim narzißtischen Charakter, bei dem die Trennung zwischen Selbst und Objekt weiter fortgeschritten ist, betrifft die ausgelöste primäre Angst den Verlust der Liebe des Objekts. Aber da die Liebe des Objekts immer noch aufs engste mit der Existenz des Selbst verknüpft ist, ist auch diese Existenz selbst in ähnlicher Weise bedroht. Außerdem ist für den Narzißten der Verlust des falschen Selbst gleichbedeutend mit dem Verlust seiner Fähigkeit, die Umwelt zu manipulieren und alles unter Kontrolle zu haben. Durch diesen Verlust wird also auch die Furcht wiederbelebt, aufs neue manipuliert, gedemütigt und benutzt zu werden. Die Folge ist, daß sich der »reine Narzißt« (der in früheren Phasen nur relativ geringe Beschädigungen erlitten hat) mehr als alle anderen Charakterstrukturen vor dem Verlust von Selbstachtung und Macht zur Beherrschung der Umwelt fürchtet.

Die charakterliche Transformation jeder prä-ödipalen Struktur setzt diesen Rückfall in archaische und oft überwältigende Gefühle voraus. In seiner Behandlung von Borderline-Fällen und narzißtischen Persönlichkeitsstörungen hat Masterson (z. B. 1976, 1981, 1985) dies als *Verlassenheits*depression bezeichnet. Adler (1985) hat andererseits die scheinbaren Gefahren der *Vernichtung* hervorgehoben, von denen sich Borderline-Patienten bedroht fühlen. Bei seinem theoretischen Schema sind dies die wesentlichsten Kernprobleme, die mit der Entwicklungshemmung in den Wachstumsphasen beim Stillen und Im-Arm-gehalten-Werden zu tun haben. Masterson meint, Borderline- und Narzißmus-Pathologie sei in erster Linie auf Entwicklungshemmung in der Subphase der Individuation zurückzuführen, und zwar infolge von Verlassenwerden zur Strafe für Individuation, während Adler und andere insbesondere die *Borderline*-Pathologie eher auf Defizite in den elterlichen Fürsorgefunktionen und im Körperkontakt in den früheren Entwicklungsperioden zurückführen. Ich neige dazu, Adlers Deutung im Hinblick auf die gravierenderen Anzeichen von Borderline-Pathologie zuzustimmen, obwohl ich ebenso wie er der Meinung bin, daß auch die spätere Problematik des Verlassenwerdens zur Strafe für Individuation bei Borderline-Patienten häufig vorhanden ist. Umgekehrt weisen Personen mit narzißtischer Pathologie auch sehr oft die obengenannte Problematik im Zusammenhang mit der Fürsorge und dem Körperkontakt auf.

Ich glaube jedoch, daß die Bezeichnung »Depression« in bezug auf diese archaischen chaotischen Gefühle einigermaßen fehl am Platz ist. Obwohl diese Reaktivierung kindlicher Gefühle oft depressive Züge hat und sich die Menschen sicher nicht sehr gut fühlen, wenn sie sie durchmachen, sind in diesen Zeiten emotionaler Krise auch eine Menge schöpferischer Impulse zu beobachten. Diese Impulse können durch Depression blokkiert werden. Aber Depression ist nicht die Essenz dieser Erfahrung, sondern vielmehr eine Abwehr dagegen. Aus all diesen Gründen werde ich diese kritischste therapeutische Phase bei allen prä-ödipalen Charakterveränderungen künftig als die *Vernichtungs-und Verlassenheitskrise* bezeichnen. Dieser Betriff anerkennt die zweifache und oft gemischte Rolle der aktivierten Vernichtungsängste auf der einen und des Verlassenwerdens bei Individuation auf der anderen Seite. Darüber hinaus beleuchtet er das Wesentliche dieser Erfahrung — eine Krise — eine Heilungskrise, der gegenüber entweder Widerstand geleistet oder die durchgearbeitet werden kann.

Der Narzißt wird in dem Maße leichter erreichbar und behandelbar sein, in dem er ein erwachsenes, beobachtendes Ich besitzt und in dem er über eine gewisse Fähigkeit verfügt, sich mit seinem wahren Selbst zu identifizieren. Dieses wahre Selbst existiert in Form der echten Gefühle des oder der Betreffenden in der Verlassenheit der Depression, in Überresten von natürlichem menschlichem Vergnügen und in den positiven Gefühlen der Verbundenheit, die aus konstruktiven früheren Beziehungen stammen.

Sobald sich das wahre Selbst im Laufe der Psychotherapie entwickelt, wird der Betroffene mit beiden Extremen des Gefühls in Kontakt kommen. Oft ist Freude schwieriger zu erreichen als Schmerz, weil das Erleben echter körperlicher Lust Schuldgefühle und Angst auslöst und das Erlebnis der Verbundenheit die Furcht vor Demütigung und die Erkenntnis all der menschlichen Kontakte wachruft, die verlorengegangen sind. Die Angst betrifft auch das Loslassen der falschen Sicherheit, die einem das falsche Selbst bietet, und die Bejahung des Lebens im Körper, der relativ unbekannt und deshalb angstauslösend ist.

Die Kontaktaufnahme mit dem wahren Selbst durch Empfindungen der Freude und der Verbundenheit öffnet den Betroffenen für die Kontaktaufnahme mit dem Schmerz der Vernichtungs- und Verlassenheitskrise. Viele Narzißten werden sich immerhin an einfache, gute Gefühle erinnern oder diese zu schätzen wissen, welche sich aus gewöhnlichen Lebenserfahrungen ergeben. Dies sind die Überreste des wahren Selbst; sie stellen schließlich die Belohnungen für das Auffinden dieser Wirklichkeit dar. Zum Glück sind die in Lehrbüchern geschilderten extremen Formen des narzißtischen Charakters selten. Die meisten Personen mit narzißtischer Problematik können sich an echte Freude und Verbundenheit zumindest erinnern und entweder spontan oder durch therapeutische Intervention veranlaßt werden, echte Schmerzen zu erleben. Beides ist für die Entdeckung und Entwicklung des wahren Selbst notwendig.

Die Natur der wahren Selbstwerdung

Diese Such-, Entdeckungs- und Entwicklungsaufgabe kann nicht allein bewältigt werden. Vielmehr muß dies in einem sozialen Kontext geschehen, in dem die Beiträge und die Unterstützung anderer tatsächlich zur Gestaltung einer besseren Realitätserfahrung des Selbst herangezogen werden. Obwohl der Übergang von der Symbiose zur Individuation mit sehr realen Schwierigkeiten verbunden ist, verfügt der Mensch über ein angeborenes Streben nach Differenzierung, Autonomie und individuellem Selbst-Ausdruck. Im unbeschädigten Zustand besteht der natürlichste Selbst-Ausdruck in der Erkenntnis jener angeborenen Fähigkeiten, die sich spontan entwickeln. Wir wissen nicht, wie spezifisch diese angeborenen Fähigkeiten sind, aber aufgrund der Beobachtung von Kindern können wir sicher sein, daß sie zumindest Variablen wie Aktivitätsniveau, Stärke und Intelligenz einschließen. Zumindest ein Teil dessen, was Kohut als das »Kern-Selbst« bezeichnet und was wir das »wahre Selbst« nennen können, ist die ungehemmte Verwirklichung dieser angeborenen Fähigkeiten.

Gleichzeitig muß jener Ausdruck des wahren Selbst im Kontext der Kultur gesehen werden, die das Individuum umgibt und formt. Aufgrund der Beobachtung von Kindern ist klar, daß sie sich mit den Bezugspersonen in ihrer Umgebung zu identifizieren suchen und diese nachahmen, und daß mit dieser frühen Identifizierung der Aufbau eines unverwechselbaren Selbst beginnt. Kohut hat darüber hinaus die Deutung angeboten, daß das Selbst schließlich auch das Produkt der natürlichen und gesunden Grandiosität sei, die letzten Endes zu Ehrgeiz heranreift, sowie der natürlichen und gesunden Idealisierung, die zur Entstehung von Vorbildern und zur Bewunderung idealisierbarer Figuren führt. Das echte oder wahre Selbst bzw. das Kern-Selbst ist somit für mich ein Amalgam der Verwirklichung angeborener Fähigkeiten, die Feineinstellung und Reifung von Identifizierung, die Läuterung von Grandiosität zum Ausdruck von Ehrgeiz und das Heranreifen im Laufe eines ganzen Lebens von Wertvorstellungen, zu denen ein funktionsfähiges Selbst innerhalb eines sozialen Kontexts gelangt.

Der mit Kohut vertraute Leser wird den tiefgreifenden Einfluß seines Denkens in dieser Konzeption erkennen, obwohl es einige subtile Unterschiede in der Sprache und im Hinblick auf das Modell gibt. In dieser Konzeption wird sowohl das niedrigere als auch das höhere Selbst behandelt, obwohl es oft schwierig ist, genau zu wissen, wo das eine aufhört und das andere beginnt. Das »Selbst« ist einerseits ein komplexes Konstrukt und andererseits eine einfache Erfahrung. Die Erfahrung des Selbst ist letzten Endes das Wichtigste für das Individuum, aber die Integration der niedrigeren und höheren Elemente ist es, was diese Erfahrung vollständig macht. Auf der »niedrigeren« Ebene geht es um die Erfahrung von Ganzheit im Körper, von Bodenhaftung in der eigenen Realität, von zeitlicher Kontinuität und Kohäsion. Auf der »höheren« Ebene geht es um das Erleben von Integrität und von Sinn und Zweck im Kontext eines menschlichen Lebens. Die Erfahrung eines ganzen Selbst integriert somit in gewissem Sinn die Leib-Seele-Dualität, und obwohl wir diese Dualität in Worte fassen können, ist das *Erleben* des Selbst in seiner vollständigsten Form nicht dualistisch, sondern bildet eine Einheit.

Wie Kohut so treffend bemerkt hat, leben wir in einer Zeit, in der diese Einheit oder Ganzheit selten und schwierig zu erreichen ist. Die Tragödie von Kohuts »tragischem Menschen« ist die bewußte Erfahrung des Mangels an Ganzheit und Einheit, ja das Erleben von Zerfall, Schwächung und unverwirklichten Potentialen. Die Depression des tragischen Menschen ist eine Folge seiner Bewußtheit dessen, *was hätte sein können,* wenn er die Ganzheit erreicht hätte, verglichen mit dem, *was ist* in der Realität seines Erlebens der Spaltung und Entkräftung. Die Kompensation für diese Tragödie, die als solche schon tragisch ist, ist der Narzißmus.

Abwehrfunktionen

Ein nützliches Paradigma zum Verständnis des narzißtischen Charakters wurde von Werner Erhard in seinem EST-Training präsentiert. Ich wandle seine Darstellung ab, um sie in Einklang mit dem vorliegenden Objektbeziehungsmodell zum Verständnis narzißtischen Verhaltens zu bringen. Die wesentliche Aussage ist, daß das Ich des Narzißten das falsche Selbst hervorbringt, um die Bedürfnisse des oder der Betroffenen so gut zu erfüllen, wie sie unter den gegebenen Umständen nur erfüllt werden können. Im Verlauf dieses Gestaltungsprozesses fängt das Ich jedoch an, das falsche Selbst für das wahre Selbst zu halten. Auf jede Bedrohung des falschen Selbst wird deshalb reagiert, als sei es eine Bedrohung des wahren Selbst — eine Bedrohung der Integrität des Individuums. Eine Bedrohung des falschen Selbst beschwört die Gefahr der Vernichtung bzw. des Verlassenswerdens herauf und die damit verbundenen Ängste jeder früheren Entwicklungsphase, in der Traumata erlitten wurden. Dieser extreme Angstzustand löst automatisch jene Abwehrmanöver aus, die dem Individuum zur Verfügung stehen. Im Falle des »reinen Narzißten« sind alle psychologischen Abwehrmaßnahmen aus den frühesten Entwicklungsperioden verfügbar (z. B. Verleugnung, Introjektion, Projektion, Verkehrung ins Gegenteil) sowie die höher entwickelten Abwehrmanöver der Wiederannäherungs-Periode (z. B. Spaltung, Zwang und andere Formen des Ausagierens). In seinen oft verzweifelten Versuchen, das falsche Selbst zu retten, wird das Ich alle Abwehrmechanismen aufbieten und kann dabei sogar so weit gehen, das *Leben* des Individuums zu zerstören. Wenn man das Selbstbild oder Selbstkonzept des Narzißten bedroht, dann ist das also für ihn so, als bedrohe man seine ganze Existenz. Dies erklärt teilweise die Intensität der Vernichtungs- bzw. Verlassenheitskrise und die extremen Formen der Abwehrmanöver, zu denen das narzißtische Individuum Zuflucht nehmen kann, um sich selbst zu schützen.

Die Abwehrfunktionen des falschen Selbst sind sehr leicht zu erkennen, denn sein Vertrauen auf Leistung, sein Perfektionismus, seine Grandiosität, der Stolz und die Manipulation, all dies dient offensichtlich dem Schutz des Individuums vor der Konfrontation mit der ursprünglichen Kränkung und der fortbestehenden Realität archaischer Wünsche und ihrer Enttäuschung. Die Funktionen des symptomatischen Selbst sind weniger offenkundig und bedürfen deshalb weiterer Ausführungen. Ich betrachte die Charakteristika des symptomatischen Selbst *sowohl* als symptomatisch für die verborgenen Eigenschaften des wahren Selbst *als auch* symptomatisch für den Zusammenbruch der Kompromißbildung des falschen Selbst. Die Symptome sind im Grunde das Schlachtfeld für den Kampf zwischen den Forderungen des wahren Selbst mit seiner schmerzhaften emotionalen Realität und den redlichen Versuchen der Kompromißbildung des falschen Selbst, diesen Schmerz zu vermeiden und funktionsfähig zu bleiben.

Die Neigung zu Scham und Demütigung verrät zum Beispiel gleichzeitig den »Druck von unten« d. h. von der primären narzißtischen Kränkung, die Schwächung des wahren Selbst und das damit verbundene archaische Verlangen nach Spiegelung. Gleichzeitig signalisiert sie die unrealistischen, grandiosen Ansprüche, die vom infantilen falschen Selbst erhoben werden, das in der Grandiosität steckengeblieben ist. Die extremen Gefühle von Wertlosigkeit, Demütigung und Scham, die durch jedes Versagen und jede Blamage ausgelöst werden, sind symptomatisch für die Weigerung, sich von dem überheblichen Selbstkonzept zu trennen, das keine menschliche Fehlbarkeit zuläßt.

Wenn es gelingt, die Fehlschläge oder Enttäuschungen abzupuffern, kann die Frustration »optimiert« werden und zu einem allmählichen Abbau der falschen Grandiosität führen. Gelingt dies nicht, dann besteht der Hang zu Scham und Demütigung weiter — ein Opfer des Kampfes zwischen den Ansprüchen des wahren Selbst und den gleichermaßen archaischen und blockierten Forderungen des falschen Selbst. Dieselbe Dynamik erklärt die Gefühle von Wertlosigkeit und die Neigung zur Selbstabwertung bei jedem Fehlschlag und jeder Blamage.

Psychosomatische Krankheiten und Neigung zur Hypochondrie sind weitere Folgen dieses inneren Kampfes. Die psychosomatische Krankheit kann oft ein Symptom der Spannungen sein, die durch diesen heldenhaften Konflikt ausgelöst werden. Darüber hinaus kann die Krankheit durch die Funktion aufrechterhalten werden, die sie bei der Befreiung des Patienten von den unrealistischen und grandiosen Ansprüchen des falschen Selbst hat. Die hypochondrische Fixierung auf den Körper kann man sich sinnvollerweise als ein Beispiel der Isolierung der Sorge um das Selbst vorstellen. Da der Körper die konkrete Manifestation des Selbst ist, kann die Fixierung auf seine Schwächen zu Abwehrzwecken in einem Körperteil oder einer bestimmten Krankheit isoliert werden (Kohut, 1971). Dieses Manöver schützt einen vor dem realen, affektiven Erleben einer solchen Schwäche auf einer psychologischeren Ebene.

Depression kann eine wirkliche Abtötung des Organismus darstellen, um die tieferliegenden Gefühle von Leere, Panik und Zerfall zu vermeiden, wenn der Kompromiß des falschen Selbst versagt hat und die darunter verborgene emotionale Realität des wahren Selbst einen zu überwältigen droht. Ich betrachte die echte Depression eher als eine Abtötung denn als ein Erleben des Affekts und insofern als ein Abwehrmanöver. Ebenso wie Krankheit dient auch Depression zum Schutz der grandios-omnipotenten Erwartungen des falschen Selbst (»Ich könnte das tun, wenn ich nicht so depressiv / krank wäre.«). Die Trägheit und Arbeitshemmung, die bei narzißtischen Individuen häufig zu beobachten ist, hängt mit dieser Abwehrhaltung zusammen. Wenn seine Grandiosität in voller Blüte steht, glaubt der Narzißt, daß er imstande sein sollte, mühelos oder mit geringer Anstrengung große Dinge zu erreichen. Deshalb mögen ihm selbst hervorragende Leistungen nicht sehr lohnend erscheinen, wenn sie durch harte Arbeit errungen werden müssen.

Die Isolierung schließlich, der sich der Narzißt gewöhnlich unterwirft, ist teilweise die Folge seiner Grandiosität und des damit verbundenen Perfektionsmus für andere. Niemand ist ihm im Grunde gut genug, wenn man ihn näher kennt — die soziale Distanz des Narzißten schützt ihn vor dem Zusammenbruch der Idealisierung. Darüber hinaus bewahrt die Isolierung das Individuum ja vor Intimität, welche die bedrohlichen archaischen Ansprüche des wahren Selbst auslösen sowie den Perfektionismus in Frage stellen würde, den der Narzißt in bezug auf seine potentiellen persönlichen Beziehungen beibehält. Die Einsamkeit, die aus dieser Isolierung resultieren kann, ist in erster Linie symptomatisch für den Druck von unten — die Bedürfnisse des wahren Selbst. Diese Bedürfnisse sind sehr bedrohlich für das falsche Selbst; dies erklärt zum Teil, warum viele narzißtische Individuen eher unter Einsamkeit leiden als sie zum Anlaß zu nehmen, auf andere zuzugehen.

Die Eigenschaften des symptomatischen Selbst sind somit die Folge des starken Drucks und des daraus resultierenden Konflikts zwischen dem falschen und dem wahren Selbst. Die Symptome sind teilweise Kompromisse in diesem Ringen, die vor dem Bewußtwerden der grandiosen Elemente des falschen Selbst sowie der affektiven Forderungen des wahren Selbst schützen. Die Symptome sind gleichzeitig Signale der sich darunter verbergenden Bedürfnisse und Abwehrkompromisse, die davor schützen, daß das ins Bewußtsein tritt, was sie signalisieren. Die entscheidende therapeutische Aufgabe besteht darin, dem Betroffenen zu helfen, das zu entdecken und sich damit zu identifizieren, was die Symptome signalisieren, und gleichzeitig die Abwehrfunktion dieser Symptome zu entschärfen. Psychotherapie ist eine heikle Aufgabe.

Energieäußerungen

Für das Verständnis und die Benutzung der vorliegenden Charaktertypologie ist es wichtig, sich vor Augen zu halten, daß der narzißtische Charakter in allen Äußerungsformen eine größere Vielfalt aufweisen wird als jene Strukturen, die für die früheren Entwicklungsphasen skizziert wurden. Dies ergibt sich insofern aus dem entwicklungstheoretischen Modell, als die Ätiologie des Narzißmus im engeren Sinn an einem späteren Punkt der Entwicklung anzusetzen ist. Zu diesem Zeitpunkt verfügt das Kind bereits über eine größere Zahl von Ressourcen und Abwehrfähigkeiten. Darüber hinaus und vielleicht noch wichtiger, es sind größere Unterschiede darin vorhanden, welche Anteile des wahren Selbst in der Umgebung unwillkommen waren. Aufgrund der Vielfalt der Art erlebter Frustrationen wird auch auf allen Ebenen eine größere Vielfalt in den charakterlichen Auswirkungen vorhanden sein. Um die Dinge in der konkreten klinischen Situation noch weiter zu komplizieren, tritt der Narzißmus im engeren Sinn als solcher wahrscheinlich niemals allein, ohne irgendwelche anderen Formen früherer Charakterpathologie auf. Mit anderen Worten, jeder Narzißt, den ich gesehen habe, hat auch schizoide, orale bzw. symbiotische Merkmale aufgewiesen. Trotz all dieser Komplexität finde ich das typologische Schema nützlich.

Um zu einem Verständnis der Energieäußerungen des narzißtischen Charakters zu gelangen, ist es nützlich, sich vor Augen zu halten, daß energetische Fehlentwicklungen in erster Linie das Resultat des Selbstnegierungsprozesses in der Charakterbildung sind. Mit anderen Worten, wir entwickeln energetische Blockaden im Körper, um jene Impulse und Reaktionen unter Kontrolle zu halten bzw. unbewußt zu machen, die inakzeptabel sind oder bestraft werden. In geringerem Maße können die körperlichen Manifestationen des Charakters das Ich-Ideal widerspiegeln oder das falsche Selbst, das als Kompensation für die ursprüngliche Kränkung der Welt präsentiert wird. Beim narzißtischen Charakter sind beide ätiologischen Faktoren auf der körperlichen Ebene wirksam.

In ihrer Erörterung des »psychopathischen« Charakters (den man, wie ich glaube, besser als narzißtisch bezeichnen sollte) haben die bioenergetischen Analytiker zwischen zwei Arten von körperlichen Äußerungsformen unterschieden, die von dem einen oder dem anderen dieser beiden grundlegenden Prozesse geprägt sind. Der »nach oben verschobene Psychopath« ist gekennzeichnet durch Unterentwicklung oder Schwäche der unteren Körperhälfte bei gleichzeitiger Überentwicklung — einer Art von »aufgeblasenem« Aussehen — der oberen Körperhälfte. Von diesem Körpertypus wird angenommen, daß er eine narzißtische Entwicklung widerspiegelt, bei der eine ungeerdete und schwache Basis übertriebene Machtansprüche, Willensstärke und Leistungsdenken trägt. Der »chamäleonartige Psychopath« weist dagegen keine offensichtlichen Deformationen des Körpers auf; vielmehr präsentiert er der Welt sein falsches Selbst in Form einer Maske.

In beiden Fällen sind jedoch körperliche Blockaden vorhanden, die eine vollständige, fühlende Bewußtheit des ganzen wahren Selbst oder eines Teils desselben verhindern. Da der Körper und die Gefühle, die er signalisiert, das wahre Selbst sind, können beide Typen Verkrampfungen und Verspannungen in den Körperregionen aufweisen, die den natürlichen Energiefluß blockieren. Da der elterliche Mißbrauch oder die Einschränkung des narzißtischen Patienten oft den sexuellen Bereich betrifft, weist der narzißtische Klient häufig ein starr gehaltenes Becken auf, dessen Verspannung die Bewußtheit und Abfuhr der sexuellen Ladung blockiert. Damit verbunden ist oft eine Blockade oder Verspannung um die Taille vorhanden, welche die Bewußtheit sexueller Impulse weiter hemmt. Beim nach oben verschobenen Narzißten hemmt diese Unterbrechung auch die Bewußtheit der schlechten Erdung bzw. der Schwäche des Unterkörpers.

Bei näherer Betrachtung weist der narzißtische Charakter oft auch eine Verkrampfung und Verspannung im Zwerchfell auf, was eine vollständige Körperatmung hemmt und oft flache Brustatmung zur Folge hat, die die vollständige Bewußtheit des Körpers und seiner Empfindungen blockiert. Symbolisch für das narzißtische Bestreben, den elterlichen Manipulationen und Erwartungen »gewachsen zu sein«, sind die häufig hochgezogenen Schultern des Narzißten mit entsprechenden Verspannungen im Schultergürtel. Verspannungen liegen auch in der Verengung der Nackenregion vor, die den Fluß der Gefühle zwischen Körper und Kopf behindert, eine Abschnürung, die auch bei schizoiden und oralen Charakterstrukturen festzustellen ist.

Auch hat der Narzißt, und das hat er mit dem schizoiden Typus gemein, oft eine schwere Muskelblockade an der Schädelbasis bzw. dem Augensegment. Diese Blockade ist unter anderem die »Ein-Meilen-Linie«, über die körperliche Empfindungen ins Bewußtsein einbrechen könnten. Darüber hinaus wird diese Blockade von den bioenergetischen Therapeuten oft mit der Weigerung des Narzißten in Verbindung gebracht, die Realität seiner Familiensituation zu erkennen. Zeitgemäßer ausgedrückt, hindert ihn die Augenblockade auch daran, andere wirklich als reale Menschen zu sehen, und gestattet es ihm, sich zu dissoziieren, daß heißt, andere als Objekt für seine Befriedigung und Manipulation zu betrachten.

Nicht überraschenderweise haben viele bioenergetische Analytiker davon gesprochen, daß die Augen des narzißtischen Charakters Mißtrauen und / oder Charme und verführerische Qualitäten verraten. Beides deckt sich mit der Befürchtung des Narzißten, benutzt zu werden, und mit seiner Anpassungsform, andere zu benutzen, um dieses gefürchtete Resultat zu verhindern.

Obwohl der nach oben verschobene narzißtische Charakter mit all diesen Energieblockaden in der klinischen Praxis am leichtesten zu erkennen ist, haben viele echte narzißtische Charaktere eine energetische Blockade in zumindest einigen dieser Zonen mit ihm gemeinsam. Der Chamäleon-Charakter ist vom energetischen Standpunkt aus oft schwieriger zu entdecken. In diesem Fall kann manchmal eine ausgeprägter psychopathische Charakterstörung vorliegen, die von einer Beschädigung in einem viel früheren ätiologischen Stadium zeugt. Die Gerissenheit und manipulierende Glätte einer solchen Person kann eine gefährlichere Charakterpathologie verraten.

Therapeutische Ziele

Auf allen Ebenen muß die Therapie der narzißtischen Persönlichkeit konsequent auf die Entdeckung und Förderung der natürlichen Selbst-Äußerungen abzielen. Der Narzißt hat sich aus gutem Grund zum Märtyrer gemacht und seine erschöpfte Energie in egozentrische Bestrebungen re-investiert. Um sein Leben wiederzugewinnen, muß er sich dieses Märtyrertums bewußt werden, muß empfinden, wie er sich geopfert hat und weiterhin opfert, und muß die unwiederbringlichen Verluste in diesem historischen und fortdauernden Tod betrauern. Schließlich muß er seine eigenen tief verschütteten Bedürfnisse wiederentdecken und sie, so ungeschickt und tastend das zunächst auch geschehen mag, erfüllen. Wir haben es mit einem Menschen zu tun, der, so glänzend und erfolgreich er auch erscheinen mag, *in seinem inneren Erleben verarmt* ist. Oft von Erfolg besessen, ist er ein Versager nach dem Kriterium der eigenen Erlebnisfähigkeit. Die affektive und kognitive Bewußtheit dieses Umstands ist nötig, um Veränderungen in Gang zu setzen.

Kognitive Ziele

Ein therapeutisches Leitziel ist bei der narzißtischen Persönlichkeit die Steigerung der Selbst-Bewußtheit des aufgeblähten falschen Selbst, des nicht ichgerechten symptomatischen Selbst und des darunter verborgenen, wenn auch geschwächten wahren Selbst. Ich möchte diesen Diskurs mit kognitiven Zielen beginnen, weil es Menschen oft leichter fällt zu entdecken, wer sie zu sein versuchen, wer sie um keinen Preis sein wollen und wer sie auf einer kognitiveren Ebene letztlich wirklich sind. Natürlich ist ein kognitives Verständnis all dessen allein völlig unzureichend, aber es ist ein Anfang, der oft die zentraleren verschütteten Gefühle auslöst. In einem sehr realen Sinn muß der intelligente Narzißt vielleicht seine eigenen »drei Gesichter des Narzißmus«, die in Tabelle 1 angeführt sind, entdecken, um sich selbst ganz zu verstehen.

Die globalen therapeutischen Ziele sind beim narzißtischen Patienten (1) die Kompensationen für das Erleben der Wirklichkeit abzubauen, seien sie nun ichgerecht oder ichwidrig, (2) dem Patienten beim Erleben der schmerzhaften, aber wahren verschütteten Realitäten seines Selbst zu helfen und anzuleiten und (3) die Entdeckung und Entwicklung seines wahren Selbst zu unterstützen und es zu stärken. Erfolgreiche Therapie muß beim Narzißten das auf den Weg bringen, was Kohut die »Transformation des Narzißmus« genannt hat und wozu eine fundamentale Reifung der Persönlichkeit zählt, die zur Entwicklung von Kreativität und der Fähigkeit zur Einfühlung, zur Akzeptanz der Vergänglichkeit, zu einem Sinn für Humor und zu Weisheit führt. Den Narzißten zu heilen, bedeutet zumindest die Anfänge eines wirlichen »Erwachsenwerdens«, eines Heranreifens des Individuums — oft von einem völlig unreifen kleinen Jungen oder Mädchen zu einem sehr weisen Mann oder einer weisen Frau — zu Menschen, die fähig sind, gleichzeitig im Körper und in der Verwirklichung von Idealen zu leben. Dies ist natürlich eine Idealvorstellung, aber keine schlechte, die man anpeilen kann.

Da die meisten Narzißten die Psychotherapie mit symptomatischen Äußerungen beginnen werden, ist es oft möglich, Bewegung in die Behandlung zu bringen, indem der Therapeut den Schmerz des Patienten empathisch nachvollzieht. Dadurch macht der Patient die Erfahrung einfühlsamer Wertschätzung, er erhält ein entsprechend idealisierbares Vorbild hinsichtlich dieser natürlichen menschlichen Fähigkeit und beginnt mit der Schaffung eines sicheren Ortes, an dem er sich mit vielen schmerzhaften Erfahrungen auseinandersetzen kann.

Eine sehr therapeutische Interpretation oder Umdeutung des symptomatischen Selbst ist folgende: der Schmerz der Symptome ist ein Signal des verleugneten wahren Selbst, daß seine Bedürfnisse nicht befriedigt werden. Das Gefühl der Wertlosigkeit und die Selbstabwertung sind Anzeichen der verborgenen narzißtischen Kränkung; Depression oder Trägheit ist ein Signal der fehlenden Bereitschaft, die wahre Persönlichkeit um der nichtsättigenden Nahrung willen zu quälen, welche die falsche Kompensation anbietet; die Einsamkeit ist ein Signal der Deprivation, die früher erlitten wurde und auch heute noch anhält als Resultat der Verobjektivierung, Manipulation und Ablehnung, mit denen der Narzißt anderen begegnete. Physischer Schmerz ist ein unmittelbares Signal von psychischem Schmerz — eine Folge der chronischen Zurückhaltung von Impulsen in Abwehrhandlungen, die das Erleben dieses Selbst und der darunter verborgenen Leere, Kränkung und Wut verhindert. Der Schmerz des symptomatischen Selbst ist gleichzeitig real und unecht. Der Patient leidet zwar, aber sein Leiden ist nur ein Widerschein, ein Signal, eine Abwehr gegen eine tiefere Ebene des Schmerzes und eine erworbene Unfähigkeit, damit umzugehen.

Eine detaillierte Analyse davon, wie jedes Symptom Abwehrcharakter gegenüber der darunter verborgenen Pathologie hat, wird zumindest anfangs als eine erneute narzißtische Kränkung erlebt werden. Solche vorzeitigen Analysen können gewöhnlich nur kognitiv erlebt werden, dennoch haben sie das unerwünschte affektive Resultat, daß sich die Betroffenen schuldig und überwältigt fühlen. Sie fördern eine Verlagerung der Bewußtheit in den Kopf, was fruchtlose Zwangsvorstellungen bewirkt. Die globale Umdeutung, daß *Schmerz ein Signal* sei, kann jedoch sehr einfühlsam vermittelt werden und die Hinwendung der Aufmerksamkeit auf die kritischen Bereiche fördern. Diese Umdeutung liefert auch die Erklärung für Techniken, die den Betroffenen für eine größere Bewußtheit der psychischen Realität des wahren Selbst öffnen. Damit kann dann die Selbsterforschung der psychischen und historischen Bedeutung jener besonderen Verletzbarkeit durch Kritik und Beschämung und jene hartnäckigen Gefühle der Wertlosigkeit erfolgen. Ebenso kann die Umdeutung den Weg zu einer inneren Suche mit Hilfe zahlreicher therapeutischer Methoden nach den Bedeutungen der Signalfunktion von Depression, Trägheit, Einsamkeit und physischen Symptomen ebnen. Im Verlauf dieses Prozesses wird es dann nützlich sein, sich detaillierter Rechenschaft über den inneren Monolog zu geben, der die Niedergeschlagenheit begleitet.

Es erweist sich als sehr therapeutisch für den narzißtischen Klienten, die unangenehmen Zustände, die er erlebt, genau auszuleuchten und zu erforschen, sie auszubreiten und die angemessene Sprache dafür zu finden. Vielleicht noch wichtiger ist es, diese Erkenntnisse dem Klienten in Form einfühlsamer und anteilnehmender Rückmeldungen zu vermitteln. Ein narzißtischer Mensch äußert oft Überraschung darüber, daß ein anderer echtes Interesse und Anteilnahme an ihm bekundet, und nach dieser Überraschung wird er anfangen, die ungeheure Sehnsucht zu empfinden, die er immer nach solcher Zuwendung hatte. Bei diesem Vorgang wird die Konzentration auf den kognitiven Inhalt natürlich zu den wichtigen affektiven Erlebnissen um diese Probleme herum führen, und man wird schließlich zu den tieferen affektiven Erlebnissen des wahren Selbst vorstoßen.

Sobald einige dieser affektiven Erfahrungen gemacht wurden und Vertrauen aufgebaut wurde, wird es leichter möglich sein, zumindest ein kognitives Verständnis für die kompensatorische Grandiosität des falschen Selbst herzustellen. Hierbei ist es wichtig, daß der Betroffene das sehr reale und infantile Ausmaß seiner Grandiosität, seines Leistungsdenkens und Stolzes und seiner Anspruchshaltung und Neigung zu Manipulation und Objektivierung erkennt. Am unteren oder Borderline-Ende des Kontinuums wird der Betroffene zumindest anfangs eher dazu neigen, diese Tendenzen als ichgerecht zu erleben. Vielleicht wird er zum Beispiel verärgert über andere sein, weil sie seinen Sonderstatus nicht anerkennen, der ihn berechtigt, den Mittelpunkt des Universums anderer zu bilden. Auch in diesen Fällen wird jedoch die wiederholte Verbalisierung dieser Einstellungen gegenüber einem Therapeuten, der einfühlsam, aber nicht grenzenlos nachsichtig darauf reagiert, den Wachstums- und Heilungsprozeß einleiten. Zum Glück ist diese extrem niedrige Stufe der Funktionsfähigkeit relativ selten, und die meisten Patienten, die in ambulante Behandlung kommen, werden weniger bewußten Zugang zu diesen infantileren Einstellungen haben und mit Überraschung, Verlegenheit und sogar Unglauben reagieren, wenn diese in einem sicheren therapeutischen Kontext aufgedeckt werden. In diesen häufigeren Fällen wird ihre wiederholte Bewußtmachung und Verbalisierung rascher eine größere Ich-Kontrolle über diese Tendenzen bewirken und damit den Weg für die beginnende Bewußtheit des darunter verborgenen wahren Selbst mit seinen schmerzhaften, aber wirlichen emotionalen Erlebnissen ebnen.

Sobald man an diesen Punkt des therapeutischen Prozesses gelangt, ist gewöhnlich eine kognitive Erforschung der Abwehrfunktionen des kompensatorischen falschen Selbst ohne neue, schwere narzißtische Kränkungen möglich. Wenn solche Erklärungen oder Deutungen gegeben oder aus dem Klienten selbst hervorgelockt werden, dann gibt dies zu echter Hoffnung auf signifikante Veränderungen Anlaß. Obwohl mit erheblichen negativen Reaktionen zu rechnen ist, sobald diese unangenehme Eigenschaften ins Bewußtsein treten, haben die diesbezüglichen Einsichten dieselben Folgen wie andere Einsichten — sie verleihen dem Selbst insofern einen gewissen Zusammenhalt, als sie Selbsterkenntnis und historisches Verständnis zu bieten haben. Schließlich ist diese Art von Selbsterkenntnis aufgrund des sehr erheblichen Beitrags, den die intellektuellen und rationalen Funktionen dazu leisten, auch ausgesprochen selbststützend.

In dem Maße, wie die kompensatorischen Qualitäten enthüllt, verstanden und aufgelöst werden, tritt mehr und mehr von der darunter verborgenen emotionalen Realität, dem wahren Selbst, für eine Untersuchung zutage. Obwohl ein Großteil der anfänglichen Arbeit auf dieser Ebene affektiver Natur sein wird, verlangt das Schema, an dem ich diese Darstellung ausrichte, nach einer Erhellung der Arbeit auf der kognitiven Ebene. Die primäre Arbeit besteht dabei aus Erklärung, Rekonstruktion und Interpretation, um die gegenwärtigen Enttäuschungen, Verletzungen und Aggressionen mit den früheren Versäumnissen der Umwelt in Verbindung zu setzen, die legitimen Bedürfnisse des Kindes zu erfüllen. Außerdem ist die resultierende Leere und Hohlheit, die Panik und der Zerfall das Ergebnis eines Selbst, das in bestimmten zentralen Lebensbereichen ungenügend umsorgt, unterstützt und entwickelt wurde.

Obwohl es in diesem Diskurs wichtig ist hervorzuheben, daß nicht die gesamte Arbeit auf dieser Ebene kognitiver Natur sein wird, bezieht sich die kognitive Arbeit weitgehend auf das Verständnis des Betroffenen, wer er gegenwärtig ist, und auf die Gestaltung einer kognitiven Geschichte des Selbst, damit er versteht, wie er an diesen Punkt gelangte. Diese kognitive Arbeit wird darüber hinaus zur Erstellung einer »Landkarte« für den Klienten in seinem Streben nach Selbstentdeckung und Selbstentwicklung führen. Die therapeutische Arbeit wird eine nachhaltige Unterstützung seiner angeborenen Fähigkeiten, seines Rechtes, seine reifen Ambitionen auszuleben, und seines Bedürfnisses einschließen, seine Werte zu identifizieren und in Einklang mit ihnen zu leben.

Im Verlauf des geschilderten Prozesses wird der Therapeut wiederholt eine realistische Bewertung der Fähigkeiten, Kräfte und Leistungen des Klienten fördern und unterstützen, während er ihn gleichzeitig zu einer realistischen Einschätzung seiner Grenzen, Schwächen und Verletzlichkeiten ermutigt. Diese Arbeit stellt somit im Grunde eine Wiederannäherung, eine Annäherung zwischen den drei bisher isolierten Anteilen des Selbst dar. Heilung ist eine Aussöhnung und ein Annehmen der eigenen Fähigkeiten, Leistungen und Ambitionen zusammen mit den eigenen Verletzlichkeiten und Schwächen im Kontext der Verwirklichung von Ausdrucksmöglichkeiten des wahren Selbst und im größeren Kontext einer unvollkommenen Welt.

Nachstehend zähle ich die kognitiven Zielsetzungen für die Behandlung des narzißtischen Klienten auf:

1. Aufdecken von Selbstaussagen über die Wertlosigkeit, Selbstkritik, Trägheit, Depression, Einsamkeit etc.
2. Aufdecken von Selbstaussagen über die Leistungsbezogenheit und Grandiosität, den Stolz und das Anspruchsdenkens, die Manipulation sowie die Rationalisierung dieser Eigenschaften.
3. Aufdecken der Abwehrfunktionen des falschen und symptomatischen Selbst.
4. Unterstützen des Klienten bei der Entwicklung eines historischen und dynamischen Verständnisses von sich selbst in bezug auf seine Gefühle der Leere und Hohlheit, des Selbst-Zerfalls, seine archaischen Forderungen an andere und das Leben als solches und seine Gefühle der Wut und tiefen Verletztheit.
5. Unterstützung des Klienten bei der Herstellung eines Verständnisses für den Prozeß der Entdeckung und Entwicklung des wahren Selbst durch die Äußerung seiner angeborenen Fähigkeiten, Ambitionen und Ideale.
6. Unterstützung des Klienten mit dem Ziel eines integrierten und ambivalenten Erlebens des Selbst und anderer.
7. Unterstützung einer realistischen Einschätzung der Fähigkeiten, Kräfte und Leistungen des Klienten.
8. Unterstützung einer realistischen Einschätzung der Grenzen, Schwächen und Verletzlichkeiten des Klienten.
9. Unterstützung des Klienten bei der Integration und dem Annehmen all der obigen Eigenschaften des Selbst.

Affektive Ziele

Die wesentlichen affektiven Ziele sind bei der narzißtischen Persönlichkeit das Betrauern der Kränkung und des Verlusts ihres Selbst und dann der Aufbau eines echten Selbstempfindens. Darüber hinaus muß der Betroffene im Laufe des therapeutischen Prozesses die verleugneten Anteile seines aufgeblähten falschen Selbst einschließlich der Gefühle von Überlegenheit, Anspruch, Stolz, des Ekels vor anderen etc. bloßlegen. Sobald die grandiosen Elemente des falschen Selbst aufgedeckt sind, muß dem Patienten geholfen werden, mit der Panik fertigzuwerden, die entsteht, wenn die Kompromisse des falschen Selbst in ihrer Unzulänglichkeit erkannt und aufgegeben werden. Wenn ich nicht meine Leistungen, meine Schönheit oder die anderen falschen, grandiosen Symbole bin, die mich bisher definiert haben, wer bin ich dann? Sobald diese Frage gestellt wird, tritt der Horror vor dem Vakuum auf. Dem ins Auge zu sehen, erfordert natürlich Mut und eine therapeutische Beziehung von beträchtlichem Vertrauen.

Die Entwicklung eines solchen Vertrauens wird nötig sein, um alle Ziele, insbesondere aber die affektiven, zu verwirklichen. Der Narzißt braucht vor allem Verständnis. Es besteht eine große Neigung zur Scham, wenn die übertriebenen Ansprüche des grandiosen falschen Selbst, die menschlichen Schwächen des symptomatischen Selbst und die intensiven archaischen Forderungen und Gefühle des wahren Selbst enthüllt werden. Es ist sehr heilsam für den narzißtischen Klienten, in einem Setting, wo er empathisch verstanden werden kann, einfach seine Verletzlichkeit zu zeigen und seine Grandiosität zu gestehen. Mit welcher Seite der Polarität man auch beginnt (falsches oder symptomatisches Selbst), er wird typischerweise während eines Großteils der Anfangsphasen der therapeutischen Arbeit zwischen diesen beiden hin- und herpendeln. Das tiefe Verständnis des Therapeuten für die »Phasenangemessenheit« seiner Grandiosität auf der einen und seiner Verletzlichkeit auf der anderen Seite wird es dem Therapeuten erleichtern, in der notwendigen einfühlsamen Weise zu reagieren. Oft ist wenig mehr als dies erforderlich.

Ich habe festgestellt, daß ich, je rein narzißtischer das Individuum ist, desto weniger zu irgendwelchen »Techniken« greifen muß, um die affektiven Realitäten zutage zu fördern. Wenn man einfühlsames Verständnis bietet, wird man, oft ohne weitere Sondierungen, in die tieferen Schichten des falschen Selbst und schließlich zu den archaischen Forderungen und Affekten des wahren Selbst vorstoßen. Techniken sind nach meiner Erfahrung in dem Maße nützlich, indem der Klient weniger offensichtlich narzißtisch ist, eine bessere Abwehr besitzt und deshalb funktionsfähiger ist — d. h. beim narzißtischen Persönlichkeitsstil. Ob mehr ausgesprochene Techniken eingesetzt werden oder nicht, das Leben und der gegenwärtige Bewußtheitsgrad des Klienten wird die Reihenfolge diktieren, in der ihm seine affektiven Realitäten — sei es im grandiosen falschen Selbst oder im verdrängten wahren Selbst — zu Bewußtsein kommen. In vielen Fällen reicht es aus, sich einfach zu den verleugneten grandiosen Aspekten des falschen Selbst zu bekennen, um deren Frustration und Nachreifung einzuleiten.

Bei der Arbeit mit den Affekten des wahren Selbst sind es oft die Gefühle der Verletzung durch den Mangel an Einfühlung, die am dringendsten aufgedeckt werden müssen. Diese Aufdeckung der Verletzung wird auch die Furcht vor erneuter Verletzung wecken, die sich hinter dem Mißtrauen und Argwohn, ja sogar der Paranoia der narzißtischen Persönlichkeit verbirgt. Dieses Mißtrauen ist außerdem nahe verwandt mit der Enttäuschung, die im Zusammenhang mit dem Versagen idealisierter anderer in der Vergangenheit empfunden wurde. In all dem verbergen sich unter dem Gefühl der Verletzung die verdrängten Bedürfnisse nach Verschmelzung, einem Zwillingsverhältnis und / oder nach Spiegelung. Und unter den Gefühlen der Enttäuschung verbergen sich die verdrängten Bedürfnisse nach Idealisierung.

Mit all dem vermischt ist natürlich die bekannte narzißtische Wut, die überwältigende Ausmaße annehmen kann. Insbesondere beim Narzißten, der eher in Richtung Borderline geht, empfiehlt es sich, bei der Aufdeckung dieser Wut vorsichtig zu sein und sie während des ganzen Behandlungsverlaufs nur in erträglichen Graden wiederzubeleben. Beim Umgang mit diesen negativeren Affekten wird es zunehmend möglich, diese in ihre reiferen Entsprechungen umzuwandeln und die Fähigkeit des Narzißten zu Einfühlung und Liebe zu stärken. Sobald Strukturen entstehen und sich festigen, ist die narzißtische Person immer besser in der Lage, sich diesen weicheren Gefühlen zu öffnen in dem Wissen, daß sie sich selbst schützen und künftige Enttäuschungen überleben kann. Nachstehend die affektiven Ziele beim narzißtischen Patienten:

1. Aufdeckung der Verletzungen, verursacht durch mangelnde Einfühlung angesichts von Bedürfnissen nach Verschmelzung, einem Zwillingsverhältnis und Spiegelung.
2. Aufdeckung der Verletzungen durch Enttäuschung über das Versagen idealisierter anderer.
3. Aufdeckung der Furcht vor erneuter Verletzung — Mißtrauen, Argwohn und Paranoia.
4. Aufdeckung der narzißtischen Wut als Reaktion auf Verletzung und Enttäuschung.
5. Aufdeckung des fortbestehenden Bedürfnisses nach Verschmelzung, Idealisierung, einem Zwillingsverhältnis und Spiegelung sowie Unterstützung bei der Differenzierung und Nachreifung dieser Bedürfnisse.
6. Aufdeckung aller affektiven Elemente des grandiosen, kompensatorischen Selbst — Grandiosität, Anspruchshaltung, Stolz etc.
7. Aufdeckung der Gefühle von Leere und Hohlheit, des Zerfalls und der Diskontinuität des wahren Selbst.
8. Stärkung und Unterstützung der Internalisierung von Einfühlung und Liebe zu anderen.
9. Herstellung von Vertrauen zum wahren Selbst und zu anderen.
10. Transformation des grandiosen falschen Selbst in den »normalen Narzißmus« echter Eigenliebe.

11. Transformation der Verletzung in Verletzlichkeit und die akzeptierte Begrenztheit des Selbst, der anderen und des Lebens überhaupt.

Ziele für das Sozialverhalten

Allgemein betrachtet sind die Sozialverhaltensziele für den narzißtischen Klienten dieselben wie für alle anderen prä-ödipalen Charaktere. Es ist wichtig, jene Verhaltensstrategien und sozialen Unterstützungsquellen zu fördern, die dem Klienten während der harten Arbeit einer sehr grundlegenden und deshalb sehr bedrohlichen Veränderung seiner ganzen Seinsweise beistehen können. Alles, was geeignet ist, die verfügbaren Ressourcen zu stärken, wird wichtig sein. Eine Reihe von Techniken kann angewandt werden, um den Wert bereits vorhandener Ressourcen zu steigern. Wo Strategien vorhanden sind, um Arbeitshemmungen zu bekämpfen, können diese zum Beispiel anerkannt und unterstützt werden. Sind keine solchen Strategien vorhanden, können sie gelehrt und dann unterstützt werden. In einer sehr bedeutsamen Weise ist Psychotherapie für den Narzißten desorganisierend. Doch kompensatorische und bewußt angewandte Strategien zur Organisation können insofern sehr therapeutisch sein, als sie ganz reale Ich-Zusammenbrüche verhindern können, die gefährliche Ausmaße annehmen könnten, wenn die Affekte des verborgenen wahren Selbst überwältigend werden.

Die meisten narzißtischen Individuen sind in einer sehr bedeutsamen Weise isoliert. So aktiv ihr soziales Leben auch sein mag, es besteht eine Isolation von echten Kontakten mit einer realen menschlichen Gemeinschaft. Ein Großteil der Behandlung des Narzißten wird darin bestehen, sein echtes Bedürfnis nach anderen aufzudecken und ihm bei der Erfüllung seiner Bedürfnisse zu helfen. Damit wird eine direkte und indirekte Einübung verbunden sein, ein geselligeres Wesen zu werden — jemand, der imstande ist, anderen gegenüber Einfühlung, Wertschätzung und Verständnis zu bekunden und aufrechtzuerhalten. Diese sozialtherapeutische Arbeit ist so stark mit der affektiven und kognitiven Arbeit verwoben, daß sie schwer davon zu trennen ist. Dennoch ist es in recht entscheidender Weise möglich, den Narzißten durch den Einsatz von Modellverhalten, Übungen und Verstärkungen unmittelbar in offener Kommunikation zu schulen. Man kann ihm aktive Zuhörtechniken und einfühlsames Reagieren beibringen und ihm Übungen anbieten, durch die er lernt, unmittelbar auf die Zuwendung anderer zu reagieren.

Vielleicht die wichtigste Arbeit mit dem Narzißten in der Dimension des Sozialverhaltens ist es, ihm zu helfen, ein soziales Netz aufzubauen und zu pflegen, das ihm wirklich hilft, sich selbst zu finden, statt bloß sein grandioses, falsches Selbst mit den damit verknüpften Leistungen und Symbolen zu spiegeln. Wenn er sich ein solches soziales Netz schaffen und erhalten kann, das ihm die Unterstützung und das Verständnis gibt, das er braucht, um sich wirlich zu finden und zu entwickeln, dann ist er auf dem richtigen Weg. Wenn er Menschen finden kann, die wirklich *ihn* gern haben, die seine Vorzüge und Verletzlichkeiten zutreffend sehen und akzeptieren, die ihm die Unterstützung geben können, die er braucht, die ihm das Angenommensein und Verständnis geben, deren er bedarf, und die ihm als die Rollenvorbilder und realistisch idealisierbare Figuren dienen, die er benötigt, dann wird er echte Fortschritte machen. Dazu ist es natürlich nötig, daß er sein Bedürfnis nach anderen akzeptiert und daß er auch ein Maß an menschlicher Schwäche und Fehlbarkeit bei anderen akzeptiert, das er wahrscheinlich bisher abgelehnt hat. Eine besonders große Rolle wird dabei seine Konfrontation mit dem Vakuum und die damit verbundene Panik spielen, die ihn in dieser Richtung motivieren wird.

Ein beträchtliches Maß an Fehlschlägen und Frustrationen scheint notwendig zu sein, damit der Narzißt im Sinne seiner eigenen Reifung und Heilung auf den richtigen Weg gelangt. Sobald das jedoch geschieht, kann ihm das soziale Netzt die zunehmend reiferen Ebenen der Akzeptanz und Frustration bieten, die er benötigt, um Ressourcen zu internalisieren, damit er zu einer wirklichen Autonomie im Kontext größerer, echter Unterstützung gelangt. Obwohl in der Psychotherapie eine Menge Verständnis und Vergebung, Befreiung und Wachstum stattfinden kann, braucht der Narzißt wirklich ein funktionierendes soziales System, in dem er nachreifen und seinen Narzißtmus transformieren kann. Ohne dieses funktionierende soziale System werden die therapeutischen Fortschritte des narzißtischen Klienten eng begrenzt bleiben. Nachstehend eine Auflistung der Sozialverhaltensziele:

1. Unterstützung bzw. Vermittlung jener ich-organisierenden Fähigkeiten, die dem Zerfall des Selbst infolge des therapeutischen Prozesses entgegenwirken.
2. Unterstützung realistischer Leistung und Durchsetzungsfähigkeit im Leben des Klienten.
3. Unterstützung der sozialen Ressourcen des Klienten und Hilfe dabei, diese so vollständig wie möglich zu nutzen.
4. Direkte Anleitung des Klienten zu sozialen Verhaltensweisen, die seinem Gegenüber Einfühlung, Wertschätzung und Verständnis signali-

sieren. Man lehre ihn, die Wärme und menschliche Zuwendung »hereinzulassen«, die ihm andere geben können.

5. Hilfe für den Klienten bei der Entwicklung eines sozialen Netzes, das der Entdeckung und Erhaltung des Selbst dient und die Bedürfnisse nach Verschmelzung, Spiegelung, einem Zwillingsverhältnis und Idealisierung befriedigt. Das Ziel eines solchen Systems ist es, die Internalisierung von Ressourcen zu ermöglichen, um zu größerer Autonomie im Zusammenhang mit größerer Unterstützung zu gelangen.

Bei der Heilung des Narzißtmus geht es wie bei jeder charakterlichen Heilung im Kern um die *Entscheidung, erwachsen zu werden* — eine Entscheidung, in bezug auf jene infantilen Probleme nachzureifen, bei denen man buchstäblich *steckengeblieben* ist. Die Entscheidung, erwachsen zu werden, ist eine Entscheidung, endlich die kindlichen Hoffnungen auf magische Erfüllung aufzugeben — Erfüllung ohne Mühe, ohne Kompromisse, ohne Grenzen — ohne eine Wiederannäherung, d. h. ohne Aussöhnung mit der Realität. Mein Wille geschehe, ob richtig oder falsch — das ist die infantile Forderung. Es fällt schwer, sie aufzugeben, und die aufwendigen unbewußten Manöver, die von dieser Weigerung zeugen, sind wahrhaft eindrucksvoll. Das Ziel der Therapie ist es, diese Manöver zu vereiteln, aber insbesondere im Fall des Narzißten muß diese Vereitelung sachte geschehen — weder demütigend noch zerstörerisch für Geist und Seele. Der narzißtische Mensch, gleichgültig, wie unangenehm er anfangs von Zeit zu Zeit sein mag, verdient Liebe wie alle anderen menschlichen Geschöpfe. Die Aufgabe des Erwachsenwerdens, vor der er steht, ist gewaltig, und andere Menschen, die lieben können, werden bereit sein, ihm dabei zu helfen. Indem er diese Hilfe annimmt, akzeptiert der Narzißt seine essentielle Menschlichkeit, beginnt seine Aussöhnung mit der Realität und öffnet sich schließlich für das, was er sich immer gewünscht hat: die Liebe und das Angenommensein, die ihm nur andere Menschen geben können.

3. Kapitel

Die Behandlung des symptomatischen Selbst

Die therapeutische Haltung und die Gegenübertragung

Wenn Sie einem narzißtischen Patienten allein gegenübersitzen, dann ist nur eine Person im Raum zu wirklicher Liebe und Anerkennung des wahren Selbst des Narzißten fähig — nämlich Sie. Dieser wahren Liebe und Anerkennung gilt die tiefste Sehnsucht und längst begrabene Hoffnung des Narzißten. Die Erfüllung dieses Wunsches ist nicht mit denselben Risiken verbunden wie viele andere Formen von Befriedigung im therapeutischen Setting, denn dies ist nicht die Art von Erfüllung, die der Narzißt bewußt fordert. Tatsächlich ist eine solche Liebe und Anerkennung oft in optimaler Weise bedrohlich und frustrierend, wenn sie richtig dosiert werden. Das Kind im Erwachsenen, das wahre Selbst, das unter den Symptomen oder einer glatten Fassade verschüttet ist, benötigt einen Fürsprecher. In der erfolgreichen Therapie des narzißtischen Klienten werden Sie dieser Fürsprecher sein. Durch Ihre Aufmerksamkeit, Geduld und Wertschätzung, durch Ihr Verständnis, Ihr Mitgefühl und ja, auch Liebe, wird Ihr Klient lernen, daß er wertvoll und liebenswert ist.

Die lange und letzten Endes selbst-verleugnende Bindung des Narzißten an sein aufgeblähtes falsches Selbst stellt lediglich den Versuch eines tiefgekränkten Menschen dar, sich einen Rest von Selbst-Akzeptanz zu bewahren. Sie war seine einzige Wahl in einer Umgebung, die *ihn* nicht wirklich anerkannte und / oder die ihn gerade wegen seiner Menschlichkeit, repräsentiert durch seine Bedürfnisse und Verletzlichkeit, grausam demütigte. Seine frühe Umwelt spiegelnd, ist der Narzißt inzwischen dazu übergegangen, sich das selbst anzutun — noch während er sich stolz in die

Brust wirft oder über seine Leiden klagt. Obwohl Ihre Arbeit mit ihm manchmal schwierig und komplex sein mag, ist ihr leitendes Prinzip sehr schlicht — nämlich, jenes wirkliche menschliche Geschöpf zu entdecken, zu verstehen, zu akzeptieren und zu unterstützen, das sich nur wünscht, was sich menschliche Geschöpfe immer gewünscht haben. Wenn Sie sich diese Einstellung vergegenwärtigen und sich dementsprechend verhalten, werden Sie viele therapeutische Fehler vermeiden, die durch Gegenübertragungsreaktionen, Überbetonung von Technik oder Überinvestition in Ergebnisse entstehen.

In den frühen Stadien der Therapie kann dies einfach bedeuten, die phänomenologische Realität eines Klienten zu verstehen bzw. nachzuvollziehen. Bei Personen dieser Art ist es sehr nützlich, anfangs nur das und nichts weiter zu tun — also zumindest eine zeitlang zu vermeiden auszuschmücken, zu deuten, zu erklären oder zu intervenieren. Viele dieser Interventionen sind dem narzißtischen Patienten unwillkommen und werden tatsächlich als eine narzißtische Kränkung in der einen oder anderen Form erlebt — als eine indirekte Mitteilung, daß er Mängel hat, zu dumm ist, selbst auf Dinge zu kommen, Unterstützung zu benötigen etc. Obwohl der Klient mit einem narzißtischen Persönlichkeitsstil nicht annähernd so empfindlich ist, wird er diese Erfahrung, daß man ihm zuhört und ihn einfach versteht, in der Regel sehr zu schätzen wissen und als *anders* registrieren. Die meisten von uns schätzen eine solche Erfahrung, aber dem narzißtischen Menschen mit seinen archaischen Bedürfnissen nach Spiegelung bedeutet sie noch viel mehr. Diese anfängliche Zuwendung und dieses Verständnis wird ein Band zwischen Ihnen und dem wahren Selbst des Klienten schaffen, das Sie beide durch die Frustrationen und Krisen tragen wird, und das ist für einen persönlichen therapeutischen Prozeß unabdinglich. Der narzißtische Mensch hat sich im Grunde selbst verraten und verkauft, entweder aus dem Bedürfnis, den Erwartungen anderer zu entsprechen, oder aus dem Wunsch, sich vor unerträglichen Kränkungen zu schützen, oder aus beiden Gründen. Nun fährt er fort, sich das anzutun, was ihm angetan wurde — nämlich sich selbst zu idealisieren und viel zu viel von sich zu erwarten und sich dabei gleichzeitig selbst zu bestrafen und seinen eigenen Wert herabzusetzen, weil es ihm nicht gelingt, diese unrealistischen Forderungen zu erfüllen. Er braucht jemanden, der *ihm* zuhört und *ihn* versteht, *ihn* spiegelt, *ihn* schätzt und *ihn* gernhat und der von ihm fordert, daß er seine Möglichkeiten ausschöpft, um seine wirklichen menschlichen Bedürfnisse zu erfüllen. Dies ist es, was seine Eltern nicht angemessen für ihn tun konnten, aber was Sie und andere jetzt für ihn tun können, damit er sich im Laufe der Zeit durch Internalisierung und Nachreifung verwandeln kann.

Wie bei den meisten Persönlichkeitsproblemen ist das, was Sie daran hindert, dem oder der Betroffenen diese Art der Zuwendung zu geben, Ihr eigener Narzißmus. Soweit Ihre Problematik narzißtisch ist, werden Sie dazu neigen, den Klienten narzißtisch zu besetzen, und es sich unbewußt übelnehmen, daß Sie ihm das geben sollen, was Sie selbst nicht bekommen haben. Obwohl Ihr Wunsch sehr stark sein mag, die therapeutische Rolle auszufüllen, werden Sie es sich unbewußt übelnehmen, daß sie als Fürsprecher des wahren Selbst eines anderen auftreten sollen, wenn Sie sich dies verzweifelt für sie selbst wünschen. Sie werden es sich tendentiell übelnehmen, daß Sie einem anderen als diese Art von Echo und Spiegel dienen und, insbesondere in den Anfangsstadien, zulassen sollen, daß Sie einfach als ein Spiegel oder Resonanzboden *benutzt* werden. Wir werden den Wunsch haben, mehr zu tun — zu intervenieren, kreativ zu sein, zu erleben, zu verändern und zu verwandeln. Und sobald Sie das tun, wird der Klient wieder mit Erwartungen konfrontiert, denen er zu entsprechen hat. Er wird sich anstrengen, Ihr bester Patient zu sein. Sie werden sie oder ihn nur zu bereit finden, zu der jeweiligen Eigenart psychologischer Interventionen zu konvertieren, die sie propagieren, und Ihr falsches grandioses Selbst aufzublähen, indem er oder sie den Erfolg Ihrer Bemühungen unter Beweis stellt.

Obwohl von der transformativen Psychologiebewegung, wie ich glaube, viele wertvolle Ideen und Strategien ausgegangen sind, neigt sie meines Erachtens besonders stark zu dieser Form von Irrtum. Ihre Ideologie und ihre Behauptungen sofortiger Erfolge sind oft durch Grandiosität gekennzeichnet, und ihre Vertreter scheinen manchmal auffallende Vorbilder für »Übertragungskuren« zu sein, die auf einer unintegrierten Identifizierung mit einem idealisierten charismatischen Führer beruhen. Wir haben es hier mit einer Kollusion der narzißtischen Idealisierungsübertragung des Klienten mit dem narzißtischen Bedürfnis nach spiegelnder Übertragung beim Führer oder Therapeuten zu tun. Da beide dadurch in ihrem falschen, grandiosen kompensatorischen Selbst bestätigt werden, gibt es nirgendwo einen Anstoß zur Auflösung dieser Übertragung.

In den transformativen Bewegungen wird der Klient oft auch dazu benutzt, die Transformationsbotschaft an andere weiterzugeben. Die Qualität seiner Transformation wird dann am Erfolg dieser Propagierung gemessen. Dieses bedauerliche Szenarium beschränkt sich nicht auf solche offenkundigeren Beispiele, sondern kann bei jedem Therapeuten oder Guru vorliegen, dessen narzißtische Problematik sowohl unbewußt als auch ungelöst ist. Die »stille Kompetenz« (Kohut, 1984) eines therapeutischen Programms, das die konsequente Entdeckung und Verwirklichung des eigenen wahren Selbst der Betroffenen innerhalb realistischer Grenzen und durch unvermeidliche Frustrationen verfolgt, wird letztlich erfolgreich sein. Die andere Alternative verschlimmert nur die ursprüngliche Kränkung.

Das andere Extrem oder Risiko bei der Gegenübertragung mit dem narzißtischen Klienten besteht darin, daß man auf die recht attraktive Verpackung hereinfällt, die er verkauft, und ihn idealisiert und dabei das tatsächliche verarmte wahre Selbst, das unterhalb der Oberfläche existiert, übersieht. Obwohl dies in den meisten Fällen ein unwahrscheinlicherer Verlauf ist, wird es am ehesten jenen sehr angepaßten Narzißten, die sich zur Ergänzung der Therapie ihres Partners oder ihrer Familie in Behandlung begeben, gelingen, den Therapeuten zu täuschen. Insbesondere, wenn der Therapeut dazu neigt, diese oft aktivere und erfolgreichere Persönlichkeit zu beneiden, besteht das Risiko einer solchen Reaktion der Gegenübertragung. Obwohl der Umgang mit einem Klienten dieser Art schwierig ist und er seine eigenen persönlichen Probleme niemals wirklich erkennen mag, ist es sicher keine Hilfe für ihn, wenn er ein weiteres Mitglied für seinen Fan-Club rekrutiert. Obwohl seine Kompromisse zu funktionieren scheinen, hat er sich verraten und verkauft und genießt gewöhnlich sehr wenig echte Zuwendung und Freude im Leben.

Das Hauptprinzip der charakteranalytischen Therapie ist es, eine Wiederholung der ursprünglichen Verletzung zu vermeiden und eine Befriedigung der natürlichen menschlichen Bedürfnisse zu gestatten, die ursprünglich nicht befriedigt wurden. Im Falle des Narzißten entspricht man diesen Prinzipien, indem man eine therapeutische Beziehung herstellt, in der ein gewisses Maß an Grundvertrauen vorhanden ist und die durch Echtheit und das bewußte Vermeiden falscher Versprechungen oder durch Manipulationen gekennzeichnet ist. Die Geschichte des Narzißten ist durch Benutzung und / oder Demütigung in engen persönlichen Beziehungen charakterisiert, deshalb ist es in der engen therapeutischen Begegnung wichtig, diese Art von Beziehung zu vermeiden bzw. sofort gegenzusteuern, sooft ein Ausrutscher in dieser Richtung passiert. Da der narzißtische Charakter wie alle anderen dazu neigt, das ursprüngliche Trauma erneut zu inszenieren, ist es nicht unwahrscheinlich, daß sich das Drama, wenn auch nur in Kleinigkeiten, in der therapeutischen Beziehung wiederholt. Selbst wenn sich der Therapeut untadelig verhält, wird der narzißtische Klient dazu tendieren, Gründe für Mißtrauen, Manipulation und Unechtheit zu projizieren.

Beim Aufbau dieser vertrauensvollen und echten Beziehung mag es notwendig sein, in Fällen, in denen der Klient eine solche Übertragungsvorstellung durchzuarbeiten hat, ein gewisses Maß an Idealisierung des Therapeuten zu gestatten. Dennoch ist es wichtig, daß der Therapeut eine realistische Vorstellung von sich selbst, seinen Fähigkeiten und Grenzen hat. Es ist wichtig, Versprechungen von Erfolg ebenso zu vermeiden wie Techniken, die in irgendeiner Weise manipulieren. Aktiv sein, glauben, manipulieren und irgendwelchen Erwartungen entsprechen — dies sind die Stärken des falschen Selbst. Der Narzißt kann Anforderungen genügen, aber er kann nicht er selbst sein. Es ist das Ziel der Psychotherapie, die Fähigkeit zu erwerben, man selbst zu sein. Deshalb ist es wichtig, daß der Therapeut in der echtesten und realistischsten Weise *er selbst* ist. Auf diese Weise schafft der Therapeut die optimale Voraussetzung für das Vertrauen des Klienten. Dies bedeutet nicht, daß es erforderlich ist, ihm alle Details Ihres Lebens mitzuteilen oder Ihren Klienten von allen nötigen Projektionen oder Idealisierungen zu befreien. Im Gegenteil; es bedeutet nur, echt und vertrauenswürdig zu sein.

Ich erinnere mich an ein demütigendes Beispiel, bei dem ich einen Vertrauensbruch beging und ihn dann reparieren mußte, bevor der therapeutische Prozeß fortgesetzt werden konnte. Ich behandelte damals einen narzißtisch gestörten Klienten, mit dem ich außerhalb der Therapie in einem Ausschuß einen begrenzten Kontakt hatte. Er fragte mich vor einem anderen Ausschußmitglied, wann unsere nächste Sitzung stattfinde. Ich mißverstand ihn und nannte den Termin unserer nächsten therapeutischen Zusammenkunft und nicht den der Ausschußsitzung. Ob der anwesende Dritte die Bedeutung dieses Fehlers mitbekam oder nicht, es war jedenfalls ein definitiver, wenn auch unbewußter Bruch der Diskretion. Der Vorfall verursacht mir immer noch Unbehagen, da ich ohne Zweifel einen Fehler begangen habe und die unbewußte Motivation durchaus gewesen sein könnte, mich selbst durch Enthüllung der Beziehung wichtig zu machen.

Nach diesem Vorfall mit dem Klienten entschuldigte ich mich bei ihm für diesen Fehler und nutzte die Gelegenheit, ihm zu erklären, warum dies angesichts seiner eigenen Lebensgeschichte ein so schwerwiegender Lapsus gewesen sei. Gleichzeitig war es ein Fehler, der insofern enormes therapeutisches Potential enthielt, als seine Korrektur, die eine Wiederherstellung des Vertrauens in die Beziehung bewirkte, genau die Art von Wiedergutmachung darstellt, die letzten Endes vollbracht werden muß. Wir leben nicht in einer vollkommenen Welt, und sofern wir nach den ursprünglichen Kränkungen suchen bzw. sie neu inszenieren, können wir bei anderen genau die Unvollkommenheiten finden, die nötig sind, um Mißtrauen zu rechtfertigen. Dies durchzuarbeiten, indem wir Fälle von Beziehungszusammenbrüchen wiedergutmachen, kann ein entscheidender Bestandteil der Behandlung eines Narzißten sein.

Ich fühle mich immer wohler, wenn ein Vertrauensbruch mehr mit Projektion zu tun hat als im vorigen Beispiel. Dennoch muß der Therapeut im Interesse der Wiederherstellung der therapeutischen Beziehung die Verantwortung für seinen Anteil an den Schwierigkeiten übernehmen. Ich hatte zum Beispiel narzißtische Patienten, die Augenblicke, in denen ich nur geringfügig weniger verfügbar oder präsent war als gewöhnlich, zur Rechtfertigung gravierender Verletzungen des therapeutischen Vertrauens nahmen. In diesen Fällen ist es wichtig, daß ich die Verantwortung für den Lapsus in meinem eigenen Verhalten übernehme und meine eigenen Grenzen anerkenne. Obwohl Vollkommenheit als Therapeut ein lobenswertes Ziel sein mag, ist Perfektionismus im Streben danach eine narzißtische Anpassungsform. Um dem narzißtisch gestörten Klienten als realistisches Vorbild dienen zu können, muß man ihm auch vorleben, daß man seine eigenen Grenzen akzeptiert und sich seine Fehler verzeiht. Tut man das, dann ist man wirklich und echt; noch wichtiger, man handelt gesund und gestattet sich, aus den eigenen Fehlern zu lernen. Die narzißtische Position führt oft zu einer sehr realen Lernunfähigkeit, denn wenn man an seinem Bild von der eigenen Vollkommenheit festhalten muß, kann man nicht aus den Rückmeldungen lernen, die einem die eigenen Fehlhandlungen liefern.

Die zweite Verhaltensregel, die sich von der hier skizzierten Grundhaltung ableiten läßt, ist folgende: seien Sie auf der Hut vor und vermeiden oder korrigieren Sie Situationen, in denen Sie der Klient illegitimerweise ausnutzt oder manipuliert. Die narzißtische Persönlichkeit ist oft ein höchst gewiefter Manipulator; darüber hinaus hat sie ein starkes Bedürfnis, etwas »Besonderes« für Sie zu sein. So neigt dieser Typus zum Beispiel eher als andere Klienten zu dem Versuch, Sie zu veranlassen, Ihre Grundregeln für die Psychotherapie abzuändern. Er wird versuchen, Sie dazu zu *benutzen,* sein falsches Selbst zu unterstützen und zu erhöhen, indem er Sie veranlaßt, ihn in irgendeiner Weise als Sonderfall zu behandeln, oder indem er Sie lediglich als weiteres hochkarätiges Mitglied seines Fan-Clubs benutzt. Wenn Sie ihm gestatten, Sie in der geschilderten Weise zu mißbrauchen, dann kann er sie nicht in der Weise gebrauchen, die wirklich notwendig ist: um in seiner Beziehung mit Ihnen sein wahres Selbst zu finden.

Der narzißtische Klient zählt zu denjenigen, die am ehesten dazu neigen, Ihnen in irgendeiner Weise zu dienen oder Sie zu versorgen. Von solchen Patienten sind mir Theaterkarten, Textverarbeitungsmaschinen, geschäftliche und finanzielle Hilfestellungen und andere Dinge angeboten worden, die ich durchaus zu schätzen und zu genießen wüßte. Im Kontext der Psychotherapie ist es meine Aufgabe, diese Angebote von narzißtischen Klienten, sich erneut benutzen zu lassen, abzulehnen. Jeder solcher Vorfall stellt eine schöne Gelegenheit dar, die ursprüngliche narzißtische Kränkung zu deuten und durchzuarbeiten.

Die therapeutischen Elemente, die höchst umsichtig beachtet werden sollten, lauten also: Bauen Sie eine therapeutische Vertrauensbeziehung auf, in der Sie, der Therapeut, ehrlich, echt und nicht manipulativ sind. Vermeiden Sie selbst, manipuliert zu werden, und vermeiden Sie, den Klienten dazu zu benutzen, Ihnen zu dienen. Am wichtigsten: wenn Sie im Streben nach diesem idealen Ziel einen Fehler machen, dann gestehen Sie ihn ein, berichtigen Sie ihn und setzen Sie die Arbeit fort.

Gegenübertragung und das wahre Selbst

Die bisher dargestellten Gegenübertragungsprobleme werden sich als Reaktion auf das vom Narzißten dargebotene falsche Selbst ergeben. Der vom wahren Selbst des Patienten ausgehende Gegenübertragungssog stellt eine ganz andere und in vielen Fällen schwierigere Herausforderung dar. Die Demontage des grandiosen falschen Selbst und des ichwidrigen symptomatischen Selbst setzt die archaischen Forderungen und Affekte frei, die sich im unentwickelten wahren Selbst verbergen. Wenn dies geschieht, wird der narzißtische Patient mehr oder weniger »borderline« und muß sich mit massiven infantilen Emotionen auseinandersetzen. Dies kann dem reifsten und erfahrensten Therapeuten Angst machen, wird aber besonders bedrohlich für jeden Therapeuten, der Furcht vor solchen Affekten bzw. vor archaischer Verstrickung hat. In diesem Fall wird sich der Therapeut durch das Verlangen nach Verschmelzung, die Ausbrüche von Feindseligkeit, die vom beobachtenden Ich des Patienten nur mühsam unter Kontrolle zu halten sein mögen, oder von der Spaltung bedroht fühlen, die extreme Beispiele primitiver Idealisierung einschließen kann etc. In diesen Augenblicken kann der bedrohte Therapeut zu den verschiedensten ungeeigneten Interventionen Zuflucht nehmen, die darauf abzielen, die Affekte und Verhaltensweisen, die ihm Angst machen, zu stoppen. In solchen Fällen wird der Therapeut oft außerstande sein, das Erleben des Klienten empathisch zu erfassen, und er wird vielleicht mit allzu intellektualisierten Deutungen oder Erklärungen reagieren und damit mehr oder weniger subtil seine Mißbilligung der infantilen Affekte signalisieren. Oder aber er zerreißt die notwendige Übertragungsbeziehung, weil ihm diese extremen affektiven Zustände selbst zu große Angst machen.

Ein Therapeut, der bereit ist, sich mit Persönlichkeitsproblemen auseinanderzusetzen, muß bereit sein, die Reaktivierung ziemlich primitiver Forderungen und Affekte nicht nur zu tolerieren, sondern als ein Signal persönlicher Heilung aktiv willkommen zu heißen. Nicht nur das, er muß auch bereit sein, dem Patienten zu dienen, indem er sich als Zielscheibe solcher Forderungen und Gefühle zur Verfügung stellt. Der Therapeut braucht jedoch nicht so weit zu gehen, die realen Gefahren einer solchen Regression des Patienten oder auch der Gegenübertragungsreaktionen, die solche Regressionen erzeugen können, zu ignorieren. Vielmehr ist es unsere Verantwortung, sich unserer Gegenübertragungsreaktionen bewußt zu sein, uns Supervision oder Psychotherapie zu verschaffen, um sie zu bewältigen, und alle unsere Kräfte zu mobilisieren, um eine so stabile Realitätsorientierung, wie es nur menschenmöglich ist, aufrechtzuerhalten. Wenn wir dabei in mehr oder weniger gravierender Weise versagen, dann ist es wichtig und therapeutisch, ein solches Versagen zuzugeben und dadurch genau jene narzißtischen Wunden zu heilen, an denen unsere Patienten leiden.

Die Behandlung von echten Borderline-Fällen und narzißtisch gestörten Klienten ist eine sehr harte Arbeit. Sie erfordert Verständnis und Toleranz bei einem hohen Maß von zwischenmenschlichem Streß, der, obwohl er durch unser Verständnis verringert werden mag, dennoch real ist und uns schwer zu schaffen machen kann. Diese Patienten konfrontieren uns vielleicht mehr als andere mit unseren Grenzen. Der Umgang mit dieser Konfrontation fördert unsere eigene Entwicklung und die Entwicklung der Menschen, die uns behandeln. In dem Maße, in dem es uns gelingt, mit den ungeheuren emotionalen Erregungszuständen, die unsere Klienten präsentieren, realistischer umzugehen, bauen wir in uns selbst zunehmend reife Strukturen auf und bieten unseren Klienten diese Strukturen als Vorbilder, so daß sie ihrerseits diese Fähigkeiten internalisieren können. Diese Behandlung ist ein Test der Reife, der Integration von Grenzen, der Entwicklung von Möglichkeiten und letzten Endes der Integration unserer Stärken auf der einen und unserer Bescheidenheit auf der anderen Seite.

Diese Haltung der Toleranz und Akzeptanz ist besonders wichtig sowohl für die archaischen Forderungen der Grandiosität und für die archaischen Bedürfnisse und Affekte des verborgenen wahren Selbst. Der Patient selbst ist fast immer zu wenig tolerant gegenüber diesen mehr oder weniger unbewußten Regungen. Sie bewußt zu machen, ist der erste Schritt für ihre Nachreifung und Transformation. Gewisse Belastungen sind bei diesem Prozeß unvermeidlich, denn damit Therapie funktioniert, muß der Therapeut einfühlsam bleiben, und um einfühlsam zu bleiben, muß er betroffen bleiben. Psychotherapie übertrifft allein aufgrund dieser empathischen menschlichen Verbindung alle Formen psychotroper oder mechanischer Intervention, die gegenwärtig oder potentiell zur Verfügung stehen. Im Grunde ist es ja das Versagen empathischer menschlicher Verbundenheit, das wir behandeln, und wir können es nur behandeln, indem wir diese Verbundenheit selbst aufrechterhalten. Selbst wenn wir Therapeuten Erleuchtete wären, kämen in diesem Prozeß immer noch Emotionen ins Spiel — da wir es nicht sind, wird es immer gewisse Belastungen geben. Es anders zu machen, hieße den Grundcharakter der Psychotherapie umzustoßen.

Wertlosigkeit, Grandiosität und die narzißtische Kränkung

Narzißtische Persönlichkeiten, insbesondere solche, die eine demütigendere Vorgeschichte erlitten haben, klagen häufig über Gefühle der Wertlosigkeit. Für mich ist Wertlosigkeit kein primäres Gefühl. Vielmehr kommt es aus anderen Quellen, und obwohl es seine affektiven Komponenten haben mag, ist es in erster Linie ein kognitives Ereignis. Es ist eine Entscheidung, eine Schlußfolgerung, ein Urteil. Die darunter verborgenen Gefühle sind im Grunde zweierlei Art und haben mit dem Druck zu tun, der einerseits vom falschen und andererseits vom wahren Selbst ausgeht. Vom falschen Selbst gehen Angstgefühle aus, sobald die grandiosen Überzeugungen in Gefahr geraten. Beim wahren Selbst handelt es sich um ein Gefühl des Schmerzes über die ursprüngliche narzißtische Kränkung. Dieses Gefühl der Kränkung kann unglaublich tief sitzen, und der Narzißt tendiert sehr dazu, es zu vermeiden. Seine ständigen Versuche, sich als wertvoll zu erweisen, gehen im wesentlichen fehl, da sie ihn niemals mit der Kränkung aussöhnen können. Man kann die tief innen verborgene Wunde, die Traurigkeit und den Kummer nicht heilen, indem man anerkennenswerte Dinge tut. Die Wertfrage ist im Grunde ein Scheinproblem und unlösbar. Die eigentliche Lösung besteht für den Narzißten darin, sich selbst zu spüren, und dann allmählich jene Gedanken, Ereignisse, Verhaltensweisen und andere Menschen zu entdecken, die ihm gut tun.

Bevor der Patient weiß, wodurch er sich gut fühlt, muß er überhaupt etwas fühlen. Wenn der Narzißt wahrhaft zu fühlen beginnt, wird unter seinen ersten Gefühlen jene Kränkung, jener Schmerz und jene Demütigung sein, die das grandiose falsche Selbst dazu antreiben, Selbstwert zu beweisen. Sobald diese tiefen negativen Gefühle empfunden werden und mit ihrer Durcharbeitung zumindest begonnen wurde, kann sich der oder die Betreffende so weit öffnen, um genug von sich zu spüren und um zu entdecken, wodurch und mit wem er sich gut fühlt. Eine sehr nützliche kognitive Intervention besteht darin, dieses Problem des Selbstwerts als ein unechtes, überwiegend kognitives Problem zu bezeichnen, welches das sinnlose Karussell von Handlungen in Gang setzt, die, durch Wertlosigkeit motiviert, Wert beweisen sollen, aber dies nie können. Unter anderem kann man den Betroffenen ermutigen, sich immer wieder die Fruchtlosigkeit vor Augen zu halten, sich als wertvoll zu erweisen, und ihn stattdessen an die Notwendigkeit zu erinnern, sich selbst zu spüren. Der Narzißt empfindet sich als bedroht und verletzt. Sobald er das Empfinden zum Ausdruck bringen und einem anderen Menschen mitteilen kann, hat er angefangen, sein wahres Selbst zu finden.

Psychosomatische Krankheit und Hypochondrie

Bei vielen narzißtischen Persönlichkeiten ist das Abgleiten in das symptomatische Selbst somatisch. Der Sekundärgewinn oder Nutzen eines körperlichen Zusammenbruchs ist vielfältiger Art für die narzißtische Persönlichkeit, obwohl es in der Regel nicht nützlich ist, diese bewußtzumachen, solange der therapeutische Prozeß nicht Fortschritte erzielt hat. Auch dann wirkt sich Bewußtheit gewöhnlich weitaus weniger günstig aus als das wirkliche Erleben der verborgenen Emotionen, das ja das eigentliche therapeutische Ziel ist. Dennoch ist es hilfreich, wenn sich der Therapeut der Dynamik somatischer Konversionen bewußt ist.

Die psychosomatischen und hypochondrischen Beschwerden geben dem Betroffenen einen Grund, sich fallenzulassen und als bedürftig zu erweisen. Sie liefern einen kognitiven Brennpunkt für zwanghafte Aktivität, wodurch die verborgenen Forderungen und Affekte des wahren Selbst vermieden werden können. Darüber hinaus schützen die somatischen Schwierigkeiten den Perfektionismus, indem sie einen akzeptablen Vorwand liefern, die Forderung nach Vollkommenheit nicht zu erfüllen. Schließlich liefern die somatischen Beschwerden auch einen Fokus, der die darunter verborgenen Forderungen und Gefühle von psychischem Schmerz durch die Umwandlung von Affekt zu isoliertem körperlichem Mißbehagen leugnet.

Beim Umgang mit diesen Schwierigkeiten habe ich es oft als vorteilhaft empfunden, sich gar nicht auf die Debatte über die Ursache der somatischen Probleme einzulassen, die sich gewöhnlich um den Klienten entsponnen hat. Ich höre mir gewöhnlich wohlwollend die Klagen des Patienten darüber an, wieviel psychologische Deutungen er erhalten hat und als wie frustrierend und wenig hilfreich er sie empfindet, und nehme seinen Wunsch zur Kenntnis, die Symptome als rein physisch anzusehen. Wie alle Deutungen von Sekundärgewinnen bewirken auch solche, die somatische Schwierigkeiten auf psychische Gründe zurückführen, zu Beginn der Therapie sehr wenig Gutes und können großen Schaden anrichten. Sie stellen eine weitere narzißtische Kränkung dar und lösen beim Klienten in der Regel Gefühle der Hilflosigkeit aus. Ich sage den Klienten einfach, daß sie sich mit zunehmender Selbstbewußtheit, Selbstäußerung, Selbstakzeptanz und besseren persönlichen Beziehungen, lauter Dinge die erfolgreiche Psychotherapie erreichen kann, wahrscheinlich in jeder Hinsicht besser fühlen werden. Nachdem ich mein Mitgefühl für ihre körperlichen Symptome und Schmerzen bekundet habe, konzentriere ich meine Aufmerksamkeit dann, genau wie in anderen Fällen, auf die Lebensgeschichte, die Familie, auf Gefühle und gegenwärtige Beziehungen, auf die Arbeit und andere typische psychotherapeutische Fragen.

Diese Strategie hat eine Ausnahme, nämlich wenn der Kampf des Somatischen gegen das Psychische im Vordergrund steht. Dann ist es oft therapeutisch, die Aufmerksamkeit auf die Überdeterminiertheit des somatischen Patienten hinsichtlich des Ursprungs seiner Symptome im Psychischen bzw. Somatischen zu richten. Man kann oft eine Menge lernen und lehren, indem man dem Patienten zur Erforschung der überdeterminierten Intensität seines oft geäußerten Bedürfnisses veranlaßt, zu beweisen, daß seine Symptome somatischen Ursprungs sind. Sie werden häufig feststellen, daß diese Debatte seinen grundlegenden Zweifel an seinem eigenen Wert widerspiegelt. Wenn die Krankheit psychosomatisch oder hypochondrisch ist, dann bedeutet dies für ihn, daß er schlecht und schuldig ist. Ist die Krankheit dagegen körperlich bedingt, dann bedeutet das, daß er in Ordnung ist und ihn keine Schuld trifft. Dieser Kampf um den eigenen Wert wird dann externalisiert in seinen Auseinandersetzungen mit den Angehörigen, Freunden und Ärzten. Diese Kämpfe okkupieren sein Bewußtsein und isolieren ihn weiter von seiner Auseinandersetzung mit den anderen psychischen Problemen. Die Erforschung der Heftigkeit dieses Kampfes beginnt in einem wohlwollenderen Kontext oft jene psychischen Probleme aufzudecken, mit denen er die Auseinandersetzung scheut.

Die Analyse oder aktive bioenergetische Arbeit wird schließlich Früchte tragen, und zwar in Form einer erhöhten Bewußtheit des Klienten von seinen eigenen körperlichen Prozessen. Manchmal wird der Klient insbesondere in der Körperarbeit erkennen können, daß seine somatischen Schwierigkeiten durch Verkrampfungen gegen Selbstausdruck und Lebendigkeit entstehen. In anderen Fällen wird er anfangen, sich der Umwandlung von Gefühlen in körperliche Symptome oder Zwänge bewußtzuwerden. Unter Umständen wird sich der Klient der Somatisierung seiner Angst vor einem echten Zusammenbruch in einer Vernichtungs- und Verlassenheitskrise bewußtwerden. Bei anderen wird eine Bewußtheit von Sekundärgewinnen einsetzen. Wenn sich eine dieser Entwicklungen abzeichnet, unterstütze ich den Klienten behutsam auf dem Weg zu diesen Einsichten. Was noch wichtiger ist, ich beginne die Aufmerksamkeit des Klienten auf seine *Bereitschaft* zu konzentrieren, von den somatischen Beschwerden frei zu sein. Ich fordere den Klienten auf, sich ernsthaft immer wieder zu fragen, »Bin ich bereit, das aufzugeben?«, und, »Was würde ich verlieren, und was würde ich gewinnen, wenn die Symptome verschwänden?« Mit dieser Orientierung lenke ich die Aufmerksamkeit nicht auf die Verantwortung des Klienten für sein symptomatisches Bild und dessen Verschwinden, sondern nur auf seine Bereitschaft, ein symptomfreies Leben zu führen. Dieser Fokus beleuchtet die Sekundärgewinne in einem positiveren Kontext und fördert den Widerstand gegen Veränderung im günstigeren Zusammenhang eines gestärkten therapeutischen Bündnisses zutage.

Beim direkten Umgang mit körperlichen Symptomen empfiehlt es sich auch, dem Klienten zwischen der Behinderung oder dem Schmerz unterscheiden zu helfen, den er in seinem Körper erlebt, und der Behinderung, die diese Behinderung in seinem Leben hervorruft. Obwohl er sich legitimerweise außerstande fühlen mag, die Behinderung zu überwinden, ist er gewöhnlich nicht so hilflos, wenn es darum geht, die Behinderung zu minimieren, die die Symptome in seinem Leben bewirken. Häufig stellen die im Leben bewirkten Behinderungen freilich gerade die Sekundärgewinne dar. Soweit er bereit ist, an der Eliminierung dieser häufig eingespielten Sekundärgewinne zu arbeiten, erhöht sich auch seine Bereitschaft, alles in seiner Kraft Stehende zu tun, um die somatischen Symptome zu beseitigen. So wird zum Beispiel der Patient mit chronischen Schmerzen, der seine Neigung zur sozialen Isolierung oder sein zwanghaftes, selbstbezogenes »Schmerzgerede« bekämpft, die in seinem Leben verursachte Behinderung behandeln und dürfte dann wahrscheinlich zugänglicher für Strategien sein, die wirklich geeignet sind, seine somatischen Beschwerden zu heilen.

Soweit die somatischen Probleme auf die blockierte Äußerung des wahren Selbst, so primitiv dies auch sein mag, zurückzuführen sind, können diese Schwierigkeiten durch ein konsequentes Programm wirklicher Selbstakzeptanz und -verwirklichung allmählich behoben werden. Dies trifft insbesondere in dem Maße zu, in dem der Klient bereit ist, sich den Gefühlen zu stellen, die aus dem Verlust des somatischen Kompromisses resultieren, und soweit er die Gewinne *primär* erzielen kann, die bisher nur sekundär erzielt worden sind. Um wirklich geheilt zu werden, muß sich ein somatisierender Narzißt selbst die Erlaubnis erteilen, bedürftig zu sein, zu versagen, eine Unzahl verletzbarer und oft infantiler Gefühle zu empfinden, auf sein grandioses falsches Selbst zu verzichten und diese höchst archaischen Forderungen und Affekte des wahren Selbst durchzuarbeiten. Selbst dann wird es vielleicht nie ganz gelingen, den angehäuften somatischen Schaden einer psychosomatischen Anpassung zu beheben. In den meisten Fällen setzt die somatische Heilung somit im Grunde einen ziemlich vollständigen Persönlichkeitswandel voraus, und die Behandlung dieser psychisch bedingten somatischen Beschwerden erfordert große Geduld. Früher oder später muß der Klient direkt äußern, was durch das Symptom blockiert wird, er muß direkt um die Befriedigung bitten, die das Symptom fordert, und sich unmittelbar den bedrohlichen Gefühlen und Erinnerungen stellen, vor denen ihn das Symptom schützt.

Persönlichkeitsstil und Persönlichkeitsstörung

Um sich von den Problemen eines Klienten und ihrer Behandlung ein Bild zu machen, halte ich es für außerordentlich nützlich, eine Skala zu verwenden, die auf der Funktionsfähigkeit des Ichs basiert. An dem einen Ende dieses Kontinuums befindet sich die narzißtische Persönlichkeit mit Borderline-Merkmalen, bei der die Abwehr und andere Ich-Funktionen schlecht ausgebildet, unzuverlässig und in Gefahr sind, unter Streß zusammenzubrechen (Borderline-Narzißt). Am anderen Ende dieses Kontinuums ist das Individuum mit einer funktionsfähigeren Abwehr; obwohl es dasselbe Potential für eine Persönlichkeitsproblematik hat, ist diese Problematik durch eine verläßlichere Abwehrstruktur überdeckt (narzißtischer Persönlichkeitsstil). Oft, aber nicht immer, ist in den letztgenannten Fällen die Persönlichkeitsproblematik weniger schwerwiegend und die Entwicklungsgeschichte weniger traumatisch. Da dieses Kontinuum ein Organisationsschema darstellt, nach dem ein Großteil des folgenden therapeutischen Materials kategorisiert werden wird, dürfte es nützlich sein, näher auf die Merkmale der Persönlichkeiten an beiden Enden dieses Kontinuums einzugehen.

Der Borderline-Narzißt ist dadurch gekennzeichnet, daß die archaischen Forderungen und Affekte des wahren Selbst sowie die archaischen

Ansprüche des grandiosen falschen Selbst zugänglicher und überwältigender sind. Gleichzeitig besitzt die Borderline-Persönlichkeit ein realitätsferneres beobachtendes Ich, so daß sie sich einerseits eher in ihrer Grandiosität oder ihrer Anspruchshaltung verfängt und wirklich daran glaubt oder andererseits in Gefühle intensiven Bedürfnisses oder heftiger Wut verrennt. Die Folge ist, daß dieser Patient eher dazu neigt, diese Ansprüche bzw. Affekte in der desorganisierteren Symptomatik der Borderline einschließlich Gewalttaten gegen sich oder andere auszuagieren. Das Zusammenleben mit ihm ist schwieriger, da er anspruchsvoll und offenkundig manipulativ ist und zu unbeherrschter Emotionalität neigt. Auch entwickelt er extremere Übertragungsreaktionen bei geringerer Fähigkeit, diese als durch die Vergangenheit überdeterminiert wahrzunehmen. Verglichen mit Personen, die einen narzißtischen Persönlichkeitsstil aufweisen, zeigt er mehr Impulsivität, unangemessene und übertriebene Emotionalität, instabile und intensive Beziehungen und eine größere Tendenz zu selbstschädigenden Akten. Im allgemeinen ist sein angepaßtes falsches Selbst weniger erfolgreich und stets weniger zuverlässig. Die Psychotherapie für den Borderline-Narzißten erfordert viel stärkere Unterstützung, Ich-Aufbau und Durcharbeitung der Übertragungsreaktionen auf den Therapeuten. Vertrauen zum Therapeuten zu entwickeln und seine Hilfe anzunehmen, zählen zu den häufigsten anfänglichen therapeutischen Problemen. Für ihn ist es eher notwendig, Affekte beherrschen als sie freisetzen zu lernen. Evozierende Techniken sind oft nicht nur überflüssig, sondern unangebracht und sogar gefährlich für Personen, die sich näher am Borderline-Ende dieses Kontinuums der Ich- und Abwehrfunktionen befinden.

Es ist wichtig, die Gründe der erwähnten Vorsicht und vielleicht sogar des Verbots der Anwendung von evozierenden Techniken (z. B. Methoden aus Gestalt, Bioenergetik oder Hypnotherapie) bei Patienten am Borderline-Ende des narzißtischen Kontinuums zu verstehen. Die Patienten an diesem Ende besitzen ein weniger verläßlich konstituiertes Selbst mit weniger verläßlichen Beziehungen zur Realität und weniger verläßlichen Grenzen zwischen sich und anderen. Kohut (1971, S. 210-212) vergleicht den Vorgang der analytischen Therapie, bei dem man sich archaische Ansprüche und Affekte vergegenwärtigt, mit den Erlebnissen, die man im Theater oder im Kino hat. Wenn wir uns auf diese fiktiven künstlichen Realitäten einlassen, können wir nur dann voll und ganz daran teilnehmen, wenn wir vorübergehend aus uns selbst heraustreten und uns durch emotionale Anteilnahme mit dem Leben der Figuren auf der Bühne oder Leinwand identifizieren. Wir können dann mit den Schauspielern oder für diese Wut oder Angst verspüren oder von Verzweiflung erfaßt werden, ohne fürchten zu müssen, die Wirklichkeit unseres Selbst bei diesem Vorgang zu verlieren. Wir können uns, sofern unser Ich oder Selbst genügend gefestigt ist, diesem Erlebnis hingeben. Wir wissen, daß es nicht wirklich ist, aber in einem sehr bedeutungsvollen Sinn gestatten wir uns, diese Unwirklichkeit zu vergessen. Wir können die Selbstgrenzen suspendieren und vorgeben, daß das Geschehen vor unseren Augen wirklich sei und entsprechend reagieren. Am Ende des Theaterstücks oder Films können wir unsere Grenzen und unser Selbst dann wiederherstellen, ohne die Emotionen und Konflikte der »Handlung« in unser eigenes Leben hineinzutragen.

Eine ähnliche Suspendierung der Ich-Grenzen tritt auch im sexuellen Erleben und beim Einschlafen ein. Alle derartigen Erlebnisse setzen ein Mindestmaß an Selbst-Formung bzw. Ich-Stärke voraus. In den regressiven Zuständen, die in der analytischen Psychotherapie häufig eintreten, haben wir es mit derselben Art von emotionaler Teilnahme an einer Situation zu tun, die auf bedeutsame Weise ebenso unwirklich ist wie unser Erlebnis im Theater. Die Beteiligung des Klienten an Übertragungsreaktionen ist das wichtigste Beispiel, und diese Beteiligung erfordert vom Klienten, sich nach einer solchen Erfahrung wieder zu sammeln und die Übertragung schließlich »durchzuarbeiten«. Dieses letztgenannte Erfordernis setzt voraus, daß der Klient früher oder später anerkennen kann, daß seine Reaktionen tatsächlich Übertragungsreaktionen sind.

Der Borderline-Narzißt ist von diesen Aufgaben in der persönlichen Interaktion mit dem Therapeuten, die in den meisten Aspekten »wirklich« ist, voll in Anspruch genommen. Die mehr evozierenden Techniken begünstigen und verlangen manchmal sogar eine Art von unwirklicher Auflösung der Grenzen und der gegenwärtigen Realitätsbezogenheit und eine emotionale Beteiligung, die oft regressiv ist. Diese Art von Beteiligung ist für das labiler beschaffene und in seiner Entwicklung steckengebliebene Selbst am Borderline-Ende des Kontinuums gewöhnlich zuviel. Dies trifft natürlich in dem Maße weniger zu, in dem ein erfolgreicher therapeutischer Weg beschritten wird, aber dann benötigen diese weniger abwehrgeschützten Personen keine speziellen Techniken, um Zugang zu den nützlichen regressiven Zuständen zu finden.

Sobald sie imstande sind, diese zu tolerieren, können auch die meisten Borderline-Patienten Nutzen aus Bioenergetik-, Hypnose-oder Gestalt-Verfahren ziehen, sofern diese ich-aufbauend oder selbst-fördernd sind. Darüber hinaus kann es für einen solchen Klienten gegen Ende seiner Therapie nützlich sein, die veränderten Bewußtseinszustände einfach zu erleben, die durch Hypnose oder Bioenergetik im sicheren Setting der

Psychotherapie herbeigeführt werden können. Im Anschluß daran kann die Erfahrung der Lockerung von Grenzen auf andere ähnliche Erlebnisse wie sexuelle Erfahrungen oder künstlerische Betätigung generalisiert werden. Die größere Notwendigkeit solcher Techniken bei besser abwehrgeschützten und gewöhnlich gefestigteren Personen leitet sich aus der Tatsache her, daß der oder die Betroffene Hilfe zur Lockerung der Abwehrstrukturen und zur Vergegenwärtigung der verborgenen emotionalen Realität benötigt.

Die Berücksichtigung dieses Kontinuums vom Persönlichkeitsstil bis zur Persönlichkeitsstörung kann leicht dazu führen, daß man sich von Personen täuschen läßt, die gewöhnlich eine starrere und sprödere Abwehrstruktur zum Schutze eines sehr fragilen Selbst aufweisen. Diese Konfiguration wird von erfahrenen Klinikern oft an der allzu durchsichtigen und unflexiblen Beschaffenheit der Abwehr oder an einer sehr übertriebenen Reaktion auf ein therapeutisches Manöver erkannt. In diesen Fällen ist es genauso wichtig, langsam vorzugehen, die therapeutische Beziehung aufzubauen und ich-stärkende therapeutische Verfahren anzuwenden. Obwohl bestimmte evozierende Methoden im späteren Verlauf der Therapie notwendig sein mögen, ist es dennoch sicherer, Strategien gewöhnlicherer Art wie Konfrontation oder Deutung anzuwenden.

Am anderen Ende der Skala hat das Individuum mit einem narzißtischen Persönlichkeitsstil weniger Zugang zu den archaischen Forderungen sowohl des wahren wie des falschen Selbst und macht den Eindruck eines viel vernünftigeren und leichter zu verstehenden Menschen. Diese Persönlichkeit ist nicht unbedingt funktionsfähiger, aber ihre Abwehr funktioniert besser. Obwohl dieser Typus gewöhnlich mehr Leistungen erbringt, werden diese oft mit vielen Schmerzen, symptomatischen Störungen und eingeschränkter Freude bezahlt. Obwohl mehr Ich-Stärke vorhanden ist, geht diese oft auch mit mehr chronischen Depressionen, Schmerzen, Krankheiten oder anderen Symptomen einher, die im täglichen Sprachgebrauch »neurotisch« erscheinen. Während die extreme Grandiosität und Anspruchshaltung des falschen Selbst weniger bewußt ist, besteht ein um so größeres Bewußtsein der »Obliegenheiten« und »Pflichten«, wobei auch die wahre Stärke selbst dieser kompensatorischen Gefühle geleugnet wird. Menschen mit einem narzißtischen Persönlichkeitsstil sind sich der archaischen Ansprüche und Affekte des wahren Selbst nicht nur nicht bewußt; sie beherrschen es vielmehr meisterhaft, diese Bewußtheit zu vermeiden. Gewöhnlich sind sehr wirksame unbewußte energetische Abwehrmechanismen sowie die üblichen kognitiven und zwischenmenschlichen Abwehrmanöver gegen eine solche verbotene Bewußtheit vorhanden.

Menschen mit einem narzißtischen Persönlichkeitsstil neigen selbstverständlich viel weniger zum Ausagieren und zu Übertragungsreaktionen und sind für historische Deutungen solcher Reaktionen viel offener oder empfänglicher. Diese Personen sind viel angepaßter im Leben und in der Therapie; es ist scheinbar leichter, mit ihnen zu arbeiten, und sie sind weitaus weniger offenkundig egozentrisch. Wenn es der Behandlung jedoch gelingt, die archaischen Ansprüche und Affekte des wahren Selbst zu vergegenwärtigen, dann kann es zu sehr extremen Reaktionen auf diese heftigen Gefühle kommen. Doch neigen Menschen mit einem narzißtischen Persönlichkeitsstil auch viel eher dazu, aus Abwehr gegen diese Gefühle einfach depressiv zu werden, und wenn sie überhaupt ausagieren, dann tun sie dies, sei es aktiv oder passiv, viel eher auf selbstschädigende Weise.

Bei der Behandlung des narzißtischen Persönlichkeitsstils besteht somit offensichtlich eine weitaus geringere Notwendigkeit der Unterstützung bzw. des Ich-Aufbaus. Stattdessen sind mehr direkte, evozierende Techniken wie Bioenergetik-, Gestalt- oder Hyponoseverfahren angebracht, welche die unbewußten Elemente sowohl des falschen als auch des wahren Selbst zutage fördern. Auch Übertragungsreaktionen müssen aktiver evoziert werden, und der Therapeut muß bei der Verfolgung dieser Probleme oft viel zielstrebiger verfahren. Gleichzeitig ist es viel wichtiger, die Äußerung von Gefühlen zu fördern als ihre Beherrschung. Die therapeutische Aufgabe läßt sich so zusammenfassen, daß nach unbewußten affektiven Erlebnissen gefahndet werden muß und gleichzeitig immer größere Toleranz und die Fähigkeit aufgebaut werden sollte, sich archaische Reaktionen, die verleugnet oder verdrängt wurden, bewußtzumachen und zu empfinden.

Trotz ihrer Unterschiede gleichen sich die Personen auch an den extremen Enden dieses Kontinuums insofern, als man sie am zutreffendsten durch die Konzepte verstehen kann, die den Narzißmus definieren, einschließlich der narzißtischen Kränkung, der Ich-Funktionen und Probleme der Wiederannäherung und des daraus resultierenden Verlusts des echten, organischen Selbst. Am unteren Ende der Skala unterscheidet sich der Borderline-Narzißt von anderen Persönlichkeitsstörungen durch die Beschaffenheit seiner Persönlichkeitsproblematik, die Abwehrmechanismen, mit deren Hilfe er damit umgeht und seine Identifizierung mit dem grandiosen falschen Selbst. Für mich haben Personen, die ein deutlicheres Borderline-Bild bieten, viel größere Schwierigkeiten mit Problemen, die als schizoid, oral oder symbiotisch bezeichnet werden, und bedienen sich zur Abwehr keines grandiosen falschen Selbst. Es sieht eher so aus, als kämpften sie aktiv gegen den Schrecken an, kein wahres Selbst zu haben. Der narzißtische Persönlichkeitsstil am oberen Ende der Skala kann von den neurotischeren bzw. phallischen Charakterstrukturen aufgrund seiner größeren Entwicklung des Ichs und seiner damit verbundenen Objektbeziehungen unterschieden werden. Die neurotische Persönlichkeit ist sich viel deutlicher bewußt, wer sie eigentlich ist, und fühlt sich in seiner Haut viel wohler, sie wird aber dennoch von Problemen im Bereich von Liebe und Sex geplagt.

An beiden Enden des narzißtischen Kontinuums bleibt das zentrale therapeutische Ziel dasselbe, nämlich innerer Friede, Nachsicht und Reife bei der Verwirklichung des wahren Selbst. Das Erleben von Personen an beiden Enden des Kontinuums ist oft äußerst schmerzhaft, ob es durch Instabilität und extreme Affekte gekennzeichnet ist oder einfach durch chronische Depressionen, Schmerzen oder Krankheit. Obwohl das eine Krankheitsbild viel ernster zu sein scheint als das andere, ist dies oft nur ein oberflächlicher Eindruck. Unter den Differenzen liegt die wesentliche Analogie des ursprünglichen Verrats, der am natürlichen Kind begangen wurde, und eine Fortsetzung dieses Verrats durch den heutigen Erwachsenen.

An beiden Enden des narzißtischen Kontinuums wird Psychotherapie im allgemeinen erst dann gesucht, wenn der Zusammenbruch der Funktionsfähigkeit relativ offenkundig ist. Nach meiner Erfahrung geht ein solcher Zusammenbruch fast immer mit einer schweren Depression einher. Das narzißtische Individuum hat in der Regel eine große Scheu davor, um Hilfe zu bitten. Der Zusammenbruch als solcher und die Notwendigkeit, um Beistand zu bitten, werden als demütigend erlebt. Da das Depressionserlebnis ein fast universeller Aspekt des anfangs präsentierten Problems ist, scheint dies ein geeigneter Punkt zu sein, an dem unsere Erörterung der eigentlichen Behandlung ansetzen kann. Zur Veranschaulichung stelle ich zwei Fallstudien in ihrer anfänglichen Behandlungsphase vor, von denen die eine der narzißtischen Persönlichkeitsstörung, die andere dem narzißtischen Persönlichkeitsstil zuzurechnen ist.

Daniel: Persönlichkeitsstil und Depression

Daniel, ein erfolgreicher Mann Ende dreißig kam wegen chronischer Schmerzen und akuter Depression in Therapie. Obwohl er auch schon früher an solchen Depressionen gelitten hatte und bereits drei Jahre bei einem anderen Therapeuten in Behandlung gewesen war, zählte die gegenwärtige Episode zu den bisher schlimmsten und wurde noch durch die schmerzhaften Folgen eines Skiunfalls verschärft, den er neun Monate zuvor erlitten hatte. Er war auch durch die Tatsache bedrückt, daß er in seiner kreativen künstlerischen Arbeit ernsthaft blockiert war und mit einem Projekt nicht vorankam, von dem sein Selbstwertgefühl sehr stark abhing. Die durch den körperlichen Schmerz ausgelöste Empfindlichkeit und die Blockade seiner künstlerischen Produktivität — das wichtigste Bollwerk seines relativ erfolgreichen falschen Selbst — stellten eine Bedrohung erster Ordnung für ihn dar. Ich deutete die präsentierte Depression einerseits als festgefrorene Angst angesichts seiner Unfähigkeit, den Erwartungen des grandiosen falschen Selbst zu genügen, und andererseits als die Furcht vor dem Erwachen der verletzbaren archaischen Bedürfnisse nach Zuwendung und Liebe im Zustand der Hilflosigkeit.

Das organisierende Lebensprinzip des Narzißten mit gut funktionierender Abwehr verlangt von ihm, daß er ständig seinen Wert beweist und Bestätigung einholt. Obwohl oft ein unbewußter Glaube vorhanden ist, daß dies ohne Mühe errungen werden sollte, ist das Individuum mit dem narzißtischen Persönlichkeitsstil gewöhnlich eher bereit, sich seine Leistungen zu erarbeiten, als der Narzißt mit einer weniger entwickelten Ich-Struktur. Aber wenn der Betreffende seinen Selbstwert nicht mehr durch äußere Erfolge aufbauen kann, dann ist sein Selbst-Bewußtsein ernsthaft gefährdet und das Individuum ist in Gefahr, die Leere und den Zerfall zu erleben, die charakteristischer für Personen am Borderline-Ende des Kontinuums sind. Eine völlige Abtötung des Organismus in Depression und / oder hypochondrischer Fixierung kann eine wirksame, wenn auch gleichermaßen schmerzhafte Abwehrlösung darstellen. Genau dies geschah mit Daniel. In diesem Fall war die Ich-Stärke hoch, die soziale Unterstützung adäquat und die therapeutische Beziehung schon bald gut genug, um einen frühzeitigen Einsatz evozierenderer Techniken zu ermöglichen. Zu dieser Beurteilung trug auch bei, daß in Daniels früherer Therapie vielfach mit diesen Verfahren gearbeitet worden war.

Daniel zählt zu der Art von Fällen, bei denen der Patient ins Leben zurückgeholt werden muß. Dieses »Zurückholen ins Leben« bedeutet Wiederherstellung des Energieflusses des Organismus — eine Lockerung der Atmung und der damit verbundene Abbau der Energieblockaden und Muskelverspannungen, mit anderen Worten, des Charakterpanzers. Ohne ein körperliches Leben dieser Art ist es nicht wirklich möglich, eine emotionale Wirklichkeit oder therapeutische Regression zu den abgespaltenen Aspekten sowohl des wahren als auch des grandiosen falschen Selbst zu erreichen. Vielmehr besteht nur die Möglichkeit einer ähnlich abgespaltenen Einsicht, die, obwohl sie dem Problem einen Namen geben mag, keine sinnvolle Ergänzung oder Heilung bewirken wird. Obwohl ich es für möglich halte, in einem intensiven wöchentlichen analytischen Prozeß zu dieser notwendigen emotionalen Realität vorzustoßen, ist diese Alternative viel langsamer und kostspieliger als die Möglichkeit, die ich nun präsentieren möchte.

In allen Fällen organismischer Abstumpfung muß die anfängliche Körperarbeit darauf abzielen, den Klienten durch eine Vertiefung der Atmung, eine Lockerung der Verspannungen und Blockaden und eine gesteigerte körperliche Bewußtheit in seinen Körper zurückzuholen. Die grundlegenden bioenergetischen Verfahren für diese Zwecke werden detailliert dargestellt in *Characterological Transformation: The Hard Work Miracle* (Johnson, 1985) und werden sich jedem, der mit den Grundprinzipien dieser Disziplin vertraut ist, leicht erschließen. Eine grundlegende Darstellung dieser Methoden findet sich auch in Lowen & Lowen (1977) und Lowen (1967). Beispiele dieser Übungen (Erdung, Atmung, Strecken und Muskelentspannung) sind überdies im Anhang dieses Buches enthalten.

Im Falle Daniels waren Techniken, die die Atmung sowohl im Oberkörper als auch im Bauchbereich vertieften, entscheidend. Darüber hinaus erzielten wir eine bessere Erdung durch den Einsatz zahlreicher Verfahren, die dem Zweck dienen, Energiefluß und -ladung der Füße und Beine zu verbessern, einschließlich Arbeit in vorgestreckter Stellung, Gehen auf dem Holzpflock und Übungen für die Beine und Fußgelenke. Der bioenergetische Bock wurde häufig benutzt, um die Atmung zu vertiefen und Blockaden in der Brust, im Bauch und im Kreuz zu beseitigen. Darüber hinaus wurde Massage der Schultern, des Nackens und des Kinnbereichs angewandt, um Verspannungen in diesen Zonen zu lockern.

Manchmal können sogar diese sehr »sanften« bioenergetischen Übungen, die in erster Linie darauf abzielen, die körperliche Bewußtheit und Entspannung zu fördern, verschüttete Emotionen ins Bewußtsein rufen. Dies trifft um so mehr zu, je stärker wir uns dem Borderline-Ende des Kontinuums nähern, aber auch in den späteren Stadien der Therapie von Personen mit funktionsfähigerer Abwehr. Die bioenergetischen Übungen der zweiten Gruppe, die *eine Energieladung* im Körper *aufbauen*, sind eher geeignet, verdrängte Emotionen zutage zu fördern, obwohl sie häufig, speziell bei gut funktionierender Abwehr, bloß die Atmung, die Zirkulation und die Beweglichkeit erhöhen.

Im Fall Daniels riefen diese *Bewußtheits- und Entspannungsübungen* sowie die Übungen *zum Aufbau einer Energieladung* als solche keine Emotionen hervor; vielmehr war es in seinem Fall, wie bei den meisten Personen mit guter Abwehr, notwendig, zur dritten Gruppe der bioenergetischen Methoden überzugehen, die primär darauf abzielen, eine *Entla-*

dung von Energie oder Affekt herbeizuführen. Diese mehr evozierenden und oft »geräuschvollen« Verfahren sind dramatischer und ungewöhnlicher. Dies sind die Verfahren, für die die Bioenergetik sowohl unter Laien wie unter Fachleuten eher oberflächlich bekannt ist und weswegen sie besonders häufig leichtfertig abgetan wird. Doch sind dies genau die Verfahren, die bei Personen mit gut funktionierender energetischer Abwehr nötig sind. Die wesentliche Strategie bei der Auswahl dieser Übungen besteht darin, aus einem vorhandenen Repertoire diejenigen auszuwählen oder neue Verfahren zu entwickeln, die geeignet sind, die abgespaltenen oder verdrängten Gefühle zutage zu fördern.

Bei der Auswahl solcher evozierender Techniken achtet man auf die spezifischen Probleme, die sich aus der jeweiligen Lebensgeschichte und der Beschaffenheit der energetischen Abwehrmechanismen bzw. des Charakterpanzers ergeben. Daniels narzißtische Problematik läßt sich kurz folgendermaßen zusammenfassen: er wurde mehr idealisiert als geliebt. Sein Angenommensein war an Bedingungen geknüpft, das heißt, er mußte die Eigenschaften bzw. Leistungen aufweisen, die seine Eltern bewunderten. Er wurde dazu *benutzt*, sie glücklich zu machen, ihre Träume und Wünsche zu erfüllen und ihr Leben lebenswert zu gestalten, seine Kränkung bestand in einer unbewußten Erkenntnis dieser Tatsache sowie aus Episoden negativer Bewertung, gelegentlich begleitet von elterlicher Wut und Demütigung in Augenblicken der Schwäche und Verletzlichkeit. Es ist wichtig festzuhalten, daß Daniel vor seiner früheren Therapie unfähig gewesen war zu weinen, und daß er, obwohl er über diese Reaktion inzwischen in gewissem Maße verfügte, immer noch nicht schluchzen konnte. In seiner früheren Therapie hatte er eine demütigende Szene aus seiner frühen Jugend erinnert, die mit Weinen zusammenhing und in der er »beschlossen« hatte, niemals wieder zu weinen, sich niemals wieder einer solchen Beschämung auszusetzen. Es waren immer noch einige ungelöste Probleme im Zusammenhang mit Zärtlichkeit und Körperkontakt vorhanden. Diese hatten in seiner früheren Therapie im Vordergrund gestanden, waren jetzt aber sekundär gegenüber der narzißtischen Problematik.

Zwei bioenergetische Körperhaltungen, die beide eine Aufladung bewirken und die Entladung fördern, erwiesen sich in dieser Behandlung als besonders hilfreich. Bei der ersten, die als Hocke mit ausgestreckten Armen bezeichnet wird, stellt sich der Klient breitbeinig hin und geht dann in die tiefe Hocke, so daß die Schenkel parallel zum Boden verlaufen. Aus dieser Stellung schaut der Klient zum Therapeuten auf, der ein oder zwei Meter vor ihm steht, und streckt die Arme zu ihm hoch. In manchen Fällen ist es ergiebiger, wenn sich der Klient anstelle des Therapeuten Vater oder Mutter oder eine andere Bezugsperson vorstellt. Diese Stellung wird solange wie möglich beibehalten, und der Klient wird in dem entstehenden Streß und Schmerz ermutigt, Laute auszustoßen und frei zu assoziieren. Die Laute werden schließlich in ein Schreien übergehen, und die freien Assoziationen können besonders relevante Formulierungen ergeben, deren Wiederholung oft nützlich ist.

In Daniels Fall brachte ihn diese Haltung in Kontakt mit seiner Wut, strapaziert und benutzt zu werden. Die simple Wendung »ich hasse dich« vertiefte dieses Erlebnis noch weiter. Diese Körperhaltung förderte auch seine Sehnsucht und sein Bedürfnis nach Zuwendung und bedingungsloser Unterstützung zusammen mit den schlichten Worten »hilf mir« zutage. Obwohl diese Sitzungen sowohl körperlich als auch emotional schmerzhaft waren, fühlte sich Daniel danach jedesmal besser als zuvor, und diese unmittelbare Wirkung dauerte gewöhnlich mindestens ein oder zwei Tage an. Der kumulative Effekt war ein allmähliches Nachlassen der abstumpfenden Depression und gleichzeitig ein erneutes Durchleben der archaischen Gefühle und der Situationen, die diese auslösten.

Daniel ist sich zunehmend bewußt geworden, daß die Gefühle, die seine künstlerische Arbeit betreffen, für ihn eine Qualität von Leben oder Tod haben. Er erinnert sich der heftigen Gefühle von Unsicherheit, Angst und seelischer Pein im Zusammenhang mit der Vollendung anderer ähnlicher Projekte und erkennt zunehmend, daß er durch seine verkrampfte Einstellung zu seiner Arbeit, die er jedesmal zu einer Überlebensfrage macht, sowohl die Freude als auch das Wachstum seines wahren Selbst abtötet. Er arbeitet immer noch daran, sein verzweifeltes Bedürfnis loszulassen, etwas hervorbringen zu müssen, um sich als vollwertig anzuerkennen. Je weniger er sich dabei unter Druck setzt, desto produktiver wird er paradoxerweise. Dabei hat er auch mit einiger Überraschung die archaischen Überzeugungen aufgedeckt, die von seinem grandiosen falschen Selbst gehegt werden. Er ist sich zum Beispiel bewußt geworden, wie perfektionistisch er selbst in bezug auf die geringfügigsten Dinge ist und daß er sich abverlangt, alles beim ersten Mal vollkommen zu können. Jeden Fehlschlag in dieser Hinsicht hat er als eine Wiederholung der früheren narzißtischen Kränkung erkannt. Obwohl solche Reaktionen immer noch vorkommen, sind sie gleichzeitig abgeschwächt und eine Quelle humorvoller Beobachtung anstelle von seelischer Pein. Mit anderen Worten, Daniel ist diesen Reaktionen weniger ausgeliefert und steht ihnen eher beobachtend gegenüber.

Wir begeben uns jetzt an das andere Ende des Kontinuums und sehen uns die Behandlung einer Depression bei einem eher als Borderline eingestuften Fall von Narzißmus an.

John: Persönlichkeitsstörung und Depression

John war ein junger Mann von 28, ein Student, der in den letzten zehn Jahren von College zu College und von Job zu Job geflattert war. Er hatte in seinem Erwachsenenleben drei intime Beziehungen gehabt, doch die meiste Zeit hatte er allein verbracht. Der Anlaß für Therapie war die Trennung von seiner letzten Freundin, die sich mit einem anderen Mann eingelassen hatte, während sie mit John zusammenlebte. Dies war einer von mehreren Treuebrüchen, die Gefühle einer überwältigenden Kränkung in ihm wachriefen. John hatte mich jedoch auf Empfehlung seiner Freundin aufgesucht. Sie hatte Jahre zuvor an einem meiner Seminare teilgenommen. Diese Fakten sind besonders wichtig, da John im Verlauf der Therapie, abgesehen von sehr kurzen Perioden der Einsicht, ständig dazu neigte, mich mit seiner früheren Freundin zu identifizieren, weil ich sie gekannt hatte. Außerdem warf er mir Lieblosigkeit und mangelndes Engagement vor, weil ich mich geweigert hatte, sie anzurufen und sie zu drängen, an einer Paarberatung teilzunehmen.

Diese Probleme machten nur einen Teil der massiven negativen Übertragung aus, die er nur verschwommen erkannte und die zu einem wichtigen Element der Therapie wurde. Tatsächlich bestand der therapeutische Prozeß in Johns Fall großenteils aus der Durcharbeitung der negativen Übertragung angesichts der Enttäuschung archaischer Verschmelzungs- und Spiegelungsbedürfnisse auf der einen und der Enttäuschung der Idealisierungsübertragung auf der anderen Seite. In diesem zweiwöchentlichen Kontakt, der durch wöchentliche Gruppenbehandlung ergänzt wurde, lieferte die therapeutische Beziehung als solche einen Großteil der nötigen »Hitze« für die Arbeit.

Evozierende Techniken waren niemals notwendig. Tatsächlich wurden bei mehreren Anlässen das Versagen seiner Selbstbeherrschung und die Neigung zum Agieren zu einem ernsten Problem. Während es im Falle Daniels oft schwierig war, überhaupt eine Übertragung zu bewirken, und diese immer erkannt wurde, wenn es geschah, drohten die Übertragungsreaktionen in Johns Fall häufig, ihn zu überwältigen.

Im Gegensatz zu Daniels »toter« Depression war Johns »Depression« höchst agitiert und affektiv. Er befand sich in der Vernichtungs- und Verlassenheitskrise. Tatsächlich versuchte John seine Gefühle durch übermäßigen Alkoholkonsum und durch zwanghafte flüchtige Abenteuer zu betäuben. Diese Episoden waren von immenser Scham und von Selbstvorwürfen begleitet. Nur in diesen Zeiten schien er im üblichen Sinn depressiv zu sein. In anderen Momenten agierte er, indem er unangemeldet in der Wohnung seiner früheren Freundin und einmal bei mir zu Hause erschien. Zu diesen Zeiten ließ sich John in eine überwältigende Abhängigkeit von mir fallen, die von häufigen und verzweifelten Telefonaten begleitet war.

In Zeiten des Zusammenbruchs gab er die Zurückhaltung auf, die er sonst gegenüber den Gruppenmitgliedern wahrte und suchte auch mit ihnen Kontakt. In diesen Zeiten rief er auch immer wieder seine Eltern an, oft in einer Mischung aus Verzweiflung und Vorwürfen. Im Kontakt mit anderen fühlte er sich wenigstens etwas besser, aber diese Besserung dauerte nur solange an, wie er den Kontakt aufrechterhalten konnte. Der Nutzen dieser Unterstützung war jedoch in Johns Augen sehr minimal. Niemand war ihm je nahe *genug*, mit der möglichen Ausnahme seiner früheren Freundin, wenn diese mitfühlend auf seinen bedauernswerten Zustand reagierte. Wenn dies geschah, lebte er sichtlich auf, schöpfte Hoffnung und zeigte sich überaus dankbar für alles Gute, das sie ihm je erwiesen hatte.

Bei mehreren Gelegenheiten drohte John, das College und die Stadt zu verlassen, um irgendwo anders weiterzustudieren bzw. eine Beschäftigung zu suchen. Jedesmal ermutigte ihn der Zuspruch anderer, vor allem anderer Mitglieder der Therapiegruppe, sein Studium, seine Therapie und die Suche nach Beziehungen unter den gegenwärtigen Umständen fortzusetzen. Auch ich riet ihm zu diesem Weg, obwohl ich immer mit Überzeugung wiederholte, daß John seine eigene Entscheidung treffen müsse. Ich versicherte ihm, daß er meine Unterstützung haben werde, was immer er zu tun beschließe. Die Umstände eines solchen Anlasses sind diagnostisch bemerkenswert. Nach einem seiner beunruhigenderen Anrufe zu Hause kam einer seiner Brüder aus beträchtlicher Entfernung per Flugzeug, um ihn zu unterstützen und ihm bei einem geplanten Umzug zu helfen. Kaum war sein Bruder eingetroffen, schöpfte John neuen Mut in bezug auf seine Situation, überlegte sich die Sache mit dem Umzug, setzte alles in Bewegung, um einen Ganztagsjob zur Finanzierung seines Studiums zu finden, und machte Anstalten, seine Therapie zu beenden. Nach diesem Besuch fand er tatsächlich eine gutbezahlte manuelle Arbeit, die er aber nach einer anstrengenden Woche wieder aufgab. Dies war keine schlechte Entscheidung angesichts der extremen Anforderungen des Studiums und der Knochenarbeit dieser Ganztagsstelle, aber dieser Vorfall wirft ein bezeichnendes Licht auf sein Verhaltensmuster.

Wie oben dargestellt, wechselten die Perioden des Zusammenbruchs mit Episoden der Aktivierung seines grandiosen falschen Selbst ab. Die vorübergehenden Entschlüsse, die Wohnung zu wechseln, das Studium zu unterbrechen und die Therapie zu beenden, waren ein Bestandteil dieser Aktivierung. Bei diesen und auch bei anderen Gelegenheiten reagierte John überaus negativ in bezug auf sein College, die Professoren, seine Kommilitonen, mich und andere Mitglieder der Therapiegruppe. In diesen Zeiten erlebte er niemanden positiv, auch wenn er eines verstorbenen Onkels, mit dem er eine gute Beziehung gehabt hatte, nach wie vor mit großer Achtung, Bewunderung und sogar Liebe gedachte. Bei diesen Anlässen erstreckte sich seine positive Einstellung auch auf ihn selbst, insbesondere auf sein *Potential*, ein erfolgreicher, anerkannter und moralisch überlegener Mensch zu werden. In diesem Zusammenhang phantasierte er auch darüber, seine Macht zu benutzen, um an bösen Menschen in der Welt Vergeltung zu üben. Bei einigen Gelegenheiten ließ er sich von diesen Phantasien und den Ansprüchen des grandiosen falschen Selbst soweit fortreißen, daß ihm seine überwältigende Feindseligkeit in den Vorstellungen bewußt wurde, andere »zu zertreten, zu zerschmettern und zu vernichten«. In solchen Augenblicken wurde er der pathologischen Heftigkeit seines Hasses und seines Rachebedürfnisses gewahr.

Wie zu erwarten, führte John ein Leben extremer Isolierung, weil ihm niemand wirklich gut genug war, doch dabei litt er unter dem quälenden Schmerz unbefriedigter archaischer Bedürfnisse. In den Perioden der Aktivierung konnte er sowohl in der Arbeit als auch im Studium unerhört produktiv sein, aber in den Perioden des Zusammenbruchs herrschte fast totale Trägheit. Bei mehreren Gelegenheiten versuchte er die Therapiegruppe möglichst unauffällig zu verlassen, aber wenn er von denjenigen, die ihm in seinen Krisenzeiten geholfen hatten, sachte gedrängt wurde, ihnen seine Pläne mitzuteilen, fing er an, das wahre Ausmaß seines Hasses und dann die Tiefe seiner Verzweiflung zu offenbaren. Sooft dies geschah, erhielt John massive Unterstützung und Anerkennung seitens der Gruppenmitglieder. Er war sogar imstande, einen sehr kleinen Teil dieser Unterstützung anzunehmen, und im Laufe der Therapie gelang es ihm immer besser, diese Unterstützung zu empfinden und anzuerkennen. Typisch war auch die starke Gespaltenheit, die er in bezug auf sich und andere aufwies. Manchmal äußerte er zum Beispiel mir gegenüber große Dankbarkeit für meine Anteilnahme und Zuverlässigkeit in meinem Verhältnis zu ihm, doch bei anderen Anlässen übte er harte Kritik an mir als jemand, der gleichgültig und nicht vertrauenswürdig ist. Bei einer Sitzung während einer späteren und relativ leichten Krise war John imstande, seine negative

Übertragung weitgehend zu erleben, sie zu artikulieren und gleichzeitig zu erkennen, daß es sich um eine Übertragung handelte. Das war ebenfalls eine Sitzung, bei der ich seine Anschuldigungen gegen seine frühere Freundin nicht vollständig akzeptierte. Er fragte mich, warum ich darauf beharrte, seine Worte in Zweifel zu ziehen. Ich antwortete, ich hätte beobachtet, daß er anderen gegenüber in vielen Zusammenhängen sehr mißtrauisch sei und daß ich ihn fragen wollte, ob er die Dinge in diesem Fall realistisch beurteile. Daraufhin fuhr er mich an:

John: Also, ich habe jedes Recht der Welt, nach allem, was man mir im Leben angetan hat, mißtrauisch zu sein.
Therapeut: Da stimme ich dir zu.
John: Deshalb würde ich das eigentlich nicht mißtrauisch nennen. Ich halte es einfach für klug, dafür zu sorgen, daß ich nicht noch einmal in diese Scheiße tappe. Deshalb bin ich äußerst vorsichtig und vertraue niemandem, solange sich der Betreffende nicht bewährt hat. Und daran möchte ich auch nichts ändern. Ich möchte wirklich daran nichts ändern, Steve. Und du wirst mich niemals überreden können — niemand wird mich jemals überreden können — das zu lassen. Denn sooft ich es anders mache, zahle ich drauf.
Therapeut: Hör zu, was du eben gesagt hast.
John: Ich weiß, was ich eben gesagt habe.
Therapeut: Empfinde es. Sieh zu, ob du es einfach empfinden kannst.
John: Da steckt eine Menge Wut dahinter.
Therapeut: Fühle einfach, was da ist.
John: Ich weiß, was da ist.
Therapeut: Fühle es.
John: Nun, ich fühle mich im Moment auch dir gegenüber nicht sicher. Und was ich fühle, das sind Schmerzen und Qualen. Und ich möchte dir nichts davon mitteilen, weil ich fürchte, daß du mich damit herabsetzen wirst — du wirst es gegen mich verwenden. Und dazu will ich dir keine Gelegenheit geben.
Therapeut: Empfinde das, was du eben gesagt hast, soweit du es kannst.
John: Ich habe dir eben gesagt, ich werde das nicht tun, weil ich jetzt nicht mit dir darüber sprechen werde. Fordere mich nicht noch einmal dazu auf, bitte, weil ich nicht... Ich bin sehr empört, daß du diese Frau verteidigst... Ich empfinde es so, daß du sie über mich stellst — indem du sagst, daß ich im Unrecht bin und sie im Recht ist. Und... das regt mich sehr auf.
Therapeut: Fühle es.
John: Das tue ich. Wenn ich überzeugt wäre, daß das die absolute Wahrheit ist, dann wäre ich nicht hier.
Therapeut: Ich weiß.
John: Aber das ist mein Gefühl. Und deshalb bin ich sehr vorsichtig dir gegenüber. Weil ich es nicht beweisen kann. Aber wenn ich es je beweise, dann... dann... ich weiß nicht, was ich dann tun würde. Ich weiß nicht, wozu ich ein

Recht hätte. Aber ich hätte jedenfalls einen Hebel.
Therapeut: Einen Beweis?
John: Daß du mit ihr unter einer Decke steckst gegen mich. Das spüre ich. Und das ist etwas, das ich nicht schwarz auf weiß beweisen kann. Vielleicht ist es auf Zelluloid vorhanden, aber das wird nicht als Beweismittel vor Gericht anerkannt.
Therapeut: Aber in deinen Gefühlen existiert es, und ich ermutige bloß deine Gefühle.
John: Mein Vertrauen zu dir ist sehr schwankend. Manchmal vertraue ich dir und habe den Eindruck, daß du ehrlicher zu mir bist. Manchmal bin ich eine Million Meilen von dir entfernt, und es ist fast, als wünschte ich, daß du mir irgendeinen Anlaß gibst — im Grunde, daß du mich angreifst, Steve — daß du versuchst, mich physisch anzugreifen. Und das ist wie, ich verspüre diesen Wunsch nach Rache eben jetzt. Ich könnte mich da hineinsteigern, bis ich einen Riesenzorn bekomme und dich einfach anschreiben würde. Ich würde sagen: »Komm, komm.« Und ich würde einfach — ich würde dich verdammt nochmal umbringen wollen. Wenn du versuchen würdest, mich anzugreifen, dann hätte ich jedes Recht der Welt — mich zu wehren. Und das ist irgendwie komisch, denn wenn ich in diese Stimmung komme — diese Wut kriege — dann verengt sich mein Blickfeld ganz auf einen Punkt. Und es ist fast, als trete ein Lächeln auf mein Gesicht, weil ich eine Gelegenheit habe, meine Wut abzureagieren. Und das ist eine sehr destruktive Sache.

Die anfangs hier gezeigte Intervention — die Anweisung, sich auf sein Inneres zu konzentrieren und den Affekt zu *fühlen* — ist sehr nützlich, um mit den Emotionen in Kontakt zu kommen, die der Durcharbeitung bedürfen. Sie ist überaus ergiebig bei Patienten, die einen narzißtischen Persönlichkeitsstil oder eine narzißtische Persönlichkeitsstörung aufweisen, wenn man das Behandlungsstadium erreicht hat, in dem die Übertragung vollständiger anerkannt wird als in dem vorliegenden Fall. Häufiger wäre eine Deutung der oben ausgelösten Übertragung die Intervention der Wahl in solchen Borderline-Fällen. In diesem Fall war diese Interpretation jedoch wiederholt erfolgt und zumindest oberflächlich zur Kenntnis genommen worden. Aus diesem Grund zog ich es vor, nach Gefühlen zu schürfen, in dem Bewußtsein, daß entweder verschüttete Gefühle zutage kommen oder aber sich der Widerstand zeigen würde, der ebenfalls einer Durcharbeitung bedurfte.

Das hartnäckige Forschen nach Gefühlen führte zur Aktivierung des Widerstands und der narzißtischen Wut, gemäßigt durch die Einsicht: »Wenn ich glauben würde, daß das stimmt, wäre ich nicht hier.« Dies führte zur Durcharbeitung der Wut und Paranoia und schließlich zu einer Stärkung des therapeutischen Bündnisses und einer Zunahme des Vertrauens.

Gruppentherapie war oft sehr nützlich im Umgang mit der Spaltung, da John häufig jemanden in der Gruppe finden konnte, den er als teilnehmend, vertrauenswürdig und hilfreich für ihn erlebte, während er mich als das Gegenteil dessen empfand. Dieselbe Polarisierung sich selbst gegenüber wurde bereits angedeutet. Sein Selbsthaß entzündete sich speziell an den Alkoholexzessen und seinem Hang zur Promiskuität, und sein Selbstkonzept war am höchsten, wenn er sich in einer Reihe mit seinem Onkel dem größten Teil der Welt gegenüber überlegen fühlte und glaubte, sich für das einzige Verschmelzungsobjekt aufzusparen, das ihm ebenbürtig sein würde. In einem offenen und bewegenden Gespräch, in dem John eine Menge nützlicher Erkenntnisse über sich gewann, beschrieb er sein Verhaltensmuster gegenüber Frauen folgendermaßen: »Ich wähle Frauen, die sich für die Allerbesten halten und sich auch so präsentieren. Ich stelle mich ihnen auch so dar, aber wenn sie mich näher kennenlernen, fühlen sie sich abgestoßen und kommen mit meinem wahren, anspruchsvollen Charakter nicht zurecht. Sie haben Angst vor mir, weil sie auch — vor sich selbst Angst haben. Deshalb verlassen sie mich und sehen sich nach jemand anderem um, der ihnen ebenbürtig erscheint. Ich merke, daß sie auch nicht vollkommen sind, aber ich möchte immer zusammenbleiben — an der Beziehung arbeiten. Wenn einen jemand wirklich liebt, dann sollte er es auch schaffen, an der Beziehung festzuhalten. Ich beginne zu begreifen, daß ich einfach zuviel verlange.«

In vieler Hinsicht ist der Mann, den ich hier beschreibe, ein klassischer Borderline-Fall. Obwohl es wesentlich ist, das in Rechnung zu stellen, ist John für mich aufgrund seiner drei Äußerungsformen des Narzißmus besser zu begreifen. Auf der einen Seite stützt er sich stark auf sein falsches Selbst mit der damit verbundenen Grandiosität, den Allmachtsgefühlen und der Anspruchshaltung, dem Stolz und Perfektionismus und der Identifizierung mit Leistung. In Perioden des Zusammenbruchs tendiert er zum symptomatischen Selbst, das heißt primär zu Gefühlen der Wertlosigkeit, zu Selbstabwertung und Anfälligkeit für Scham und Demütigung. In diesen Zeiten empfindet er seine Isolierung und Einsamkeit und durchlebt eine agitierte Vernichtungs- und Verlassenheitskrise. Sobald er sich aufrafft und dagegen ankämpft, springt er wieder in das falsche Selbst zurück und lehnt aus einer Position der Macht und Überlegenheit heraus alle und alles in seinem Leben ab. In beiden Äußerungsformen fällt er jedoch oft in die archaischen Ansprüche und Affekte des wahren Selbst zurück und findet letzten Endes dort die Möglichkeit der Selbstentdeckung und Selbstentwicklung. Man versteht ihn besser durch das Konzept der Aktivierung des grandiosen falschen Selbst als durch das Konzept des abwesenden Selbst (des symbiotischen Charakters).

Verglichen mit Daniel sind Johns archaische Bedürfnisse und Affekte viel zugänglicher, offenkundiger, sogar bewußter, aber die Kohäsion seines Selbst bzw. die Stärke seines Ichs ist entsprechend vermindert. Die therapeutische Aufgabe ist deshalb viel stärker durch den Aufbau von Ich-Funktionen und die Entwicklung eines einheitlichen Selbstempfindens gekennzeichnet. Die therapeutische Arbeit muß viel stärker stützend und manchmal sogar »dosiert verwöhnend« (Kohut, 1984) sein. Das Problem besteht eher darin, die archaischen Bedürfnisse und Affekte in erträglichen Grenzen zu halten und die Ich-Stärke bzw. Selbstkohäsion durch selbsterhaltende Aktivitäten oder Beziehungen (einschließlich der therapeutischen) und durch direkte therapeutische Techniken zu steigern, die die Funktionsfähigkeit bzw. den Aufbau persönlicher Ressourcen fördern.

In beiden Fällen bestehen Ähnlichkeiten in der narzißtischen Struktur und in den dahinter verborgenen Realitäten des wahren Selbst. Und sicher ist das Ziel letztlich bei beiden dasselbe. Aber die Wege, um es zu erreichen, sind ganz verschieden. In gewissem Sinn macht Daniel Fortschritte, sobald er sich mehr der Borderline annähert, denn dann hat er mehr Zugang zu den archaischen Ansprüchen und Affekten sowohl seines falschen als auch seines wahren Selbst. Diese affektive Bewußtheit ist notwendig, bevor er sich von seiner schmerzhaften Kompensation lösen kann. John macht dagegen Fortschritte, sobald sein Selbst kohärenter wird, damit er diese Gefühle, die schon am Anfang leichter verfügbar sind, tolerieren und dann durcharbeiten kann. Einen Teil dieser Kraft wird er seiner Fähigkeit verdanken, bessere Abwehrmechanismen zu benutzen; in diesem Sinne wird es John besser gehen, sobald seine Abwehr besser funktioniert. Je mehr er verkraften kann, desto mehr kann er durcharbeiten. Was in diesen oder ähnlichen Fällen einer narzißtischen Borderline-Depression erforderlich ist, das ist eine im wesentlichen unterstützende und ich-aufbauende Therapie, die die Fähigkeit des Patienten steigert, mit den Problemen des Narzißmus umzugehen und diese durchzuarbeiten und schließlich das wahre Selbst zu entdecken und zu entwickeln.

Sehen wir uns zur Veranschaulichung die Behandlung von Johns Vernichtungs- und Verlassenheitskrise an — jene Episoden, in denen er von den archaischen Forderungen und Affekten seines blockierten wahren Selbst überwältigt wurde. Kohut (1971, S. 152-153) hilft uns mit folgenden Worten die schmerzhaften Realitäten dieses »Krisen«-Zustands zu verstehen:

Die zentrale Angst, der man bei der Analyse narzißtischer Persönlichkeitsstörungen begegnet, ist nicht Kastrationsangst, sondern die Furcht vor dem desorganisierenden Einbruch der narzißtischen Strukturen und ihrer Energien in das Ich. Diese Einbrüche bestehen aus der Angst vor dem Verlust des Realitätsselbst durch ekstatische Verschmelzung mit der idealisierten Eltern-Imago oder durch die quasi-religiösen Regressionen zu einem Verschmelzen mit Gott oder dem Universum; Furcht vor Kontaktverlust mit der Realität und Furcht vor permanenter Isolierung durch das Erleben von unrealistischen Größenphantasien; furchterregendes Erleben von Scham und Befangenheit durch das Auftreten von exhibitionistischer Libido; und hypochondrische Sorgen in bezug auf körperliche oder geistige Krankheit bedingt durch die Überbesetzung abgetrennter Aspekte des Körpers und des Geistes.

Personen, die den furchterregenden Durchbruch dieser desorganisierenden schrecklichen Vorgänge erleben, können sich oft nicht deutlich darüber äußern, weil diese so unvorstellbar primitiv, affektgeladen und überwältigend sind. Der Patient weiß oft nur, daß er sich entsetzlich fühlt, bedroht, und daß er vor allem den Wunsch hat, diesen Zustand zu beenden. Häufig wird er sich wünschen, vollkommen verstanden und getröstet zu werden, und ungeduldig auf Bitten reagieren, sein Problem näher zu erklären. Eine große Hilfe kann es für ihn sein, wenn Sie die überwältigenden Gefühle artikulieren, die er erlebt. Obwohl diese Artikulation unvollkommen und ungenau sein wird, hat sie therapeutische Wirkung, da sie Einfühlung und den *Wunsch* zu verstehen verrät. Auch wenn sie »nicht ins Schwarze trifft«, ist sie insofern therapeutisch, als sie eine optimale Frustration darstellt. Das gilt besonders deshalb, weil der Klient dadurch gezwungen wird, einem anderen Erklärungen zu geben, der den erfolgreichen Versuch unternimmt, diesen überwältigenden Zustand zu verstehen.

Das Erlebnis, *endlich verstanden* zu werden, insbesondere, wenn der Klient selbst daran arbeitet, dieses Verständnis herbeizuführen, ist gleichzeitig befriedigend und ichaufbauend. Ein solcher Dialog vermittelt dem Patienten, daß sein wahres Selbst es in hohem Maße wert ist, verstanden und getröstet zu werden, und diese therapeutische Aktivität dient als Vorbild für den Versuch, die dahinter verborgenen wirklichen Emotionen, so primitiv sie auch sein mögen, zu verstehen und zu akzeptieren. In einem solchen Austausch kann das narzißtische Individuum »die große Erlösung erleben, jemanden zu haben, mit dem man reden kann« (John Sebastian).*

Es ist jedoch entscheidend, daß man vom Patienten verlangt, sich, und

* Aus »Darling, Be Home Soon«

sei es auch in sehr begrenzter Weise, an diesem Dialog zu beteiligen und die damit verbundene optimale Frustration erlebt, um sowohl die unangemessene Befriedigung nach Verschmelzung als auch die damit verbundenen Ängste zu vermeiden. Das Ich bzw. Selbst wird somit durch diese Übung in seiner Funktionsfähigkeit gestärkt. Die optimalen Interventionen bei Patienten in diesen Perioden der Vernichtungs-und Verlassenheitskrise sind solche, die gleichzeitig den Trost vermitteln, nach dem sie so verzweifelt verlangen, und die Stärkung des Selbst bewirken, die letztlich das Ziel des therapeutischen Prozesses ist. Dies erfordert eine Ausgewogenheit der Interventionen, so daß sich eine optimale Mischung des Vertrauens auf andere und des Vertrauens in sich selbst ergibt.

Sobald sich das wahre Selbst entwickelt, kann man allmählich dazu übergehen, sich immer stärker auf das Selbst zu stützen, ohne natürlich die grandiose Illusion völliger Selbstgenügsamkeit zu fördern. Ich habe zum Beispiel die Therapiegruppe dazu benutzt, um einem bestimmten Mitglied, das eben die narzißtische Krise durchmachte, unterschiedliche Grade an Unterstützung anzubieten. Wenn der Betroffene den Tiefpunkt seiner Funktionsfähigkeit erreichte, ersuchte ich andere Gruppenmitglieder, ihn (oder sie) anzurufen und aus verschiedenen Gründen festzustellen, wie es ihm geht. Im Falle mittlerer Funktionsfähigkeit habe ich den Betroffenen das Versprechen abgenommen, andere Gruppenmitglieder anzurufen oder in anderer Weise mit ihnen in Kontakt zu treten. Sobald ein höherer Grad an Unabhängigkeit erreicht war, habe ich einfach angeregt, daß der Klient mit nicht näher benannten Mitgliedern der Gruppe Kontakt aufnimmt und von ihnen Unterstützung erhält. Selbst wenn die Funktionsfähigkeit des Ichs am Tiefpunkt ist, habe ich jedoch darauf geachtet, dem Klienten in der Krise *irgendeine* Aufgabe zu stellen. So habe ich den Klienten zum Beispiel veranlaßt, sich zu irgendeiner Tätigkeit zu verpflichten, die geeignet war, seine Ich-Funktionen oder die Erfahrung des Selbst zu verstärken, und ihn dann von anderen Gruppenmitgliedern anrufen lassen, zum Teil, um die Einhaltung dieses Versprechens zu überprüfen.

In Johns Fall sowie in jedem anderen Fall einer Vernichtungs- und Verlassenheitskrise ist es die erste und wichtigste Aufgabe des Therapeuten, dem Patienten einfühlendes Verständnis und Unterstützung zu bieten. Davon ausgehend kann der Therapeut den Klienten dann ermutigen, sich dieselbe Art von Einfühlung und Unterstützung von anderen in seiner Umgebung zu holen, die imstande sind, ihm dies zu geben. Andere in dieser Weise zu benutzen, ist für den narzißtischen Patienten in der Krise wirklich legitim, denn es dient der Entdeckung und Entwicklung des wahren Selbst. Im therapeutischen Kontext ermöglicht diese Verbindung bzw. dieses Vertrauen dem Patienten dann, von den Erklärungen, Rekonstruktionen oder Deutungen, die Sie, der Therapeut, ihm zu geben wünschen, einen konstruktiven Gebrauch zu machen. Vor der Herstellung einer solchen empathischen Verbindung geht es dem Patienten nur darum, sich Erleichterung zu verschaffen, und er wird solche Interventionen oft bloß als weitere Verschlimmerung seiner narzißtischen Kränkungen erleben.

Für John waren die erfolgreichsten Sitzungen vom analytischen Standpunkt aus diejenigen, in denen er »entdeckte«, daß seine Beziehung zu seiner Freundin und seine gegenwärtige Vernichtungs-und Verlassenheitskrise mit ihren extremen und verzweifelten Abhängigkeitsgefühlen Neuinszenierungen seiner unabgeschlossenen Beziehung zu seiner Mutter und, in geringerem Maß, zu seinem Vater waren. Ihm half die entwicklungsanaloge Deutung, daß seine Gefühle die eines Kindes sind, das vollkommen auf ihn eingestellte und ihm ergebene Eltern braucht. In jeder solchen Krise und den sie begleitenden Einsichten machte er einige der notwendigen Lernfortschritte in bezug auf diese unwiederbringliche Erfahrung. In jeder Krise trennte er sich etwas mehr von der unrealistischen Hoffnung, dieses kindliche symbiotische Nirwana verwirklichen zu können. In jedem Fall schritt seine Heilung voran, er reifte und neutralisierte das archaische Bedürfnis nach Verschmelzung und der Verschmelzungsidealisierung.

Bei solchen Anlässen, wenn sich John ganz und gar in der Realität befand und zu treffenden Einsichten fähig war, ließ ich ihn bewußt meine Bewunderung und Achtung spüren. Anfangs fiel es ihm überaus schwer, dies anzunehmen, aber im Laufe der Zeit gelang es ihm immer besser, das zu registrieren, wonach er sich am meisten gesehnt hatte. Dasselbe Phänomen spielte sich auch in der Gruppe ab; John wurde zunehmend fähig, immer mehr echte positive Wertschätzung von einer wachsenden Anzahl von Menschen entgegenzunehmen. Ich glaube, daß diese Art der Genugtuung bzw. der Verstärkung des wahren Selbst für die Heilung jeder narzißtischen Persönlichkeit wesentlich ist.

Wie Kohut überzeugend dargelegt hat, verschwinden die narzißtischen Bedürfnisse im Grunde niemals. Vielmehr reifen sie, so daß das wahre Selbst die Befriedigungen in Beziehungen genießen kann, die im Erwachsenenleben Gelegenheit zu Verschmelzung, Zwillingsverhältnis, Spiegelung und Idealisierung bieten. Das Entscheidende ist nicht die Befriedigung, sondern vielmehr, was befriedigt wird. Der Therapeut muß sich davor hüten, das grandiose falsche Selbst und die Abwehrmechanismen des symptomatischen Selbst zu befriedigen und dadurch zu verstärken. Obwohl es wichtig ist, im Auge zu behalten, was man belohnt, ist es ebenso wichtig, die Reifung und Entwicklung des Selbst tatsächlich zu belohnen. Im Laufe der Zeit erfüllen die Erklärungen, Rekonstruktionen und Deutungen der historischen Vorläufer der Vernichtungs- und Verlassenheitskrise die Funktion der umwandelnden Internalisierung.

Obwohl John auch weiterhin diese desorganisierenden Erlebnisse hatte, wurden sie kürzer und weniger intensiv. Diese therapeutische Veränderung war teilweise darauf zurückzuführen, daß er sie mit dem historischen Problem in Beziehung setzen und seine unrealistische Suche nach dem idealisierten anderen aufgeben konnte, der dieses ungeschehen machen würde. Jede derartige Episode wurde zu einem Signal weiteren und tieferen Trauerns und des Verzichts auf archaische Ansprüche. Kurz, jede Episode wurde eher zu einer optimalen als zu einer überwältigenden Frustration. Die Einsichten, Erklärungen, Rekonstruktionen und Deutungen dienten während dieses Prozesses als tröstende Übergangsobjekte. Schließlich suchte John während jeder Episode mehr und mehr bei anderen »unvollkommene«, aber dennoch selbst-erhaltende Unterstützung. Mit fortschreitender Behandlung gelang es ihm immer besser, um diese Unterstützung zu bitten und sie auch wirlich zu spüren. Zur Veranschaulichung verweise ich auch auf das VI. Kapitel, wo dieser Prozeß mit Transkriptionen von Johns Arbeit sowohl in Gruppen- wie auch in Einzelsitzungen dokumentiert ist.

Die Heftigkeit der Vernichtungs- und Verlassenheitskrise, die Unfähigkeit des Klienten, diesen quälenden Zustand zu ertragen, und die oft reale Gefahr, daß der Klient in diesem Zustand ausagiert, all dies setzt den Therapeuten unter Druck, *etwas zu tun.* Obwohl es oft nützlich ist, etwas zu tun, ist es jedoch wichtig, aufgrund eines theoretischen Verständnisses zu handeln, das die eigenen Interventionen in den entsprechenden Kontext stellt und ihnen ein Ziel setzt, so daß sich das Risiko vermindert, des Guten *zuviel* zu tun. Abgesehen davon, daß gefährlichem Ausagieren vorgebaut werden muß, sollte das Ziel jeder Aktivität während der Krise ganz allgemein die Stärkung des Ichs und des Selbst sein. Ein solches Vorgehen muß sich vom Prinzip »Vormundschaft der Autonomie« (Greenacre, 1959) leiten lassen. Obwohl es also durchaus zu Ihren therapeutischen Aktivitäten zählen kann, als das »Hilfs-Ich« (Mahler et al., 1975) des Patienten zu dienen, und obwohl Sie die Bedürfnisse des Patienten nach einem fürsorglichen, verständigen und aktiven anderen befriedigen können, sollten Sie sich bei all dem dieses übergeordnete Ziel vor Augen halten.

Durch zuviel Aktivität oder Verlassen auf Technik in dieser sehr verletzlichen und potentiell produktiven Periode riskiert man nicht nur, die Abhängigkeit des Klienten zu fördern, sondern auch unangemessene Idealisierung des Therapeuten und pauschale Identifizierung mit ihm, seinen Theorien oder Techniken. Diese Gefahr erhöht sich besonders dann, wenn der Therapeut seine Therapie braucht, um eigene Heilung, Veränderung oder optimale Funktionsfähigkeit zu erzielen. Insbesondere in diesen Fällen werden die narzißtischen Bedürfnisse des Therapeuten auf Kosten der realistischen Evolution des beschädigten Selbst des Patienten ausgespielt. Dies dient letztlich weder dem Therapeuten noch dem Klienten.

So oft Johns depressive Episoden überwältigend wurden, erinnerte ich ihn aktiv an die Arten von Tätigkeiten, die ihm Unterstützung, Trost und Selbsterhaltung boten. Wann immer es zu einem Zusammenbruch des Selbst kommt, ist jede intensive körperliche oder geistige Aktivität geeignet, die Selbstorganisation zu aktivieren. John war ein sehr guter Sportler, obwohl er vor der Therapie wenig Vergnügen aus seinen sportlichen Fähigkeiten gezogen und diese als Bollwerk des grandiosen falschen Selbst benutzt hatte. Dennoch erfüllten Laufen und verschiedene Wettkampfsportarten eine selbst-aktivierende Funktion. Ich ermunterte ihn zu solchen Aktivitäten. Auch in diesem Fall erwies es sich als besonders günstig, daß andere Gruppenmitglieder da waren, denen er sich anschließen konnte. Gegenüber diesen Gefährten im therapeutischen Prozeß brauchte John die Realität seines depressiven Zustands nicht zu verbergen, doch er konnte sich zusammen mit anderen an diesen selbstaktivierenden Aktivitäten beteiligen. In diesem Fall war es natürlich nicht nur die Aktivität als solche, sondern auch der fruchtbare Kontakt, der eine selbststärkende Funktion erfüllte.

John war auch intelligent und durchaus fähig zu guten akademischen Leistungen. Dies war ebenfalls ein Bollwerk seines falschen Selbst gewesen, aber er hatte sehr wenig Freude sowohl aus dem Studium selbst als auch aus den dabei errungenen Erfolgen gezogen. Als er Fortschritte machte, entdeckte er sich selbst in seinem Studium und merkte, daß ihm insbesondere in einigen Fächern der Lernprozeß Vergnügen machte. Er stellte auch fest, daß er nicht jedes Fach mochte, und daß dies auch gar nicht nötig war. Er entdeckte sich darin selbst, indem er seine Vorlieben und Abneigungen entdeckte. Dieses Element des Selbstentdeckungsprozesses ist in jeder narzißtischen Heilung vorhanden. Ein anderer Klient berichtete mir treffend, daß er erst mit 35 Jahren, als ihn jemand fragte, was er am liebsten tue, erkannt habe, daß er sich diese Frage niemals ernsthaft gestellt hatte. Narzißten aller Stadien des Kontinuums der Ich-Entwicklung fragen sich, was sie tun müssen, um anderen zu gefallen, oder um sich selbst etwas zu beweisen. Tief empfundenes persönliches Vergnügen ist für sie nicht relevant. Im Verlauf der Therapie entdeckte

John entzückt und naiv: »Ich muß nicht jeden mögen; ich muß nicht jeden zufriedenstellen; ich muß nicht allen beweisen, daß ich in Ordnung bin.« Die Entdeckung von Unterschieden, die auf körperlich empfundenen Gefühlen der Anziehung oder Abstoßung beruhen, bedeutet für den Narzißten ein unvergleichliches Vergnügen. Dies ist für ihn beinahe ein veränderter Bewußtseinszustand und ein Zeichen dafür, was im wirklichen Leben möglich ist.

Gerade während der Vernichtungs- und Verlassenheitskrise benötigt der narzißtische Klient die Erlaubnis, verletzlich, unvollkommen oder verwirrt zu sein, und braucht Ermutigung zu Tätigkeiten, die beruhigend und tröstlich wirken. Dazu können Meditation, Selbst-Hypnose, leichte bioenergetische Übungen, Yoga, warme Bäder, Spaziergänge im Wald etc. zählen. Die therapeutische Rolle eines »Advokaten des Kindes« kann Klienten helfen, für ihr wahres Selbst zu sorgen, indem sie ihr inneres Kind verstehen, nähren und schützen. Wir streben an, daß die Patienten im Laufe der Zeit ihre eigenen Advokaten für ihr Kind werden. Verinnerlichung dieser Haltung und der damit einhergehenden Fähigkeiten bilden ein wichtiges Ziel der Behandlung. Borderline-Narzißten sind, insbesondere in Perioden der Krise, gewöhnlich außerstande, diese Elternrolle sich selbst gegenüber aktiv einzunehmen, worauf ich später noch eingehen werde. Sie nehmen jedoch ein gutes elterliches Vorbild deutlich wahr und sind fähig, mit dessen Verinnerlichung zu beginnen. Das wiederholte und konsequente Beharren des Therapeuten, dem Kind im Patienten Vorrang zu geben, das Erforschen und Respektieren seiner Wünsche und das einfühlsame »Gedankenlesen« werden das verleugnete »Kind« allmählich wieder zum Leben erwecken und ihm schließlich die verinnerlichte Zuwendung sichern, die es benötigt. Bei dieser Wiedererweckung vollzieht sich die Verinnerlichung zum Teil deshalb, weil es Ihnen, dem Therapeuten, unmöglich ist, jemals wirklich alles an Zuwendung und Fürsorge zu geben, nach denen sich dieses verleugnete Kind sehnt. Ihre diesbezüglichen Grenzen bewirken die optimale Frustration, die zur Internalisierung dieser neuen Haltung nötig ist, welche dann die Selbst-Tröstung bewirkt und den Betroffenen motiviert und legitimiert, sich darüber hinaus Trost von außen zu holen.

Wie viele narzißtische Persönlichkeiten wurde sich auch John seines Widerstands bewußt, sich auf jene selbsttröstenden, selbsterhaltenden und selbststärkenden Aktivitäten einzulassen, die ihm aktiv aus der Krise geholfen hätten. Es war besonders fruchtbar, diesen Widerstand in den Zeiten zu erforschen, in denen das therapeutische Bündnis stark und die Ich-Funktionen im Grunde intakt waren. Die Methoden des Fokussierens

(Gendlin, 1978) und der Umdeutung (Bandler & Grinder, 1979, 1982) waren für diesen Erkundungsprozeß nützlich. Beide Prozesse wurden ausführlich in *Characterological Transformation* erörtert und werden auch im Anhang zu diesem Band erneut dargestellt.

Mit Hilfe dieser Methoden entdeckte John die tieferen emotionalen Gründe für seinen Widerstand. Was er entdeckte, lief im Grunde auf folgendes hinaus: der Widerstand, sich auf diese Aktivitäten einzulassen, war zum Teil auf ein anhaltendes Bedürfnis zurückzuführen, sich für seine Unvollkommenheit und Wertlosigkeit zu bestrafen. Er hatte *de facto* die Strafe verinnerlicht, die er entweder bekommen oder empfunden hatte, weil er nicht der vollkommene Sohn war, den sich seine Eltern wünschten. Die Strafe der Depression war somit »verdient«, und er hatte kein Recht, sie zu beenden, indem er sich die Unterstützung, den Trost und die Selbstorganisation verschaffte, die ihm möglich gewesen wären. Seine Entdeckung und Durcharbeitung immer tieferer Schichten seines Selbst-Bestrafungsbedürfnisses waren heilend.

Wie viele Narzißten schämte sich auch John seines Bedürfnisses nach Trost und wehrte sich dagegen, bis der Druck überwältigend wurde. An diesem Punkt verlor er die Beherrschung und ließ sich zu selbstschädigenden Verhaltensweisen wie alkoholischen Exzessen und Promiskuität hinreißen. In der Therapie entdeckte John eine lange vernachlässigte Fähigkeit wieder, Gitarre zu spielen. Er empfand diese Beschäftigung im Laufe der Therapie als zunehmend befriedigender, und ich erinnerte ihn nötigenfalls auch an deren tröstliche Wirkung.

Als integraler Bestandteil des Durcharbeitungsprozesses gelang es John immer besser, alternative Orientierungen von mir, der Gruppe und schließlich auch anderen Bezugspersonen seiner Umgebung zu übernehmen bzw. zu internalisieren. So internalisierte er das Recht auf Tröstung; das Recht, sich gut zu fühlen; das Recht, schwach zu sein und um Unterstützung zu bitten; das Recht, sich Beschäftigungen zu widmen, die ihm Freude machten; das Recht, Tätigkeiten oder Beziehungen abzulehnen, die nicht produktiv waren, etc. Dies ist eine Art von »Elternersatz«, die sich in jeder erfolgreichen Persönlichkeitsentwicklung vollzieht und die sich zu ihrer Realisierung in der Tat auf die Menschen in der Umgebung stützt.

Bei der Behandlung aller narzißtischen Persönlichkeiten ermutige ich aktiv die Entdeckung und Entwicklung eines sozialen Netzes, das geeignet ist, diesen Internalisierungsprozeß zu fördern. Dieser Teil der empfehlenden Behandlung ist insofern verhaltensbezogen, als er sich auf die äußere Umgebung des Patienten und dessen Verhalten darin konzentriert.

Gleichzeitig richtet sich das Augenmerk dabei auch insofern nach innen, als das Ziel die Internalisierung der wohlwollenderen Einstellung seiner unterstützenden, ja liebevollen Bezugspersonen zum Klienten ist. Es ist wichtig, darauf hinzuweisen, insbesondere beim Narzißten, der zur Grandiosität neigt, daß er, auch wenn ihm diese Internalisierung gelingt, legitime erwachsene Bedürfnisse nach einer solchen unterstützenden und selbstfördernden sozialen Umgebung haben wird. Sobald sich der Zustand narzißtischer Klienten bessert, nehmen sie sehr merklichen Einfluß auf ihre soziale Umgebung, das heißt, sie trennen sich von Personen oder Systemen, die ihrem wahren Selbst Gewalt antun, und wenden sich Personen und Systemen zu, die dieses stärken und unterstützen. Ich habe es als sehr hilfreich empfunden, diesen Prozeß wiederholt ziemlich ausführlich darzustellen. Die Würdigung dieses Elements der Behandlung des Narzißten ist vielleicht Kohuts wichtigster Beitrag zu meinem Verständnis und der Therapie von Personen mit dieser Problematik.

Wie alle Personen, die eine intensive dysphorische Krise durchleben, wollte auch John ihr entfliehen. Alkoholmißbrauch und Promiskuität stellten solche Fluchtversuche dar, aber noch spezieller traf dies auf seine wiederholte Drohung zu, seinem alten Verhaltensmuster folgend das Studium aufzugeben und die Stadt zu verlassen. In diesen Zeiten erwies es sich als wichtig, John das zu geben, was er sich von seinen Eltern gewünscht, aber nie bekommen hatte: eine verläßliche, konsequente persönliche Haltung in bezug auf dieses Thema. Ich vermied es, ihm zu befehlen, auszuharren, aber machte ihm immer wieder klar, daß seine Flucht ein bedeutsamer Bestandteil des sich wiederholenden Lebensmusters war, das nicht funktioniert hatte. Ich beharrte darauf, daß es wichtig für ihn sei, das Studium fortzusetzen und in Therapie zu bleiben, sei es bei mir oder jemand anderem. Darüber hinaus machte ich ihm klar, daß ich es für wichtig hielt, den Kontakt zu derselben Person aufrechtzuerhalten und deshalb bei mir zu bleiben, ich fügte jedoch hinzu, daß ich jede Entscheidung unterstützen würde, die er diesbezüglich traf. Kurz, ich äußerte mich klar darüber, was ich für das Günstigste hielt, ohne ihm vorzuschreiben, was er zu tun habe.

Ich erinnere mich an eine aufwühlende Sitzung, bei der es um diese Frage seiner Fortsetzung der Therapie ging und die sich als ein Wendepunkt in seiner Entwicklung erwies. Es war dies eine Sitzung, in der er wieder große Enttäuschung über mich als Therapeuten äußerte, weil er mich als wenig fürsorglich erlebte. Es ist jedoch wichtig, darauf hinzuweisen, daß es in dieser Diskussion nicht um die Möglichkeit ging, das Studium aufzugeben oder aus der Stadt fortzuziehen. Wichtig ist auch der Umstand, daß diese Sitzung nach mehr als einjähriger therapeutischer Arbeit sowohl im Einzel- als auch im Gruppenkontext stattfand. Ohne, wie ich glaube, in eine Rechtfertigungsposition zu geraten, faßte ich für John all jene Deutungen zusammen, die wir sowohl in der Gruppen-, als auch in der Einzeltherapie schon oftmals durchgegangen waren. Ich setzte ihm auseinander, daß seine Gefühle mir gegenüber (1) auf Übertragung beruhten und (2) Abwehrcharakter hätten. Indem er mich als gleichgültig ansehe, halte er mich auf Distanz und mache die bedrohlichen archaischen Verschmelzungsphantasien unmöglich. Jedes Mitglied der Therapiegruppe und alle Personen seiner gegenwärtigen sozialen Umwelt erschienen ihm in irgendeiner Weise »verdorben«, um ihn daran zu hindern, ihnen zu nahe zu kommen und sich seinen archaischen Verschmelzungswünschen stellen zu müssen. In jeder seiner drei Liebesbeziehungen sei er mit einer idealisierten Partnerin verschmolzen und in das bodenlose Loch der archaischen Verschmelzungsabhängigkeit gefallen. In jedem dieser Fälle habe er seine Partnerin in der intensiven symbiotischen Beziehung, die sie zusammen entwickelten, überfordert. Er sei dann abgelehnt worden und gezwungen gewesen, nicht nur die gegenwärtige Zurückweisung zu empfinden, sondern auch die ganze archaische Wut und Kränkung der Vergangenheit. Er reserviere sein tiefstes Vertrauen und seine Sehnsucht für eine potentielle Gefährtin — eine Beziehung, von der er glaubt, daß sie die ersehnte symbiotische Verschmelzung möglich mache. Er sei nicht bereit, irgend jemand anderem wirklich Bedeutung beizumessen, weil er auf einer unbewußten Ebene ahne, daß ihn dann wieder eine unvermeidliche Frustration erwartete. Er wisse, daß ihm zum Beispiel ein Therapeut oder ein männlicher Freund unmöglich all die Abhängigkeitsbefriedigung gewähren konnte, die er sich wünschte.

Obwohl der oben skizzierte Inhalt für unsere Zwecke hier wichtig ist und eine wesentliche Rolle in der gesamten Behandlung Johns und in dieser denkwürdigen Sitzung spielte, war er nicht das entscheidende therapeutische Element bei diesem Durchbruch. Das Entscheidende war, wie ich glaube, meine eigene Selbsterforschung im Zusammenhang mit dieser Frage der Fürsorglichkeit, an der ich John teilhaben ließ. Ich »suchte in meinem Inneren« nach Gründen, weshalb ich John die Zuwendung und Anteilnahme vorenthalten könnte, die ich anderen zuteil werden ließ. Worauf ich stieß und was ich zugab, das war eine Angst, daß John, wenn er mir so sehr vertraute, wie er das wollte, und wenn er glaubte, daß ich so großen Anteil an ihm nähme, wie er sich wünschte, in eine katastrophale Abhängigkeit stürzen könnte, daß er mich mit mehr Forderungen konfrontieren würde, als ich je erfüllen könnte, und daß er uns beide mit seinen überwältigenden regressiven Gefühlen konfrontieren würde, die selbstmörderisches oder sonstwie gefährliches Ausagieren zur Folge haben und Hospitalisierung etc. nötig machen könnten. Ich sagte ihm, daß ich zwar nicht genau wisse, in welchem Ausmaß dies meine Anteilnahme an ihm eingeschränkt habe, daß ich mir jedoch sicher sei, daß ich diese Angst empfände, und ich fragte mich auch laut, ob auch er eine solche Furcht bei sich wahrnehme. Wir hatten genügend Episoden seiner Vernichtungs- und Verlassenheitskrise durchgemacht, die eine solche Sorge rechtfertigten.

Im übrigen gestand ich John, daß ich wahrscheinlich nicht der mitfühlendste, auf ihn abgestimmteste, empathischste Therapeut sei, den er finden könnte. Meine eigene charakterliche Problematik setze mir in diesen Bereichen Grenzen. Darüber hinaus sagte ich, daß manche Beziehungen zwischen Klient und Therapeut aus vielen unbekannten Gründen einfach besser funktionierten als andere, was ja für alle zwischenmenschlichen Beziehungen zutreffe. Dennoch sagte ich zu John, und das war das Wichtigste, bekomme er alles von mir, was ich zu geben hätte, und seine wiederholten Gefühle der Enttäuschung seien zwar für die Behandlung notwendig, würden aber nichts an meinen Fähigkeiten ändern. Mit wem auch immer er arbeite, es sei die Hauptaufgabe der Therapie, den Verlust der Zuwendung und Fürsorge zu betrauern, die er sich wünschte, und dann den Kontakt und die Unterstützung anzunehmen, die *de facto* erhältlich waren. Schließlich fügte ich hinzu, daß ich zwar jede Entscheidung akzeptieren und verstehen würde, die er in bezug auf weiteren Kontakt mit mir treffen werde, daß ich es jedoch für wesentlich hielte, daß er die Therapie in der Gruppe wegen der Unterstützung und des Kontakts, die er dort gefunden habe, fortsetze.

In dieser Sitzung und in anderen, ähnlich verlaufenden, glaube ich, daß eine entscheidende therapeutische Komponente in der Selbsterforschung und Auseinandersetzung mit den eigenen Grenzen besteht, die geäußert wird und als Vorbild dient. Übertragungserklärungen gewinnen besonders bei narzißtischen Klienten immens an Wert, wenn sie von dem Versuch des Therapeuten begleitet werden, sich zu seinem eigenen Beitrag zu den Interaktionsschwierigkeiten zu bekennen, die in der Therapie auftauchen. Diese menschliche und selbstenthüllende Haltung macht diese Art von analytischer Psychotherapie schwieriger für den Therapeuten als der traditionellere Ansatz, bei dem der Analytiker entschiedener an den Grundregeln festhält, die eine Selbstoffenbarung verbieten. Dies stellt jedoch eine außerordentlich heilsame Erfahrung für den Klienten dar, der gewöhnlich Eltern ausgeliefert war, die niemals unrecht hatten und immer dem Kind die Schuld gaben.

Sitzungen dieser Art machen ein wirkliches therapeutisches Bündnis von Mensch zu Mensch möglich, das den Klienten auf seinem Weg zu einer Beziehung von Erwachsenem zu Erwachsenem voranbringt. Nach dieser Sitzung blieb John nicht nur in Therapie, sondern engagierte sich auch sichtlich entschiedener in der therapeutischen Arbeit. In der folgenden Gruppensitzung war er viel wirklichkeitsnäher, einsichtiger, kontaktfreudiger und trug viel mehr zu seinem eigenen Wachstum bei als ich je bei ihm erlebt hatte. Diese Sitzung erwies sich auch insofern als ein Wendepunkt in seiner Therapie, als sein zwischenmenschliches Vertrauen und seine persönliche Verantwortlichkeit merklich zunahmen.

Ein nützliches Thema für die Intervention in der Vernichtungs- und Verlassenheitskrise ist auch der Aufbau einer psychischen Abwehr. Gerade dem Borderline-Narzißten kann geholfen werden, solche Krisenepisoden durchzustehen, indem er neue Abwehrstrategien anwendet oder bewußt auf alte zurückgreift. Es wäre ein Glück, wenn der Borderline-Narzißt in der Vernichtungs-und Verlassenheitskrise aufgeschlossen für Lerntechniken wäre, von denen man weiß, daß sie die inneren Kräfte oder auch die Abwehr stärken. Es ist jedoch meine Erfahrung, daß der Borderline-Narzißt in diesen Krisenperioden ganz einfach zu agitiert ist, als daß dies sehr produktiv sein könnte. Während Personen mit einem narzißtischen Persönlichkeitsstil aus solchen Strategien in einer Krise Nutzen ziehen können, muß der Borderline-Narzißt sie gewöhnlich lernen, wenn er etwas besser beisammen ist als in der Krisensituation. Wenn er dann eine Krise erlebt, kann man ihn wenigstens an diese Strategien erinnern.

Überwiegend muß der Borderline-Narzißt jedoch den lebendigen zwischenmenschlichen Kontakt mit dem Therapeuten nutzen, um die archaischen Probleme und die Gefühle, die ihn in den Krisenperioden so stürmisch bedrängen, durchzuarbeiten und schließlich zu lösen. Aus diesem Grund schiebe ich meine Darstellung dieser von der Hypnose und dem neurolinguistischen Programmieren abgeleiteten Strategien (Erschließen der Quellen, Strategieanalyse und Elternersetzen) bis zur Erörterung der Behandlung der Vernichtungs- und Verlassenheitskrise beim Patienten mit einem narzißtischen Persönlichkeitsstil auf (5. Kapitel).

4. Kapitel

Die Behandlung des falschen Selbst

> Die Suche nach Vollkommenheit ist schön und gut, aber den Himmel auf Erden zu suchen, bedeutet, hier in der Hölle zu leben.
> — Sting

Die Charakterpsychotherapie entfaltet sich in einer Reihe von »Durchgängen«, in denen die Grundprobleme des Klienten aufgedeckt und immer wieder durchgearbeitet werden. Die zweite Runde in der Therapie der narzißtischen Persönlichkeitsstörung bzw. des narzißtischen Persönlichkeitsstils dient gewöhnlich der Behandlung des aktivierten, grandiosen falschen Selbst. Sobald die Depression oder Krise vorüber ist und der Betroffene zumindest wieder angemessen funktionsfähig ist, wird er oder sie fast mit Sicherheit zum falschen Selbst zurückkehren. Bei Personen mit einem narzißtischen Persönlichkeitsstil bedeutet dies gewöhnlich eine Rückkehr zu übertriebener Aktivität irgendwelcher Art, gewöhnlich zur Überarbeitung. In dieser gängigen Form der »Kindesmißhandlung« lädt sich der oder die Betroffene erneut übermäßige Arbeitslasten auf und flüchtet sich in Leistung, um Selbstachtung zu erwerben. Diese Art der narzißtischen Kompensation wird sehr gut in Bob Fosses Film »All That Jazz« veranschaulicht, in dem sich Joe Gidion in dem vergeblichen Versuch, seinen eigenen Wert zu beweisen, zu Tode rackert: »Nichts, was ich je tue, ist gut genug. Es ist nicht schön genug; es ist nicht komisch genug; es ist nicht tief genug; es ist gar nichts genug.«

Der Anblick dieses zwanghaften, selbstzerstörerischen Verhaltens, begleitet von der Leugnung seiner zwangsläufigen Konsequenzen wie Alkoholismus, veranlaßt in der Regel Freunde, Angehörige und Therapeuten gleichermaßen, die Betroffenen zur Zurückhaltung zu mahnen. Oftmals wirkt dieser immer wieder vernommene Appell, doch kürzerzutreten, lediglich verstärkend auf die Grandiosität, die das Verhaltensmuster antreibt. Weil sie seine oft übermenschliche Ausdauer und seine Fähigkeiten anerkennen, haben diese Bemerkungen häufig die Funktion von Medaillen, die die aufgeblähte Brust des ehrgeizigen Helden schmücken. Während eine dramatische, bewußt inszenierte Konfrontation zum richtigen Zeitpunkt durchaus eine therapeutische Wirkung haben kann, ist die ständige Mahnung zur Mäßigung für das Leben solcher narzißtischer Workaholics kontraproduktiv. Letzten Endes ist es für die narzißtische Persönlichkeit notwendig, den Schmerz und die Zerstörung, die er sich selbst zufügt, wirklich zu erleben. Oft muß er durch Leiden fast am Boden zerstört werden, bevor er anfangen kann, die Verhaltensmuster aufzugeben, die das verursachen. Aus diesem Grund ist es für den Narzißten oft notwendig, eine sehr traumatische Krise oder eine Reihe von Krisen durchzumachen, bevor er sehr widerstrebend bereit sein wird, sich mit den extrem bedrohlichen archaischen Gefühlen und Forderungen des wahren Selbst auseinanderzusetzen.

Der »erfolgreiche« Narzißt ist insofern ein sehr widerspenstiger Klient, als sein Kompromiß fast funktioniert oder früher funktionierte oder manchmal funktioniert oder eine zeitlang funktioniert. Er bekommt oft große Aufmerksamkeit oder gar Bewunderung, verdient eine Menge Geld und ist imstande, sich alles an sonstigen Befriedigungen zu verschaffen, was zur Verfügung steht. Solange diese Befriedigungen vorhanden sind, gelingt es ihm, die verdrängten Forderungen und Gefühle des wahren Selbst in Schach zu halten. Bei der Auseinandersetzung mit dieser Situation besteht die Aufgabe des Therapeuten darin, den Abwehrkompromiß durch alle sich als wirksam erweisenden Methoden zu beseitigen und gleichzeitig die legitimen Ansprüche des wahren Selbst unterstützend ins Bewußtsein zu rufen und zu nähren. Der Klient mit einem narzißtischen Persönlichkeitsstil bleibt in Therapie und setzt sich diesem bedrohlichen Prozeß aus, weil er (1) trotz seiner Leugnung genügend Schmerzen durchmacht, um ihn zur Teilnahme zu motivieren, und weil er (2) zu einem therapeutischen Bündnis fähig ist und dem Urteil des Therapeuten vertraut. Aber viel mehr als der Borderline-Narzißt ist dies eine Persönlichkeit, die ihre Schmerzen und *wirkliche* Selbstverleugnung unter dem Druck der Anforderungen und Erfolge der Alltagsexistenz »vergessen« kann. Es bedarf oft vieler Durchgänge und immer wiederkehrender Schmerzen, bevor sich dieser Typus von Patient entschließen kann, das Verhaltensmuster aufzugeben, das sich bei ihm eingeschlichen hat, und den Versuch macht, für sich selbst zu leben. Ich sage, *den Versuch macht*, weil der Narzißt, der vor diesem Entschluß steht, sehr wenig darüber weiß, was ihm bei diesem Prozeß der Selbstentdeckung und Selbstliebe bevorsteht. *De facto* wird man ihn auffordern, ein schmerzhaftes Verhaltensmuster aufzugeben, das dennoch beinahe die Aufgabe erfüllt, ihn vor der Leere und den Schmerzen eines beschädigten und unentwickelten Selbst zu bewahren. Eine echte Entscheidung. Er hat unser Mitgefühl verdient, und dieses ist nicht ungerechtfertigt. Tatsächlich ist Mitgefühl einer der wesentlichen Aspekte unserer Arbeit mit narzißtischen Patienten.

Durch die Aktivierung des grandiosen falschen Selbst kommt die narzißtische Unfähigkeit ins Spiel, Begrenzungen zu akzeptieren und damit zu leben. Bei manchen Personen kann dies in eine sehr übertriebene, manische, abgehobene Aktivität ausarten, während andere imstande sein mögen, eine halbwegs realistische Existenz zu führen, wobei sie sich jedoch gefährliche, selbstverleugnende Extremleistungen abfordern. Da ihnen nichts je wirklich genügt, treiben sich Personen mit einem narzißtischen Persönlichkeitsstil weit über ihre eigenen Grenzen hinaus an. Wenn sie an sechs Tagen der Woche einem 12-stündigen Arbeitstag gewachsen sind, dann werden sie sich 16 Stunden pro Tag abverlangen etc. Wenn man es mit einem Patienten mit einer sehr starken genetischen und charakterlichen Struktur zu tun hat, dann wird man wahrscheinlich mit allen Versuchen, seine Aktivität einzuschränken, an die eigenen Grenzen stoßen und einfach auf den unausbleiblichen Zusammenbruch bzw. die Krise warten müssen. Bei sehr starken Persönlichkeiten werden der Partner oder die Familie oft diejenigen sein, die genügend Schwierigkeiten verursachen, um den Patienten zu zwingen, realistische Grenzen einzuhalten.

All die oben genannten Überlegungen führen uns vor Augen, wie wünschenswert Gruppenbehandlung für narzißtische Personen ist. Es ist ganz typisch, daß sie gegenüber anderen, die dieses Verhaltensmuster aufweisen, viel mehr Einsicht und Mitgefühl aufbringen, als sie es für sich selbst können. Verleugnung und Gewohnheit spielen zusammen und verhindern eine vollständige *Selbst*bewußtheit, aber die wiederholte Konfrontation mit ähnlich strukturierten anderen und das Mitgefühl sowie die dadurch bewirkte Erkenntnis haben eine kumulative Heilwirkung. Wie alle anderen auch sind sie rasch bereit, Reisegefährten auf diesem selbstzerstörerischen Trip zu warnen, doch innezuhalten, kürzerzutreten, sich zu ändern. Oft hat ihre Überzeugungsarbeit im gruppentherapeutischen Kontext eine größere Wirkung auf sie selbst als auf den Adressaten ihres Zuredens. Wenn dies mit einem Therapieprozeß gekoppelt ist, der echte Selbstverwirklichung ermutigt und dann unterstützt, stellt die Gruppe eine unschätzbare Ergänzung zur Einzelarbeit dar. In vielen Fällen halte ich Gruppenarbeit buchstäblich für notwendig, um bei Patienten mit einem narzißtischen Persönlichkeitsstil eine dauerhafte Änderung zu erzielen.

Ungeschehenmachen

Die Analyse der meisten narzißtischen Kompromißbildungen wird regelmäßig zum *Ungeschehenmachen* als einer zentralen unbewußten Motivation der Abwehrmuster führen. Die unbewußte Hoffnung ist, daß die ursprüngliche Kränkung irgendwie aufgehoben, die verlorene Liebe wiedergewonnen, die vergeudeten Jahre zurückgeholt und nochmals durchlebt werden könnten. Gegen grundlegende Veränderung wird zum Teil deshalb Widerstand geleistet, weil sie eine solche Trauerarbeit erfordert, nicht nur in bezug auf den ursprünglichen Verlust, sondern auch gegenüber all den späteren, die dadurch in Gang gesetzt wurden. Auf den Kompromiß zu verzichten, bedeutet, daß all die Mühen und die Zeit, die aufgewendet wurden, um die Verluste wettzumachen, in fataler Weise verschwendet waren. Ich habe Klienten oft sagen gehört: »Ich glaube, wenn ich nur noch ein bißchen länger durchhalten, etwas mehr erreichen und ein bißchen mehr Erfolg haben könnte, dann könnte ich ganz gut über die Runden kommen.« Und je erfolgreicher der Kompromiß, desto hartnäckiger hält sich typischerweise diese hoffnungsvolle Illusion.

Das unbewußte Motiv des *Ungeschehenmachens* ist im Kompromißverhalten der Persönlichkeitsstörungen und des narzißtischen Persönlichkeitsstils mehr oder weniger universell vorhanden. Das zeigt sich besonders offenkundig in der unbewußt gesteuerten Partnerwahl, bei der eine Person gewählt wird, die an den Elternteil erinnert, der einem den größten Schaden zufügte. Dann versucht der Betreffende, den Partner zu ändern, um die ursprüngliche Verletzung ungeschehen zu machen. Jede erneute Verletzung in der Gegenwart weckt die Erinnerung an die bereits erlittenen Kränkungen, und jeder vergebliche Versuch, den anderen zu ändern, läßt die Verzweiflung der ursprünglichen Situation wieder aufleben, bis es gelungen ist, sich erneut mit dem Kompromiß abzufinden. Oft wechseln Menschen von einem Partner zum anderen in dem wiederholten Versuch, die Verleugnung der ursprünglichen Kränkung aufrechtzuerhalten, indem sie wiederholt versuchen, diese ungeschehen zu machen. Zahllose Beispiele dieses universellen Verhaltensmusters finden sich in Robin Norwoods (1987) *Wenn Frauen zu sehr lieben.*

Das unbewußte Motiv des Ungeschehenmachens zeigt sich auch häufig bei der Arbeit, insbesondere dort, wo die Arbeit sichtlich überdeterminiert ist. Ich erinnere mich speziell an Mary, eine 39jährige Sozialarbeiterin, die beruflich mit Kindern zu tun hatte. Sie leistete zahllose Überstunden in dieser anstrengenden Tätigkeit und erfüllte ihre Aufgaben in der Regel sehr gut. Sooft sie es jedoch mit einem Fall von sexuellem Kindesmißbrauch zu tun hatte, wurde sie sehr unruhig, überarbeitete sich zwanghaft und konnte kaum schlafen. Sie verstrickte sich dann jedesmal übermäßig in die gerichtliche Verfolgung des Täters. In der Therapie gestand sie, daß ihr der mögliche Freispruch des Täters schreckliche Angst einjage. Sie war verständlicherweise besorgt, daß er in die Wohnung zurückkehren könnte, in der er die Tat begangen hatte, aber ihre Reaktion nahm katastrophale Ausmaße an und aktivierte ihre extrem rigide und zwanghafte Abwehrstruktur. Die Durcharbeitung des sexuellen Mißbrauchs, den sie als Kind erlitten hatte, machte ihr die unbewußte Motivation klar, durch diese Fälle ihre eigene Erfahrung ungeschehen zu machen und dadurch die Verleugnung ihrer eigenen quälenden Lebensgeschichte aufrechtzuerhalten.

Wie viele Klienten mit dieser unglücklichen Vorgeschichte schwankte auch Mary zwischen einem zutreffenden Erinnern dieser Vorfälle und einem Bezweifeln und Verleugnen ihrer Erinnerung. Ihre eigene Erkenntnis der Überbewertung ihrer Arbeit mit sexuell mißbrauchten Klienten erhöhte die Plausibilität der wiederaufgetauchten Erinnerungen. Dennoch bedurfte sie meiner Bestätigung sowie der Bestätigung aller Mitglieder ihrer Therapiegruppe bezüglich der Gültigkeit dieser frühen Erinnerungen, um ihr Selbstvertrauen zu stärken. Schließlich sah sie zufällig den Film »Sybil«, in dem dieselbe Art von sexuellem Mißbrauch, den sie erlitten hatte, detailliert dargestellt wird. Gleichzeitig bestätigte eines ihrer Geschwister den Realitätsgehalt ihrer Erinnerungen. Diese Vorfälle bildeten die Krönung einer Reihe sehr dramatischer einzel- und gruppentherapeutischer Sitzungen, in denen sie ihre Erinnerungen und die Verleugnung dieser frühkindlichen Schrecken durcharbeitete. Nachdem dies geschehen war, erlebte Mary einen dramatischen Durchbruch in ihrer therapeutischen Arbeit, indem sie erkannte, daß sie nicht dafür verantwortlich war, alle mißbrauchten Kinder der Welt zu retten. Sie konnte danach mit Fällen von sexuellem Kindesmißbrauch umgehen, ohne ihre Fassung zu verlieren.

Bei der Durcharbeitung von Marys frühkindlichen Erfahrungen wurde mir erneut deutlich, warum wir so massive Verleugnungsstrategien verfolgen, an sichtlich überbewerteten Mustern des Ungeschehenmachens festhalten und uns in ausgeklügelter Weise dem Erinnern und erneutem Durchleben unserer ursprünglichen Verluste entziehen. Während des Durcharbeitungsprozesses geriet Mary immer wieder in Panik, fühlte sich am ganzen Körper taub, zweifelte ernsthaft an ihrem Verstand, zog sich vorübergehend in ihr Schneckenhaus zurück und zeigte Selbstmordtendenzen. Insbesondere, wenn sie sich an den sexuellen Mißbrauch erinnerte und sich gleichzeitig weigerte, ihren Erinnerungen zu glauben, zweifelte sie an ihrem klaren Verstand. An einem Punkt sagte sie: »Ich möchte wissen, ob der Urheber der Idee der Verleugnung das so gekannt hat wie ich.« Ihr erschien diese gleichzeitige Bewußtheit und Verleugnung als verrückt.

In diesen Momenten versuchte ich Mary klarzumachen, daß ihr die Verleugnung geholfen hatte, nicht den Verstand zu verlieren. Doch die extreme seelische Pein und reale Lebensgefahr, die diese Pein hervorrief, führte mir erneut vor Augen, was wir alles bereit sind, in Kauf zu nehmen, um bestimmte schmerzhafte Wahrheiten unseres Lebens nicht erneut durchmachen zu müssen. Gleichzeitig flößte mir diese Erkenntnis großen Respekt für all jene ein, die den Mut haben, auf diesem Weg voranzuschreiten, und erneuerte meine Fähigkeit, all jene zu unterstützen, die mir das Privileg gewähren, sie zu begleiten. Als Mary ihre eigenen Erfahrungen mit sexuellem Mißbrauch schließlich durchgearbeitet hatte und bereit war, auf ihre rettenden kompensatorischen Verhaltensweisen zu verzichten, sagte sie: »Ich muß mich einfach daran erinnern, daß dies Gottes Universum ist. Es ist nicht meine Aufgabe, dafür zu sorgen, daß alles seine Ordnung hat.«

Das Loslassen der Verantwortung dafür, daß »alles seine Ordnung hat«, stellt einen Verzicht auf die grandiose Hoffnung dar, daß dies einem einzelnen überhaupt möglich sei. Der Verzicht auf diesen Sonderstatus und das Annehmen der eigenen Realität repräsentieren einen weiteren Verlust, der ebenfalls betrauert werden muß. In allen Fällen von Narzißmus müssen nicht nur die ursprünglichen und späteren Verluste eingestanden und betrauert werden, sondern auch der letzte Verlust des restlichen grandiosen Glaubens, daß ich Dinge ungeschehen machen *kann* und mein verlorenes Leben zurückgewinne. Dieser sehr verbreitete illusorische Glaube ist in zwei neueren Filmen schön zu beobachten: »Superman II« und »Zurück in die Zukunft«. In beiden Fällen wird die Realität der Vergangenheit durch Zauberwirkung verändert, um eine neue Realität in der Gegenwart zu bewirken. Obwohl ich die meisten Verfahren des neurolinguistischen Programmierens benutzt habe und sie befürworte, vermeide ich bezeichnenderweise die volle Anwendung der als »Veränderung der eigenen Geschichte« bezeichneten Methode, weil auch sie die Illusion fördert, daß es tatsächlich möglich sei, die Vergangenheit zu verändern, um eine Verwandlung der Gegenwart zu bewirken.

Die Vielfalt dieser Szenarien des Ungeschehenmachens ist buchstäblich unbegrenzt. Joe versuchte zum Beispiel, seine verlorene Jugend zurückzugewinnen, indem er sein Leben der Einrichtung und Erhaltung eines Therapiezentrums für Jugendliche widmete, wo er sich auf die Behandlung von Drogen- und Alkoholmißbrauch spezialisierte — genau die Dinge, die ihn einer normalen Jugend beraubt hatten. Seine einzige andere Leidenschaft war das Motorradfahren, dem er sich mit jugendlichem Fanatismus hingab, wobei er sich und seine Maschinen über alle Grenzen strapazierte. Ein schwerer Unfall, der für ihn und seine Freundin beinahe tödlich ausgegangen wäre, bewirkte bei ihm schließlich eine Erkenntnis dieser Muster, deren Aufgabe für ihn mit tiefer Traurigkeit und Gefühlen des Verlusts begleitet war.

Oft sind die Muster des Ungeschehenmachens auf den ersten Blick nicht ganz so offenkundig. Arthur war zum Beispiel eines jener Kinder, das in sehr frühem Alter, als sein Vater Militärdienst leistete, von seiner Mutter in ihr Bett genommen wurde. Als der Vater etwa zwei Jahre später zurückkehrte, wurde Arthur plötzlich von seinem Platz verdrängt. Obwohl dies keinesfalls sein größtes Problem schien, war es doch auffallend, daß sich Arthur in zahlreichen Situationen in heftige Auseinandersetzungen um seinen Platz verstrickte. Bei mehr als einem Anlaß wurde er tätlich, wenn ihm jemand seinen Sitz im Flugzeug oder im Theater oder seinen Platz in einer Warteschlage streitig machen wollte. Die Häufigkeit und Heftigkeit dieser Vorfälle zeugten von ihrer Überbewertung und führten zu wertvollen Einsichten in bezug auf das Phänomen des Ungeschehenmachens.

Die Deutung des Ungeschehenmachens hat den größten therapeutischen Nutzen gewöhnlich in den mittleren bis späteren Phasen des therapeutischen Prozesses, wenn der Betroffene bereits eine Vorstellung davon hat, was er durcharbeiten und aufgeben muß, und auch bereits absehen kann, worum es bei diesem Prozeß geht. Oft ist es hilfreich, wenn die / der Betroffene miterlebt hat, wie ein anderes Gruppenmitglied einen solchen Prozeß durchmachte, oder noch besser, wenn sie / er diese Erfahrung schon selbst in einem anderen Bereich gemacht hat. Erfolgt die Deutung dieses Vorgangs des Ungeschehenmachens zu früh, dann kann dies eine weitere narzißtische Kränkung bewirken, weil sie dem Klienten das Gefühl gibt, dumm zu sein, und dies kann als Abwehrreaktion weiteres Ungeschehenmachen auslösen. Die Wirkung ist ähnlich wie bei einer vorzeitigen Deutung von Sekundärgewinnen, bei der einem gesagt wird, daß man es *vorziehe*, depressiv zu sein, oder daß man andere mit seinen Krankheiten *manipuliere*. Selbst wenn der Betroffene diese Deutung als richtig erlebt, läßt sie ihm keinen Ausweg, nichts, was er tun könnte. Sobald der Durcharbeitungsprozeß begonnen hat, weiß er dagegen, was er tun muß, und kann seinen Widerstand dagegen verstehen.

Wenn sie zum richtigen Zeitpunkt erfolgt, untergräbt die Deutung des *Ungeschehenmachens* diese unbewußte Abwehrstrategie und zieht den Patienten unwiderstehlich zu den verschütteten Gefühlen hin, gegen die er Widerstand leistet. Er wird auf diese Weise mit dem Opfer an Selbst und Leben konfrontiert, das er in seinem Bestreben, etwas Besonderes zu sein, auf dem Altar seiner Illusionen gebracht hat. Eine dramatische Konfrontation mit dem Ungeschehenmachen ist oft notwendig, damit sich der Patient dem notwendigen Schmerz stellt, der mit dem Loslassen und der Durcharbeitung der unvermeidlichen Gefühle verbunden ist. Die Geschicklichkeit des Therapeuten ist, zusammen mit einer therapeutischen Neutralität, besonders gefordert. Die nötige Neutralität ist nicht mit Emotionslosigkeit gleichzusetzen. Vielmehr geht es um eine Neutralität gegenüber dem Resultat, damit der Klient nicht gedrängt wird, sich zu verändern oder dem Therapeuten zu dienen, ihm zu gefallen oder sich von ihm benutzen zu lassen; vielmehr muß er sich mit der Tragödie seines Lebens auseinandersetzen, das er falschen Zielen geopfert hat. Der Therapeut muß wie ein Tennisspieler sein, der sich durch das Spiel fesseln und in leidenschaftliche Erregung versetzen läßt, der aber dabei immer weiß, daß es sich um ein Spiel handelt. Ein solcher Therapeut realisiert, daß das Leben des Patienten letzten Endes in dessen Händen liegt. Er macht seine Arbeit, spielt das Spiel, aber läßt den Ausgang offen. Er kennt das Spiel gut genug, um zu weissen, wann er es gut gespielt hat, und er hat genügend Distanz, um Rückmeldungen, positive wie negative, zu empfangen. Dieses Ideal wird von den meisten von uns natürlich nur annäherungsweise erreicht, aber, um es noch einmal zu betonen: es ist kein schlechter Stern, von dem man sich da leiten läßt.

Ich habe eine spezielle Schwäche für die Deutung des Ungeschehenmachens und zwar aufgrund ihrer relativen Universalität und ihres therapeutischen Potentials. Sie zählt, glaube ich, zu den wenigen Interventionen, die manchmal das massive Versagen der Kompromißbildungen des Narzißten verhindern oder minimieren kann, das oft notwendig ist, bevor ein Wandel möglich wird. Wenn man die Unmöglichkeit des Ungeschehenmachens in der dargestellten Weise begreifen kann, dann läßt es sich möglicherweise verhindern, daß man auf seinem gegenwärtigen Irrweg völlig abstürzt (zum Beispiel in Form von Bankrott, Scheidung oder schwerer Krankheit), um zu dem notwendigen Schmerz der Durcharbeitung und des Loslassens motiviert zu werden. Eine solche Einsicht kann oft durch einen Therapeuten gefördert werden, der die Wahl des Zeitpunkts ebenso im Griff hat wie die Leidenschaft einer aufgeklärten Konfrontation.

Energetische Interventionen

Immer, wenn ich mit der Frage ringe, wie ich meinen narzißtischen Patienten helfen kann, von ihrem zwanghaften lebensfeindlichen und oft »arbeitsbesessenen« Verhalten abzulassen, hilft mir all das, was ich von meinen Bioenergetik-Kollegen gelernt habe. Sie versichern, daß wir alle letzten Endes durch unsere biologische Realität aus unseren charakterlichen Kompromißbildungen gerettet werden. Nur wenn wir in die Realität unserer physischen Existenz zurückgeholt werden können, wird genügend Kraft vorhanden sein, um die grandiosen Kompromisse des falschen Selbst in Frage zu stellen und letztlich zu überwinden, die so verführerisch bleiben.

Bei dieser Wiederverknüpfung des Selbst mit der biologischen Realität gehe ich in fünf Schritten vor. Der erste Schritt ist die Erdung. Diese Arbeit beinhaltet alles, was uns im Hier und Jetzt, in unmittelbarer kinästhetischer Erfahrung verankert und uns herunterholt — herunter zu unserem Selbst, unserem Körper und unserer irdischen Existenz, die mit der Erde verbunden ist. Auf der minimalsten Ebene der Intervention besteht dieses Erden aus ganz einfachen Atemübungen, meditativen Verfahren oder hypnotischen Induktionsstrategien. Besonders schätze ich zu diesem Zweck die »Ich-bin-«-Meditation, bei der der Klient lediglich aufgefordert wird, wiederholt zu sich zu sagen, »Ich bin . . .«, und diesen Satz durch alle körperlichen Empfindungen zu ergänzen, deren er gewahr wird. Drei bis zehn Minuten dieses meditativen Verfahrens haben oft eine zentrierende, entspannende und auch bescheiden machende Wirkung. Etwas aktiver eingreifend sind jene körpertherapeutischen Interventionen, durch die Erdung, Atmung und Körperbewußtheit gefördert wird. Eine Auswahl dieser Verfahrensweisen wird im Anhang vorgestellt.

Der zweite Schritt besteht in der Öffnung des Beckens und der Brust, so daß dort der natürliche Fluß der Körperenergie ermöglicht und empfunden wird. Dort, wo wir es mit der rigide festgehaltenen narzißtischen Verschiebung des Körpers nach oben zu tun haben, empfiehlt es sich oft, direkt daran zu arbeiten, um das aktivierte falsche Selbst zu entspannen. Eine anfangs wirksame Methode besteht darin, den Patienten buchstäblich zu zwingen, seine Schultern fallenzulassen. Um das zu erreichen, stelle man sich einfach hinter den Patienten, gewöhnlich auf einen Stuhl, und lege die Unterarme auf die fleischigen Partien seiner Schultern. Dann verlagert man sein Körpergewicht entsprechend auf seine Schultern und drückt diese dadurch nach unten. Die Beibehaltung dieser Stellung zwischen einer und vier Minuten hat oft eine beträchtliche Entkrampfung der

Verschiebung nach oben zur Folge und verbessert gleichzeitig die Erdung.

Wo eine Panzerung in Form einer künstlich geweiteten oder »aufgeblähten« Brust vorliegt, kann man vorankommen, indem man den Patienten auffordert, diese Körperpartie zusammensacken zu lassen. Ich erinnere mich an den Fall eines »Borderline-Narzißten«, der sehr rasch zu sich gebracht werden konnte, indem man ihn einfach zu tiefer Bauchatmung aufforderte, bei gleichzeitiger Anweisung, die künstlich aufgeblähte Brust einsinken zu lassen. Patienten mit besser funktionierender Abwehr und narzißtischem Persönlichkeitsstil brauchen in der Regel aktivere Arbeit in dieser Körperpartie. Ein solches Zusammensacken kann mit mehr Nachdruck erreicht werden, indem man beträchtlichen Druck auf den oberen Teil des Brustkorbs ausübt, wenn der Patient ausatmet. Dies geschieht oft am effizientesten, wenn der Klient auf dem Rücken liegt; man kann es aber auch erreichen, wenn der Klient sitzt oder wenn er in Rücklage über den bioenergetischen Bock gestreckt ist (siehe Anhang). Der Bock ist wahrscheinlich das universellste bioenergetische Werkzeug für die Arbeit an Brust, Bauch und Rücken.

Welche Übung auch immer gemacht wird, man achte auf Bewegung und Hautfärbung der oberen Brustregion als Anzeichen einer Entkrampfung in diesem Bereich. Sobald der Klient in Rückenlage über dem Stuhl liegt, soll er seine Hüften fallenlassen, um eine Lockerung zu bewirken. Geringfügige Bewegungen in der Hüftgegend signalisieren oft die Lockerung der dortigen Blockade. In dieser und in anderen Stellungen empfiehlt es sich, zu Bewegungen der Hüften aufzufordern und schließlich Verbindung zu Lustempfindungen bei dieser Bewegung herzustellen. Um das zu erreichen, kann man den Klienten anweisen, sich in Rückenlage auf den Boden zu legen, die Knie aufgestellt und die Fußsohlen auf dem Boden. Dann ermuntere man ihn zu Hüftbewegungen aller Art, beginnend mit ganz leichten Bewegungen bis hin zu einem übertriebenen Stoßen. Um die Lockerung noch mehr zu fördern, ersuche man den Klienten, seine Hüften einige Zentimeter vom Boden abzuheben und dann wieder zu senken. Die Wiederholung dieses Vorgangs kann die Muskeln im Kreuz weiter entspannen und schließlich eine als angenehm empfundene Bewegung ermöglichen. Offenkundig enthält diese Art von Bewegung starke, wenn auch nicht ausschließliche sexuelle und aggressive Komponenten. Diese Form der aktiven Intervention sollte natürlich so lange aufgeschoben werden, bis man ein gutes entwicklungsdiagnostisches Bild des Klienten hat und ein tragfähiges therapeutisches Bündnis hergestellt wurde. Die Brust, der Bauch und das Kreuz zählen zu den empfindlichsten und anfälligsten energetischen Bereichen, an die man mit Vorsicht herangehen sollte.

Der nächste Schritt betrifft das Strömen des Energieflusses durch den Hals und in die Vokalisation. Hier sind Übungen nützlich, die die Kehle entspannen und die Lautbildung erleichtern. Eine davon besteht einfach darin, den Klienten zu ersuchen, seinen Mund weit zu öffnen und seine Zunge heraus und soweit wie möglich zum Kinn hinunterzustrecken. Diese Stellung kann zu einem Hustenanfall führen, der als solcher eine lockernde Wirkung haben kann. Um die Atemnot zu mildern, fordere man den Klienten auf, den Kopf etwas vorzustrecken und nach unten zu schauen. Eine leichte Massage der Kehle zu beiden Seiten des Adamsapfels kann ebenfalls lockernd wirken; dasselbe gilt in allen vorgenannten Übungen für eine Vokalisation.

Sobald diese Kanäle geöffnet sind, geht man dazu über, eine Verbindung mit den Augen und eine Entladung durch diese herzustellen. Auch hier ist eine Reihe von Übungen anwendbar, um eine Spannungsabfuhr in dieser Region zu ermöglichen. Oft ist es, insbesondere bei schizoideren Personen, notwendig, gründlich an den Augen zu arbeiten, bevor eine Verbindung auf dieser Ebene hergestellt werden kann (Augenübungen sind in *Characterological Transformation* enthalten). Bei der Arbeit mit einem funktionsfähigeren »reinen« Narzißten genügt es unter Umständen, den Klienten einfach zu bitten, die Augen bzw. den Blick weichzumachen und darauf zu achten, was er oder sie dabei fühlt.

Das Ausmaß der notwendigen Körperarbeit wird stark schwanken. Patienten mit weniger gut funktionierender Abwehr oder solchen, die schon längere Zeit in Behandlung sind, benötigen vielleicht sehr wenig, damit sie wieder »zu sich« kommen und befähigt werden, mit der heikleren psychologischen Arbeit fortzufahren. Der Klient mit sehr gut funktionierender Abwehr oder jemand, der noch nicht lange in Therapie war, wird vielleicht 30 bis 60 Minuten Körperarbeit benötigen, bevor er anfängt, ein Bewußtsein seines wahren Selbst zu bekommen.

Es ist nicht nötig, bei dieser Arbeit besonders raffiniert oder bioenergetisch innovativ vorzugehen. Die einfache Wiederholung der hier und im Anhang angeführten Übungen oder auch anderer, die Ihnen vielleicht bekannt sind, ist gewöhnlich durchaus zureichend. Man beobachtet einfach und fühlt mit dem Patienten, bis er für die Realität seiner physischen Existenz »empfänglich« wird. An diesem Punkt werden Sie entdecken, was dieses Fallenlassen in die körperliche Realität für ihn bedeutet. Manchmal wird diese Entspannung als eine Erleichterung erlebt: der Betroffene begegnet dem wieder, was ihm gefehlt hat. In anderen Fällen wird dieses energetische Fallenlassen in das wahre Selbst Angst erzeugen — Angst vor Bestrafung, Angst nicht zu genügen, Angst vor mißbilligten Impulsen etc.

Bei anderen Gelegenheiten oder anderen Personen wird dieses energetische Fallenlassen Schmerz, Verzweiflung oder Traurigkeit auslösen. Gefühle, die mit gegenwärtigen oder vergangenen Verletzungen und Verlusten zusammenhängen. Bei anderen Anlässen wird der Klient mit seiner wirlichen Erschöpfung konfrontiert sein, die unter der manischen narzißtischen Aktivität verborgen war. Was auch immer das Ergebnis sein mag, sowohl Sie als auch der Klient werden erneut in Kontakt mit dem wahren Selbst des Klienten sein. Sobald die biologische Realität geerdet ist und die Energie durch den Rumpf und Oberkörper fließt und durch Stimme und Augen geäußert werden kann, ist die körperliche Erfahrung und Äußerung des wahren Selbst wieder möglich.

Nun ist man bereit für die Kommunikation zwischen dem wahren Selbst des Patienten und dem Therapeuten und für die Festigung einer *empathischen Verbindung* zwischen diesen beiden. *Das Erlebnis des wahren Selbst und seiner empathischen Verbindung zu anderen ist das Wesentliche für den narzißtischen Heilungsprozeß.* Es wird immer wieder angestrebt werden müssen, aber jede derartige Erfahrung ist eine Kostprobe tiefer Intimität — eine Erfahrung, nach der sich der Patient sehnt. Diese Sehnsucht wird in den narzißtischen Zuständen verleugnet, und es wird ihr verzweifelter Widerstand geleistet, weil sie zu den Affekten der narzißtischen Kränkung führt — zu den ursprünglich erlebten Gefühlen der Enttäuschung, Scham, Demütigung und Wut. Wenn jedoch eine therapeutische Beziehung mit ausreichendem empathischen Vertrauen vorhanden ist und wenn die energetischen, kognitiven und verhaltensmäßigen Abwehrmechanismen gelockert werden können, wird der Klient *vielleicht* den Mut aufbringen, bei seiner biologischen Realität zu bleiben und sein wahres Selbst zu erleben.

Zum Glück rührt nicht jede Erfahrung des wahren Selbst negative Emotionen auf, insbesondere im weiteren Verlauf der Therapie. Wie bereits erwähnt, kann dieses Fallenlassen in die Realität des Selbst oft auch sehr lustbetont sein. Die Erhaltung eines geerdeten Energieflusses des Körpers, der sich in der Stimme und in den Augen ausdrückt, kann sich äußerst »richtig« anfühlen. In Kombination mit Intimität gegenüber dem Therapeuten wird dies noch tiefgehender und aushaltbarer. Sobald diese Erfahrung auf das reale Leben des Klienten ausgedehnt werden kann, gibt es »narzißtische Heilung«.

Bei dieser Art von bioenergetischer Psychotherapie ist es wichtig, daß der Klient die Erdung, die Bewegung und dann den Kontakt *spüren* kann. Während der ganzen Arbeit kommt es darauf an, Bewegungen zu fordern und die Aufmerksamkeit des Klienten nötigenfalls auf das *Erleben* dieser

Bewegungen hinzulenken. Wenn er die Bewegung in den Hüften und in der Brust spürt und wenn er empfindet, wie sich diese Bewegung durch die Stimme Ausdruck verschafft, empfindet er sein *Selbst* und die echten Affekte, die nach Äußerung und Bewußtheit drängen. In dieser Bewegung ist der Schmerz, die Sehnsucht, die Lust und die Möglichkeit seines Kontakts zu einem anderen und zum Prozeß des Lebens selbst enthalten.

Wenn sie den Klienten also zu Bewegungen auffordern, die seine Beine aufladen, seine Hüften und Brust in Aktion versetzen und Ausdruck in seine Stimme und in die Augen bringen, dann machen Sie nicht nur Turnübungen mit ihm oder schulen seine Fähigkeit zum Selbstausdruck. Vielmehr helfen Sie einem Menschen, mit seiner biologischen und psychologischen Realität in Kontakt zu kommen. Die Methoden mögen spezialisiert sein, scheinbar zudringlich oder bizarr, aber sie dienen dem Zweck, der unwiderstehlichen Lebenskraft zum Durchbruch durch das unbewegliche Objekt des archaischen Widerstands zu verhelfen. Dies sind nach meiner Überzeugung keine Selbstverwirklichungstricks der sechziger Jahre, über die wir heute erhaben sind. Vielmehr sind es Verfahrensweisen, die den Kontakt mit der natürlichen biologisch-psychologischen Struktur des Organismus herstellen, die sich unter einem verfestigten Widerstand verbirgt. Unsere vermeintliche Erhabenheit sowie die unserer Klienten ist oft bloß ein weiteres Bollwerk dieses lebensfeindlichen Widerstands.

Wegen dieses Widerstands ist die bioenergetische Arbeit gewöhnlich nicht reibungslos oder leicht zum Abschluß zu bringen. Die negativen Affekte sind bedrohlich und bewirken automatisch eine energetische Kontraktion, die sie erstickt. Die Aufgabe des bioenergetischen Therapeuten ist es, an jedem Punkt der Sequenz die Augen für solche Verkrampfungen offenzuhalten und auf eine von zwei möglichen Weisen darauf zu reagieren. Die erste Möglichkeit besteht darin, Übungen zu machen oder selbst »Hand anzulegen«, um die Verkrampfung zu lockern. Ein zweiter Weg ist, den oder die Betreffende zu ermuntern, sich mit dem Widerstand zu identifizieren, sich dazu zu bekennen und ihn in Worte zu fassen.

Zu den mächtigsten Gefühlen, mit denen in diesem Prozeß Kontakt aufgenommen wird, zählt das Bedürfnis nach einfühlsamem Verständnis und nach Hilfe des anderen. Seinem Charakter entsprechend widersetzt sich der Narzißt jedoch diesem Bedürfnis und jagt ständig der Illusion hinterher, alles allein zu schaffen. Er hat verzweifelte Bedürfnisse, die er ebenso verzweifelt haßt. Viele Sitzungen werden den Pendelschlägen von einem dieser Pole zum anderen gewidmet sein. Wenn der Klient im Widerstand ist, empfiehlt es sich, ihm zu helfen, die Tiefe seines Hasses gegenüber dem eigenen Bedürfnis zu entdecken (»Ich weigere mich, bedürftig zu sein. Ich möchte alles allein schaffen.«). Nachdem dies durchgearbeitet ist, wird er imstande sein, die archaische Absolutheit seiner Weigerung zu erleben, seiner Sehnsucht nachzugeben. Wenn die infantile Grandiosität auf die Wirklichkeit seines menschlichen Bedürfnisses stößt, wird der Patient die unwiderstehliche Kraft spüren, die auf das unbewegliche Objekt trifft. Er hat jahrelang überlebt, ohne sich zu bewegen und ohne nachzugeben, und er weiß, daß er auch weiterhin überleben kann. Aber dieses Überleben hat einen hohen Preis. Mit zunehmendem Alter, angestautem Schmerz und fortschreitendem therapeutischen Prozeß wird die Realität dieses Schmerzes immer unbestreitbarer. Und da sind ja auch jene, wenn auch flüchtigen Erlebnisse von Freude, Wirklichkeit, Intimität und sogar Liebe. Angesichts all dessen wird der Druck, sich zu bewegen, unwiderstehlicher. Mit zunehmender Bewegung nimmt die Verleugnung ab, es wird mehr Vergnügen und Intimität und die Dynamik echter Veränderung erlebt. Noch lange Zeit und vielleicht lebenslang wird, oft automatisch und unbewußt, die Versuchung vorhanden sein, in die früheren Verhaltensweisen zurückzufallen. Aber im Laufe der Therapie und des Lebens nimmt die Bewußtheit des wirklichen Leidens und der Einbuße an Leben zu, den dieser Weg fordert, und die Neigung schwindet, diesen Preis zu bezahlen.

Das andere, eng damit zusammenhängende Problem ist die anhaltende Überschätzung der Leistungen des falschen Selbst, in denen man schwelgen und die man übertreiben kann. In manchen Fällen wird sich speziell der differenziertere Klient der Grandiosität bewußt sein, die er an den Tag legt, und sich etwas dafür schämen. Allein das Geständnis mehr oder weniger grandioser Ideen, Phantasien und Gefühle hat eine therapeutische Wirkung, da er sie in Gegenwart eines Zeugen bei Licht betrachtet und sie seinem beobachtenden Ich aussetzt. Manchmal braucht man nichts weiter zu tun, als den Resonanzboden für die selbsterkannte Grandiosität und deren Äußerungen abzugeben (z. B. Anspruchshaltung, Stolz, Objektivierung und Manipulation anderer etc.). Wo dieser Prozeß eines zusätzlichen Ansporns bedarf, habe ich zwei einfache Verfahrensweisen als hilfreich empfunden.

Bei der ersten dieser beiden Übungen zur Grandiosität ersuche ich den Klienten einfach, aufzustehen, im Therapieraum hin- und herzustolzieren und dabei mit seinen Leistungen, seiner Attraktivität, seinen positiven Eigenschaften, seiner gesellschaftlichen Stellung etc. zu prahlen. Es ist wichtig, daß das therapeutische Bündnis bei dieser Übung tragfähig ist, da sie zwar ein bißchen peinlich und komisch, aber nicht demütigend sein sollte. Falls Sie den Verdacht haben, daß Sie diese Übung aus einer Gegenübertragungsfeindseligkeit gegenüber dem Klienten heraus anordnen, dann lassen Sie sie lieber bleiben!

Bei der zweiten Technik wird eine der schwierigeren Erdungsstellungen mit bestimmten Verbalisierungen gekoppelt. Ich fordere den Klienten auf, sein ganzes Gewicht auf ein Bein zu verlagern und sich mit tiefgebeugtem Knie über einige Kissen zu neigen. Innerhalb von etwa einer Minute beginnt diese Stellung ein schmerzhaftes Ziehen und Brennen im Bein auszulösen. An diesem Punkt fordere ich den Klienten wiederum auf, gegenüber seinem Vater, seinem Chef oder irgendeiner anderen Autoritätsperson mit seinen Leistungen und seinem Fleiß anzugeben. Nachdem der Patient dies möglichst lang durchgehalten hat, fordere ich ihn auf, sich mit den Worten, »Ich gebe auf«, auf die Kissen vor ihm fallenzulassen. Im Gegensatz zu der vorigen Übung löst diese Gefühle der Erschöpfung und des Schmerzes sowie die Bewußtheit aus, benutzt und geopfert zu werden. Sie fordert den Zusammenbruch heraus. Obwohl beide Übungen auf den Abbau des grandiosen falschen Selbst zielen und ähnlichen Inhalts sind, bewirken sie etwas unterschiedliche affektive Erlebnisse und Formen der Auflösung.

Wenn das grandiose falsche Selbst reaktiviert wird, sind therapeutische Verfahrensweisen angebracht, die den Patienten veranlassen, sich damit zu identifizieren und ihm Worte zu verleihen. Im Laufe der Therapie helfen diese Übungen dem Patienten, immer mehr die Schmerzen und den Verlust zu empfinden, die auf das Konto des falschen Selbst gehen. Sie zwingen den Klienten immer mehr, sich der Tiefe seines Hasses zu stellen, bedürftig und ein fehlbarer Mensch zu sein. Sobald diese Gefühle zutage treten, können sie durchgearbeitet werden.

Ein weiteres brauchbares Verfahren gegenüber dem Widerstand des falschen Selbst ist die älteste aller »Übungen« — das freie Assoziieren. Ich habe das freie Assoziieren in sehr produktiver Weise als eine von mehreren Techniken angewandt, insbesondere gegenüber dem selbstsicheren Klienten mit gut funktionierender Abwehr im Frühstadium der Therapie. Wenn das übliche, allzu glatte Sozialverhalten des Klienten ihn daran hindert, mit relevantem Material in Kontakt zu kommen, und »alles ziemlich gut läuft und es nicht viel zu besprechen gibt«, hat sich dieses Verfahren als unschätzbar erwiesen. Es verlagert die Verantwortung für die Beschaffung von Material dorthin, wo sie hingehört, und bewirkt eine leichte Reduzierung von Abwehrmanövern, genau wie Freud sagte; dennoch erfordert es keine Offenlegung wie manche der potentiell peinlichen Verfahren, die in einigen Therapiemethoden verwendet werden. Ich reserviere es keinesfalls für Situationen der Aktivierung des falschen Selbst, finde es aber nützlich als Reaktion auf diese Konstellation, weil es durchaus als Sprungbrett für die verschiedensten anderen Interventionen dienen kann. Es gibt keine zwingende Rechtfertigung, um das freie Assoziieren als ein sakrosanktes Verfahren zu betrachten, das nicht abgewandelt werden darf, noch auch dafür, ein so wertvolles Instrument über Bord zu werfen, weil es an die klassische Analyse und an so viele Cartoons im *New Yorker*-Magazin erinnert.

Insbesondere in Perioden der Aktivierung des falschen Selbst, die manische, zwanghafte und selbst-überfordernde Verhaltensweisen einschließt, ist es oft wichtig, Verfahrensweisen oder Übungen außerhalb der Therapie zu empfehlen, die diesem destruktiven Muster entgegenwirken und die Freuden und Verletzlichkeiten des wahren Selbst zum Tragen bringen. Dies ist ein guter Zeitpunkt, um Verfahren wie Meditation, Selbsthypnose, Yoga oder bioenergetische Übungen vorzuschlagen und den Klienten darauf zu verpflichten, aber auch, um für unstrukturierte Zeit zu plädieren. Ein Spaziergang im Wald, Musikhören oder ein heißes Bad, all dies sind Dinge, die vielleicht begrüßt werden, auf die das narzißtische Individuum aber auch unruhig reagieren bzw. durch die es sich gefordert fühlen kann. Selbst wenn diese Tätigkeiten etwas forciert sind, können sie dennoch eine sehr therapeutische Funktion erfüllen.

Ich habe es oft hilfreich gefunden, wenn sich der Patient im Kontext der »Adoption neuer Eltern« für sich zu solchen beruhigenden, das Abschalten fördernden Maßnahmen verpflichtet. Ich verwende die nützliche gestalttherapeutische Fiktion, den Patienten in »Instanzen« aufzuteilen und ihm erkennen zu helfen, daß seine gegenwärtige »Elternrolle« gegenüber seinem »Kind« allzu fordernd, unnachsichtig und destruktiv ist. Als Bestandteil eines Gestalt-Rollenspiels oder eines anderen evozierenden Verfahrens fordere ich den Klienten dann auf, die Position des Elternteils einzunehmen und mit seinem »Kind« als fürsorglicher, hilfsbereiter Elternteil zu sprechen, der sich verpflichtet, gütig zu sein, Zeit mit dem Kind zu verbringen und dem Kind reichlich Gelegenheit zum Ausruhen, zur Entspannung und zum Spielen zu geben. Auf diese Weise beginne ich, mich aus der Elternrolle zurückzuziehen und den Klienten zu deren Übernahme zu motivieren.

Bei der Strukturierung von außertherapeutischem Verhalten ist ist besonders wichtig, eine autoritäre Rolle zu vermeiden, die Machtkämpfe und Verweigerung im Interesse der Selbstbehauptung zur Folge hat. Die Verfahrensweisen, die die bemutternde Elternrolle in behutsamer und kooperativer Weise auf den Patienten verlagern, fördern eine »Vormundschaft der Autonomie«, statt eine solche Reifung zu bedrohen.

Wenn der Widerstand nicht überwältigend ist, kann die therapeutische Sitzung eine Gelegenheit für das Mitteilen und Besprechen von realem Leben sein. In diesen Zeiten fühle ich mich daran erinnert, warum ich mich zu diesem Beruf des Psychotherpeuten entschlossen habe. Der Klient entdeckt sich, äußert sich, stärkt sich und festigt sein Vertrauen zu seiner eigenen Natur, wobei er mich großzügig an all dem teilhaben läßt. Wenn dies geschieht, ist es unsere Aufgabe, präsent, aber überwiegend still zu sein. In unserer Begeisterung darüber, daß sich unser Patient endlich zu bewegen beginnt, ist es wichtig, daß wir ihm diese Bewegung nicht wegnehmen. Es ist wichtig, ihm Ihre enthusiastische Unterstützung zu signalisieren, aber dabei zu vermeiden, ihn darin zu ertränken. Erzählen Sie Ihren Kollegen davon oder verfassen Sie einen Fallbericht, aber lassen Sie Ihrem Klienten seinen Sieg in diesem heroischen Kampf.

Es ist noch mehr über den Inhalt dieser Sitzung zu sagen, in denen das wahre Selbst geäußert wird. Es ist auch noch mehr über therapeutische Strategien zu sagen, die die notwendige Bewußtheit und Äußerung fördern, sobald die Abwehr gelockert ist. All dies wird im nächsten Kapitel über die Entdeckung und Förderung des wahren Selbst erörtert werden.

Dialog zwischen falschem und wahrem Selbst

Bei jeder Behandlung des narzißtischen Persönlichkeitsstils versuche ich, einen fortlaufenden Dialog zwischen dem grandiosen falschen Selbst und dem wahren Selbst in Gang zu setzen und zu fördern. Bei dieser von der Gestalt inspirierten Übung bezeichne ich das wahre Selbst in der Regel als das »Kind« in dem Betroffenen und das grandiose falsche Selbst als jenen Teil des Patienten, der ihn antreibt, ihn mißbilligt und viel von ihm erwartet. In dieser Übung kommt der Patient gewöhnlich mit der wahren Dimension des Hasses in Berührung, den er gegenüber seinen echten Verletzlichkeiten und den archaischen Ansprüchen und Gefühlen dieses »Kindes« empfindet. Oft ist das grandiose falsche Selbst identisch mit jenem überfordernden, unempathischen, kritischen Elternteil, der sein Kind wegen seiner Schwächen und der Unfähigkeit, seinen Erwartungen zu entsprechen, buchstäblich haßt.

Das von dieser mächtigen, ablehnenden Figur geduckte und eingeschüchterte Kind scheint hilflos, ist aber in Wirklichkeit imstande, den anderen durch ständige Frustration fertigzumachen. Zu dem verborgenen und unbewußten Trotz des »Kindes«, der häufig Depressionen, Krankheiten oder Arbeitshemmung zur Folge hat, kann man mit Hilfe eines kunstvollen Gestaltprozesses Zugang finden. Tatsächlich können die archaischen und übertriebenen Ansprüche beider Seiten dieser Polarität während des ganzen Verlaufs der Therapie zugänglich gemacht und vertieft werden, wenn dieses Experiment immer wieder angewandt wird.

Es empfiehlt sich, danach eine »dritte Instanz« anzurufen, die erwachsener und klüger ist und dem Kampf distanzierter gegenübersteht. Diese Instanz kann aufgefordert werden, als Schiedsrichter zu dienen bzw. bei den Auseinandersetzungen ausgleichend oder unterstützend zu wirken, so daß die nötige Nachreifung der in ihrer Entwicklung blockierten Instanzen gefördert wird. Wenn es oft genug wiederholt wird, führt dieses Verfahren den Klienten dahin, daß er auch außerhalb des therapeutischen Kontexts Variationen davon durchspielt. Dies führt wiederum zu realistischen Kompromissen in bezug auf Aktivitäten, Arbeit und Beziehungen, so daß die wirklichen Bedürfnisse des Kindes sowohl befriedigt als auch optimal frustriert werden. Auch die grandiosen Bedürfnisse des falschen Selbst werden in ähnlicher Weise optimal frustriert, und die Ansprüche der Grandiosität werden früher oder später neutralisiert.

Es kann wichtig sein, dem Klienten gegenüber zu betonen, daß das Kind nicht immer recht hat und der Druck des falschen Selbst nicht immer schlecht ist, oder umgekehrt. Vielmehr sind beide Seiten in ihrer Entwicklung steckengeblieben und unreif und bedürfen eines mitfühlenden Elternersatzes, damit beide nachreifen können. Die Grandiosität muß zu einem gesunden Narzißmus gezähmt werden, und die Bedürfnisse des wahren Selbst (des Kindes) müssen anerkannt und, sofern dies realistischerweise möglich ist, befriedigt, aber gleichzeitig durch die Natur des Lebens selbst frustriert werden. In diesem fortgesetzten, wiederholten Prozeß erfolgt eine Reifung, und die Fiktion, das Individuum in »Bestandteile« zu zerlegen, dient lediglich diesem Zweck.

Viele Sitzungen mit einem narzißtischen Klienten können in ergiebiger Weise diesem simplen Gestalt-Experiment mit den zwei Stühlen gewidmet werden. Unter anderem kann das beim Klienten Einsicht in die Entstehung von Symptomen infolge des Konflikts zwischen den Forderungen der Grandiosität und den archaischen Ansprüchen des wahren Kindes erwecken. Im Zusammenhang mit diesem einfachen, wiederholten Vorgang können dem Klienten dann in konkreter Weise diese vier wesentlichen Instanzen bewußt gemacht werden — das grandiose falsche Selbst, das archaische wahre Selbst, das symptomatische Selbst, das aus dem Konflikt zwischen diesen beiden entsteht, und das bewußte erwachsene Selbst, das sich dank der Neutralisierung der blockierten Aspekte des Selbst entwickelt.

Fallbeispiel: Phil

Der oben beschriebene »innere Dialog« bildete ein zentrales Interventionsmodell während eines Teils der langfristigen Therapie von Phil, einem 38-jährigen Mann, der sich wegen schwerer Depressionen, langanhaltendem Alkoholismus und chronischer Schmerzen in Therapie begab. Sein vierjähriger Therapieverlauf schloß eine zeitweilige stationäre Behandlung in einer Alkoholentzugsklinik mit anschließender Gruppenunterstützung und neun Monate Reichscher Atemarbeit ein, die ihm half, mit seiner extremen Angst und Verzweiflung in Kontakt zu kommen. Zu Beginn seiner Therapie befand sich Phil zwischen den eindeutigen Fällen von Borderline-Narzißmus und den eindeutigen Fällen von narzißtischem Persönlichkeitsstil, die in diesem Buch dargestellt werden. Obwohl seine paranoiden Wahrnehmungen und feindseligen Reaktionen manchmal Borderline-Dimensionen annehmen konnten, war er imstande gewesen, eine langjährige Ehe und Berufstätigkeit aufrechtzuerhalten und sich künstlerisch zu verwirklichen. Darüber hinaus waren seine Übertragungsreaktionen in der Therapie nicht übertrieben wie in den eindeutigen Borderline-Fällen, und er erkannte diese Reaktionen stets als Übertragungen.

Phils Narzißmus hatte, soweit wir feststellen konnten, eine Vorgeschichte, die durch Demütigung und Beschämung gekennzeichnet war. Sein Vater war ein Alkoholiker, der die Familie mißhandelte, die Mutter trank mit dem Vater und hielt ihn nicht von Mißhandlungen der Kinder ab. Phils älterer Bruder gab die Demütigungen und Kränkungen, die ihm angetan wurden, an Phil weiter, so daß dieser ständig das hilfloseste Opfer der gehässigen und rachsüchtigen Impulse von Vater und Bruder war, wobei er von der Mutter wenig oder gar keinen Schutz erhielt. Als Phil die Therapie begann, war er als stark paranoider und gequälter Mensch zu bezeichnen, der insbesondere im familiären Rahmen schnell beleidigt war und zurückschlug. In periodischen Abständen neigte er zu Alkoholexzessen, während denen er jeweils tagelang von zu Hause verschwand. Er machte sich die heftigsten Selbstvorwürfe, eine Tendenz, die sich während und unmittelbar nach den Alkoholexzessen natürlich massiv verstärkte.

Sobald Phil den Alkoholismus unter Kontrolle hatte, war er imstande, die archaischen Ansprüche und Affekte einschließlich der Panik und des Kummers, die mit der eben beschriebenen Lebensgeschichte zusammenhingen, wiederholt neu zu durchleben. Nachdem diese *notwendigen* negativen Affekte weitgehend durchgearbeitet waren, stellte sich jedoch heraus, daß Phil weiterhin von dem *unnötigen* sekundären Affekt kognitiv vermittelter Wertlosigkeit beherrscht war. Um diesen unnötigen negativen Affekt abzubauen, ließen wir uns auf einen Weg stärker kognitiver Intervention ein, der sich auf die nützliche Fiktion des »inneren Dialogs« der Gestalttherapie stützte. Durch diese Arbeit begann Phil, seinen internalisierten, selbstbestrafenden Anteil als »Bobby«, seinen ihn demütigenden Vater, zu identifizieren. Er entwickelte auch ein sehr umfassendes Verständnis seiner Neigung, diese internalisierte, strafende Figur auf andere zu projizieren, und er lernte zunehmend, sich aus Episoden der Paranoia und Selbstabwertung zu befreien, indem er sich selbst gut zuredete. Die letzten sieben Monate seiner Therapie waren fast ausschließlich dieser kognitiven Gestalt-Interventionen gewidmet. Seine Therapie wurde durch meinen Ortswechsel beendet, hatte jedoch zum Zeitpunkt dieses erzwungenen Abschlusses bereits gute Fortschritte gemacht.

Dieser Fall stellt meine erfolgreichste Erfahrung mit einer kognitiven Intervention im Rahmen einer hartnäckigen, langfristigen Therapie dar, obwohl ich glaube, daß dieser Erfolg auf die vorangegangene energetische Arbeit im affektiven Bereich zurückzuführen ist. Als Phil und ich diese kognitive Arbeit rekapitulierten und weiterentwickelten, wurde der folgende Dialog auf Tonband festgehalten. Dieser kleine Auszug aus der Therapie demonstriert viele Dinge, einschließlich Phils prägnanter Darstellung seiner kognitiven Prozesse, seine Selbst-Anerkennung hinsichtlich seiner eigenen therapeutischen Strategie und meine gezielten Bemühungen, ihn enthusiastisch zu unterstützen. Die unterstützenden und lobenden Bemerkungen, die ich in diesem speziellen Gespräch machte, spiegelten nicht nur meine echte Begeisterung über seine Fortschritte wider, sondern waren auch geprägt durch sein von mir wahrgenommenes Bedürfnis nach einem lobenden, selbst-aufbauenden Gegenüber, das er internalisieren konnte. Obwohl ich dieses Lob und diese Anerkennung in dieser Sitzung etwas dicker auftrug als in früheren, hatte ich mich ständig bemüht, Phil zu dienen, indem ich ihm diese Art von selbst-stützendem Beistand für seine Reifung bot. Die Interaktion beginnt damit, daß ich ein solches Lob äußere.

Therapeut: Ist dir bewußt, welche großen Fortschritte du schon gemacht hast?
Phil: Ich habe so große Fortschritte gemacht, daß alles inzwischen nur noch wunderschön sein sollte. Ist es aber nicht.
Therapeut: Nun, es geht dir nicht so viel besser . . .
Phil: lacht
Therapeut: Mindestens zu 40 Prozent beobachtest du bloß. Manchmal reagierst du noch auf die alte Weise, aber du beobachtest dich auch dabei.
Phil: Ich beobachte mich bei meinen Reaktionen.

Therapeut: Du bist nicht ganz davon überzeugt, du bist manchmal nicht ganz überzeugt. Aber die Richtung stimmt — beobachte dich weiter, beobachte dich, beobachte dich — selbst wenn du dir manchmal sagen mußt: »Ich tue das und ich reagiere so und so und ich bin sauer auf mich, weil ich das tue und das glaube . . .«
Phil: Und das ist auch in Ordnung.
Therapeut: Ja. Verstehst du, du bist kein schlechter Mensch, egal, wieviele Regressionen du durchmachst, egal, wie oft dir bewußt wird, daß dir bewußt wird . . .
Phil: Solange ich mir am Ende . . . sage, »aber sei mitfühlend, denn das bist du«
Therapeut: Richtig.
Phil: Und wenn ich schließlich zu mir sage, »und du verpfuschst alles, und du wirst immer verrückt bleiben!!«, dann muß ich einen Schritt zurücktreten und mir sagen, »aber das bist du, und das ist in Ordnung«. Mir scheint, jedesmal, wenn Bobby aus mir spricht, erinnere ich mich daran, einen Schritt zurückzutreten und mitfühlend mit mir zu sein.
Therapeut: Wie machst du das?
Phil: Ich weiß nicht, ich habe irgendeinen kleinen Trick angewendet, wenn ich Angst vor Leuten hatte, der ging ungefähr so: »Ich kann mir einfach nicht leisten, mich um die zu kümmern, das ist einfach zuviel Aufwand, mich um die zu kümmern. Ich kann nicht vor allen Angst haben, die da draußen herumlaufen. Dann sage ich mir einfach: 'Nun, ich werde mir ein anderes Mal darüber Sorgen machen, was die von mir halten'.« Bewußt spekuliere ich nicht, bewußt mache ich gar nichts von all dem. Ich schalte den ganzen alten Shit ab, und das mache ich mit jedem draußen, und das mache ich auch mit dem Burschen in mir. Das ist wie ein zweifacher kleiner Schritt. Es ist nur ein kleiner Schritt bei mir. Ich schalte einfach das ab und jenes ab. Und dann wir reden über banales Zeug — und da benutze ich irgendwie dieselbe Art von Gefühl. Wenn ich das fühle, dann schalte ich es einfach ab.
Therapeut: Du schaltest es ab?
Phil: Ich schalte es ab. Wenn ich es mit Bobby zu tun bekomme, trete ich bloß einen Schritt zurück — zum Mitgefühl, denn das liegt ganz nahe. Ich habe es einfach gleich hinter Bobby gesteckt, damit es da ist. Wenn also Bobby in mir hochkommt, dann trete ich bloß einen Schritt zurück. Ich versuche, das automatisch zu machen.
Therapeut: Sehr gut.
Phil: Das scheint zu funktionieren.
Therapeut: Es funktioniert — nicht durch Magie, sondern weil du daran gearbeitet hast, gearbeitet, gearbeitet, gearbeitet.
Phil: Ja . . . weil die automatischen Schritte zurück zu Bobby schon so verdammt automatisch kamen, mußte ich einfach . . . es erschien mir vernünftig, einen weiteren Schritt dranzuhängen, weil ich das schon wirklich gut konnte.
Therapeut: Sieh, was ich dir klarzumachen versuche, ist, daß dieses ganze Zeug alles in den Büchern steht — in bestimmten Psychologiebüchern. Viele Leute ha-

ben sie gelesen und wissen das — viele Leute haben Bewußtseinsschulungen gemacht — sie wissen es, aber sie setzen es nicht notwendigerweise um. Umsetzen heißt, es immer wieder zu tun und nicht nachzulassen. Du läßt manchmal nach, aber im Grunde läßt du nicht nach, du übst es immer wieder. Und das ist der Grund, warum es für dich funktioniert.
Phil: Ja, ich glaube, ich könnte ewig darüber lesen.
Therapeut: Deshalb möchte ich dir gratulieren zu allem, was du geschafft hast — du hast es wirklich schwer gehabt. Du hattest eine schwere Hypothek — eine wirklich schwere Hypothek. Du warst anfangs ziemlich verkorkst.
Phil: Ja.
Therapeut: Und das war nicht deine Schuld, das waren die Karten, die dir zugeteilt wurden, und du hast dieses Blatt fabelhaft gespielt — wirklich sehr, sehr gut. Und ich respektiere dich einfach dafür.
Phil: Jetzt habe ich das Gefühl, ich muß es richtig machen — für dich...
Therapeut: NEIN, nein, nein, nein.
Phil: Doch! Das ist das erste — ich darf dich nicht enttäuschen. (Da liegt das Hauptrisiko dieser Art von Unterstützung in Form von Übertragung und Gegenübertragung)
Therapeut: Hüte dich *davor.*
Phil: Ja, tue ich, genau damit habe ich mich auseinandergesetzt... ich habe neulich etwas festgestellt — und ich glaube, das ist das Ergebnis all dieser Arbeit. Ich bin immer unheimlich intensiv gewesen und unheimlich... wie soll ich sagen... manchmal geschieht etwas, ich bin in irgendeiner Situation, und ich habe nicht mehr das Bedürfnis, alle Anwesenden in dieser Situation auf die eine oder andere Weise zu beeindrucken. Ich kann einfach dasitzen und so sein, wie ich gerade bin.
Therapeut: Richtig. Das gefällt dir besser.
Phil: Und das ist etwas Neues für mich. Ich bemühe mich nicht, aufzutrumpfen...
Therapeut: Und dann zu kompensieren, indem du beweist... du willst nicht mehr alle veranlassen zu sagen, daß du großartig oder okay oder super-okay bist, obwohl du es selbst gar nicht glaubst. So hat das früher funktioniert. Sobald du das schaffst, bist du okay, und das ist auch harte Arbeit, weil man nicht bloß etwas darüber lesen oder es einmal zu sich selbst sagen muß, man muß ständig... auf Mitgefühl schalten.
Phil: Ja, auf Mitgefühl schalten.
Therapeut: Und die Anerkennung zulassen, wenn dir Leute Dinge sagen, wie ich es eben getan habe, und das kann dich gleich wieder zum irrationalen Denken verführen. Und dann hast du noch mehr Arbeit zu leisten. Wenn du anfängst, dich wirklich selbst zu mögen — das hast du ja — dann brauchst du dich nicht mehr ständig zu verteidigen und zu beweisen. Daran arbeite ich selbst noch. Das ist wirklich wahr: du bist in einer sehr wichtigen Hinsicht ein Vorbild für mich... wegen der Strecke, die du zurückgelegt hat.
Phil: Toll.

Na schön, vielleicht habe ich wirklich ein bißchen zu dick aufgetragen. Vielleicht auch nicht. In jedem Fall, die Bewußtheit jenes *Vielleicht* — eine Bewußtheit der Risiken und des potentiellen Nutzens dieser Art von Unterstützung — wird es einem Therapeuten gestattet, Nutzen davon zu haben und potentiellen Schaden zu vermeiden, weil ihm das Risiko bewußt und er entsprechend wachsam ist. Wir müssen nicht vollkommen sein; wir müssen nur gut genug sein. Um gut genug zu sein, brauchen wir nur offen zu sein für den Prozeß der therapeutischen Äußerung, des Feedbacks und der Korrektur. Der schöpferische Dialog, der die Psychotherapie darstellt, muß auf Wissen und Theorie basieren. Aber man darf dem Wissen und der Theorie nicht gestatten, die spontane Authentizität des menschlichen Austauschs zu zerstören, der als solcher eine so heilsame Wirkung hat.

Nötiger versus unnötiger Schmerz

Es könnte sich empfehlen, an diesem Punkt zwischen dem nötigen emotionalen Schmerz, der einer Entladung und Durcharbeitung bedarf, und dem unnötigen emotionalen Schmerz zu unterscheiden, den man am ehesten überwindet, indem man sich damit auseinandersetzt, was ihn aufrechterhält, wie eben am Beispiel Phils veranschaulicht. Notwendig ist jener emotionale Schmerz, der eine natürliche organismische Folge eines Lebensumstands ist. In einem zeitgemäßen Sinne kann dies die Trauer um den Tod eines Lebenspartners oder Kindes sein, die Kränkung über den Verrat eines Freundes oder die Wut über eine größere Frustration. In der Psychotherapie ist der notwendige Schmerz, der empfunden werden muß, oft nicht aktuell, sondern historisch und häufig archaisch. Dieser Schmerz wird gewöhnlich negiert, verdrängt oder verleugnet, und der Panzer, der ihn bedeckt, kann sehr komplex sein und miteinander zusammenhängende affektive, verhaltensbezogene und kognitive Manöver einschließen. Wie Reich aufgezeigt hat, kann diese Panzerung auch energetischer Natur sein und die Art und Weise betreffen, wie der Körper gehalten wird, um das Erleben dieses überwältigenden Schmerzes zu verhindern. Diese Art von Schmerz erfordert den allmählichen Abbau der Abwehr und die Durcharbeitung der darunter verborgenen Emotionen.

Unnötiger Schmerz läßt sich im Gegensatz dazu am ehesten durch die Faktoren verstehen, die ihn aufrechterhalten, nicht jene, die ihn hervorrufen. Im Falle von Phil war die unnötige Komponente seines Schmerzes jener Anteil, der durch das verinnerlichte Introjekt seines strafenden Vaters und Bruders aufrechterhalten wurde. Eine Bewußtheit von der Natur dieses Schmerzes verdankte er der Durcharbeitung seines notwendigen emotionalen Schmerzes. Doch der emotionale Schmerz hörte mit dieser Durcharbeitung nicht auf. Was ihn fortbestehen ließ, mußte mit Hilfe der oben beschriebenen kognitiven Interventionen direkt angegangen werden. Andere Faktoren, die zur Aufrechterhaltung von unnötigem emotionalen Schmerz führen, sind der Sekundärgewinn oder indirekte Nutzen, den er uns einbringt; die Abwehrfunktionen, die er erfüllt (etwa wie bei der Affektabwehr durch Ersatzgefühle) oder jene Arten von Sekundärgewinnen innerer und äußerer Art, die man bei den von Berne (1964) geschilderten Spielen einkassiert. Eine sorgfältige Analyse solcher Manöver, im richtigen Augenblick erfolgende und einfühlsame Konfrontationen und andere therapeutische Strategien zu deren direktem Abbau haben sich wie im Falle von Phil bestens bewährt. Unnötiger emotionaler Schmerz existiert selten, falls überhaupt je, für sich allein, ohne irgendeinen tieferen Schmerz, der erlebt werden muß. Wo immer Menschen solche komplexen schmerzhaften Strukturen geschaffen haben, ist ein Grund dafür vorhanden gewesen — ein Grund, der in der Psychotherapie aufgedeckt werden muß.

Was ist Durcharbeiten?

Im Zusammenhang mit der Unterscheidung zwischen nötigem und unnötigem emotionalem Schmerz ist es wahrscheinlich auch nützlich, die von meinen Studenten oft gestellte Frage zu beantworten: »Was heißt eigentlich durcharbeiten?« Durcharbeiten ist ein Prozeß, auf den anzuspielen viel leichter ist, als ihn zu definieren, und keine Definition wird der Schönheit, dem Drama, der Einfachheit und der Komplexität dieses Prozesses gerecht werden. Meine bioenergetischen Kollegen haben zur Beschreibung des Prozesses einen simplen englischen Reim erfunden, den ich noch etwas ausgeschmückt habe. Für den Umgang mit dem notwendigen emotionalen Schmerz im Durcharbeitungsprozeß haben sie folgendes Rezept offeriert: *»Claim ist, name it, aim it, tame it«* (Sich bekennen, es benennen, es identifizieren, es kontrollieren).

»Claim it« bedeutet, sich zu einem Gefühl zu bekennen — seine Existenz anzuerkennen, es zu erleben, zu empfinden, sich darauf zu konzentrieren, es zuzugeben. Das verabscheuen wir oft, nicht nur, weil wir uns bei diesen Emotionen schlecht fühlen, sondern, weil sie oft unsere Maßstäbe für uns selbst verletzen. Dies sind keine guten Gefühle. Gute Menschen empfinden keinen Neid, keine Aggressionen, keine Rivalität, sie sind nicht kleinlich etc., etc., etc. Männer weinen nicht. Frauen sind nicht

egoistisch. Aufgeklärte Menschen von heute werden nicht eifersüchtig. Befreite Frauen fühlen sich nicht hilfslos, befreite Männer verhalten sich nicht besitzergreifend etc., etc., etc. Ein Mensch bedarf der Größe, um zuzugeben, wie klein er sein kann. Für mich ist dieses »Sich-Bekennen« der wesentlichste Teil des gesamten Prozesses und derjenige, den wir am meisten geneigt sind zu überspringen oder unvollständig zu lassen. Dieser Teil fühlt sich nicht nur schlecht an, sondern ist uns peinlich.

Die Gefühle, zu denen man sich bekennen muß, sitzen oft so tief, daß sie die Organisation des Selbst zu überwältigen drohen. Das ist teilweise der Grund, warum dieser Prozeß Zeit und Arbeit beansprucht. Man sollte nicht mehr schmerzhafte Affekte für sich reklamieren, als die eigene Ich-Struktur bewältigen kann. Das Durcharbeiten besteht großenteils darin, immer tiefere Schichten des notwendigen Schmerzes zu durchleben, sobald die Stärke und Organisation des Selbst durch die Behandlung dieser schmerzhaften Gefühle sowie durch andere ich-aufbauende therapeutische Prozesse gefestigt ist. Sich zu den notwendigen schmerzhaften Gefühlen zu bekennen, ist der entscheidendste Schritt des gesamten Durcharbeitungsprozesses, zu dem man in der Regel immer wieder zurückkehren muß. Oft ist es der Teil des Prozesses, gegen den der größte Widerstand geleistet wird und der die meiste Ich-Stärke und Selbst-Organisation erfordert. Sobald diese erste Phase des Prozesses in Gang gekommen ist, ergibt sich der Rest oft mit geringer zusätzlicher Intervention.

»*Naming it*« bezieht sich auf den Vorgang der Etikettierung bzw. Herstellung eines kognitiven Verständnisses dessen, was auf der ersten Stufe des Durcharbeitungsprozesses vor sich geht. Bezeichnenderweise haben wir den Wunsch, diesen zweiten Schritt voreilig zu tun, um das Erlebnis des Schmerzes selbst zu vermeiden und stattdessen auf die intellektuelle Ebene auszuweichen. Dabei verkürzen wir den notwendigsten Teil des Prozesses und verfehlen einen Großteil des zu Benennenden, sei es in seiner Tiefe oder in seinem Inhalt. Oft besteht die beste therapeutische Strategie darin, Klienten zu helfen, das Benennen hinauszuschieben. Dennoch ist auch der Benennungsaspekt des Prozesses wertvoll; er vermindert die desorganisierende Verwirrung, die sich zwangsläufig durch den ersten Schritt ergibt, bewirkt und stärkt die Organisation, gestattet Kommunikation mit anderen, die den notwendigen Prozeß fördern können, und ermöglicht ein echtes Teilhabenlassen an dieser wesentlichen menschlichen Erfahrung. Im Laufe des Durcharbeitens wird dieser Vorgang des Bezeichnens oft zunehmend subtiler, exakter, treffsicherer und aufschlußreicher. Bei der Erforschung von Eifersucht zum Beispiel decken narzißtische Patienten häufig immer tiefere Schichten der Unzulänglichkeit auf, die sich hinter der simpleren Bezeichnung des Affekts »Eifersucht« verbirgt. Auf diese und andere Weise baut dieser Schritt des »Benennens« eine Brücke zur dritten Stufe — *»aiming it«*.

Dabei geht es darum, das Gefühl dorthin zu richten, wo es hingehört. Da es die Psychotherapie oft mit historischen Schmerzen zu tun hat, bedeutet *»aiming it«*, das Gefühl mit der ursprünglichen Kränkung und deren damaliger Ursache zu verknüpfen. Im Falle des Narzißmus bedeutet dies natürlich oft die ursprüngliche Beschämung, Demütigung und das Benutztwerden des Patienten durch seine Pflegepersonen. Aber es ist wichtig, darauf hinzuweisen, daß die notwendigen Gefühle nicht immer lebensgeschichtlich bedingt sind. Wenn wir es gewöhnt sind, unsere Gefühle zu unterdrücken, dann wird dies zu einem natürlichen, automatischen Vorgang. Dann wissen wir zum Beispiel nicht, daß wir wütend sind oder auf wen oder weshalb. Ein wichtiger Teil des psychotherapeutischen Prozesses besteht deshalb darin, die gegenwärtig *notwendigen* emotionalen Reaktionen bewußtzumachen und den Klienten bei diesem Prozeß des Bekennens, Benennens, der Identifizierung und des Zähmens zu helfen.

Diesen Durcharbeitungsprozeß zu erlernen, ist ich-aufbauend und wesentlich für die Psychotherapie. Das Durcharbeiten wird oft als der wesentliche Aspekt der traditionellen analytischen Therapie betrachtet, die konfliktorientiert und nicht defizitorientiert ist. Bei Kohut und anderen verstehe ich sie jedoch als einen Prozeß, der sowohl Strukturen aufbaut als auch Konflikte löst. Strukturen werden aufgebaut, indem man das Verfahren erlernt und die Bereitschaft, immer tiefere Schichten zuzulassen, systematisch erhöht. Dabei werden Konflikte gelöst, indem die widersprüchlichen Gefühle oder Forderungen an die Oberfläche gebracht werden und dadurch eine Lösung erzwingen. Diese Forderung nach Lösung fordert wiederum die Struktur heraus und festigt sie dadurch weiter.

Sobald die nötigen schmerzhaften Gefühle auf ihr eigentliches Ziel gerichtet sind, entsteht gewöhnlich das Bedürfnis nach immer tieferen Gefühlsschichten, als ursprünglich erlebt. Wenn die Identifizierung mit der Lebensgeschichte zusammenhängt, dann wird der oder die Betroffene wahrscheinlich den gesamten Schmerz durchleben müssen, der damit verbunden ist, wiederholt beschämt oder sexuell mißbraucht oder ständig ignoriert worden zu sein. Das kann zu einer präziseren Benennung der Gefühle oder Gedanken und zu exakteren und affektiv echteren Empfindungen gegenüber denjenigen führen, die diese Kränkung begangen haben. Damit stellt sich gewöhnlich eine authentischere und oft primitivere Äußerung der notwendigerweise schmerzhaften Affekte ein. Oft fühlen sich die Betroffenen bei einer solchen Sitzung, bei der das Durcharbeiten abgeschlossen wurde, innerlich gereinigt oder von einer Last befreit, deren Existenz sie vor Beginn der Sitzung nur vage ahnten. Man muß es buchstäblich sehen, um es zu glauben. Ich mußte wiederholt die erlösenden, befreienden Resultate jahrelangen Durcharbeitens erleben, bevor ich wirklich verstehen lernte, was ich hier zu vermitteln suche. Es ist ein unglaubliches Erlebnis; obwohl es belastend sein mag, andere dabei zu begleiten, ist es niemals langweilig. Es ist beeindruckend zu erleben, daß Menschen den dazu nötigen Mut aufbringen. Es ist beklagenswert, daß dieser Vorgang so lange dauert und so wehtut. Ich begrüße nach wie vor die Möglichkeit, das rascher oder weniger schmerzhaft hinter sich zu bringen. Aber ist habe kein Problem damit, der Vermittler dieses notwendigen Leidens zu sein, weil ich verstehe, wie der Prozeß funktioniert und weil ich das erfüllte Leben sehe, das Menschen jenseits davon haben können.

»Taming it«: Der notwendige Schmerz wird kontrolliert bzw. gemildert, indem man die ersten drei Stufen dieses Prozesses durchläuft. Die Kontrolle ist ein natürliches Ergebnis des Vorhergegangenen. Es mag nützlich sein, die Kontrolle zu benennen und ein philosophisches Etikett für ihre Existenz zu finden. Aber im Grunde ist das gewünschte Resultat ein Nebenprodukt dieses schmerzhaften Prozesses. Wenn es das nicht ist, dann kann man den dringenden Verdacht haben, daß noch irgendein unnötiger Schmerz im Spiel ist. In diesem Fall ist eine Erforschung und Analyse jener Faktoren angezeigt, die den Schmerz aufrechterhalten. Es ist natürlich immer schwierig zu wissen, wann das Durcharbeiten »abgeschlossen« ist bzw. wann der Schmerz völlig überflüssig geworden ist. Diese Unterscheidung erfordert oft Erfahrung und die Hilfe eines vertrauensvollen therapeutischen Bündnisses, und dieses Urteil sollte immer provisorischen Charakter haben. Richtlinien für diese Unterscheidung sind wahrscheinlich möglich, aber für den Augenblick mag diese Erörterung genügend Stoff zum Nachdenken bieten, während wir uns anderen Themen zuwenden.

Aktivierung beim Borderline-Narzißten

Obwohl die zugrundeliegende Struktur ähnlich ist, werden die äußeren Anzeichen der Aktivierung des grandiosen falschen Selbst beim Borderline-Narzißten merklich anders aussehen. Wie alles übrige wird auch diese Aktivierung bei ihm krasser, offenkundiger und eindimensionaler sein. In der Regel zieht sich dieser Patient in der Therapie und im Leben aus dem zwischenmenschlichen Kontakt zurück und schwelgt in

Phantasien der Grandiosität, der Überlegenheit und der Feindseligkeit. Oft läßt er Ungeduld mit den Mängeln und Schwächen anderer erkennen. In der Behandlung wertet er oft den Therapeuten ab, leugnet den therapeutischen Nutzen und neigt zu vorzeitiger, unbegründeter Beendigung der Therapie. Da er weiß, daß empathische Verbundenheit mit dem Therapeuten der Ruin seines grandiosen Selbst sein wird, leistet er dieser auf jede mögliche Weise Widerstand, indem er Sitzungen versäumt, zu spät kommt, Blickkontakt oder bedeutungsvolle Interaktionen vermeidet, etc.

Im Falle von John, von dem im III. Kapitel die Rede war, ging jeder Initiative, die Stadt zu verlassen, das Studium aufzugeben und die Therapie zu beenden, eine fast unerträgliche Vernichtungs- und Verlassenheitskrise voraus. In jeder Krise war John extrem hilfsbedürftig, verzweifelt, verloren, in Panik oder depressiv. In jedem Fall setzte seine Initiative, alles zu verlassen, dieser Niedergeschlagenheit und Mißstimmung ein Ende. Bei jedem dieser Anlässe versuchte er, weitere therapeutische Kontakte sowohl im Rahmen der Einzel- als auch der Gruppentherapie zu vermeiden. Doch er hatte sich zuvor zu einer geordneteren Beendigung verpflichtet, und ich blieb fest und beharrte darauf, daß er sich an diese Verpflichtung halten müsse. Teils, weil er ein Mann von Prinzipien war, und teils, weil er den Wert und die Zuwendung in den Beziehungen spürte, die er aufgebaut hatte, erklärte er sich wiederholt zu weiterem Kontakt bereit. In jedem Fall gelang es ihm, sei es in Einzel- oder Gruppenarbeit, seine Abwehrhaltung zu durchbrechen, empathische menschliche Verbundenheit herzustellen und schließlich seinen Plan zu revidieren. Ich kann die Bedeutung der Gruppe und Johns außertherapeutischen Kontakt mit deren Mitgliedern für dieses wiederholt erzielte Ergebnis gar nicht genug hervorheben.

In Fällen, wo eine Gruppe und deren Ressourcen nicht verfügbar sind, steht der Therapeut und die übrigen Bezugspersonen des Patienten unter größerem Druck. Im Falle von Edward, einem 30jährigen Studenten, drehten sich die Vernichtungs- und Verlassenheitskrisen immer um seine einseitige Wahrnehmung, daß sich niemand je wirklich um ihn gekümmert hat. In diesen Krisenzeiten attackierte Edward seine Eltern und seine Verlobte, mit der er zusammenlebte, wegen deren mangelnder Wertschätzung und Liebe. In zwei Fällen führte die Krise dazu, daß er seine Verlobte tätlich angriff und ernsthaft verletzte, und bei einem Anlaß ließ er sich auf eine unnötige Schlägerei mit einem anderen Mann ein. In einer Krise drohte er ernsthaft mit Selbstmord und ging so weit, sich ein geladenes Gewehr in den Mund zu stecken.

Ebenso wie bei John kam es unmittelbar nach diesen Krisen stets zur offensichtlichsten Aktivierung von Edwards grandiosem Selbst. Zu diesen Zeiten lud er sich, wie Menschen mit narzißtischem Persönlichkeitsstil, regelmäßig übertriebene Arbeitsverpflichtungen auf und betrachtete die Therapie als eine Zeitverschwendung. Sowohl in den Krisenperioden als auch in der beginnenden Phase der Aktivierung beklagte er sich darüber, daß ich ihm unzulänglichen »Rat« erteilte, wie er mit seinen Problemen fertigwerden könnte. Trotz überdurchschnittlicher Intelligenz und beträchtlichem psychologischem Scharfsinn beharrte er in diesen Momenten darauf, daß er seine Probleme lösen könnte, wenn ihm bloß jemand sagte, welcher Weg der richtige wäre. Eine Flucht in Grandiosität, Überaktivität und Verachtung für alle bot ihm einen sehr unvollkommenen und zweifelhaften Ausweg aus der unerträglichen Vernichtungs- und Verlassenheitskrise.

Edward war der Sohn eines psychisch sehr rigiden Akademikers, der von seiner eigenen Karriere enttäuscht war. Der Vater hatte zu großen Hoffnungen Anlaß gegeben und renommierte Schulen absolviert, beruflich war er jedoch ein relativer Versager und enttäuschte sowohl seine Frau als auch sich selbst. Dies resultierte in einer mehrfachen narzißtischen Kränkung seines Sohnes, des Patienten, der Zeuge des Scheiterns seines Vaters, der folgenden Ablehnung durch die Mutter und der dadurch bedingten Depression seines Vaters wurde. Wie dies bei vielen narzißtischen Männern der Fall ist, hatte auch seine Mutter Edward übertrieben idealisiert und, dem klassischen Schema entsprechend, Edwards Vater durch den Sohn als ihr primäres Liebesobjekt ersetzt. Der Vater war auf den Sohn eifersüchtig, demütigte ihn und deckte ihn ständig mit lautstarker Kritik und »Ratschlägen« ein. Edward hatte niemals das elterliche Vorbild und die Unterstützung erhalten, die er benötigt hätte.

In der Therapie war es das, was er sich unbewußt von mir wünschte und brauchte. Aus lebensgeschichtlichen Gründen bedrängte er mich jedoch ständig um »Ratschläge«. Wenn diese nicht kamen, und wenn die unbewußten Bedürfnisse nach Idealisierung und Spiegelung nicht erfüllt wurden, geriet Edward in Wut. Er phantasierte darüber, meine Praxis kurz und klein zu schlagen und mich zu töten.

Aus diesem Alptraum flüchtete er periodisch unter den Schutz seines grandiosen falschen Selbst. Während dieser Zeit versuchte ich, ihm klarzumachen, daß ihm sein Vater genügend »Ratschläge« gegeben hatte, aber daß das nicht das gewesen war, was er gebraucht hatte. Ich sagte ihm, was er brauche, sei die Unterstützung von jemand, dem er vertrauen könne. Ich interpretierte sein Mißtrauen als eine direkte Vermeidungsstrategie, um das tiefe Bedürfnis nach einem Vater, den er lieben, zu dem er aufschauen und den er um Hilfe bitten konnte, nicht zu empfinden. Ich ermutigte ihn direkt, die Krise zuzulassen, und deutete sein Ausagieren und seinen Rückzug von mir als Vermeidung eben dieser Krise. Erst als er diesem Bedürfnis nachzugeben begann, konnte er Deutungen seiner archaischen Bedürfnisse nach vollständiger Spiegelung durch seine Familie und seine Verlobte an sich heranlassen.

In beiden dieser näher dem Borderline-Pol angesiedelten Fälle war es notwendig, die empathische menschliche Verbundenheit wiederherzustellen. Bei diesen Patienten sind evokative Techniken aus der Gestaltarbeit und der Bioenergetik gleichzeitig zuviel und zuwenig. Sie sind insofern zuviel, als sie ständig Affekte hervorlocken, die den Patienten bereits zu überwältigen drohen. Wenn diese Techniken unbedacht in potentiell gefährlichen Situationen eingesetzt werden, wird sie der Klient entweder erfolgreich abwehren oder sich völlig aus der Therapie zurückziehen, aber man kann sich nicht völlig darauf verlassen. Ihre Verwendung könnte möglicherweise eine Dekompensation bewirken. Diese Techniken sind insofern zuwenig, als sie im Kontext großen Mißtrauens so offensichtlich künstlich und potentiell manipulativ erscheinen und Öl auf das Feuer einer emotionalen Intensität gießen können, das schon hoch lodert, während es noch geleugnet wird.

Was in diesen Fällen nötig ist, das ist das sehr schwer zu beschreibende »Berühren« des Klienten, wo er am dringendsten berührt werden muß, doch nicht so tief, daß er verschreckt wird und sich stärker distanziert. Die Intervention ist schwieriger, weil man zu einem Menschen Verbindung herstellen muß, der kaum zu einer Verbindung fähig ist. Man muß das menschliche Bedürfnis nach Unterstützung bei jemand auslösen, dessen menschliches Bedürfnis für ihn zutiefst bedrohlich ist. Man muß Vertrauen bei einem Menschen wecken, der zutiefst mißtrauisch ist und sich ähnlich bedroht fühlt durch den Rückfall in archaische Übertragungen, die erfolgen, wenn Vertrauen realisiert wird. Dies ist offensichtlich ein sehr heikler Balanceakt. Es ist natürlich für einen Therapeuten, von dieser Aufgabe eingeschüchtert zu sein. Und auch ein erfahrener Therapeut tut gut daran darauf zu achten, daß er nicht mehr als eine Handvoll von Borderline- oder Borderline-Narzismus-Klienten gleichzeitig hat.

Obwohl es schwierig ist, beim Borderline-Narzismus-Patienten diesen Schlüssel zu finden, habe ich es als überaus ermutigend empfunden, daß einem diese Patienten oft viele Chancen geben. Trotz ihres Mißtrauens, ihrer Desillusionierung und narzißtischen Wut kommen sie immer wieder in die Therapie zurück — zum Teil weil sie keine andere Zuflucht haben. Ich glaube, wenn wir das Problem verstehen und daran arbeiten, den Klienten zu verstehen, können wir früher oder später den Schlüssel finden, der zumindest eine Lücke in dem pathologischen Mißtrauen aufschließt. Auch unsere hartnäckigen und ungeschickten Versuche, den Schlüssel zu finden, werden der Aufmerksamkeit des Klienten nicht entgehen. Nach einer bestimmten Anzahl von Versuchen kann er / sie einen Schlüssel wirksam werden lassen, einfach, weil man den Test dadurch bestanden hat, daß man es oft genug versuchte.

Edmund White (1983, S. 234) schrieb, »ein verwundeter Teil von uns braucht ein spezielles Willkommen zurück ins Leben«. Es ist unsere Aufgabe als Therapeuten, unsere Patienten genug zu verstehen, um ihnen diese spezielle Einladung zuteil werden zu lassen. Die Worte, die Wahl des Zeitpunkts, der Tonfall und der Gesichtsausdruck, all dies muß vielleicht »besonders« sein, um durch das Labyrinth von Abwehrmauern zu dieser furchtbaren Kränkung vorzustoßen. Paradoxerweise müssen wir jedoch unser Bedürfnis nach Besonderheit, Brillanz und Cleverness aufgeben, um mit dieser speziellen Botschaft anzukommen. Die Botschaft muß daraus entstehen, daß wir das gekränkte Kind in dem abwehrbereiten Erwachsenen sehen und es in einer Weise ansprechen, daß er oder sie begreifen kann, daß wir es wirklich sehen. Unsere narzißtischen Bedürfnisse, uns dabei hervorzutun, beeinträchtigen ernsthaft unsere Fähigkeit, das zu erreichen. Obwohl all unser Wissen nützlich sein wird, um den Schlüssel zu finden, wird er oft gerade in dem spontanen Augenblick gefunden, in dem unsere geschulte Menschlichkeit die Hand nach einem anderen ausstreckt. Welche Techniken auch immer in der Psychotherapie benutzt oder nicht benutzt werden mögen, dies sind die Augenblicke tiefster Heilung für unsere Klienten und tiefster Befriedigung für uns selbst.

Es läßt sich sehr wenig darüber sagen, wie diese spezielle Einladung übermittelt werden soll. Etwas mehr kann darüber gesagt werden, aus welcher Richtung man kommen soll, wenn man sie ausspricht. In seiner eigenen Menschlichkeit geerdet zu sein, seine eigenen Grenzen zu akzeptieren und sicher in sich zu ruhen, ist ein solides Fundament. Von da aus kann man mit Einfühlung und Liebe das verwundete Kind sehen, das sich hinter seiner Fassade schützt. Wenn Sie immer wieder tröstend und geduldig mit ihm sprechen, wird es Sie wahrscheinlich hören. Es wird nicht gezwungen oder ausgetrickst oder durch Ihr Wissen oder Ihre Klugheit beeindruckt sein. Es wird auf Ihre Authentizität reagieren, die sich auf die Kraft Ihres Wissens stützt. Weder Ihr Wissen noch Ihre Echtheit sind genug. Doch die Kombination von Vertrauenswürdigkeit, Einfühlung und Wissen darüber, was das gekränkte Kind wirklich braucht, wird die Wahrscheinlichkeit erhöhen, daß Sie etwas bewirken. Und selbst wenn Sie all dies tun, werden Sie wahrscheinlich immer noch ständig von dem gekränkten Kind frustriert werden, das sich erst offenbaren wird, wenn es sich sehr, sehr sicher fühlt.

Die existentielle Veränderung

Das Ziel dieser ganzen Arbeit mit dem »Borderline-Narzißten« bzw. dem Klienten mit narzißtischen Persönlichkeitsstil ist es, die hektische Jagd nach dem Selbst und seine Verwirklichung durch Aktivität und Leistung zu stoppen und sich auf jenen Augenblick zu konzentrieren, in dem man die Wirklichkeit seiner Existenz in der Gegenwart erlebt. Dieser Augenblick ist der Zugang zum wahren Selbst. Ein guter, durch Erfahrung gereifter oder mit Intuition gesegneter Therapeut nutzt diesen Augenblick, um den Patienten in seinem Innersten zu berühren. Durch Erkenntnis, Einfühlung, das Teilhaben an der Verzweiflung oder schlichten Schönheit, die dann zutage tritt, verstärkt der Therapeut die Realität durch menschliche Verbundenheit. Indem er diesen Prozeß stets aufs Neue wiederholt, hilft der Therapeut dem Patienten, Gefallen an einer einfühlsamen Beziehung zu finden und die natürliche Neigung dazu zu stärken. Wenn diese Einfühlung in diesem Moment gelingt, dann ist das falsche Selbst demobilisiert worden, und es besteht kein weiterer Bedarf an Strategien, um dieses Ziel zu erreichen. Von diesem Augenblick an kann die therapeutische Beziehung höchst gewinnbringend dazu benutzt werden, die Begegnung zu vertiefen. Es genügt vollauf, daß der therapeutische Austausch angenehm ehrlich, echt und bedeutungsvoll ist. Es ist nicht einmal wichtig, daß der Inhalt der Interaktion so besonders bedeutsam ist, aber es ist wichtig, daß die affektive Qualität Bedeutsamkeit hat.

Sobald der Klient im Verlauf der Therapie Zuwendung und Respekt für sein wahres Selbst internalisiert hat, können Verfahren, die dem Klienten beibringen, Elternfunktionen gegenüber seinem Selbst mit erhöhter Akzeptanz und Zuwendung zu erfüllen, am nützlichsten sein. Eine detaillierte Beschreibung einiger dieser Verfahrensweisen findet sich im nächsten Kapitel, das dem Aufbau des wahren Selbst gewidmet ist.

Therapeutische Sitzungen, bei denen es darum geht, den Übergang vom aktivierten falschen Selbst zur Aufdeckung und Äußerung des wahren Selbst zu schaffen, zählen zu den tiefgreifendsten. Tatsächlich bieten sie ein Vorbild dafür, was der narzißtische Klient, wie wir hoffen, eines Tages für sich selbst tun können wird. Obwohl eine außergewöhnliche Krise, bei der das falsche Selbst versagt, oft ein Wendepunkt für den Heilungsprozeß ist, wird es für den Patienten immer nötig sein, im Laufe der ganzen Therapie und wahrscheinlich auch noch danach immer wieder diesen Weg von falschen zum wahren Selbst zu gehen. Ein wiederholtes Erleben dieses Wechsels ist notwendig, und es wird sehr nützlich sein, dem Klienten verstehen zu helfen, was diesen Wechsel von einem Zustand zum anderen fördert. Für den einen Klienten mag dies das verstärkte Realitätsgefühl sein, das sich durch Körperarbeit zur Steigerung der Körperbewußtheit einstellt. Für einen anderen kann es ein kognitives Stichwort oder Erinnerungszeichen sein. Wieder andere mögen bestimmte Maßnahmen benötigen, um sich zu »erden« und ihre manische oder zwanghafte Aktivität zu bremsen.

Immer dann, wenn ein Wechsel zum wahren Selbst geschafft wurde, verspricht eine Erforschung der *Bereitschaft*, das falsche Selbst aufzugeben, den größten Erfolg. Insbesondere, wenn dieser Wechsel positive Gefühle erzeugt hat, kann man den Klienten fragen, ob er *bereit* sei, die Kompensation aufzugeben — gewöhnlich zu sein. Bei einer solchen Diskussion kann man außer Acht lassen, ob er dazu fähig ist. Die simple Äußerung der *Bereitschaft* ist als solche therapeutisch. Die sokratische Frage an den Klienten, wie lange er seiner Ansicht nach brauchen werde, um den Kompromiß aufzugeben, und was er benötige, um darauf zu verzichten, ist ebenfalls überaus therapeutisch, insbesondere in diesen ergreifenden Augenblicken.

Bei diesen Erörterungen halte ich es für besonders wichtig, daß der Therapeut sein eigenes Unvermögen akzeptiert, den Klienten zu einer Änderung zu veranlassen. Die Motivation zur Veränderung muß vom Patienten ausgehen. Obwohl der Therapeut sein Interesse und seine Anteilnahme an dieser Veränderung durch sein Engagement demonstrieren wird, kann er sie nicht herbeiführen, und seine Bewußtheit seiner Grenzen kann sehr nützlich sein. Es ist sehr förderlich, das natürliche Tempo der Veränderung des Patienten philosophisch hinzunehmen und mit diesem Einverständnis daranzugehen, seine therapeutischen Fertigkeiten mit »ruhiger Kompetenz« (Kohut, 1984) auszuüben. Wir vermitteln dem Klienten die Botschaft, daß wir da sind, wenn und falls er Bereitschaft zeigt, sich zu ändern und unsere Hilfe zu akzeptieren. Wir wissen, daß er sich verzweifelt an die grandiose Illusion klammern wird, es selbst zu schaffen. Wir wissen, daß er zutiefst *bedürftig* ist, und daß er es zutiefst *haßt, bedürftig* zu sein. Wir können diesen heroischen Kampf beobachten, ruhig und kompetent Partei dabei ergreifen, aber überwiegend müssen wir dem Klienten die Leidenschaft des Kampfes überlassen. Wir können den Kampf nicht für ihn austragen. Unsere diesbezüglichen Versuche würden ihn der nötigen Selbstbestimmung berauben, die ihn zu echter Veränderung motivieren wird, und sie würden die archaischen narzißtischen Übertragungen verstärken, die allein aufgrund pauschaler Identifizierung zu vorübergehender Heilung führen würden.

Kein Teil der obigen Erörterung sollte als Warnung vor einer im rechten Moment erfolgenden, auch leidenschaftlichen Konfrontation mißverstanden werden. Auch möchte ich niemanden davon abhalten, dem Patienten seine Anteilnahme zu signalisieren, die ihn ermutigen und bestärken wird, sich dem wahren Selbst zu überlassen. Vielmehr möchte ich nur die Bedeutung einer »Vormundschaft der Autonomie« (Greenacre, 1959) hervorheben und wie entscheidend es ist, jene oberflächliche Besserung zu vermeiden, die sich durch die Förderung einer unaufgelösten narzißtischen Übertragung einstellt. Die Heilung des Narzißmus ist ein heroischer Kampf, und zu diesem Kampf muß sich der Patient bekennen. Die größte Geschicklichkeit und das leidenschaftlichste Engagement seitens des Therapeuten kann den Patienten nicht aus der Verantwortung für diesen Kampf entlassen. Versuchte man, ihm bei einer solchen Flucht zu helfen, dann verhielte man sich wie die wohlmeinenden, aber schädlichen Eltern, die ihrem Kind nicht gestatten, die natürlichen Herausforderungen und Frustrationen des Lebens zu erfahren und daraus zu lernen. Solche Aktionen stärken nur das Selbstbild von Eltern oder Therapeuten, die sich zu ihrem Mitgefühl und ihrer Einsatzbereitschaft gratulieren, denen aber die Weisheit und der Mut fehlen, den ihnen Anvertrauten zu gestatten, ihr Leben selbst zu gestalten.

Ebenso wie die Eltern hat auch der Therapeut die Aufgabe, einen schmalen Grat zwischen zuviel und zuwenig Nachgiebigkeit, zuviel und zuwenig Herausforderung etc. zu gehen. Es ist sogar wahrscheinlich, daß die meisten Therapeuten bei dieser Gratwanderung von Zeit zu Zeit Fehler machen werden. Gelegentliche Fehler, insbesondere, wenn sie rasch korrigiert werden, sind nicht von großer Bedeutung; tatsächlich fördern sie wahrscheinlich den therapeutischen Prozeß, weil sie den narzißtischen Klienten zwingen, sich mit der menschlichen Unvollkommenheit seines Therapeuten — eines Elternersatzes — auseinanderzusetzen. Solange der Therapeut seine Sache versteht und die hier skizzierten Grundsätze beachtet, wird er imstande sein, dem Klienten genügend Konfrontation, Einfühlung und Unterstützung zu bieten, so daß dieser ihm vertrauen kann, da zu sein, wenn er ihn braucht, ohne ihm so viel zu bieten, daß der falsche Eindruck entsteht, er könne dem Patienten die Arbeit abnehmen.

5. Kapitel

Das wahre Selbst

Dein Selbst ist jetzt.
— Hugh Prather

Das Keimen des wahren Selbst birgt Hoffnung. Aber wenn sich das wahre Selbst zu entfalten beginnt, ist es anfällig, verwundbar und voll von Gefühlen. Diese Gefühle können sehr negativ sein oder zuviel, wenn sie positiv sind, aber sie sind unbestreitbar echt. Dies ist jene Echtheit, die man hegen und pflegen lernt. Bei der Geburt des wahren Selbst ist immer ein tiefes Bedürfnis nach anderen vorhanden — ein Bedürfnis, das lange verleugnet oder gemieden wurde. Die neue Knospe des wahren Selbst kann nicht sehr lange ohne die Stärkung existieren, die von einem es willkommen heißenden anderen ausgeht. Unsere wesentlichste therapeutische Aufgabe gegenüber dem narzißtischen Individuum besteht darin, für dieses Willkommen zu sorgen.

Seine Vorgeschichte spielt im Grunde auch keine Rolle. Er ist 40 Jahre alt und beginnt eben, sich selbst zu finden: »Mein Ansporn, ein *Universalgenie* zu sein, ist verschwunden. Ich werfe viele der Bücher hinaus, die ich gesammelt und nie gelesen habe und nie lesen werde. Ich habe mir endlich eingestanden, daß es ein Verlust ist, diese Hoffnung aufzugeben, und dennoch fühle ich mich jetzt, da ich dieses ganze Zeug weggeworfen habe, richtig befreit. Ich gebe es auch auf, diese ganze Musik zu sammeln. Dieses ganze Sammeln war bloß mein kläglicher Ersatz dafür, jenes *Universalgenie* zu sein, denn wenn ich schon nicht alles wissen und nicht alles tun konnte, dann konnte ich doch wenigstens eine Kopie davon haben — es festhalten. Das war alles bloß eine Selbsttäuschung.

»Als ich das letzte Mal hier über den Stuhl gestreckt lag und diese Klagelaute ausstieß, da hat es mir gefallen, was du darüber sagtest, daß ich um mich selbst trauere. Ich habe noch mehr getrauert seit dem letzten Mal. Ich bin furchtbar traurig über die große Vergeudung meines Lebens in den letzten fünf Jahren. Ich fühle mich, als hätte ich einen Unfall gehabt, bei dem ich verletzt wurde. Meine Kompromisse, um die Fassade aufrechtzuerhalten, sind tödlich gewesen. Es ist, als hätte ich den Traum eines anderen gehabt — das *Universalgenie*, das sich meine Mama immer wünschte. Das *kann ich nicht* mehr tun, aber *wer bin ich* dann? Ich fühle mich unruhig, lehr, unsicher. Ich habe Angst....

»Da sind jedoch diese Augenblicke, und manchmal dauern sie Stunden, in denen ich mich wieder lebendig fühle. Ich mache selbst wieder Musik, satt mir soviel anzuhören, und ich habe angefangen, Gewichte zu heben und zu laufen. Danach fühle ich mich unheimlich gut. Mein Geruchssinn hat sich gebessert. Draußen beim Laufen rieche ich die Fichtennadeln wieder wie seit Jahren nicht mehr. Und letzten Freitag beim Gewichthaben habe ich mir Zeit gelassen und es genossen und bin nicht von einer Übung zur nächsten gehastet, nur um so schnell wie möglich fertigzuwerden. Stattdessen habe ich meinen Körper gespürt und mit einigen Typen im Studio gescherzt und mich nachher lange im Massagebecken ausgeruht. Manchmal kommt es mir vor, als kehrte ich ins Leben zurück. Aber dann gibt es andere Zeiten, wo ich mich so unglaublich unruhig fühle. Ich weiß nicht, was ich mit mir anfangen soll. Ich habe Angst, daß mir die Dinge entgleiten. Ich kann sehr deprimiert werden und mich so verloren und kindisch fühlen. Es fällt mir furchtbar schwer, mich nicht mehr vollständig kundig und kompetent zu geben. Ich habe das Gefühl, immer eine Maske getragen zu haben, und jetzt ist die Maske weg, und ich weiß nicht mehr, wie es weitergehen soll. Es ist, als wäre da immer eine dünne Kruste über der Leere gewesen, die ich selbst bin. Und jetzt bin ich in dieser Leere, und manchmal weine ich und stoße diesen ekelerregenden Würgelaut aus, der bloß ein Ausdruck dafür ist, wie ekelerregend ich meine Situation und was mit mir geschehen ist, finde.

Und doch sind da auch diese guten Augenblicke, diese lebendigen Augenblicke. Und zwischen diesen beiden seelischen Zuständen schwanke ich hin und her, obwohl ich wegen allem eher deprimiert und angeekelt bin, als daß ich mich gut fühle. Gut fühle ich mich hauptsächlich deshalb, weil sich etwas ändert, weil etwas geschieht. Es ist etwas in Bewegung gekommen. Aber die meiste Zeit macht es nicht viel Spaß. Wenn es gut ist, dann schöpfe ich jedoch große Hoffnung.«

Aussagen dieser Art hört man, sobald jemand anfängt, sein wahres Selbst wiederzuentdecken. Da ist eine Licht- und eine Schattenseite. Auf der Lichtseite ist da die Echtheit des Erlebens, eine Entdeckung echter

Vorlieben und Abneigungen, Augenblicke des Vergnügens oder der Freiheit in der Selbstentdeckung oder Selbstäußerung, echte Zuneigung oder Liebe zu anderen etc. Darüber hinaus gibt es auch Episoden der Entdeckung echter Kompetenz in geschätzten Tätigkeiten, zusammen mit einer echten Freude an diesen Aktivitäten. Es gibt Episoden oder zumindest Augenblicke des Genießens der einfachsten Freuden. Und es gibt Augenblicke der Entdeckung, daß die Welt und das Selbst nicht sind, was sie immer zu sein schienen. Die verinnerlichten Zuschreibungen der Eltern oder die Script-Entscheidungen des kleinen, uninformierten Kindes treiben einen nicht länger unbewußt an, obwohl sie immer noch Wirkung und Einfluß ausüben. Es ist nicht so, wie man immer glaubte; es muß nicht so sein, wie es immer gewesen ist; man sieht die Möglichkeit der Wahl.

Therapeutische Intervention ist erforderlich, um den tiefgreifenden Wandel zu unterstützen und aufrechtzuerhalten. Diese Art der Selbstäußerung und -erneuerung führt aus drei Gründen zu inneren Krisen. Erstens bewirkt die Selbstäußerung automatisch eine Aktivierung alter Introjekte. Bewußt oder unbewußt beginnt sich der Klient zu »sagen«, daß er nicht so sein kann, daß die Welt seiner Selbstverwirklichung nicht wohlgesonnen und seines Vertrauens nicht würdig ist — daß diese Selbstverwirklichung zuviel, zuwenig oder gefährlich ist. Zweitens werden durch die Offenheit, die diese Art des echten Fühlens und der Selbstäußerung erfordert, die darunter verborgenen Strukturen am Punkte ihrer Entwicklungshemmung aufgedeckt. Für den Narzißten bedeutet das, daß sich die Aufmerksamkeit der Blockierung in der Wiederannäherung zuwendet und daß der oder die Betroffene anfangen muß, sich mit den frustrierten Forderungen und überwältigenden Affekten dieser Entwicklungskrise auseinanderzusetzen.

Letztlich wird auch die Ungewißheit dieser neuen Lebendigkeit als bedrohlich erlebt. Die Abwehrstruktur hat viele Jahre lang funktioniert. Obwohl sie schmerzhaft sind, machten die Abwehrmöglichkeiten die Welt verständlich und voraussagbar und prägten den eigenen Umgang mit ihr. Zusammenfassend läßt sich somit sagen, daß die durch die Äußerung des entstehenden wahren Selbst erreichte Individuation und Lebendigkeit zur Äußerung negativer Introjekte, zur Aktivierung der Vernichtungs- und Verlassenheitskrise und zu der Gefahr führen, sich dem Leben stellen zu müssen, ohne zu wissen, worauf es dabei ankommt. Die Entfaltung des wahren Selbst führt zum Erlebnis überwältigender Affekte, die dann ihrerseits die Reaktivierung der Abwehrstrukturen, sei es in ihrer grandiosen oder syptomatischen Ausprägung, bewirken. Masterson (1985, S. 8) hat dasselbe Schema beobachtet und es als die Borderline-Triade bezeichnet:

Individuation führt zu *Depression* und diese führt zur *Abwehr.*

Es ist wichtig, daß sich sowohl der Therapeut als auch der Klient der großen affektiven Polarität in Form von Licht- und Schattenseiten bewußt sind, die sich mit der Äußerung des wahren Selbst, insbesondere in den Anfangsphasen, ergibt. Die Affekte der Vernichtungs- und Verlassenheitskrise sind gewaltig, infantil und oft mehr, als man ertragen kann. Aber sie sind echt. Ich glaube, daß sie insofern fälschlich als depressiv bezeichnet wurden, weil sie ein echter Ausdruck der Entwicklungsrealität sind, welche der Klient durchlebt. Wenn sie ihm tatsächlich zuviel werden, können sie eine Abwehrdepression auslösen, aber sie sind als solche nicht depressiv. Wenn aus der abwehrenden Depression eine sich äußernde Verzweiflung wird, dann besteht eine echte Hoffnung, das Selbst wiederzugewinnen. Je mehr sich das Verständnis und diese archaischen und unangenehmen Gefühle entfalten, desto häufiger wird das neuentstehende wahre Selbst positiv erlebt werden.

Die therapeutischen Aufgaben in bezug auf das wahre Selbst lassen sich ganz einfach formulieren: (1) Helfen Sie dem Klienten, *die unwillkommenen* Gefühle des blockierten wahren Selbst *willkommen zu heißen,* indem Sie Verständnis dafür entwickeln und ihm die nötige Unterstützung geben. (2) Fördern, unterstützen und beteiligen Sie sich mit dem Klienten am Prozeß der Selbstentdeckung und Selbstäußerung. (3) Helfen Sie dem Klienten, das wahrhaft zweischneidige Schwert der Entfaltung des wahren Selbst zu verstehen und damit umzugehen und auch die unvermeidliche Tendenz zur Abwehr angesichts dieser heroischen Herausforderung zu meistern.

Zur Erreichung des ersten dieser Ziele ist es fast immer notwendig, der Schattenseite des wahren Selbst durch *Umdeutung* wiederholt Mut zu machen. Die Krisen der echten Gefühle sind etwas anderes als die Leblosigkeit des depressiven Abwehrzustands. In der echten Traurigkeit, Wut oder Panik des archaischen, aber wahren Selbst ist mehr Affekt, mehr Bewegung und mehr Hoffnung vorhanden. Es kann sein, daß man das dem narzißtischen Patienten viele Male sagen muß und daß man ihm helfen muß, diese Unterscheidung zu treffen, die schwieriger wird, sobald diese echten Gefühle die abwehrende Symptomatik auslösen. Es kann sein, daß Sie mit Ihrem Patienten diese Übergangsepisoden wiederholt durchgehen und ihm oder ihr deren affektive, verhaltensbezogene und kognitive Bedeutung begreiflich machen müssen. Für viele wird diese Unterscheidung mit dem Gegensatz zwischen Äußerung versus Unterdrückung und sozialem Kontakt versus Isolierung zu tun haben. Wo Affekte geäußert werden, gibt es Begegnung und Veränderung: Wo sie gehemmt sind, gibt es

Erstarrung, körperliche Verkrampfung und Immobilität. Die Äußerung von Affekten hat eine noch tieferreichende Wirkung, wenn sie von bedeutsamem menschlichen Kontakt begleitet ist. Sein Stolz zwingt den Narzißten oft, sich zurückzuziehen, wenn er sich verwundbar fühlt. In dem Maße, in dem er sich anderen stellen und ihnen seine wirkliche Verletzlichkeit zeigen kann, wird er die archaischen Ansprüche und Affekte durcharbeiten und durch diesen Prozeß selbst reifer werden können. In der Regel sind Rückzug und Unterdrückung von Affekten Abwehrmanöver. Deren Äußerung, insbesondere anderen gegenüber, das ist Durcharbeiten.

Dies ist eine von vielen Situationen, in der die direkte Aufklärung des Klienten über psychologische Vorgänge, soweit sie den gegenwärtigen Kontext betreffen, eine enorme therapeutische Wirkung haben kann. Das ruhige und erfahrene Verständnis eines Therapeuten für solche bekannten Abläufe wirkt als solches sehr tröstlich. Der Klient wird dadurch ermutigt, auch weiterhin diese archaischen Sehnsüchte, Ängste und Frustrationen zu empfinden und zu äußern und zwar bis zu dem Punkt, an dem sie desorganisierend wirken, aber nicht darüber hinaus.

Alle therapeutischen Techniken oder Bezugspersonen, die die Äußerung fördern oder ergiebiger machen, sind empfehlenswert. So können in den meisten Fällen die Vorgehensweisen der Gestalttherapie oder der Bioenergetik, die die Abwehr lockern und die Äußerung fördern, außerhalb der üblichen therapeutischen Stunde angewandt werden. So kann zum Beispiel, wenn ein Klient in Angst oder Panik gerät, aber es ihm schwerfällt, diese Gefühle zu verstehen, das klassische Gestalt-Experiment sehr aufschlußreich sein, indem er die Formulierung »Ich habe Angst, weil...« oder »Ich bin unruhig, weil...« ständig wiederholt und den jeweiligen Satz vervollständigt. Auch kann man den Klienten dazu ermuntern, falls seine Angst die Atmung behindert, die Rückenbeuge zu machen, bei der in der Regel der bioenergetische Stuhl benutzt wird, die aber auch mit anderen Hilfsmitteln ausgeführt werden kann (die gepolsterte Armlehne einer Couch ist gewöhnlich dafür geeignet). Wenn ein Klient andererseits in seinem täglichen Leben plötzlich von starken Aggressionen befallen wird, kann man ihn ermutigen, auf Kissen einzuschlagen, in seinem Auto oder unter der Dusche zu schreien oder eine aggressive Haltung einzunehmen und darin zu verharren. Empfindet ein Klient starken Kummer oder Traurigkeit, für die er keine Abfuhr findet, kann man ihm nahelegen, Laute auszustoßen, die seinen Gefühlen entsprechen, um auf diese Weise in tiefere Schichten vorzustoßen und sich Erleichterung zu verschaffen.

In der Regel werden die narzißtischen Klienten im engeren Sinn solchen Übungen außerhalb der Therapie größeren Widerstand entgegensetzen als die meisten anderen Charaktertypen. Sie sind vielleicht jedoch eher bereit, ihren Widerstand dagegen zu erforschen und diesen Widerstand dann verbal zu äußern. Es kann zum Beispiel nützlich sein, den Patienten aufzufordern, seinen Widerstand gegen Gefühlsäußerungen unmittelbar zu verbalisieren — indem er beispielsweise sagt: »Ich fühle mich zwar schlecht, aber ich lasse mir das nicht anmerken! Ich bin hart, und ich kann damit fertigwerden. Es hat keinen Sinn, sich zu beklagen, und ich werde es nicht tun. Mein Therapeut ist ein Schwächling und möchte, daß ich genauso werde. Er hat keine Ahnung, wovon er redet«, etc. etc. Diese Identifizierung mit dem Widerstand und seine Äußerung bewahrt die Betreffenden zumindest vor der konfliktreichen Isometrik der doppelten Affektunterdrückung. Die Äußerung eines solchen Widerstands verringert ihn faktisch in den meisten Fällen; wenigstens beginnt der Patient auf diese Weise, das Ausdrucksspiel zu spielen. Die Existenz primitiver Affekte und Widerstände dagegen werden durch diese Verfahren beleuchtet und dadurch zugänglicher für den Klienten, sowohl in der Therapie als auch außerhalb derselben.

Fallbeispiel: Larry

Innerpsychische Kämpfe dieser Art zwischen dem sich entfaltenden wahren Selbst und den Abwehrstrukturen des falschen und des symptomatischen Selbst zeigen sich oft am deutlichsten bei Klienten mit narzißtischem Persönlichkeitsstil. Da sie über eine größere Ich-Stärke mit festerem Realitätsbezug verfügen und weniger zu Projektionen neigen als der »Borderline-Narzißt«, agieren sie diese Konflikte nicht äußerlich aus. Vielmehr erleben sie den Konflikt innerlich — was sie zu psychosomatischen Krankheiten, Depression und Trägheit prädisponiert. Oft bedürfen diese Klienten therapeutischer Strategien, die die Konflikte externalisieren, um sie in das Licht der Bewußtheit zu heben und ihre Äußerung zu erzwingen.

Larry war ein 38-jähriger Akademiker, beruflich zwar erfolgreich, aber trotz liebenswürdiger Umgangsformen sehr isoliert von wichtigen persönlichen Beziehungen. Besonders abgeschnitten war er von bedeutungsvollen heterosexuellen Beziehungen, nach denen er sich sehnte. Das zentrale Element seiner Lebensgeschichte war die Beziehung zu seiner Mutter, die nach seiner Erinnerung sehr fürsorglich und unterstützend war, bis er in die Pubertät kam. Von da an reagierte sie hysterisch, sooft er in irgendeiner Weise seine Aggressionen oder seine Sexualität äußerte. Sie schränkte seine adoleszenten Selbstäußerungen rigoros ein und bekam hysterische Anfälle, bei denen sie sich schreiend auf dem Boden wälzte, sooft Gefahr bestand, daß ihre Verbote nicht befolgt werden würden. Der Vater kapitulierte gegenüber dieser despotischen Herrschaft, und Larry verinnerlichte die Ängste seiner Mutter gegenüber seinen Äußerungen von Selbstbehauptung und Sexualität. Larry erinnerte sich, daß er in seiner Jugend, sooft er mit ihrer widerstrebenden Billigung von zu Hause wegging, das Gefühl hatte, seine Mutter im Stich zu lassen, und Schuldgefühle gegenüber seinen normalen jugendlichen Unternehmungen empfand. Die Folge all dessen und, wie ich vermute, früherer Prägungen ähnlicher Art war, daß er ein überaus geschliffenes falsches Selbst entwickelte, das den Zweck hatte, seine Sexualität und männliche Selbstbehauptung zu verbergen und ihm auch die Peinlichkeit zu ersparen, als die er es früher empfunden hatte, ein armer Junge aus der Provinz zu sein. Den Menschen, den er in der Psychotherapie entdeckte, faßte er folgendermaßen zusammen: »Erfolg bedeutet für mich, wie gut es mir gelingt, die Regeln zu befolgen. Nachahmung ist meine einzige Lebensstrategie. Bei jeder Unternehmung muß ich von Anfang wissen, daß ich es richtig mache, oder ich verdufte. Wenn du mir bloß sagen würdest, wie ich ich selbst sein soll, würde ich so sein. Wo immer ich bin, sehe ich mich um, ob auch alle zufrieden sind. Ich bin immer besorgt, daß jemand da sein könnte, dem ich 'Kaffee eingießen' müßte«.

All dies führte bei Larry natürlich zu einem ständig wachsenden Verlangen, sein wahres Selbst zu äußern. Aber seine ersten Versuche, dies mit aktiver therapeutischer Technik zu tun, lösten aggressive und sexuelle Gefühle aus, und dies führte ihn wiederholt zu folgender Schlußfolgerung: »Wenn ich loslasse, werde ich vollkommen rücksichtslos sein; wenn ich loslasse, werde ich schrecklich und entsetzlich böse sein; meine Wut ist schreckenerregend, schlecht und gefährlich. Ich wollte, ich könnte jemanden finden, der mir sagen könnte, was ich tun soll, dann würde ich es tun. Ich habe Angst, daß diese schlechten Gefühle das einzige sind, woraus ich bestehe. Ich habe das Gefühl, daß es um Alles oder Nichts geht; ich bin entweder total beherrscht oder total unbeherrscht. Das hat mir meine Mutter beigebracht. Sie kannte keine Grenzen. Händchenhalten führte für sie zur Schwangerschaft. Von den eigenen Gefühlen, dem eigenen Körper durfte man sich nicht leiten lassen. Sie waren unzuverlässig und gefährlich. Und das alles glaube ich immer noch.«

Letzteres stimmte natürlich nicht. Die Strategien und die Geborgenheit der Psychotherapie gestatteten ihm, all diese verinnerlichten Überzeugungen aufzudecken und all diese Kompromisse der Selbstäußerung, die ihnen dienten. Diese Entdeckungen holten die Überzeugungen und Kompromisse dann hervor in das Licht erwachsener Bewußtheit, wo sie untersucht wurden, wo er Rückmeldungen dazu erhielt und sie schließlich modifizieren konnte. Es bestand wenig Notwendigkeit, diese primitiven Vorstellungen in Frage zu stellen oder zu widerlegen, obwohl Larrys Ablehnung ihnen gegenüber bei den wenigen Anlässen, wo dies nötig oder angezeigt erschien, durch ermutigenden Beistand unterstützt wurde. Ein näher an der Borderline befindlicher narzißtischer Klient hätte diese elterlichen Gebote vielleicht auf mich projiziert, oder er hätte möglicherweise umgekehrt die entgegengesetzte Haltung auf mich projiziert und mich zum Inbegriff aggressiver und sexueller Zügellosigkeit gestempelt. Die Therapie hätte dann aus der Durcharbeitung dieser Übertragung bestanden.

In Larrys Fall und in Fällen, in denen der narzißtische Persönlichkeitsstil ausgeprägter ist, kann es sehr nützlich sein, diesen Konflikt durch die Anwendung von Gestalt-Experimenten oder Rollenspielen zu externalisieren. Dies geschah mit Hilfe der im letzten Kapitel erwähnten Gestalt-Strategien. Ich ließ Larry seine Mutter bei der Verkündung der absolutistischen moralischen Parolen spielen, und ich ließ ihn seine kindlichen Reaktionen darauf darstellen. Sobald dies vollständig herausgearbeitet war, forderte ich Larry auf, die Rolle des Erwachsenen zu übernehmen und mit seiner Mutter über diese Probleme zu sprechen. Unter anderem ermunterte ich ihn, ihr zu sagen, wie es wirklich ist und was sie ihrem Kind durch ihre Gebote antat. Larry machte das gut, aber auf der Gefühlsebene begann er sich wieder schuldig zu fühlen, daß er seine Mutter im Stich lasse. Diesmal waren die Schuldgefühle eher dadurch bedingt, daß er sich zu einer reiferen, ausgewogeneren Sicht des Lebens und der Moral durchrang und seine Mutter und im Grunde auch seinen Vater ihren auf Zwang und Unterwerfung beruhenden Verhaltensmustern und lebenszerstörenden Auffassungen überließ. In dieser und verschiedenen anderen Episoden arbeiteten wir seine, übrigens sehr verbreiteten »Schuldgefühle des Überlebenden« durch. Als Kind hatte Larry beschlossen, sich zu opfern, um seine Mutter aus der seelischen Not zu erretten, unter der sie litt, und um ihre Zustimmung zu gewinnen. Jetzt mußte er damit klarkommen, daß er der Einstellung seiner Mutter zur Welt den Rücken kehrte, und er mußte sich sowohl mit den verinnerlichten Geboten auseinandersetzen wie mit der Verunsicherung, die seine Abkehr davon bei ihm auslöste.

Bei diesem Neuentscheidungsprozeß ist, wie bei jeder Durcharbeitung zu höheren Stufen der Anpassung und Reife hin, die schlichte Anwesenheit und Unterstützung sowie das Verständnis des Therapeuten von höchster Bedeutung. Bei vielen durchaus differenzierten funktionsfähigen Menschen mit narzißtischem Persönlichkeitsstil ist es oft unnötig, eine Menge Erklärungen, Deutungen oder Rekonstruktionen anzubieten. Der Klient kennt, insbesondere nach den ersten paar Durchgängen, in denen diese Strategien angewandt werden können, schon die jeweilige Erklärung, Deutung oder Rekonstruktion. In allen folgenden Durchgängen benötigt er am dringendsten einen sicheren und einfühlsamen Zuhörer und Zeugen, während er diese Probleme selbst durcharbeitet. Bei Klienten dieser Art dienen wiederholte Deutungen nur dem Zweck, daß sich der Therapeut nützlich, kompetent und beteiligt fühlt, auf diese Weise seine narzißtischen Bedürfnisse befriedigt und sich vom Klienten distanziert. Unterstützung kann oftmals schweigend gegeben werden, und diese Art von schweigender Unterstützung ist für Klienten dieser Art am angemessensten. Manchmal tut es solchen Klienten jedoch gut, sehr schlichte Botschaften vom Therapeuten zu vernehmen, die ihnen Mut machen oder ihre »Umprogrammierung« fördern (z.B. »du bist ein guter Mensch, du verdienst es, für dich zu leben und glücklich zu sein«). Wenn ich diese Botschaften vermittle, füge ich oft hinzu, »du weißt das zwar selbst, aber es ist auch meine Aufgabe, dir zu sagen, . . .«, um die erwachsene Intelligenz des Patienten zu bestätigen, während ich zu seinem verletzbaren Kind spreche.

Larry hatte seine kritischen Phasen, die er auf die durch den Verlust seines Verhaltenskodexes bedingte Unsicherheit zurückführte. Diesem Problem muß durch wiederholte Ermutigung begegnet werden, auf seine angeborene Weisheit und Menschlichkeit zu vertrauen. Eine solche Ermutigung ist eine Wiedergutmachung für den ursprünglichen Verlust und wirkt insofern aufbauend, als sie den Betroffenen Mut macht, die Risiken der Selbstäußerung auf sich zu nehmen. In vieler Hinsicht bedarf es größeren Mutes, sich mit 40 zu finden als mit vier, denn mit 40 ist man erheblich im Rückstand, und die Macht der Gewohnheit der bekannten Alternative ist gewaltig. Hypnotherapie oder Arbeit mit veränderten Bewußtseinszuständen kann bei diesem speziellen Problem ebenfalls sehr nützlich sein. Die Symbolik der Natur mit ihrer scheinbar unbewußten und doch voller Wunder steckenden Selbstverwirklichung eignet sich hervorragend für dieses Ziel.

Aber wir gelangen hier vorzeitig zur Lichtseite, obwohl genau dies zwangsläufig geschieht. Die Licht- und die Schattenseite des wahren Selbst gehen Hand in Hand und oszillieren manchmal sogar von Augenblick zu Augenblick, während die unglaublich bedrängenden archaischen

Gefühle des wahren Selbst trotz des damit verbundenen Mißbehagens zu echtem Selbstausdruck führen. In vieler Hinsicht ist die Therapiestunde ein Übungsgelände, auf dem der narzißtische Klient entdeckt, daß seine Selbstäußerung nicht nur akzeptiert, sondern offen begrüßt wird. Die wirkliche Heilung beginnt, wenn diese Selbstäußerung auf die tägliche Umgebung des Betreffenden übertragen wird, wenn seine Bezugspersonen mit derselben Art von ermutigender Unterstützung reagieren, die anfangs nur im therapeutischen Rahmen für möglich gehalten wird. Erfolgreiche narzißtische Persönlichkeiten, die andere mit ihrem perfekten falschen Selbst auf Distanz gehalten haben, sind gewöhnlich überrascht von dem überwältigenden Empfang, der ihnen zuteil wird, wenn sie anfangen, ihre Freunde und Angehörigen an ihren Schwächen und Unsicherheiten Anteil nehmen zu lassen. Dieser Prozeß, sich äußern zu lernen und dies auf das eigene, reale Leben zu übertragen, kann durch gruppentherapeutische Erfahrungen mit kleinen — oder sogar auch mit großen — Gruppen stark gefördert werden.

Die Vernichtungs-Verlassenheitskrise

Die Vernichtungs- und Verlassenheitskrise stellen für den Klienten und oft auch für den Therapeuten den belastendsten Teil des therapeutischen Prozesses dar. Der Borderline-Narzißt wird nur mit Mühe dieser heftigen Gefühlsstürme Herr werden und dazu neigen, anderen die Schuld an dem Trauma zu geben. Während dieser Krisen attackiert er den Therapeuten oft schärfstens und wirft ihm Mangel an Anteilnahme, Unfähigkeit zu helfen, fehlende Sensibilität etc. vor. Obwohl es auf einer intellektuellen Ebene leicht sein mag, dies zu verstehen und sich davon freizumachen, ist es einfach keine leichte Aufgabe, die Zielscheibe dieser rasenden Wut zu sein, von der diese Menschen gepackt werden und die sie ausagieren. Während dieser Episoden ist es sehr wahrscheinlich, daß die eigene Problematik des Therapeuten hochkommt, da diese Klienten einen beleidigen, Angst auslösen und Wut und Vergeltungswünsche provozieren können. In der Regel werden die Therapeuten gerade wegen jener Qualitäten angegriffen, um die sie sich bemühen und für die sie in der Tat auch bezahlt werden. Jegliche Zweifel, die man in bezug auf die eigene Kompetenz und Anteilnahme hat, wird bei diesen Vorgängen verstärkt werden, desgleichen die eigene Angst vor heftigen Gefühlen. Die Neigung zu Gegenübertragungsfehlern bei der therapeutischen Arbeit ist in der Agonie der Vernichtungs- und Verlassenheitskrise am stärksten. Die notwendige Gratwanderung zwischen Unterstützung und Konfrontation ist unter diesen Umständen keine leichte Aufgabe, insbesondere bei einem Klienten, der seinen eigenen Konflikt externalisiert und ihn gegenüber dem Therapeuten ausagiert. Fast alles, was man tut, kann negative Reaktionen auslösen.

Einer der häufigsten therapeutischen Fehler in dieser Periode besteht darin, dem Klienten mehr oder weniger subtil beweisen zu wollen, daß man sich wirklich um ihn kümmert bzw. ihm helfen möchte. Diese Intervention, die in Richtung auf regressiven Beistand zu weit geht, hindert den Klienten daran, in angemessener Weise mit der notwendigen Frustration im Prozeß der Wiederannäherung umgehen zu lernen. Dabei überfordert sich der Therapeut und legt durch diese Überforderung den Keim für seinen eigenen Groll, der sich früher oder später gegen den Klienten kehren wird, welcher durch das Maß an gegenwärtig möglicher Zuwendung im Grunde niemals wirklich zufriedengestellt werden kann.

Der zweite sehr häufige Gegenübertragungsfehler in dieser Situation besteht darin, seine Wut darüber auszuagieren, daß man durch die übertriebene oder wenig einfühlsame Konfrontation mit den destruktiven zwischenmenschlichen Verhaltensmustern des Patienten in diese unangenehme Lage gebracht wurde. Der Therapeut kann den Patienten in dieser Situation durch Konfrontationen bestrafen, die zwar richtig, aber untherapeutisch sind, und sich dabei einreden, daß solche Frustrationen »gut für den Patienten« seien. Gerade im Umgang mit dieser Vernichtungs- und Verlassenheitskrise muß man besonders in Kontakt mit den eigenen Gefühlen sein, um die notwendige therapeutische Neutralität zu wahren.

Ich persönlich finde es in diesen Situationen hilfreich, mir meines Atems bewußt zu sein, bei mir selbst zu bleiben und eher zuwenig als zuviel zu sagen. Wenn ich mich verletzt oder bedroht fühle, neige ich dazu, das dem Klienten mitzuteilen, wenn auch auf einer Ebene der Betroffenheit, die durch meinen Eindruck von der Fähigkeit des Klienten beeinflußt ist, auf Mitteilungen dieser Art konstruktiv zu reagieren. Gerade in diesen Perioden schöpfe ich am gründlichsten meine Möglichkeiten zu kollegialer Supervision und Unterstützung aus. Da der Klient während dieser Episoden so stark regrediert, neigen wir zu der Annahme, daß wir ein Maximum an Selbstbeherrschung aufbringen müßten; dabei kann es geschehen, daß wir unsere eigenen emotionalen Reaktionen leugnen und sie dann unbewußt ausagieren. Sich selbst die Erlaubnis zu geben, Fehler zu machen, ist die nötige Voraussetzung, um diese Fehler zu erkennen und dann zu korrigieren. Wie ich bereits bemerkt habe, kann die Korrektur solcher Fehler für den narzißtisch gekränkten Patienten außerordentlich heilsam sein, und diese Wirkung steigert sich wahrscheinlich noch während dieser Krisenepisoden, wenn sowohl Therapeut als auch Klient in einer verletzlichen menschlichen Position sind. Solche Korrekturen stellen auch oft ein therapeutisches Bündnis her oder vertiefen es. Schließlich repräsentiert jedes dieser Eingeständnisse und jede Wiedergutmachung eine wichtige Bewegung im Narzismus des Therapeuten, wie immer dieser auch geartet sein mag.

Obwohl der Klient mit dem narzißtischen Persönlichkeitsstil beim Durchleben dieser Krisen weniger problematisch für den Therapeuten sein wird, kann das therapeutische Problem schwieriger sein, weil es besser verborgen wird. Das Individuum hat zuviel Ich-Stärke, um seine Wut am Therapeuten oder an anderen auszulassen. Doch seine Wut ist heftig und wird sich in weniger offenkundiger Weise äußern. Patienten dieser Art erleben auch heftige Gefühle von Panik, Verzweiflung und Verlust und geben oft unbewußt dem Therapeuten die Schuld daran, in diesen Schlamassel geraten zu sein. Die Tatsache, daß ein solcher Patient »es besser weiß«, macht das Problem in gewisser Weise noch schwieriger. Deshalb ist es bei der Behandlung eines Klienten mit narzißtischem Persönlichkeitsstil besonders wichtig, ihn immer wieder auf die Beziehung und seine Gefühle Ihnen und dem therapeutischen Prozeß gegenüber anzusprechen. Oft ist es unter anderem auch nützlich, den Klienten aktiv zu ermutigen, seine Ressentiments und Enttäuschungen sowie seine Kritik an Ihnen persönlich zu äußern. Ich fordere einen solchen Klienten oft auf, alle seine negativen Reaktionen aufzuzählen, und ersuche ihn in Einklang mit dem Frustrationsprinzip in der Gestalttherapie, dies über den Punkt hinaus zu tun, an dem er meint, seine ganze Negativität erschöpft zu haben.

Es gibt mehrere therapeutische Reaktionen auf diese negative Aufzählung. Die eine besteht darin, den negativen Gefühlen des Klienten zuzustimmen bzw. ihn darin zu unterstützen. Der therapeutische Prozeß macht das Leben insofern schwieriger für den Patienten, als er ein Bündel von Annahmen und Strategien zerpflückt, die ihn jahrelang vor katastrophalen Gefühlen geschützt haben. Sobald man diesen schützenden, wenn auch immer unwirtlichen Hafen verlassen hat und sich kein anderer auch nur am Horizont abzeichnet, kann das Leben sehr bedrohlich werden und die eigene Funktionsfähigkeit schwer beeinträchtigen. Der Klient setzt seinen Weg letztlich deshalb fort, weil er sich des Leidens bewußt ist, das durch die alten Annahmen und Strategien hervorgerufen wurde. Er setzt diesen Weg aber auch deshalb fort, weil er an den therapeutischen Prozeß glaubt, vor allem aber an den Therapeuten persönlich. Dieser Glaube wird auf eine harte Probe gestellt, wenn man sich schlechter fühlt und die Hoffnung verliert, sich je besser zu fühlen. Der Patient möchte natürlich glauben, und deshalb bedarf es eines hohen Grades an Selbstbewußtsein des Therapeuten, der naheliegende Fehler vermeidet und sie wiedergutmacht, falls sie ihm unterlaufen. Ein nicht wiedergutgemachter Fehler kann den Glauben des Patienten endgültig zerstören.

Der Klient mit dem narzißtischen Persönlichkeitsstil wird sich gewöhnlich rascher und auf eine oberflächlich wirksame Weise aus der Krise herausarbeiten. Aus diesem Grund ist es notwendig, daß der Therapeut ihn zur Verletzlichkeit ermutigt und dabei unterstützt, und daß er therapeutische Techniken anwendet, die ihre Äußerung fördern. Sobald sich die Verletzlichkeit zeigt, ist es wichtig, sie zu verstärken. Die primäre Verstärkung ist gewöhnlich die tiefe Intimität und Echtheit, die Sie beide in diesen Augenblicken erleben können. Der Therapeut muß bereit sein, dem Klienten diese tiefe Intimität anzubieten, sobald dieser dazu bereit ist. Dies ist ein weiterer entscheidender Grund, weshalb der Therapeut seine Gegenübertragungsreaktionen geklärt und bewältigt haben muß. In einem sehr realen Sinn ist diese Art von Intimität eine Form menschlicher Liebe. Sie kann nicht im Kontext von Bitterkeit angeboten werden, die durch eine Kränkung des Therapeuten, seine Überforderung und seinen unterdrückten Groll entstanden ist.

Ich glaube, daß es die Teilhabe an dieser profunden menschlichen Intimität im Zusammenhang mit den Verletzlichkeiten und den Entdeckungen des wahren Selbst ist, was letzten Endes die Heilung bewirkt. Obwohl auch durch die Analyse des symptomatischen und des falschen Selbst eine Art von Intimität entsteht, weist jene Intimität, die im Zusammenhang mit der Entdeckung und dem Annehmen der eigenen Verletzlichkeit, der grundlegenden Menschlichkeit und der sich entwickelnden Einzigartigkeit möglich wird, doch immer eine neue Qualität auf. In ihr liegt ein höherer Grad menschlicher Verbundenheit — eine hoffnungsvolle Unbegrenztheit. Es ist etwas Besonderes. Es ist schwierig, diese Art von Intimität in Worte zu fassen, weil sich ihre Tiefe häufig nur durch den Kontext und in der nonverbalen Kommunikation offenbart. Sie kommt in der letzten therapeutischen Szene des Filmes »Ordinary People« und in der letzten Szene zwischen Vater und Sohn desselben Films vor. Sie kann auch in der Szene des Films »The Breakfast Club« erfahren werden, in der einander fremde Halbwüchsige über ihr gemeinsames Menschsein sprechen. Ich habe sie auch in den therapeutischen Transkripten zu dokumentieren versucht, die einen großen Teil des VI. und VII. Kapitels ausmachen.

Das wahre Selbst und der Affekt

Die therapeutische Orientierung auf das wahre Selbst, insbesondere in der Anfangsphase seiner Entwicklung, muß primär auf der affektiven Ebene erfolgen. Aufmerksamkeit oder Intervention auf der kognitiven Ebene führt den Patienten von der kritischen Bewußtheit seines fundamentalen physischen Selbst weg in Sprache und Konstrukte. Verhaltensbezogene Interventionen sind zwar in letzter Instanz nützlich, lenken den Klienten aber ebenfalls von der vorrangigen Notwendigkeit ab, sich auf das augenblickliche Erleben zu konzentrieren, und stellen Vorschriften für korrektes Verhalten in den Vordergrund, was für den Narzißten immer fatal ist. Wenn Sie den narzißtischen Klienten endlich zu seinen Gefühlen bringen, dann bleiben Sie unbedingt dabei. Analysieren Sie nicht, machen Sie keine Vorschriften. Seien Sie einfach ganz unmittelbar da, um sein wesentlichstes Erlebnis der Selbstentdeckung und Selbstäußerung zu fördern.

Vor allem in dieser Dimension scheiden sich, wie ich glaube, die erfolgreichen therapeutischen Analysen von jenen erfolglosen, bei denen der Patient mehr oder weniger sein Dilemma versteht, ständig versucht, jene Dinge zu tun, die ihn zu einer realitätsbezogeneren Lebensweise verhelfen könnten, dabei aber seinen selbstsabotierenden Stil fortsetzt. Denn es waren ja schließlich diese bedrohlichen Gefühle, die ursprünglich zum Entstehen der Abwehrkompromisse führten. Die Vermeidung dieser Gefühle ist es, was diese Charakterstruktur aufrechterhält. Wenn sie nicht vollständig geäußert und durchgearbeitet werden, kann keine echte Abwehr von dem abwehrgeprägten Lebensstil erfolgen. Da die Äußerung dieser Affekte so automatisch zur Abwehr führt, ist es wichtig, sensibel und wachsam für deren erneute Aktivierung zu bleiben. Wenn dies geschieht, dann können Sie sie, falls Sie es früh genug bemerken, vielleicht abbiegen. Andernfalls können Sie den Klienten veranlassen, sich mit dem Widerstand zu identifizieren oder erneut jene Maßnahmen zu ergreifen, die ihn lockern. Für all diese Reaktionen finde ich die Experimente der Gestalttherapie, das Fokussieren, Techniken der Bioenergetik und anderer aktiver Therapien neben den üblicheren verbalen Therapiemethoden besonders hilfreich. Intervention ist im Gegensatz zu bloßer Anwesenheit und Unmittelbarkeit speziell als Reaktion auf die unvermeidliche Reaktivierung der Abwehr angebracht. Wenn das wahre Selbst strömt, dann seien Sie einfach da; wenn sich die unbewußten Abwehrmanöver zeigen, dann intervenieren Sie.

Die drei stärksten negativen Affekte, die in diesem Prozeß ans Licht kommen können, sind panische Angst, Wut und Trauer. In den klassischen Fällen des Narzißmus im engeren Sinn gilt die primäre Angst einer erneuten narzißtischen Kränkung — der Furcht, beschämt oder gedemütigt zu werden, weil man zuwenig, zuviel etc. ist. Wo narzißtische Anpassungen frühere charakterliche Probleme überlagern, kommt durch Selbstäußerung auch die Angst vor der Vernichtung oder dem Verlassenwerden zutage. Darüber hinaus stellt sich auch jene unvermeidliche Panik ein, die mit dem Erleben der Leere des Selbst verbunden ist. Schließlich erlebt der Klient oft Angst vor seinen eigenen heftigen, aber verbotenen Gefühlen wie Wut, Sexualität, Macht, Freude oder Angst selbst. Obwohl es eines der Ziele dieser Arbeit ist, solche Ängste zu verstehen, ist es gewöhnlich besser, anfangs einfaches Erleben und unmittelbares Äußern von Gefühlen zu erlauben und zu ermutigen, als deren Etikettierung zu fordern, die den Klienten aus dem unmittelbaren Erleben reißen kann. Sobald der Klient geübter in der Gefühlsäußerung wird, aktivieren die expliziten und impliziten Aufforderungen zur näheren Bezeichnung die Funktionsfähigkeit des Ichs und stärken damit das Selbst.

Der Kummer, der Schmerz und die Traurigkeit, die im therapeutischen Prozeß zutage treten, hängen natürlich mit den ursprünglichen Kränkungen zusammen, werden aber oft viel intensiver über die vielen Jahre dauernden Verlusts von Leben und Selbst empfunden. Zur Vollendung des therapeutischen Prozesses ist es notwendig, den Schmerz über die ursprüngliche Kränkung zu empfinden, aber genau so notwendig ist es, den durch diese Kränkung entstandenen Verlust seines Lebens zu betrauern. Ebenso muß man die Wut über die ursprünglichen Beleidiger empfinden, aber man muß auch die Wut über jene internalisierten Strukturen empfinden, die diese Kränkung und die dadurch bedingte Verleugnung des Selbst am Leben erhielten. Ohne anfängliche Wut über die immer wieder internalisierten Muster und Überzeugungen fehlt die notwendige Motivation, sich wirklich zu ändern. Die Lebensgeschichte wird dann zu einem Vorwand, um die Fortsetzung der Muster zu rechtfertigen, die das wahre Selbst verleugnen.

Jeder Therapeut, der charakterliche Fixierungen zu ändern versucht, muß ein großes Maß an Toleranz für negative Affekte besitzen. Tatsächlich muß er es bei den näher der Borderline angesiedelten Fällen ertragen können, daß er häufig Zielscheibe dieser Gefühle ist. Obwohl diese seelische Müllabfuhr auch ihre Glanzseite hat, ist das Durcharbeiten und Vervollständigen dieser Schattenseitenaffekte absolut wesentlich und muß, so bedauerlich dies sowohl für den Therapeuten wie für den Patienten ist, als erstes in Angriff genommen werden. Wiederholt wird der Klient seine

Verzweiflung über seine spezielle Kränkung, seine Kompromißbildung und seine späteren Verluste erleben und durcharbeiten müssen. Der »hinreichend gute« Therapeut wird während dieser ganzen Erfahrung präsent, unmittelbar und echt sein müssen. Sofern der Therapeut seine eigene Verzweiflung nicht voll durchgearbeitet hat, wird er eine starke Tendenz haben, den Klienten von dieser Erfahrung wegzulenken und sie durch Deutung, oder »Vergebung« vorzeitig aufzulösen. Darin liegt häufig die Unvollständigkeit psychotherapeutischer Arbeit begründet. Es fällt uns oft überaus schwer, nichts zu tun, als den Patienten durch diese höchst schwierigen emotionalen Krisen zu begleiten, die er durchstehen muß, um seine Ursprünge und sich selbst wiederzufinden, denn diese Haltung nötigt uns, Dinge an uns heranzulassen, mit denen wir uns selbst noch auseinandersetzen müssen. Die Grenzen des Therapeuten werden in jenen Fällen der härtesten Probe ausgesetzt, bei denen Ähnlichkeiten oder Verschränkungen zwischen den Problemen von Therapeut und Klient vorliegen.

Gerade in diesem Bereich — der therapeutischen Reaktion auf die Schattenseite des wahren Selbst — ist der alte Spruch »Arzt, heile dich selbst« voll und ganz angebracht. Diese Heilung ermöglicht echte therapeutische Präsenz in diesen ansonsten äußerst schwierigen Situationen. Und wirkliche Präsenz ist alles, was nötig ist. Wenn wir in diesen Situationen nicht wirklich präsent und spontan sein können, dann klammern wir uns an eine therapeutische Technik, Haltung oder Theorie und blockieren auf diese Weise die Durcharbeitung. Alle Therapeuten neigen dazu, und ein solcher Fehler kann eine ausgezeichnete therapeutische Gelegenheit darstellen, wenn er erkannt und korrigiert wird. Wenn wir nicht präsent sind, brauchen wir nur die Menschlichkeit aufzubringen, es zuzugeben und die uns verfügbaren Kräfte zu nutzen, um durch Erkenntnis und Berichtigung des therapeutischen Fehlers eine Rückkehr zu dieser Präsenz zu erreichen. Ein Therapeut, der dazu imstande ist, kann den psychotherapeutischen Prozeß abschließen. Wer das nicht kann, der wird seine Aufgabe letzten Endes unvollendet lassen.

Wenn ich die obigen Auffassungen vertrete, so leugne ich dabei nicht den Wert des Verstehens durch Deutung oder Erklärung oder die Rolle der Vergebung bei der Lösung der zugrundeliegenden charakterlichen Probleme. Im Gegenteil, beides ist wichtig. Vielmehr möchte ich die Tatsache hervorheben, daß der typische Klient, insbesondere derjenige mit einem narzißtischen Persönlichkeitsstil, nur den geringsten therapeutischen Beistand benötigt, um diese echten negativen Gefühle zu verstehen, sobald sie einmal auftreten. Zu diesem Zeitpunkt wird der Klient bereits genügend Analyse in bezug auf seine psychologische Abwehr erfahren haben und wird gewöhnlich imstande sein, diese Gefühle mit sehr wenig Unterstützung selbst zu deuten. Eine Frage zur richtigen Zeit, ein geeignetes Gestalt-Experiment oder eine bioenergetische Übung oder eine rechtzeitige Interpretation können durchaus nützlich sein. Es ist nur so, daß ein Übermaß an therapeutischer Aktivität an diesem Punkt sehr wahrscheinlich ausgesprochen schädlich für den Prozeß ist. Wenn die Affekte dieser Art zu strömen beginnen, dann ist es am günstigsten, sie strömen zu lassen. Analysen können immer warten.

Das wahre Selbst — die Lichtseite

Sobald die Abwehrfunktionen des falschen und des symptomatischen Selbst aufgedeckt, analysiert und abgebaut und die Vernichtungs- und Verlassenheitskrisen durchgearbeitet wurden, werden positive, spontane Äußerungen des wahren Selbst zutage treten. Die Psychotherapie ist wie eine archäologische Ausgrabung. Schichten von Kompromißbildungen, zwischenmenschlichen Spielen und innerpsychischen Abwehrmechanismen müssen weggeräumt werden, um ein in seiner Entwicklung blockiertes, gekränktes, wütendes und angsterfülltes Selbst zu enthüllen. Mit der Sicherheit und Akzeptanz dieser Gefühle und Defizite kann der Betroffene anfangen, aufs Neue zu entdecken, wer er eigentlich ist.

Es gibt eine Reihe von Anzeichen dieser Entstehung des Selbst. Das erste davon ist oft eine Rückkehr zu einem intensiveren Körperbewußtsein — eine Rückkehr zur Körperlichkeit und zur Reaktion auf die Sinne. Bei manchen schärft sich wie bei dem am Beginn dieses Kapitels erwähnten Klienten der Geruchs- oder Tastsinn bzw. das Sehvermögen. Das Erlebnis der Sinneseindrücke vertieft sich, manchmal nur vorübergehend, aber das wird als eine tiefgreifende Veränderung wahrgenommen. Andere berichten von einem gesteigerten Gefühl der Integration des körperlichen Daseins in dem Sinne, daß sie sich besser »geerdet«, zentriert oder »in Kontakt« mit sich selbst fühlen. Viele beginnen ein Körpertraining, das dieses Gefühl der Integration und physischen Selbstbewußtheit steigert, oder nehmen es erneut auf. Diese Rückkehr zur Körperlichkeit wird als lustbetont, als anders oder längst vergessen erlebt.

Gleichzeitig entwickeln alle Menschen, die sich selbst wiederentdecken, eine gesteigerte Bewußtheit ihrer Vorlieben und Abneigungen, ihrer Interessen und Wißbegierden etc. Dies ist oft von einem Erstaunen darüber begleitet, daß sie bisher gar keine echten Interessen hatten oder ihre Interessen weitgehend davon bestimmt waren, wie andere sie haben wollten oder was als angemessen beurteilt wurde. Mit dieser erhöhten Bewußtheit geht gewöhnlich ein gesteigertes Bewußtsein selbstinitiierter Handlungen und Entscheidungen einher. Der Klient berichtet vielleicht, daß er sich in einem bestimmten Bereich konsequenter verhält, er fängt an, weniger »umfeldabhängig« zu sein, oder er ist stolz darauf, in einer Weise für sich eingetreten zu sein, wie er das bisher nicht getan hatte. Ein Klient berichtete zum Beispiel nach einer Periode intensiver Selbstäußerung, daß seine Handschrift rätselhafterweise gleichmäßig geworden sei und nicht mehr drei oder vier verschiedene Schreibstile aufweise. Ein weiteres Anzeichen dieser Art von Selbstverwirklichung ist das Übernehmen größerer Verantwortung für die eigene Person. Der Betroffene kann spontan berichten, daß er sich inzwischen mehr um die Pflege seiner Gesundheit oder Wohnung kümmert, mehr auf seine Ernährung achtet, sich seinen Tag besser einteilt etc.

An irgendeinem Punkt des Prozessses der erhöhten Selbstverwirklichung beginnt der Betroffene, sich gegen die seit langem praktizierte Selbstaufopferung für kompensatorische Ziele zur Wehr zu setzen. So weigert er sich vielleicht, seine Gesundheit weiterhin seiner Karriere als *workaholic* zu opfern, die ein grandioses Selbstbild aufrechterhält, oder er lehnt es ab, sich auf Aktivitäten einzulassen, die für andere die Rettung sein mögen, die er aber als quälend empfindet, oder er hört auf, im Streben nach Vollkommenheit seine wahren Bedürfnisse zu verleugnen. Ein gesteigertes wahres Selbst bewirkt immer ein Mehr an echtem Selbstausdruck. Der Betroffene wird also selbstsicherer, es fällt ihm leichter, nein zu sagen, und er ist echter, wenn er ja sagt. Obwohl eine solche Selbstverwirklichung anfangs durchaus Angst und andere Symptome auslösen kann, wird eine Tendenz zu größerem Selbstvertrauen und verminderter Ängstlichkeit festzustellen sein.

Schließlich wird der Klient auch eine verstärkte Selbstbejahung erkennen lassen und mitteilen. Er wird besser imstande sein, seine Stärken und die Vorteile, die sie ihm einbringen, zu erkennen und zu schätzen. Er wird sich weiterhin für wertvoll halten können, obwohl er seine Defizite erkennt. In Übereinstimmung damit wird er auch zunehmend aufgeschlossen für Rückmeldungen sein und sowohl auf Lob wie auf Kritik realitätsangemessen reagieren. Sobald er seinen Wunsch nach Vollkommenheit aufgibt, kann er positive oder negative Äußerungen über seine Leistungen in realistischer Weise verarbeiten.

So willkommen diese Veränderungen sind, die Rolle des Therapeuten muß in diesem Zusammenhang *primär* reaktiv sein. Das narzißtische Individuum ist so geübt darin, unechterweise das zu geben, was andere wollen, daß man sich bei dieser Charakterstruktur besonders davor hüten muß, echtes oder spontanes Verhalten zu fordern. Man erinnere sich an Larry, der seufzte: »Wenn du mir bloß sagen würdest, wie ich ich selbst sein kann, dann würde ich es sein.«

Wahre Spontaneität und Echtheit stacheln jedoch die Angst vor Vernichtung, Verlassenwerden oder Ablehnung an, obwohl das erwachsene Ich des Patienten den Wert des neuen Verhaltens und die Grundlosigkeit der Angst erkennen mag. Deshalb bedarf die neue Echtheit des Patienten zumindest anfangs der Unterstützung, Spiegelung und Anerkennung. Masterson (1985) empfiehlt eine Strategie des Erfahrungsaustauschs *(communicative matching)*, bei der der Therapeut einfühlsam an den neuen Entdeckungen des Patienten Anteil nimmt und ihm, wo immer es möglich ist, einige seiner eigenen Erfahrungen auf den sie beide interessierenden Gebieten mitteilt, und sich so dem Klienten gegenüber öffnet. Das Ausmaß an erforderlichem Erfahrungsaustausch nimmt im Laufe der Zeit ab, sobald der Klient die stützenden Funktionen internalisiert und weniger Verstärkung durch den unterstützenden Therapeuten benötigt.

Ebenso wie die Schattenseite des wahren Selbst erfordert auch seine Lichtseite in erster Linie therapeutische Reaktionen, die einfühlsam auf den anderen eingestellt, realitätsbezogen und echt sind. Hier kann die Unterstützung jedoch aktiver und selbstenthüllender sein. Dies ist ein weiterer Bereich, in dem die Techniken der aktiveren Psychotherapien besonders hilfreich sein können. Nachdem Larry aufgehört hatte zu arbeiten und begann seine Zeit für Reisen und die Pflege lange vernachlässigter Interessen zu nutzen, machte er mir in einer Sitzung folgende Mitteilungen über seinen Prozeß der Selbstentdeckung.

Larry: Die Art, wie ich mein Leben gelebt habe — zumindest in der Vergangenheit — ist: »Welche Aufgaben habe ich heute? Welche Pflichten? Welche Regeln muß ich befolgen? Welchem Image muß ich entsprechen? Welches schlechte Gefühl muß ich vermeiden?« Mir wurde das klar, als ich diese Woche im Nordwesten wanderte — ich empfand eine Art Furcht, das war eine Furcht, etwas zu fühlen ... verstehst du, als ob ... oh, vielleicht ist das der wichtige Teil dieser ganzen lebenslangen Geschichte meiner Ängste. Ein Teil davon ist einfach meine Furcht davor, etwas zu fühlen. Ich habe Angst, mich ziellos zu fühlen. Ich habe Angst, morgens aufzuwachen und nichts zu haben — fast hätte ich gesagt, nicht zu wissen, was ich tun soll oder wer ich bin.
Therapeut: Kannst du mir sagen, was hinter diesem Gefühl steht? Was bedeutet es, dieses Gefühl?
Larry: Hmmm? Mmm. Es hat etwas mit dem Wert zu tun. Irgendwie fühle ich mich nicht wertvoll. Ich habe nicht das Gefühl, irgend etwas zu erreichen. Ich ...

verstehst du, der neue Gedanke, mit dem du mich in diesen Jahren bekannt gemacht hast, läuft darauf hinaus, daß ich, wenn ich nicht tue, was ich selbst tun will, mein ganzes Leben lang unglücklich sein werde. Das ist eine Version davon.
Therapeut: So ist es.
Larry: Wenn ich das nicht packe, verstehst du, werde ich immer Dingen nachlaufen, die aus dem falschen Selbst kommen. Und das stimmt. Und deshalb ... das stellt den ganzen Überbau in Frage, nach dem ich gelebt habe, und läßt es wichtig erscheinen, daß ich all dies tue. Aber das Gefühl, das ich habe, ist — ich finde noch keine Befriedigung. Ich merke nicht, daß sich ein Loch auftut, und meine neue Identität zu mir herunterkommt. Es ist als ob ... anfangs habe ich diese Gefühle von Einsamkeit und Leere — oft, wenn ich morgens aufwache — die damit zusammenhängen, daß ich keine Aufgabe habe. Und ich glaube, daß ich eine haben sollte ... ich weiß es nicht ... ich suche nach einem Mittel, um meinen Wert abzuschätzen — Leistungen, Arbeit und was noch so dazukommt, Bewunderung der Mitarbeiter und meine Freunde und meine Familie ... Etwas, das mir eben klar wurde, ist ... ich möchte nicht zu meiner Arbeit zurückkehren. Bin ich bloß faul? Ist das alles? Vielleicht verbringe ich meine ganze Zeit bloß damit, mir Sachen in meinem Kopf zusammenzuspinnen. Denn schließlich ist es eine Methode, um immer etwas zu tun zu haben, und die Jahre vergehen auf diese Weise. Aber was dann?
Therapeut: Ich würde sagen, daß jeder, der in seiner Arbeit solche Qual und Angst erlitten hat wie du, eine Zeit haben wird, in der er nicht an die Arbeit zurückkehren möchte. Das ist wirklich zu erwarten. Es bedeutet nicht, daß es immer so sein wird.
Larry: Ja, vielleicht nicht — aber ich ... ich empfinde diesbezüglich Angst und alles mögliche andere ... Weißt du, inmitten dieser Gefühle vor einigen Tagen war ich allein irgendwo oben in Idaho. Ich glaube, es war ein Sonntag. Ich fing an, etwas zu schreiben, und ich dachte, verstehst du, ich habe Freunde, andere Leute, du und andere, deren Hauptmotivation — nicht das einzige Erlebnis, aber die Hauptmotivation — für ihre Arbeit ist die Freude, die sie empfinden, das Vergnügen, das sie daran haben, nicht die Art von Beziehung, die ich zumindest in den letzten Stadien zu meinem Forschungsteam hatte, aber das Schreiben gibt ihnen etwas.
Therapeut: Selbstausdruck.
Larry: Ja, ja, in Ordnung, das. Und da stand ich also vor einer neuen Gelegenheit, mir entweder einzugestehen, daß ich auch hier nur die Strafe vermied, nichts zu tun — und wenn ich das tat, daß ich mir eine Chance entgehen ließ, etwas zu finden, was mir Freude macht. Ich meine, es könnte doch sein, daß ich, wenn ich an die Sache nur etwas anders heranging, wirklich etwas finden könnte, was mir gefällt. Das ließ ich mir eine Weile durch den Kopf gehen und kam dann zu dem Schluß, daß ich eines ganz frei, das heißt, ohne darüber zu urteilen, tun könnte, nämlich Fingerübungen — im Schreiben. Und zu den einfachsten Dingen zählen bloße Beschreibungen. Versuche, einfach etwas gut zu beschreiben. Da war ich also in einem kleinen, verlassenen, für Touristen halb renovierten Bergwerkstädtchen südöstlich von Boise — und saß da an einem Sonntagmorgen im Auto, und

da war eine Szene, da war eine Straße. Und ich dachte mir, also gut, beschreibe das. Und während ich das tat, setzte ich mich mit der Frage auseinander, ob oder in welchem Grad ich lebe, um Strafe zu vermeiden, und in welchem Grad ich um meiner Selbstverwirklichung willen lebe — das kommt und geht die ganze Zeit.
Therapeut : Zumindest ist da etwas Abwechslung.
Larry : Ja, da ist etwas Abwechslung. Und ich merkte, als ich verschiedene Dinge beschrieb, daß es mir gelang. Und mir kamen Einfälle, Wendungen, dann habe ich sie wieder verworfen, dann kam ein bißchen mehr und dann hatte ich etwas, verstehst du, ich hatte etwas ! Und was ich da anfing zu tun, fand ich ziemlich toll, verstehst du. Ich blieb dabei, und ich schrieb eine Weile, dann hörte ich einfach auf. Das ganze hatte kein Ende oder so, aber — da war einiges los, da waren vier oder fünf Leute, die sich bemühten, einem alten, blauen Datsun, der nicht leben wollte, Leben einzuhauchen, und schließlich gab er zwei seiner Zylinder auf — und all die Leute drängten sich um ihn herum. Verstehst du, das ist die Art von Auto, das nur in einem kleinen Städtchen in der Provinz funktioniert, wo niemand zuschaut. Und ich beschrieb mehrere solcher Szenen, und am Montag landete ich in Boise, um das Grab meines Vaters zu besuchen. Ich war nur einmal in diesem Friedhof gewesen, als drei- oder vierjähriges Kind und bei seinem Begräbnis. Und das ist ein Labyrinth, sehr verwirrend, und trotzdem fand ich das Grab ohne Schwierigkeiten. Und dann saß ich da eine Weile im Auto und — ich fühle mich ständig irgendwie überwältigt von den Themen, von denen ich glaube, daß ich über sie schreiben möchte. Als ob da zuviele Gefühle da wären.
Das hat damit zu tun . . . ich kann es nicht alles auf einmal sagen, verstehst du? Und dennoch merkte ich, daß etwas ganz anderes geschieht. Nämlich, wenn ich sehr kleine Vorfälle zu beschreiben versuche, ganz ohne Ausschmückung und so klar, wie ich es vermag, wenn ich diesen Teil des Friedhofs beschreibe und die Vorgänge und was ich alles durchmachte, als ich den Grabstein bestellte, dann kommt all das andere heraus, all diese Sachen über Vater — verstehst du, wie war er eigentlich? Wie war es für ihn während der Wirtschaftskrise und im Krieg? Wie war es damals in Boise? Heißer als die Hölle im Sommer, eiskalt im Winter — und es war eine Freude, es zu entdecken, einfach Freude. Es fiel mir nicht schwer, den Einstieg zu finden. Überhaupt nicht — da ist etwas in mir.
Therapeut: Richtig, richtig. Das ist es. Oft glaubst du das nicht.
Larry: Das stimmt. Ich ging zu einer alten Festung in der Nähe, ging die Straße hinunter. Ich hatte versucht, noch etwas zu beschreiben, in meinen Aufzeichnungen, und ich steigerte mich einfach zu sehr hinein; es taugte nichts, und es wurde mir schnell klar, warum. Das war sehr nützlich für mich. Ich hatte die simple Regel aus den Augen verloren, einfach auf dem Boden zu bleiben und Fakten zu beschreiben, und ich hatte mich verstiegen — in Adjektive, verstehst du? Deskriptives Schreiben, das sind Adjektive, aber jetzt kommt da ein »und« dazwischen, paarweise Adjektive, wo vorher nur eines war, das genügte.
Sehr alltäglich. Nicht darauf konzentriert, was eine gute Beschreibung ausmacht; das sind bestimmt nicht viele Adjektive; nur die richtigen Worte, und das heißt

meistens bloß, die richtigen Gefühle. Und was ich getan hatte war — »Okay, Junge, du schaffst es, du kannst das schreiben.« Also nichts wie weg von der Straße und fing an zu schreiben. Aber ich ließ mir keine Zeit, dazusitzen und diesen Ort auf mich einwirken zu lassen. Ich hab's einfach nicht getan. Und wuuum, das merkt man auch sofort, an dem Mist. Es taugt einfach nichts. Und ich ging hin und sah mir die anderen Sachen an, und das war — da waren die guten Stellen darin — und ich ging die Straße runter und sagte mir — ich führte ein Zwiegespräch mit dir, etwas wie: »Hm, sieh mal an, irgendwo ist da eine echte Substanz in mir.«
Therapeut: Ich denke mir, daß es eine Möglichkeit für dich geben konnte, dir das in Erinnerung zu rufen, denn das ist es, was du immer wieder vergißt, und das ist alles, woran du dich zu erinnern brauchst. So einfach ist das. Aber gleichzeitig ist das so schwierig, weil man dir während deiner ganzen Kindheit beigebracht hat, es nicht zu glauben. Weil man dir gesagt hat, daß das nicht stimmt, daß du Erwartungen gerechtwerden mußt oder etwas beweisen oder etwas wettmachen mußt.
Larry: Ja. Diese kleinen Dinge sind wirklich köstlich, und ich fühle mich dadurch viel besser. Heute habe ich mir beinahe die Zehe verknackst. Bettes Haus ist auf dem Land, und ich laufe von dort aus. Ich hatte es satt, die Schlüssel mit mir herumzuschleppen, legte sie irgendwo hin und ging zur Tür hinaus, und ließ sie hinter mir ins Schloß fallen. Das war Viertel vor zwei. Ich wollte einen langen Lauf machen, fünfzehn Kilometer und dann — alles ist im Haus eingeschlossen, also kann ich nicht in die Stadt, das Auto ist ganz abgesperrt — und das Haus ist ringsherum wasserdicht verschlossen. Bette hatte alle Fenster verriegelt. Nach etwa zehn Minuten war mir klar, daß ich wirklich in der Patsche saß, daß ich nicht mehr ins Haus hineinkonnte. Im Haupthaus war niemand da, was sollte ich also tun? Dich anrufen, den Vermieter anrufen — keiner wird zu Hause sein. Schließlich sagte ich mir: »Reg dich ab, es wird dir schon etwas einfallen.« Und so war's dann auch. Früher hätte ich das nie getan.

Diese belebende Reflexion bot Gelegenheit zu einem Erfahrungsaustausch über den schöpferischen Prozeß, insbesondere des Schreibens, und die gemeinsame Erfahrung aufkeimenden Vertrauens zu sich selbst beim schöpferischen Prozeß. Künstlerisches Schaffen als Versuch, sich anderen gegenüber zu beweisen, im Gegensatz zu Selbstverwirklichung, die Qualität der Erfahrung des Schaffens selbst in diesen beiden Sinnzusammenhängen und die jeweilige Qualität der Produkte bot eine Gelegenheit für einen tiefgehenden menschlichen Austausch. Gleichzeitig bot es einen Anlaß zu einer behutsamen indirekten Auseinandersetzung mit Resten einer Idealisierung, die Larry in bezug auf meine Motivationen erkennen ließ. An diesem Punkt des therapeutischen Prozesses war eine solche Auseinandersetzung mit Idealisierungstendenzen angemessen und trug wesentlich zur tiefen Intimität in dieser und anderen Sitzungen bei.
Darüber hinaus boten diese Gipfelerlebnisse im Zusammenhang mit

Schreiben und später mit Photographie eine ideale Gelegenheit für die Anwendung jener aktiven therapeutischen Strategien, die dem Klienten helfen, wieder mit diesen gewünschten Zuständen in Kontakt zu kommen. Diese Strategien fördern nicht nur das bewußte Erinnerungsvermögen und die Aufdeckung, sondern die hypnotische Anwendung solcher Methoden kann mit der Zeit auch mehr unbewußtes, spontanes Leben in dieser schöpferischen, spielerischen Realität ermöglichen. Deshalb packte ich diese sich von selbst ergebende Gelegenheit am Schopfe, jenen erwünschten Zustand zu nutzen und zu »verankern«. Da Larry infolge früherer Arbeiten ein relativ geübter Trance-Proband war, leitete ich rasch wieder eine Trance ein und beschwor erneut all die visuellen, kinästhetischen und akustischen Signale der kleinstädtischen Straßenszene herauf, die soviel transportiert hatten. Nachdem dieser Zustand wiederhergestellt war, schlug ich Larry vor, sich sein eigenes, nur für ihn geltendes Stichwort zu wählen, das dazu dienen konnte, dieses vollständige Erlebnis erneut wachzurufen. Sobald dies geschehen war, legte ich die Verwendung dieses Stichwortes und des damit verknüpften Zustandes in anderen vorhersehbaren Situationen, in denen es sich als nützlich erweisen könnte, nahe. Während dieses ganzen hypnotischen »Geplauders« suggerierte ich ihm schließlich indirekt, daß diese Art von Vertrauen zur eigenen Person und zum Leben auch natürlich und spontan, ohne bewußte Anstrengung, auftreten könne. Gleichzeitig versuchte ich, Larry gegen die fast unausbleibliche Angst zu impfen, die diese Art von vertrauensvollem Loslassen wachrufen würde, indem ich die Angst als Erstaunen und Ehrfurcht über die eigene Teilhabe an einem Universum von unendlicher Komplexität, Schönheit und Ausgewogenheit umdeutete.

Wie fast alle guten Tranceinduktionen und -nutzungen war auch diese spontan und unwiederholbar, und ich ließ mich dabei nur von einigen sehr allgemeinen Grundsätzen oder Botschaften leiten, die ich ihm zu vermitteln wünschte. Ein solches Vertrauen in das eigene Unbewußte stellt ein sehr brauchbares Modell der Hingabe an den Glauben für den Prozeß, über den wir gesprochen hatten, dar und ermöglichte darüber hinaus eine tiefere Trance bei Larry. Trancearbeit dieser Art kann die erwünschten Prozesse der Internalisierung erheblich fördern, die erreicht werden muß, um die entsprechenden Ich-Funktionen zu steigern und ein gesundes wahres Selbst zu stärken. Ich werde gleich auf noch direktere Verfahrensweisen sowohl in als auch außerhalb der Trance eingehen, die die erforderlichen Internalisierungen erleichtern. Der oben beschriebene Prozeß ist eine unmittelbare Anwendung der von den neurolinguistischen Programmierern (z.B. Cameron-Bandler, 1985) angesprochenen »Erschließen der

Quellen« (*resource accessing*).

Die Entwicklung neuer Interessen oder eines neuen Umgangs mit alten bietet einem Gelegenheit, dem Klienten bei der Entdeckung und Entwicklung lustbetonter und wirksamer Strategien zu helfen. Larry schrieb einen Artikel und durchlebte an zwei aufeinanderfolgenden Tagen das Gefühl großen Erfolges und großen Mißerfolges. Als wir beide seine Erfahrungen genauer untersuchten, entdeckten wir Larrys leistungsbezogene Strategie für das Schreiben. Wir fanden zum Beispiel heraus, daß sich Larry bereit fühlte, mit dem Schreiben zu beginnen, sobald er glaubte, genügend Ideen zu haben, um sich ein Konzept machen zu können. Besonders wichtig in diesem Stadium war die Erlaubnis, den Stoff nicht gliedern zu müssen. Durch seinen gescheiterten Versuch begriff er, daß dieses zwanghafte Bedürfnis, die Dinge sogleich in ein System zu bringen, den Ideenfluß blockierte. Es war deshalb wichtig, sich die Erlaubnis zum Brainstorming zu geben und die Gliederung auf später zu verschieben.

Die dritte Entdeckung war, daß sich Larry selbst die Erlaubnis geben mußte, seine Betätigung als Spiel und nicht als Arbeit zu definieren, und daß er sich wiederum erlauben mußte, »damit zu spielen«. Für Larry bedeutete dies die Erlaubnis, nicht alles in eine Reihenfolge zu pressen, nicht jeden Punkt in seinem ursprünglichen Entwurf im späteren Endprodukt zu verwenden, daraufloszuschreiben und dann Passagen auszusondern, die nicht paßten, etc.

Larrys vierte Entdeckung in diesem Dialog über das Schreiben war, daß er sich für die Qualität seiner Arbeit, seine Einstellung dazu, sein Urteil darüber etc. verstärken bzw. belohnen mußte. Besonders wichtig war dabei, daß er die Gültigkeit seiner eigenen, individuellen Schreibweise anerkannte. Es war wichtig für ihn, alle Phasen des Schreibprozesses anzuerkennen, statt nur die Seiten des Endprodukts zu zählen. Das Lesen, Nachdenken, Diskutieren, Zuhören und Ausbrüten, all dies waren notwendige Elemente dieses Prozesses. Sich daran zu erinnern und den Energieaufwand in jedem dieser Bereiche anzuerkennen, auch das war wichtig.

Fünftens erkannte Larry, daß es wichtig für ihn war, sich Rechenschaft darüber zu geben, wenn er sich beim Schreiben wohl fühlte, wenn er merkte, daß es gut lief — insbesondere, wenn er merkte, daß ein schrittweises, unsystematisches und unvollkommenes Vorgehen funktionierte. Sich zu gestatten, mehr Freude am schöpferischen Vorgang zu haben als an dessen Endprodukt, schien wesentlich dafür zu sein, zwischen gelungener und mißlungener Erfahrung zu unterscheiden.

Und schließlich war es, wie ich aus eigener Erfahrung wußte, wichtig, zu wissen, wann er genug getan hatte — ein Signal, um aufzuhören. Als er sich an die erfolgreiche Erfahrung erinnerte, wurde ihm klar, daß das Hauptsignal seine Müdigkeit gewesen war. Er hatte sich gesagt, »ich habe für jetzt genug getan«, und er erinnerte sich, daß er darauf vertraute, später weitermachen zu können. Ebenso wie ich, erkannte er die Versuchung, auch noch den letzten Funken Energie aus sich herauszupressen, wenn es gut lief. Diese Tendenz verknüpft den erwünschten Zustand mit einem Mangelbewußtsein und wirkt daher als eine sich selbst erfüllende Prophezeihung. Wenn das wahre Selbst weiß, daß es bis zur Erschöpfung angetrieben werden wird, falls es sich solche produktiven Perioden gestattet, dann wird es sich verständlicherweise selbst schützen. Wenn es dagegen weiß, daß es diese Art der Selbstverwirklichung genießen und im richtigen Moment wieder aufhören kann, dann wird es viel eher bereit sein, sich erneut darauf einzulassen.

Das einfache Herausarbeiten dieser wirksamen Strategie und ihre Gegenüberstellung mit der unwirksamen sowie die Anlässe zum Erfahrungsaustausch, die sich dabei boten, waren als solche sehr heilsam. Die letzte Stufe dieser Arbeit an Strategien, bei der ich nach dem Vorbild von Bandler und Grinder (z.B. 1979, 1982; und Dilts et al., 1980) verfuhr, bestand darin, die wirksame Strategie zu verankern. Zu diesem Zweck versetzte ich Larry in eine leichte Trance und spielte die Strategie dann einfach in entsprechenden Zusammenhängen mit ihm durch. Dabei achtete ich darauf, jeden Punkt, den wir als Bestandteil der wirksamen Strategie definiert hatten, hervorzuheben und näher darauf einzugehen. Bei diesem Verfahren stützte ich mich auf schriftliche Notizen, um zu gewährleisten, daß ich jeden Aspekt der wirksamen Strategie in der richtigen Reihenfolge behandelte.

Diese Intervention des Herausarbeitens und anschließenden Durchspielens wirksamer Strategien kann sich besonders dann bewähren, wenn ein Klient in außergewöhnlich gesunden Perioden in die Therapie kommt. In Larrys Fall hatten wir zum Beispiel gegen Ende seiner therapeutischen Arbeit eine Sitzung, in der er erkannte, daß er in letzter Zeit *sich selbst* gegenüber seiner »Pflicht« bzw. seiner »Bilanz« sehr zuverlässig bevorzugt hatte. Narzißtische Personen opfern sich typischerweise den *Abstraktionen* ihres Selbst: Geschäftsleute opfern sich ihren Bilanzen, Studenten ihrem Notendurchschnitt, Professoren ihrer Veröffentlichungsliste, Freiberufler ihrem Klientenstamm etc. Als Larry merkte, daß er sich in seiner diesbezüglichen Neigung sehr zuverlässig geändert hatte, erforschten wir, *wie* er das machte. Larry staunte über seine Entdeckung, daß es etwa ein Dutzend Möglichkeiten des Denkens und Verhaltens gab, die ihn in dieser gesunden Entscheidung bestärkten. Nachdem wir uns diese Strategien vor

Augen geführt hatten, wandte ich erneut das einfache Verfahren an, Larry zu helfen, diese hilfreichen Einstellungen und Verhaltensweisen in den entsprechenden Zusammenhängen zu reproduzieren.

Diese Sitzungen mit Larry dienen zur Veranschaulichung einer aktiven Art von unterstützender Therapie, von der ich glaube, daß sie im Einklang mit den psychoanalytischen Entwicklungstheorien (Objektbeziehungs-, Ich- und Selbst-Psychologie) und den davon abgeleiteten unterstützenden Therapien steht. Obwohl diese aktiven Strategien von kognitiven und verhaltenstherapeutischen Ansätzen herkommen, die bisher gewöhnlich als zum psychoanalytischen Denken im Widerspruch stehend betrachtet wurden, sehen wir hier, daß eine sehr bedeutsame Annäherung zwischen der »neuen Psychoanalyse« und der kognitiv-verhaltenstherapeutischen Tradition möglich ist. Wenn diese aktiveren Strategien im Kontext einer entwicklungs- und charakteranalytischen Sicht des psychotherapeutischen Prozesses gesehen werden, dann beschränken sie sich durchaus nicht auf oberflächliche Wirkungen, wie dies vielleicht sonst der Fall ist. Gleichzeitig ergänzen und erweitern sie das Repertoire des unterstützenden Therapeuten, dessen Möglichkeiten recht begrenzt sein können, wenn er oder sie sich auf jene Techniken beschränkt, die in der traditionellen analytischen Literatur angewandt werden, um höchst wirksame alternative Strategien.

Solange die Ziele des Ich-Aufbaus und der »Vormundschaft der Autonomie« respektiert werden und man sich der Risiken übertriebener Interventionen bewußt ist, können diese aktiveren Strategien durchaus im Dienste der Individuation und der Selbstentfaltung eingesetzt werden. Solange diese Techniken dazu dienen, das Wachstum des Klienten zu fördern, und nicht, die Nützlichkeit des Therapeuten zu beweisen, können sie ergiebig sein. Die Risiken der pauschalen Identifizierung mit dem idealisierten, mächtigen Therapeuten werden nur dann gefährlich werden, wenn sich der Therapeut dieser Risiken nicht bewußt ist und / oder Therapie im Dienste seiner narzißtischen Bedürfnisse praktiziert. Aber wenn dies der Fall ist, dann wird der Schaden ohnedies eintreten, und die Wahl bestimmter Verfahrensweisen wird für dieses bedauerliche Resultat weitgehend belanglos sein.

Larry war auch der Ansporn zum Einsatz mehrerer von der Gestalttherapie entlehnter Experimente, die dazu dienen, die Unmittelbarkeit, Spontaneität und Echtheit der Kommunikation zu erhöhen. Sowohl in der Einzel- wie auch in der Gruppentherapie hatte Larry ständig mit seiner Tendenz zu kämpfen, eine gesellschaftliche Fassade aufzubauen, anderen zu geben, was sie seiner Meinung nach haben wollten, statt etwas von *sich* zu geben. In der Gruppe erhielt er durchaus von Sympathie getragene Rückmeldungen, daß man ihn als unecht, herablassend, arrogant und selbstbeherrscht erlebte (das VII. Kapitel enthält Transkripte dieser Arbeit). Er wünschte sich sehr, mehr er selbst sein zu können, aber sein gefälliges Verhalten erfolgte oft automatisch. Er brauchte eine Menge Unterstützung, um sein kontrolliertes von seinem spontanen Selbst auch nur unterscheiden zu können. Das bewog mich, Experimente einzusetzen, die auf eine Art von verändertem interpersonalen Zustand ansprechen. Bei einer dieser Experimente, das um die Frage »Was erlebst du?« kreist, hat der Klient die Aufgabe, einfach über seine unmittelbaren aktuellen Empfindungen zu berichten, sobald er im Rahmen einer Interaktion danach gefragt wird. Dieses Experiment kann einige Zeit in Anspruch nehmen, wenn es ergiebig sein soll, und es wird in einer Zweierbeziehung ausgeführt, bei der ein Beteiligter (in diesem Fall der Therapeut) dem anderen in unterschiedlichen Abständen die Frage stellt: »Was erlebst du?« Nach den ersten paar Probeläufen kann die Frage abgekürzt werden zu »Jetzt?«

In Larrys Fall hielt ich den Prozeß besonders anfangs in gewissen Abständen an und ließ mir von ihm berichten, holte mir Informationen über seinen Entwicklungsstand ein, gab ihm Rückmeldungen etc. Im Laufe der Zeit gelang es Larry immer besser, einfach loszulassen, sich selbst zu vertrauen und fast automatisch zu verbalisieren — ohne seine üblichen Filter, der nach Angemessenheit, Zweckdienlichkeit etc. aussiebte. Ich verwendete auch eine Abwandlung dieses Experiments, die dem wünschenswerten persönlichen Interaktionsmuster näherkommt. Bei dieser Variante wechselten Larry und ich uns in der spontanen Mitteilung unserer unmittelbaren Empfindungen ab. Dieser Vorgang ist ebenso wie der zuvor beschriebene am wirksamsten, wenn er zehn bis fünfzehn Minuten oder länger fortgesetzt wird, da diese längere Zeitspanne die üblichen Barrieren gegen den freifließenden Kontakt abbauen und auf diese Weise einen tiefreichend veränderten Bewußtseinszustand hervorrufen kann. Ich habe dieses Verfahren mit Hunderten von Leuten in Workshops angewandt und die tiefgreifende Veränderung des Bewußtseinszustandes erlebt, die dadurch erreicht werden kann, wenn es kontinuierlich und über einen längeren Zeitraum eingesetzt wird. Larry nannte dieses Experiment schließlich »in Echtzeit sprechen«; er schätzte diesen Zustand und begann, sich immer mehr zu vertrauen, seine Empfindungen zu benennen und sich dabei sicherfühlen zu können.

Darüber hinaus simulierte ich mit Larry Situationen, in denen er einer bestimmten Bezugsperson all jene Gefühle mitteilen sollte, die er ihr normalerweise vorenthielt. Bei dieser Übung spielte ich die Rolle der Bezugsperson und hörte mir an, was er für sich behalten hatte. Seiner Vorgeschichte entsprechend neigte Larry besonders dazu, jeder Frau, mit der er näher zu tun hatte, sowohl positive als auch negative Gefühle zu verschweigen. Er neigte dazu, auf Frauen die Tendenz seiner Mutter zu projizieren, mit hysterischem Zwang zu reagieren, wenn ihr etwas mißfiel, und deshalb fürchtete er sich grundlos davor, irgend etwas Negatives zu sagen. Umgekehrt projizierte er auch die besitzergreifende Art seiner Mutter und versagte sich deshalb positive Äußerungen, aus Angst, daß diese als »Heiratsanträge« verstanden werden würden und klammernde Reaktionen auslösen könnten, denen er sich scheute, einen aktiven Widerstand entgegenzusetzen. Die in der Therapie durchgespielten Simulationen führten zu einem freieren Austausch in seinen Beziehungen zu Frauen, wodurch er gewöhnlich entdeckte, daß diese heutigen Frauenfiguren fähig waren, mit negativen Äußerungen umzugehen, und daß sie positive Bemerkungen zu schätzen wußten, ohne ihn zu vereinnahmen. Wo dies nicht der Fall war und seine Projektionen in gewisser Weise berechtigt waren, hatte er dann Gelegenheit, für sich selbst einzutreten und dadurch seine historischen Prädispositionen zu verändern. Im Laufe dieses Prozesses sagte er einmal: »Die Auseinandersetzung mit den Enttäuschungen, die ich anderen bereite, sind nun wirklich Gelegenheiten für mich, bei mir selbst zu bleiben. Ich beginne zu begreifen, daß die Reaktionen anderer auf mich nicht notwendigerweise bedeuten, daß ich unrecht habe. Ich muß mich nicht ständig um gute Einschätzungen bemühen.«

Larry hatte sehr hart an seiner Menschwerdung, seiner Befreiung von negativen Introjekten und Drehbüchern der Vergangenheit und seiner Entwicklung neuer Interessen gearbeitet; noch wichtiger, er riskierte eine neue Herangehensweise bei der Verfolgung dieser Ziele. Außer dem Schreiben und Photographieren nahm Larry sein Lauftraining wieder auf und machte einen Kurs in Tai-Chi. Wenn dies übertrieben erscheint, dann ist darauf hinzuweisen, daß Larry seine Stelle in der Forschung gekündigt und für eine Zeitlang aufgehört hatte zu arbeiten, um sich ganz dieser Art von persönlicher Selbstentdeckung zu widmen.

Ein Symptom von Larrys sozialer Angst war das übermäßige Schwitzen, unter dem er sowohl in sozialen Situationen im allgemeinen wie auch in seinem Tai-Chi-Kurs im besonderen litt, wo er, vielleicht zum ersten Mal, nur ein nicht herausragendes Gruppenmitglied unter vielen war. Tatsächlich lernte er langsamer als die meisten anderen in dem Kurs. Als die hier beschriebenen Veränderungen eingetreten waren, nahm das übermäßige Schwitzen ab und verschwand dann ganz, sobald er die Erfahrung begrüßen lernte, nur ein Mitglied der Gruppe zu sein. Gegen Ende seiner

Therapie bemerkte er: »Ich fühle mich jetzt mehr zu Hause auf dem Schiff der Menschheit: habe das Gefühl, mehr dazuzugehören.«

Förderung transformativer Internalisierungen

Kohut hat uns über die Förderung von Internalisierungen durch optimale Frustation aufgekärt. Es ist jedoch nötig, die Tatsache hervorzuheben, daß Internalisierung auch durch simple Nachahmung erfolgen kann. Auf diesen Mechanismus ist wahrscheinlich ein Großteil der Internalisierungsprozesse zurückzuführen, die während des ganzen Lebens ablaufen. Blanck & Blanck (1974) haben zum Beispiel auf die besondere Bedeutung hingewiesen, die der Therapeut hat, wenn er dem Klienten die Erkenntnis vermittelt, daß er in der Tat »ein Recht auf Tröstung« hat. Neben der selbstbewußten Anwendung des Nachahmungsmechanismus sind auch noch direkte Verfahren möglich, um die ganz von selbst eintretende Verinnerlichung von Überzeugungen, Verhaltensweisen und günstigen Einstellungen zu sich selbst zu fördern.

In *Characterological Transformation* (S. 202-206) habe ich Transkripte von drei hypnotischen Verfahrensweisen angeführt, die dem Zweck dienen, die Fähigkeit zur Selbsttröstung und -beruhigung zu fördern. Bei einem davon fordere ich den Klienten auf, sich an einem Vorfall zu erinnern, bei dem er jemand anderem Trost und Mut zusprach. Nachdem er sich voll in dieses Erlebnis hineinversetzte, schlage ich dann einen Rollentausch vor, so daß der Klient sowohl Tröster als auch Getrösteter ist. Dies ist eine besonders wirksame therapeutische Strategie für die meisten Persönlichkeiten mit einem narzißtischen Verhaltensstil, weil diese in der Regel anderen gegenüber sehr fürsorglich sind, während sie gleichzeitig ihr eigenes zu kurz gekommenes Kind vernachlässigen. Dies ist nur eine von mehreren Strategien aus der Hypnotherapie und anderen Bereichen, die selbstbewußt eingesetzt werden können, um die erwünschten Internalisierungen zu fördern und zu festigen.

Die einfachste Ebene, auf der diese Internalisierung gefördert werden kann, ist wahrscheinlich die unter den unterstützenden Psychotherapeuten verbreitetste. Man spielt einfach die Rolle des Advokaten für das Kind gegenüber dem vernachlässigten wahren Selbst und ermutigt Selbstliebe, Selbsttröstung und Nachsicht gegenüber der eigenen Person. Ein theoretisches Verständnis der Rolle, die dieses Verhalten für die Entwicklung spielt, kann ihre Wirksamkeit sehr steigern und einem übermäßigen Einsatz, der regressiv sein kann, vorbeugen. Darüber hinaus kann man auch noch direktere Strategien anwenden, wie das oben erwähnte hypnotherapeutische Verfahren, das geeignet ist, internalisierte Eigenschaften, Verhaltensweisen oder Einstellungen zu verankern. Man kann zum Beispiel das gegenwärtige und frühere Leben des Klienten nach geeigneten Internalisierungsobjekten absuchen und direkt oder indirekt ihre Verinnerlichung nahelegen. Mit Hilfe der Hypnosetechnik kann man gezielt eine aus verschiedenen Aspekten zusammengesetzte Internalisierungsfigur konstruieren oder die Eigenschaften eines äußeren Objekts auf deren Eignung zur Verinnerlichung abklopfen. Eine andere Möglichkeit ist es, mit Hilfe hypnotischer Metaphern sowohl den Prozeß als auch den Inhalt erwünschter Internalisierungen indirekt zu suggerieren.

Obwohl all diese Strategien überaus hilfreich sein können, glaube ich doch, daß der therapeutische Kontext, in dem das wahre Selbst konsequent und unermüdlich unterstützt wird, am meisten zu diesem Prozeß beiträgt, dem man für eine vollständige Integration Zeit lassen muß. Mit anderen Worten: Ich glaube nicht, daß eine einfache Trance als solche jene Art von erforderlicher, tiefgreifender Veränderung bewirken kann. Ich glaube dagegen schon, daß Trance und andere direktive Arbeit diese Wirkungen sicherlich fördern kann. Für den Therapeuten ist es äußerst wichtig zu wissen, daß er, ob es ihm gefällt oder nicht, ein potentielles Internalisierungsobjekt darstellt und das er sein Verhalten entsprechend steuern muß.

Überdies halte ich es für wichtig, sich auch nach anderen Internalisierungsobjekten bzw. geeigneten Vorbildern umzusehen, die der Klient verinnerlichen kann, um ein reiferes und fürsorglicheres Selbst zu entwickeln. Diese Art von »Elternersatz« macht einen Großteil der psychotherapeutischen Behandlung und der daran anschließenden Arbeit aus, die die Betroffenen selbst leisten müssen, indem sie sich am Aufbau und der Nutzung einer Gemeinschaft beteiligen, die sie liebt, sie unterstützt und herausfordert. Ein Wissen um das anhaltende Bedürfnis nach selbstbestätigenden anderen *(Selbstobjekten* in Kohuts Worten) sensibilisiert überdies den Therapeuten ebenso wie den Klienten für diese ständig vorhandenen menschlichen Bedürfnisse.

Auch kann das allmählich reifer werdende Bedürfnis nach den Formen der *Selbstobjekt*-Übertragung — Verschmelzung, Zwillingsbindung, Spiegelung und Idealisierung — eine weitere Orientierung für den Therapeuten darstellen und den Klienten schließlich befähigen, jene Art von Figuren um sich zu versammeln und als Leitbilder zu verinnerlichen, die ein gesundes wahres Selbst fördern. *Der Aufbau und die Erhaltung einer solchen selbstfördernden Gemeinschaft sind wahrscheinlich die wesentlich-*

sten Faktoren, welche die Fortdauer der therapeutischen Fortschritte des wahren Selbst gewährleisten. Die beratenden und ich-stützenden Funktionen eines Therapeuten sind in dieser Hinsicht angebracht und wertvoll. Es ist wichtig, dem Klienten klarzumachen, daß er es nicht nur verdient, durch eine solche unterstützende Gemeinschaft gefördert zu werden, sondern daß er auch das Recht hat, jene Personen und Umstände zu meiden, die sein kompensatorisches Selbst auf den Plan rufen und verstärken. Ein solches Vermeiden ist besonders in den ersten paar Jahren der »Kindheit« des wahren Selbst gerechtfertigt, das in der Charakteranalyse entwickelt wird. In der Regel braucht der narzißtische Klient ein großes Maß an Unterstützung, um diese Form der Selbstliebe rechtfertigen zu können. Er ist so an Selbstaufopferung und schmerzhafte Prüfungen gewöhnt, daß ihm diese vernünftigen Formen der Unterstützung und des Schutzes irgendwie unrecht und unmoralisch erscheinen. Es kann sein, daß man ihm wiederholt sagen muß, er verdiene es, mit Menschen zusammenzusein, die ihn lieben und die ihm helfen, und diejenigen zu meiden, die ihn ausnutzen und ihn schlecht behandeln. Sehr begabte narzißtische Persönlichkeiten können erstaunlich zurückgeblieben sein, wenn es darum geht, ihr legitimes Bedürfnis nach einer förderlichen Umgebung zu erkennen. Ich erinnere mich an eine sehr bewegende Therapiestunde mit John (von dem im II. Kapitel die Rede war), in der er über seine Mängel klagte und bemerkte: »Ich glaube nicht, daß ich ein Recht auf Vergebung habe.« Ich antwortete: »Ich möchte dir nur sagen, John, daß du das Recht auf Vergebung hast.« Er erwiderte: »Wenn du solche Dinge sagst, dann weiß ich, daß du mich nicht kennst.« Ich entgegnete: »Nein, John, du bist derjenige, der sich in dieser Hinsicht selbst nicht kennt.« Daraufhin sagte er, nachdem er fast eine ganze Sitzung lang feindseligen Widerstand geleistet und mir vorgeworfen hatte, ihn nicht zu verstehen, »du hast recht«, und begann zu weinen (siehe VI. Kapitel, S . . ., wo sich John mit derselben Frage in der Gruppentherapie auseinandersetzt).

Bevor ich diese Passage, die den Strategien zur Förderung des wahren Selbst gewidmet ist, abschließe, möchte ich noch eine andere Reihe von Interventionen beleuchten, die überwiegend aus der Bewußtseinsbewegung stammen und eben diese selbstfördernde Funktion erfüllen können. Es sind dies Meditation und positive Selbstinstruktionen. Meditation erfüllt in fast jeder Form eine selbstorganisierende und selbstberuhigende Funktion. Die Meditationsforschung hat sich überwiegend mit der Methode der transzendentalen Meditation befaßt und wirklich eindrucksvolle Ergebnisse zustande gebracht. Diesen Erkenntnissen zufolge vermindert wenigstens diese Form der Meditation Angst und Depressionen und fördert gleichzeitig ein Gefühl des Wohlbefindens und der Unabhängigkeit und verbessert die allgemeine persönliche Funktionsfähigkeit in verschiedenster Weise (siehe z.B. Orme-Johnson & Farrow, 1977). Die Annahme ist sicher berechtigt, daß meditative Praktiken, die sich auf das konkrete Erleben des Körpers konzentrieren, wie die oben erwähnte »Ich-bin«-Meditation und andere ähnlicher Art, geeignet sind, das Erleben des wahren Selbst allmählich zu steigern. Darüber hinaus gibt es Grund zu der Annahme, daß das Meditieren über positive Aussagen, die zu verinnerlichende Werte oder Einstellungen bekräftigen, ebenfalls eine heilende Wirkung haben könnten. Obwohl es oft schwierig ist, Menschen dazu zu motivieren, sich die genannten Aktivitäten zur Gewohnheit zu machen, glaube ich, daß die Erfolge dazu berechtigen, ihre Anwendung immer wieder zu empfehlen, auch wenn sich die Patienten oft darüber hinwegsetzen. Ich persönlich kann die tröstliche und schließlich auch heilende Wirkung einer positiven Selbstinstruktion bezeugen, die ich jedem empfehlen würde, der einen narzißtischen Persönlichkeitsstil aufweist. Sie lautet: »Ich verdiene es, einfach zu *sein*.

Fallbeispiel: Chuck, die Fahrt nach Hause

Chuck repräsentiert eine Person, deren Funktionsfähigkeit am oberen Rande der narzißtischen Persönlichkeitsskala rangiert. Er war sechs Monate bei mir in Behandlung, und in dieser Zeit erreichten wir eine Menge — mehr durch bloße Normierung, Ermutigung und Unterstützung der bereits vorhandenen gesunden Aspekte seiner Persönlichkeit als durch irgendetwas anderes. Chuck wurde im Zusammenhang mit einer Trennung und Scheidung an mich verwiesen, in deren Verlauf er ein ziemlich gewöhnliches Maß an Schmerz, Zweifeln, Einsamkeit und Schuldgefühlen erlebte. Als normalerweise höchst funktionsfähiger Mensch war er außergewöhnlich besorgt über seine sehr natürlichen emotionalen Reaktionen auf diese Krise und meinte, daß mit ihm etwas ernsthaft nicht stimme. Meine Therapie mit ihm war kurz und analytisch in der Art, sie glich weitgehend der psychoanalytischen Kurztherapie von Davanloo (1980) und Malan (1979). Ich konnte mir bei Chuck die Glacéhandschuhe ausziehen und brauchte nicht allzu besorgt zu sein, daß ich ihn durch Konfrontation verletzen könnte. Tatsächlich brauchte und respektierte er eine Psychotherapie, die viel aktiver, konfrontierender und gleichzeitig gegenwarts- und vergangenheitsorientierter war als jene, die er in zwei früheren Beratungen erlebt hatte. Gleichzeitig bot natürlich Chucks grundlegende Gesundheit genügend Gelegenheiten zu stützenden Interventionen, wo diese angebracht waren, und seine hohe Funktionsfähigkeit ermöglichte eine therapeutische Beziehung und ein Bündnis auf entsprechend hoher Ebene.

Chuck stammte aus einer vermögenden Oberschichtfamilie des Mittelwestens mit »Country-Club«-Lebensstil. Seine Familie hatte, kurz gesagt, einen gewissen »Dynastie-Flair« mit dem dazugehörigen Anspruch auf Vornehmheit, Leistung und geschliffene Umgangsformen. Chucks Vater und älterer Bruder waren beide ziemlich rigide, hart arbeitende und leistungsorientierte Menschen, die eine gewaltige Herausforderung für Chuck darstellten, der er zu entsprechen suchte. Diese engeren Angehörigen waren die zeitgenössischen Repräsentanten einer Familientradition, die Leistung, Distinktion und gesellschaftliche Gewandtheit erforderte. Obwohl Chuck eine gewisse Sicherheit im Erleben seines wahren Selbst hatte, lösten doch alle diese Anforderungen, denen er gerecht zu werden hatte, eine beträchtliche Unsicherheit in ihm aus. Die narzißtische Kränkung schien in seinem Fall sehr viel mit der Verpflichtung, diesen Maßstäben zu entsprechen und den damit verbundenen unvermeidlichen Mißerfolgserlebnissen zu tun zu haben. Die demütigenden oder beschämenden Erlebnisse, an die er sich in der Therapie erinnerte, betrafen in erster Linie Erfahrungen mit seinem älteren Bruder und Vater. Diese beiden Figuren hatten sich gegenüber diesem jüngsten männlichen Nachkommen jedoch auch oft fürsorglich und unterstützend verhalten, und ein Großvater hatte ihm ebenfalls ein sehr positives Rollenvorbild geboten. Die Analyse deckte keine Schwierigkeiten im Zusammenhang mit der Mutter auf, die als eine sehr fürsorgliche Person erinnert wurde, für Chuck aber, sobald er in die Pubertät kam, wenig Anregung oder Interesse bot. Als jüngstes von drei Kindern schien Chuck mehr Erlaubnis als seine älteren Geschwister für gewisse Abweichungen von den rigideren Verhaltensmustern in dieser Familiendynastie erhalten zu haben. Er hatte in verschiedenen jugendlichen Abenteuern über die Stränge geschlagen, und seine Scheidung war ein weiterer Verstoß gegen die Familientradition. Obwohl also eine Vorgeschichte vorhanden war, die die Entstehung narzißtischer Probleme erklärte, und obwohl Chuck ständig bestrebt war, den Herausforderungen zu genügen, gut genug zu sein, sich gegenüber den anderen Männern seiner Familie zu beweisen etc., verfügte er auch über ein starkes Bündnis bzw. eine Verbundenheit mit seinem eigenen wahren Selbst.

Andere narzißtische Probleme kamen erst im Zusammenhang mit dem psychotherapeutischen Prozeß heraus. In Sitzungen spielte er zum Beispiel häufig auf seine Furcht an, daß der Prozeß zur Aufdeckung irgendeiner schrecklichen Eigenschaft oder eines Komplexes führen könnte, von denen er bisher nichts geahnt hatte. Insbesondere in den frühen Stadien der Therapie präsentierte er sich in der sehr kontrollierten Weise eines gesunden und munteren jungen Mannes, das heißt, er trug seine geschliffene und recht erfolgreiche gesellschaftliche Fassade zur Schau. Zu Beginn seiner Behandlung verwendete ich freie Assoziationen als Methode zum Abbau der übersozialisierten Fassade und zum Einstieg in den therapeutischen Prozeß. Diese schlichte Maßnahme war in seinem Fall überaus erfolgreich und räumte gründlich mit einem Großteil der Abwehrfassade auf.

Andere narzißtische Eigenschaften zeigten sich auch in seiner Beziehung zu Frauen. Er wies bis zu einem gewissen Grad jene verbreitete Haltung auf, die bei narzißtischen Persönlichkeiten beiderlei Geschlechts oft zu beobachten ist: Frauen, die ihm ungefährlich, liebevoll und sanft erschienen, fand er etwas langweilig und zu wenig herausfordernd. Jene Frauen, die körperlich sehr anziehend, etwas hart und unabhängig und nicht so leicht von ihm zu beeindrucken waren, empfand er als Herausforderung, ja als eine Art Leistungsabzeichen, mit dem er sich schmücken konnte und das seinen Wert bewies. Diese Frauen ließen ihn natürlich häufig abblitzen oder verletzten ihn in anderer Weise; er fand bei ihnen nicht die Intimität, die er sich eigentlich wünschte, oder er mußte bei näherem Kennenlernen feststellen, daß es sich um »hübsche Larven« oder »aggressive Biester« handelte. Er ging diesen Frauen durch die Herausforderung auf den Leim, anfangs nicht gut genug für sie zu sein und sich dann zu beweisen.

Dieselbe Herausforderung hatte ihn im Geschäftsleben angezogen. Als intelligenter und durchsetzungsfähiger Mensch bewies er wiederholt, daß er gut genug war, aber jeder Sieg erwies sich natürlich bald als hohl und kurzlebig und hatte nur zur Folge, daß er zur nächsten Herausforderung überging. Mißerfolg machte ihm sowohl in seiner Karriere als auch in seinen persönlichen Beziehungen Angst; einen beträchtlichen Teil seines Lebens hatte er mit kontraphobischen Anstrengungen zugebracht, um zu beweisen, daß er gut genug sei — attraktiv genug, intelligent genug, verantwortlich genug, fürsorglich genug ... was Sie wollen. Aber wie bereits bemerkt, war ein erhebliches Maß an Gesundheit vorhanden, unterstützt durch eine Geschichte, die in vieler Hinsicht förderlich und bestärkend war. Obwohl es sein kann, daß Chuck über die hier beschriebene Kurztherapie hinaus weiterer Behandlung bedarf, war in seinem Fall innerhalb kurzer Zeit ein bedeutsamer Fortschritt zu bemerken.

Im therapeutischen Prozeß gelangte Chuck in bemerkenswertem Tempo zur Selbstentdeckung. Zur Veranschaulichung: ich glaube, meine erfolgreichste Intervention in seinem Fall war eine direkte Herausforderung, als er die Möglichkeit erörterte, daß wir Freunde werden könnten. An diesem Punkt teilte ich ihm meine Zweifel daran mit, ob ich sein Freund werden würde, wenn diese Möglichkeit faktisch bestünde — das heißt, wenn wir uns außerhalb des therapeutischen Rahmens begegnet wären. Ich sagte zu ihm, ich sei nicht sicher, ob ich mir soviel Mühe geben wollte, wie nötig sei, um seine gesellschaftliche Fassade zu durchbrechen und ihn kennenzulernen. Ich sagte in etwa: »Du bist einfach zu perfekt, Chuck. Deine Kleidung ist perfekt, deine Frisur ist perfekt, deine Konversation ist perfekt, deine Freizeitgestaltung ist perfekt, deine Manieren sind perfekt — es ist einfach alles zu perfekt. Und das ist ein bißchen einschüchternd und macht mich sogar etwas neidisch. Auf der anderen Seite weiß ich einfach, daß all dies im Grunde nicht du bist. Und ich weiß, daß ich mich ziemlich anstrengen müßte, um dein wahres Selbst kennenzulernen. Ich glaube, wenn wir miteinander befreundet wären, würdest du mir mehr bieten, als ich dir geben könnte oder wollte, und ich fürchte, die Beziehung würde mir ständig leichte Minderwertigkeitsgefühle verursachen, während ich gleichzeitig mit *dir* gar nicht in Kontakt käme. Und obwohl ich dich attraktiv, intelligent und interessant finde, bin ich nicht sicher, daß ich mich auf all dies einlassen wollte.«

Nun, damit hatte ich einen Nerv getroffen und Chucks Aufmerksamkeit erregt. Das kratzte seine Glätte an. Aber es tat ihm nicht sehr weh. Tatsächlich war Chuck für diese Intervention dankbar und benutzte sie als Sprungbrett, um mit einer Reihe seiner Freunde in Kontakt zu kommen und sich über den Status dieser Beziehungen unmittelbar Klarheit zu verschaffen. In jener Sitzung meinte Chuck, etwas von dem, was ich beschrieb, treffe wahrscheinlich auf einige seiner Freundschaften zu. Seine sogenannten Freunde schienen ihn ein bißchen zu meiden, und er mußte sich weitaus mehr um sie bemühen, als sie sich um ihn bemühten. Der auf diese Sitzung folgende Klärungsprozeß mit seinen Freunden führte zu einigen sehr aufschlußreichen intimen Gesprächen und half Chuck, zwischen den Leuten, mit denen er echt sein konnte, und solchen, mit denen er das nicht konnte, zu unterscheiden. Dieser Vorfall kennzeichnete auch einen Wendepunkt im Verlauf der Therapie und reduzierte Chucks fassadenhaftes Verhalten in den therapeutischen Sitzungen. In der letzten Stunde der Psychotherapie, in der wir Rückblick über ihre Entwicklung hielten, bezeichnete Chuck dies spontan als eine der nachhaltigsten und einflußreichsten Interventionen.

Chucks Probleme mit Frauen, seine Konkurrenzneigung und sein Zwang, sich durch Karriereerfolge zu beweisen, wurden in etwa so behandelt, wie ich es hier zusammengefaßt habe — durch Einsicht, entsprechende Konfrontationen, therapeutische Verfahren etc. Die Analyse eines Traums verschaffte Chuck einen wertvollen Einblick in seinen Persönlichkeitsstil, seine eigenen Schwächen und Verletzlichkeiten auf Frauen zu projizieren und sich dann um sie statt um sich selbst zu kümmern. Dies ist ein verbreitetes Muster unter Personen beiderlei Geschlechts mit narzißtischem Persönlichkeitsstil, bei dem die Kontrolle in Beziehungen erhalten wird, indem man eigene Schwächen leugnet und auf den anderen projiziert und dann zu dessen Fürsorger wird. Diese Sitzung und andere, die das verstärkten, halfen Chuck, in besseren Kontakt zu seinen eigenen Verletzlichkeiten, Ängsten und Emotionen zu kommen und sich zu diesen zu bekennen.

Der letzte Aspekt, über den in diesem Fall zu berichten ist, betrifft Chucks übermäßiges Bestreben, seinen Bruder zu »retten«, der in vieler Hinsicht seinem Vater ähnelte. In einer Sitzung erkannte Chuck, daß die Starrheit, die Überarbeitung und das durch dieses Muster hervorgerufene Elend seinen Vater praktisch umgebracht hatten. Dasselbe Muster sah er bei seinem älteren Bruder am Werk, und er verwendete viel Zeit darauf, sich Mittel auszudenken, um seinen geliebten Bruder vor diesem Schicksal zu bewahren. Fast jeder Versuch wurde vereitelt und endete in Enttäuschung. Ich deutete dieses Muster im Sinne des »Ungeschehenmachens« und half Chuck zu verstehen, daß seine gegenwärtigen Versuche, seinen Bruder zu retten, de facto Versuche waren, ungeschehen zu machen, was seinem Vater zugestoßen war, und sich jene Art von zuverlässiger und unterstützender Väterlichkeit zu eigen zu machen, die ihm sein eigener Vater nicht ständig bieten konnte. Wie wir im folgenden Transkript sehen werden, veränderte sich seine Einstellung und sein Verhalten gegenüber seinem Bruder, sobald er dies begriffen hatte, und er war danach imstande, seinen Bruder klar zu sehen, von ihm zu akzeptieren, was dieser ihm geben konnte, und seine übertriebenen Versuche aufzugeben, ihn retten zu wollen.

Aufgrund seiner hohen Funktionsfähigkeit und seiner positiven Reaktion auf eine relativ kurzfristige Behandlung würden viele Therapeuten mit analytischer Perspektive dazu neigen, diesen Patienten als ödipal bzw. rigide (im Sinne von Lowen, 1958) anzusehen. Obwohl ich sehr sensibilisiert für aktuelles und historisches Material war, das dieser Deutung entsprochen hätte, habe ich nicht viel gefunden. Manche seiner Beziehungsmuster entsprachen zwar dieser Deutung, das Gesamtbild deckte sich jedoch weit eher mit der Auffassung, daß Chuck als Beispiel einer sehr funktionsfähigen Persönlichkeit mit narzißtischem Persönlichkeitsstil gelten könnte. Obwohl ich einräume, daß eine ausgedehnte analytische Psychotherapie in seinem Fall mehr ödipales Material zutage gefördert haben könnte, eignet sich das Material, über das ich verfüge, nicht besonders gut zu dieser Deutung. Vielmehr glaube ich, daß dieser Fall unter vielen anderen überzeugend für eine theoretische Auffassung vom Patienten spricht, die das Vorherrschen eines Persönlichkeitsstils berücksichtigt. Nach dieser Auffassung können die Betroffenen eine beträchtliche Ich-Stärke und Selbst-Formung aufweisen, aber auch Merkmale einer Psychopathologie erkennen lassen, die am ehesten als Folgen charakterlicher, oft prä-ödipaler Probleme zu verstehen sind.

Im letzten Monat der Therapie fuhr Chuck nach Hause. Sein Bericht über diese und andere Aspekte der zwei Wochen, seit wir uns gesehen hatten, zeigt, was erreicht werden kann und was man zu sehen und zu hören bekommt, sobald der narzißtische Patient menschlicher wird und anfängt, für sich selbst zu leben, statt für die internalisierten Maßstäbe, die ihn von seinem eigenen Lebensprozeß trennen.

Chuck: Der Sinn und Zweck meines zehntägigen Urlaubs war, etwas zu tun, was ich seit Jahren nicht mehr getan habe, und das war, einfach meine Familie und alte Freunde wiederzusehen. Sooft ich nach Ann Arbor zurückgekehrt war, hatte ich geschäftlich alle Hände voll zu tun und sehr wenig Zeit für die Familie. Einmal ließ ich sogar ein Taxi auf mich warten, während ich drei Blitzbesuche machte — bei zwei Großmüttern und bei meiner Mutter, während das Taxi draußen wartete — nur um guten Tag zu sagen, da ich schon einmal in der Stadt war. Aber diese Reise war entspannt, und ich ließ die Dinge gewissermaßen einfach geschehen. Ich hatte genügend Zeit dafür. Die Hauptsache war, mit meinem Bruder ins Reine zu kommen. Wir hatten schon ein Telefongespräch darüber geführt, was wir voneinander dachten. Wir stiegen ins Auto ein, um auf dem Land eine hübsche Radtour zu machen, es war ein schöner Tag (lacht in sich hinein) und ich dachte mir, meine Güte, das ist mir eigentlich zuwider, durch dieses Gespräch einen schönen Tag zu ruinieren. Und ich sagte: »Laß uns im Auto hier ein bißchen miteinander reden. Möchtest du anfangen, oder willst du, daß ich anfange?«
Und er stammelt: »Wa . . . was, über was?« Und ich sagte: »Nun, du weißt schon, ich glaube, wir haben schon, verstehst du — wir haben uns am Telefon ein bißchen unterhalten, und ich glaube wir sollten . . .«
Und er sagte: »Also, weißt du — reden wir einen Moment. Ich glaube, du hast an diesem Tag schon ziemlich genau meinen Standpunkt am Telefon gehört.«
Und ich sagte: »Hör zu, Mann, wir sagten, daß es notwendig sei, etwas über diese Dinge zu reden, deshalb möchte ich dir, selbst wenn du mir nicht antwortest, ein paar Sachen sagen. Nur zur Erinnerung. Einfach, weißt du, du bedeutest mir einfach eine Menge, immer schon, ich mag dich sehr, und meine Beziehung zu dir ist wirklich wichtig, aber ich finde, da ich irgendwie auch noch andere Interessen im Leben verfolge — da ich mich eigentlich entschlossen habe, mich nicht mehr so ins

Geschäft zu stürzen, ob es nun für mich selbst oder für andere Leute ist, oder mit dir, verstehst du, habe ich etwas Angst, daß das ein Problem zwischen uns schaffen könnte — daß du nicht so aufgeschlossen dafür sein wirst, mir weiterhin so nahezustehen, wenn ich keine Geschäfte und solche Dinge mehr mit dir mache. Und ich möchte, daß du weißt, daß es — verstehst du, am Geschäft liegt. Es liegt nicht bloß an *dir.* Zum Teil schon, ich bin mißtrauisch gegenüber manchen der Geschäfte, auf die du dich einläßt, und manchen deiner Motivationen, und ich mache mir einige Sorgen über diese Dinge, aber wenn ich mich wirklich geschäftlich engagieren wollte, dann könnten wir, glaube ich, da eine Lösung finden — was meine Bedenken betrifft. Aber ich will mich einfach nicht geschäftlich engagieren. Verstehst du, ich habe in meinem eigenen Leben auf diesem Gebiet genügend getan, und ich möchte mich jetzt eigentlich anderen Dingen zuwenden. Jeder Tag hat nur soundsoviele Stunden, und das möchte ich jetzt für mich tun und, und... Ich hoffe wirklich, daß wir uns auch weiterhin wirklich nahestehen können, so wie wir heute eine Radtour machen, und ich hoffe, du denkst nicht, daß ich ein Nichtsnutz bin, weil ich nichts fürs Geschäft übrig habe, aber wenn du das denkst, dann kannst du mich mal. Verstehst du.«
Und das war... das war richtig erfrischend. Und er sagte bloß: »Hör zu,... ich habe doch im Grunde kein Recht dir zu sagen, wie du dir dein Leben einrichten sollst, und ich möchte auch andererseits nicht, daß du mir sagst, wie ich zu leben habe. Wir können Brüder sein und uns darüber austauschen, wie wir die Dinge sehen, innerhalb vernüftiger Grenzen, aber das ist es ja, was das Leben irgendwie interessant macht. Verstehst du, wenn du so wärst wie ich, dann wäre das langweilig.« Ich glaube, er ist mir mehr entgegengekommen, als daß er... ich weiß nicht...
Therapeut: Dir entgegengekommen?
Chuck: Mir entgegengekommen... er hat mir was vorgemacht, glaube ich, und das Richtige gesagt. Ich weiß nicht, ob er es wirklich gemeint hat... Zum Teil hat er es gemeint, aber ich glaube, daß er wahrscheinlich mißtrauisch wegen meinem Verhalten, und damit ist er nicht herausgerückt, und ich glaube auch... daß... daß sie zwar Anteil nehmen, daß aber er — und besonders seine Frau — doch lieber an ihrem Klischee davon festhalten, wie ich bin, und es dabei belassen. Ich glaube, das ist ihnen ganz angenehm. Ich brauche ihnen das ja nicht an den Kopf zu knallen. Verstehst du, die ganze Zeit während ich dort war, lief alles, vor allem, was sie selbst betrifft — überwiegend ziemlich oberflächlich ab: »Na, wie geht's?« Nicht: »Ach, du hast ja diesen neuen Kurs gemacht. Wie war es:?« Sie sagten niemals, »Was ist eigentlich los?« oder, »Wir sind wirklich interessiert.« Verstehst du, deshalb dachte ich, scheiß drauf. Das ist... verstehst du, was soll's? Was kann ich daran ändern!
Therapeut: Und es war dir kein echtes Bedürfnis, von ihnen verstanden zu werden oder zu versuchen, es ihnen begreiflich zu machen?
Chuck: Nein, ich dachte mir bloß, zum Teufel damit.
Therapeut: Gut, ausgezeichnet! Ausgezeichnet!
Chuck: Und typischerweise stellte ich mich auf ihre Welt bloß ein, solange ich dort war. Wenn sie sagten, »laß uns zusammen essen«, dachte ich mir, »nein,...

ich muß mir wirklich Zeit nehmen, einige meiner anderen Freunde zu besuchen«, und ich verbrachte viel mehr Zeit damit, mit Leuten, mit denen ich in Kontakt bleiben möchte und die sich in etwas anderer Weise für mich interessieren —
Therapeut: Mhm.
Chuck: In einer etwas intimeren Weise. Und diese Zeit war wirklich gut aufgewendet. Obwohl es nur eine kurze Auffrischung der Beziehungen war, hatte es doch einigen Tiefgang. Einer war zum Beispiel ein ehemaliger Geschichtsprofessor, und so fingen wir an, über meine Pläne zu reden, das Studium wieder aufzunehmen, und wir tranken ein paar Biere mit einigen seiner Freunde, die an der Universität von Michigan unterrichten und verstehst du ... solche Dinge. Das war irgendwie nett. Und eine alte Freundin von mir namens Nancy, bloß eine gute Freundin — eine Frau, die viel mit mir zusammen erlebt hat — sehr intim, aber wir waren nie ein Paar; es macht einfach Spaß, mit ihr zusammenzusein. Und ich wollte meine Nichte und meinen Neffen groß ausführen ... verstehst du, da ich schon einmal da war. Wir machten Sachen, die ich allein nie getan hätte; ich wäre nie auf der Wasserrutsche und mit dem Karussell gefahren und all das. Gott, es war wunderbar. Es hat soviel Spaß gemacht. Weißt du, der Neigungswinkel war 80 Grad, und sie ist sechseinhalb und er ist vier und ... verstehst du, ich habe so etwas noch nie gemacht ... es war toll, ich fand's großartig.
Therapeut: Es klingt phantastisch.
Chuck: Ja, weißt du, Nancy war eine große Hilfe bei all dem, und, mein Gott, wir machten alles durch, was es gibt, bis hin zur Zuckerwatte und Eiscreme. Es war eine großartige Erfahrung für mich.
Therapeut: Das ist das wirkliche Leben, das du wolltest, im Gegensatz zu den Erfolgen im Immobiliengeschäft oder als ordentlicher Professor für Geschichte oder was auch immer, verstehst du. All diese Dinge sind zwar ganz schön, aber das ist ... das ist das wirkliche Leben.
Chuck: Ja, und das empfand ich auch, als ich es machte, klar. Sie hat zufällig einige Freunde getroffen, und wir verbrachten einige Zeit mit ihnen und ... verstehst du ... es war einfach ... und das ist das einzige, woran ich denken konnte, als ich mich umsah. Ich dachte, mein Gott, hier sind all diese Leute, die keine Immobilien verkauft haben — die auch nicht annähernd soviele Gebäude verkauft haben — und trotzdem haben die's im kleinen Finger, besser als ich, was echt ist und was Spaß macht und was wertvoll ist und ... verstehst du, die waren mit ihren Kindern unterwegs und und ...
Therapeut: Weißt du, du könntest beides haben.
Chuck: Da war dieser Eindruck und da war dieser Kontrast. Da war dieser großartige Tag, wir drei — wir vier. Zuletzt waren wir alle ausgepumpt und müde. Wir waren wirklich alle miteinander erschöpft. Und dann versuchten wir, zuviel in einen Tag hineinzustopfen. Mein Bruder arrangierte eine große Familien-Geburtstagsfeier für meine Mutter in einem feudalen Country-Club. Also, der Kontrast war unglaublich — auf der einen Seite diese Steifheit und auf der anderen ... verstehst du, der Spaß, den es gemacht hatte, den Tag mit diesen Kindern

zu verbringen, verglichen mit diesem Abend im Country-Club. Die Kinder waren schön angezogen, und mein Bruder hatte gewissermaßen die Leitung inne, er ist der Direktor des Clubs, und er ... genierte sich für seine Kinder, die Faxen machten und ein bißchen müde waren, und — er entschuldigte sich und wurde auch ein bißchen autoritär und — verstehst du, versuchte seine Autorität zu zeigen ... es war einfach ein Krampf.

Therapeut: Der Kontrast war auf der einen Seite die Steifheit ...

Chuck: Nun, der Kontrast war erstaunlich. Er hat noch nie so einen Tag mit ihnen verbracht. Zwar hat er schon Dinge mit ihnen getan, die Spaß machen, aber, verstehst du, er hält einfach weniger davon. Ich glaube, ein bißchen, aber nicht so sehr. Es war einfach ... es waren einfach die künstlichen Rollen im Country-Club im Gegensatz zu der anderen Welt, und einfach die Verkrampftheit ...

Dann holte ich meine Großmutter ab, und wir machten eine lange Fahrt übers Land und ein schönes Picknick, es war ein schöner Tag, und irgendwo am Fluß in Michigan setzten wir uns einfach hin, verstehst du, und taten das für uns selbst und führten wirklich lange Gespräche über ihre Jugend und ihre Eltern und ihre Großeltern und ihre Beziehung zu meinem Großvater. Und es war einfach wundervoll. Die ganze Zeit hörten wir nicht auf zu reden, und sie genoß es einfach, mit mir zusammenzusein, und ich genoß es, bei ihr zu sein und ...

Therapeut: Das ist schön.

Chuck: Und, und, so redete ich auf dem Nachhauseweg ... redete ich über die verschiedenen Seiten, die ich an mir habe, und wieviel von der Seite, die ich wahrscheinlich am liebsten habe, von ihrer Seite kam, und das stimmt.

Therapeut: Es ist schön, das alles zu hören.

Chuck: Die Konzentration auf die Familie und die Dinge, die — soweit es die einfachen Freuden betrifft, und warum ich in Oregon bin und solche Dinge — haben sehr viel mit meiner Großmutter und mit meinem Großvater zu tun. Und wir sprachen darüber und auch über die Tatsache, daß sie nicht ewig leben wird und daß wir, verstehst du, wahrscheinlich nicht die Chance haben werden, noch viele solche Ausflüge zu machen, und verstehst du, wie froh wir beide waren, daß wir uns die Zeit nahmen, das zu tun. Und wir redeten darüber, wie es sein könnte, 82 zu sein und nicht zu wissen, ob man noch sehr lange lebt. Wir sind in dieses Thema nicht wirklich tief eingestiegen, aber ich ... ich sagte in etwa: »Weißt du, wir reden oft am Telefon miteinander, und ich hoffe, daß wir in diesen Gesprächen über viele Dinge reden, die nicht bloß aktuell sind. Ich hoffe, daß du, wenn da irgendwelche Ängste oder solche Dinge sind oder Dinge, über die du mit mir sprechen willst, daß du nicht zögerst, das zu tun.« Denn ich erinnere mich, bevor mein Großvater starb, ihr Mann, daß ich mich besonders darüber freute, daß ich Gelegenheit hatte ... ihn wirklich besser kennenzulernen. Er ist hier aufgewachsen, und ich habe ihn eigentlich nicht wirklich gekannt, bis ich hierher kam und einfach aus dem Fenster schaute und sehen konnte, was da ist und warum er so ist, wie er ist, und so weiter. Und er und ich, wir hatten ein wirklich schönes Gespräch; wir sagten uns, wieviel wir einander bedeuteten. Und er starb eine Woche später. Und weißt

du, ich bin immer glücklich über dieses Gespräch gewesen. Ein bißchen in dieser Art redeten wir auch im Auto. Es war wirklich irgendwie emotional. Verstehst du, wir haben nicht viel geweint... es war wirklich schön.
Therapeut: Ein sehr bewegender Moment.
Chuck: Es war wirklich schön, und es war... ja, ja, es war ein schönes Zusammensein. Und, ahh. In Ann Arbor war es wundervoll, mit meinen Nichten zusammenzusein. Die eine Nichte ist vierzehn; ich habe sie öfter gesehen als die Elfjährige, aber mein Gott, weißt du, sooft ich anrief, war es immer — wir wußten nicht, was wir miteinander reden sollten...
Therapeut: Telefongespräche mit Kindern sind schwierig.
Chuck: Und bloß ein paar Tage da zu verbringen — ich meine, Gott, ihre Mutter konnte sich gar nicht einkriegen. Sie sagte immer wieder: »Es ist einfach so toll. Die beiden freuen sich so, dich kennenzulernen.« Wir gingen zusammen weg und... es war etwas anderes mit ihnen. Ihr Vater hat die Wohnung verlassen — geschieden, und er macht sich eigentlich nicht soviel aus Kindern. Er möchte ein guter Vater sein, aber es gibt ihm nicht soviel. Und so machten wir eine Flußfahrt zusammen, und es war wirklich ein sehr hübscher Fluß, für dort oben. Ich war überrascht, wie hübsch die Landschaft ist. Das war eines der Dinge, die wir machten, außer bloß herumzubummeln und zusammen Mittagessen zu gehen und solche Sachen. Wir machten... ich habe sie zu einer Einkaufsfahrt eingeladen. Ich sagte: »Ich habe eine fünfzehnjährige Schuld abzutragen, deshalb muß ich... jetzt Buße tun.« Das war bloß ein Scherz, aber ich fügte hinzu: »Wirklich, euer Großvater, den ihr gar nicht gekannt habt, war ein Mann mit vielen Gesichtern, und eine der Seiten, die ich an ihm mochte, war seine Großzügigkeit und, wißt ihr, er hatte einen echten Flair für bestimmte Augenblicke im Leben, da konnte er ganz schön über die Stränge schlagen — das war nicht die Regel, nicht die ganze Zeit. Aber in gewisser Weise verwöhnte er mich, und er verwöhnte eure Mutter, und das sind schon schöne Momente, an die ich mich erinnere, nicht, weil er sich Zuneigung kaufen wollte oder dergleichen, sondern weil es einfach Spaß machte. Einen Teil meines Geldes habe ich von ihm und einen Teil habe ich selbst verdient, und jetzt laßt uns einfach ausgehen und uns einen schönen Tag machen. Gehen wir einfach aus, schauen wir uns in den Läden um und kaufen wir uns ein paar hübsche Sachen.«
Therapeut: Hui.
Chuck: Ja, ich sagte: »Das war nur ein Spaß, daß ich Buße tun muß, weil ich euch dreizehn Jahre lang nicht gesehen habe, weil ich das wirklich nicht so schrecklich finde (lacht). Es tut mir zwar irgendwie leid, daß ihr so schnell herangewachsen seid, aber ich habe mir bisher nichts aus meiner Onkelrolle gemacht. Ihr seid einfach dreizehn Jahre zu früh zur Welt gekommen, was mich betrifft. Aber ziehen wir einfach los und holen wir einiges davon nach. Ich habe sonst nie Gelegenheit, etwas dergleichen zu tun. Das würde... das würde mir wirklich Freude machen... also laßt es uns genießen.« Also gingen wir in einen vornehmen Laden und kauften Halsketten und wir gingen ins Kaufhaus und kauften dort Sachen

und waren einfach vergnügt miteinander. Ich bin bloß dagesessen und habe es genossen, verstehst du. Und sie waren sehr zurückhaltend und sagten: »O nein, wir können nicht noch mehr ausgeben« — und ich habe ihnen zugeredet noch mehr auszugeben und... als wir in den Laden gingen, sagte ich: »Jetzt bringt Onkel Chuck nicht in Verlegenheit... ich kenne einige der Leute hier drinnen (flüstert)... ihr müßt soundsoviel Geld ausgeben, sonst fange ich an, zu der Musik im Laden zu tanzen.« Ich habe einfach mit ihnen rumgealbert. Und sie haben es wirklich sehr...

Therapeut: Sie geraten so leicht in Verlegenheit in diesem Alter.

Chuck: Ja, ja. Und es war einfach — liiieber Himmel, war das drollig. Es hat unheimlich Spaß gemacht. Sie bereiteten sich schon aufs Sommerlager vor und gaben deshalb nicht das ganze Geld aus, das ich dafür vorgesehen hatte, deshalb gab ich ihnen einen Gutschein für den Rest und sagte: »Wenn ihr zurückkommt und euch auf die Schule vorbereitet, versteht ihr, könnt ihr ohne mich hierherkommen und...«

Therapeut: Das ist so großartig. Ich hatte eine Tante, die so war, und ich glaube, ich verdanke ihr weitgehend die Fähigkeit, loszulassen und Spaß zu haben, die ich heute habe. Einmal fragte mich jemand: »Hast du Brüder oder Schwestern?« und ich antwortete, »Nein, aber ich habe eine Tante.«

Chuck: (Lacht) Das ist großartig! Es hat wirklich Spaß gemacht.

Therapeut: Es kann eine Menge bedeuten... auch jetzt noch, mit elf und vierzehn.

Chuck: Ja. Und ich habe mich auch prächtig unterhalten, wie ich sagte... ja. Es hat mir Spaß gemacht, meinen Vater ins Spiel zu bringen, weil das eine Gabe ist, die ich wirklich von ihm habe ...ich meine, man hat ihm unfairerweise vorgeworfen, manchmal allzu... sagen wir »großzügig« zu sein... einfach, weil es ihm Spaß machte. Nun ja... nicht unfairerweise; verstehst du, in gewisser Hinsicht stimmt das schon. Verstehst du, es ist nicht nur positiv. Aber in bestimmten Bereichen hatte er wirklich etwas los... eine Spielfreude und Großzügigkeit. So ist er zum Beispiel mit seinen Kindern nach Chicago gefahren, um sich mit ihnen Schulen anzuschauen... oder einfach, um zusammen Spaß zu haben, verstehst du, ist mit ihnen nach New York gefahren, hat mit ihnen eingekauft und ist mit ihnen ins Theater gegangen. Er hat einfach diese andere Seite des Lebens mit uns geteilt, als wir heranwuchsen. Und es hat mir gefallen, ihm jetzt dafür ein bißchen Anerkennung zu zollen, verstehst du. Es erschien mir angebracht, weißt du. Es hat einfach gut getan, mit meinen Nichten zusammenzusein, und sie genossen es und ich genoß es. Es hat großen Spaß gemacht.

Threapeut: Das klingt wundervoll. Es ist so gut, daß du ein Vorbild der Lockerheit und Spielfreude und Großzügigkeit sein kannst.

Chuck: Ich sagte... in fünfzehn Jahren machen wir das vielleicht wieder, oder, das ist bloß, um euch auf den Geschmack zu bringen, damit wir in fünf oder sechs Jahren, wenn wir nach New York fahren, noch eine große Sause machen können. Erwartet das nicht jedesmal, sooft ich in die Stadt komme. Aber ich versuche...

ich versuche, sie im August zu sehen wenn sie nach Lake Tahoe kommen, wenn ich es schaffe. Ich sagte: »Ich möchte euch auch die andere Seite zeigen«, und das heißt, wir werden zelten gehen für zwei Nächte, also...

Therapeut: Großartig.

Chuck: Also, jedenfalls... es machte mir ebenso großen Spaß wie ihnen. Und ich sehe jetzt auch in bezug auf einige andere Dinge klarer, verstehst du, wie ich aufgewachsen bin... Meine Verwandten in Ann Arbor habe ich ja schon gekannt. Einige von ihnen sind sehr reich und haben große Villen im Plantagen-Stil, und alle diese großen Parties, und es hat schon irgendwie Spaß gemacht, bei einer dieser riesigen Parties an Deck zu sein, aber ich erinnere mich, als ich ein Kind war, und ich denke, äh... ich weiß nicht, ich sehe es jetzt einfach ein bißchen anders, wer sie sind und was ihre Werte sind und, ich meine, sie sind immer witzig und nett, aber es ist eine sehr manipulative Sache mit viel Macht dahinter. Ich erinnere mich, wie wir beim Abendessen saßen mit meinen Nichten, die eben so waren, wie sie sind, und dieser betrunkene Achtzigjährige, der das Heft auf dieser Plantage noch ganz fest in der Hand hält, sagt: »Ich merke, daß ihr euer Abendessen nicht eßt. Aber natürlich müßt ihr das hier nicht.« Hat diese zwei Kinder vor allen Leuten wirklich bloßgestellt. Und mir hat das... mir hat das einfach nicht gefallen, verstehst du... einfach solche Sachen.

Therapeut: Ja, Sicher.

Chuck: Und überhaupt. Mir ist da einiges klar geworden über manche dieser, manche dieser Verhaltensweisen. Ich habe mich auf eigene Faust umgesehen. Ich habe mir mein Rad geschnappt und bin überall herumgeradelt, habe alle meine alten Lieblingsplätze aufgesucht in Ann Arbor. Ich bin zu meiner High School gefahren und habe durch die Fenster geguckt und mich einfach überall umgesehen.

Therapeut: Schön.

Chuck: Verstehst du, ich könnte hier sitzen und sagen, keine Frage, ich hatte eine wunderschöne Kindheit und all das, aber ich bin so froh, nicht mehr in dieser Welt zu sein, in der ich aufwuchs.

Therapeut: Weil...

Chuck: Nun, weil es sehr einengend ist in bezug darauf, welche Möglichkeiten du hast oder nicht hast. Als ich in Ann Arbor war, stellte ich mir die Frage, ob ich überhaupt Professor an der Uni von Michigan oder Michigan State sein wollte?

Therapeut: Mhm.

Chuck: Angesichts meiner Meinung über die Politik, die dort in den Kommunen gemacht wird und die Leute, die dort das Sagen haben und, nun ja, über ihre ganz speziellen Wertsysteme. Damit hätte ich lieber nichts zu tun. Verstehst du, ich hätte gar KEINE LUST, gerade in Ann Arbor Geschichte zu lehren.

Therapeut: Mhm.

Chuck: Weißt du, es ist... es ist interessant für mich, daß die Möglichkeiten für ein Leben, wie ich es mir vorstelle, hier ganz anders aussehen als alles, was es dort gibt. Es ist... einfach die Möglichkeit, herauszufinden... wer du wirklich bist im Gegensatz zu dem, was du sein solltest, ist viel größer hier. Es könnte anders sein, wenn ich hier eine große Familie hätte, aber ... und ich bin sicher, daß es auch hier bestimmte Schattierungen der ganzen Interessenpolitik gibt, die auch dort existieren.

Therapeut: Die gibt es.

Chuck: Einiges davon gibt es überall ... Aber ich bin einfach, weißt du, sehr froh über meine Entscheidung, hier zu leben.

Therapeut: Mmm.

Chuck: Hm, es ist bloß ... was diese Dinge betrifft. Das muß nicht Eugene sein. Ich glaube, es könnte auch Portland oder Seattle sein. Aber einfach die andere Mentalität hier. Weißt du, ich fahre langsam kreuz und quer durch die Straßen von Ann Arbor ... nur dieses flache Land, die Telegraphenmasten und diese alten Gebäude und bloß diese wirklich alten Wertvorstellungen, die mir ... die mir einfach eine Gänsehaut verursachen, wirklich. Einfach ... ich dachte einfach, Gott ...

Therapeut: Ja. Das erinnert mich an Garrison Keilor. Kennst du ihn?

Chuck: Ja. Mhm, mhm.

Therapeut: Der erinnert mich immer an meine Wurzeln, die etwas skandinavischer sind, typisch für den Mittelwesten.

Chuck: Mhm. In welcher Hinsicht?

Therapeut: Nun, in jeder Hinsicht. Der Akzent und das Arbeitsethos und nicht zuviel reden und nicht wirklich mitteilen, was mit einem los ist, und sein Leben immer irgendwie geheimhalten. Er hat diese herrliche Liste mit den 95 Thesen, die ein Mann an die Tür der Lutheranischen Kirche nageln wollte und die davon handeln, was man alles mit ihm anstellte, damit er so reserviert und gehemmt wurde und keinen Spaß hat. Damit kann ich mich identifizieren.

Chuck: Mhm, genau! Das erinnert mich an die Bemerkung im Büro ... weißt du, der alte Mann, den ich respektiere, redete über jemand, und er sagte: »Nun, er ist natürlich ein perfekter Halbgott — sooft er seinen Mund aufmacht, zeigt er, wie dumm er ist.« Nun, das ist die Art von Gerede, das einen ... jedem, der das hören würde ... würde doch die Lust vergehen, noch den Mund aufzumachen und irgend etwas zu sagen, was fragwürdig sein könnte ... verstehst du, und ... es ist sehr engstirnig. Sehr engstirnig dort oben. Etwas, das ich nett fand, war, ich habe dort jemand getroffen ... Es hat sich herausgestellt, daß da eine ... eine Anwaltskanzlei ist, die an einigen der Abschlüsse mitwirkt, an denen wir arbeiten ... Dieser Typ, mit dem ich zur Schule ging, als ich fünfzehn war, damals war ich ein Herumtreiber, ein Leichtathletikstar mit dem Namen meines Teams auf der Jacke ... Er hat nichts aus Büchern gelernt, nie ein Buch aufgeschlagen. Und weißt du, wir sind uns über den Weg gelaufen, und ich dachte mir, das ist stark! Er ist jemand. Er war ein wirklich fixer Junge, weißt du, bloß ... ich sagte, liiieber Himmel, das ist stark, jemand zu treffen, den ich damals kannte. Wir redeten eine Weile, und es war irgendwie nett, wir hatten gleich einen guten Draht ... und verstehst du, dann wandte sich das Gespräch ... der Frage zu, »bist du verheiratet?«, und ich antwortete: »Also im Augenblick ist es irgendwie schwierig.« Ich glaube, er kapierte das ... er war froh zu hören, daß mir das ganz leicht über die Lippen ging, und er

sagte dann: »Weißt du, ich habe selbst eine fürchterliche Zeit durchgemacht, und alle sagten damals, wir sollten uns scheiden lassen. Schließlich haben wir uns doch nicht scheiden lassen, und es hat sich wieder eingerenkt. Ich weiß nicht, wie deine Situation ist, aber es ist schwierig ...«
Das hat mir irgendwie gut getan ... das war die Art von Gespräch, die wir vor achtzehn Jahren nie geführt hätten. Und das war nach so vielen Jahren, trotz der Büroatmosphäre und obwohl wir uns nicht wirklich gut kannten, es tut doch irgendwie gut, die ganzen Floskeln beiseite zu lassen und auf eine etwas persönlichere Ebene zu gelangen. Das hat gut getan. Und ich glaube, daß ... verstehst du, ich glaube das kommt daher, daß man aufgeschlossen dafür ist, und ich glaube, daß die Leute das mitkriegen.
Therapeut: Mhm. Ich glaube, das geschieht, weil du signalisierst, daß es okay ist, über diese Dinge zu reden.
Chuck: Mhm. Das ist ein Gespräch, das man mit meinem Bruder nicht geführt hätte, verstehst du.
Therapeut: Ja.
Chuck: Und so, verstehst du, alle diese kleinen ... in vieler Hinsicht geht es aufwärts. Weißt du, diese Frau ...
Therapeut: Das ist eine Erfolgsgeschichte.
Chuck: (lacht etwas verlegen). Ja. Da ist eine Frau, die mich einmal besucht hat, aber mit der ich im Grunde nicht wieder ausgehen wollte. Sie hat mich öfter angerufen ... und ich habe irgendwie gehofft, daß sie mich nicht an die Strippe bekommt. Das hat damit zu tun, wovon wir früher gesprochen haben. Es fällt mir schwer, jemand zu enttäuschen, vielleicht besonders, wenn es eine Frau ist oder was auch immer. Und ich sagte ... ich sagte einfach: »Weißt du, das ...« Ich erzähle dir einfach, was geschehen ist. Vor ein paar Wochen oder ein paar Monaten bin ich mit einer Frau ausgegangen, und ich mochte sie und wollte sie wiedersehen, verstehst du. Und ich rief sie an, und sie sagte: »Hör zu, ich finde dich nett ... aber ich bin aus verschiedenen Gründen nicht wirklich daran interessiert, mit dir auszugehen.« Ich legte den Hörer auf und dachte, verstehst du, daß ich das nicht gern höre, aber es gefiel mir, daß ich sie nicht anrufen und mir Ausreden anhören und sechs oder sieben Telefonate machen mußte, bevor sich das ganze totlief und sie einfach nicht mehr zurückrief ... das ist doch ein Krampf.
Therapeut: Und genau das wolltest du jetzt mit dieser Frau tun? Du wolltest es einfach sich totlaufen lassen.
Chuck: Nun, das was bisher so meine Art. Es fällt mir leichter, mich so zu verhalten. Und ich dachte mir, nun, was wäre mir selbst lieber, eine solche klare Botschaft oder totlaufenlassen? Und so sagte ich zu dieser Frau, die ich nicht mehr sehen wollte ... ich sagte: »Hör zu, ich möchte dir erzählen, was mir jemand vor zwei Monaten an den Kopf geknallt hat. Ich war zwar nicht begeistert über die Botschaft, aber der Stil hat mir gefallen (lacht). Weißt du, im Grunde hat mir unser gemeinsamer Abend gefallen, und mir gefallen auch viele Dinge an dir, zum Beispiel, daß du gerne läufst und daß du viele Dinge in dein Leben zu integrieren

versuchst und nach Ausgewogenheit strebst, aber verstehst du ... ich weiß nicht, ob es an mir liegt oder was es ist, aber so wie ich konditioniert oder programmiert bin ... auf der Beziehungsebene gesehen, verstehst du, was auch immer ich suche, es schien einfach nicht da zu sein. Und ich ... verstehst du ... deshalb ... ich wollte einfach offen zu dir sein, was uns beide betrifft und ...« (lächelt).

Therapeut: Ausgezeichnet.

Chuck: Ich legte auf, und ich machte irgendwie *huh* (tief ausatmend), ich weiß nicht, ob ich so sein will oder nicht ... aber dann dachte ich mir, zum Teufel, so ist nun mal das Leben, verstehst du.

Therapeut: Das Single-Dasein hat seine schwierigen Momente.

Chuck: So ist nun mal das Leben. Sie hat mich übrigens zurückgerufen, und ich sagte: »Weißt du, ich bin froh, daß du anrufst ... weil ich habe nichts dagegen ... noch ein bißchen mehr darüber zu reden.« Und sie sagt: »Ich möchte nur noch einen Augenblick darüber reden.« Und ich sagte: »Ja, gern.« Und sie sagte: »Je mehr ich darüber nachdachte, war ich wirklich froh, daß du es mir gesagt hast. Anfangs hat es mir nicht gefallen, und ich habe einfach aufgelegt und mir wahrscheinlich keine Gedanken darüber gemacht, wie schwer dir das gefallen sein muß, und verstehst du, ich ... verstehst du, ich legte einfach auf in dieser Stimmung. Aber je mehr ich darüber nachdenke, ist mir dieses Verhalten wirklich lieber.«

Therapeut: Ja, es ist ein viel rücksichtsvolleres Verhalten.

Chuck: Ja. Und sie sagte: »Weißt du, mir hat dieser Abend wirklich gefallen, und das ist vielleicht eine sehr schwierige Frage, und du brauchst sie nicht zu beantworten, aber kannst du mir eine Idee geben, was ... was ... was dich gestört haben könnte ... du weißt schon ... ?« Und ich sagte: »Also, das ist wirklich sehr schwer zu sagen. Ich würde es gern tun, aber ... schau, was du damit anfangen kannst. Ich meine, ich glaube, wir sind alle irgendwie auf der Suche und versuchen zurechtzukommen und Gott ... ich weiß nicht ... verstehst du, wer weiß, wer weiß, was für kleine Macken ich habe. Aber ich werde dir einfach sagen ... dir einfach einen Tip geben, über den du nachdenken kannst ... und ich glaube, hypothetisch betrachtet, ist da eine gewisse, verstehst du ... ich glaube, da ist eine gewisse Weichheit oder so etwas, die ich irgendwie bei einer Frau suche, und die ich bei dir vermißt habe. Und, verstehst du, ich glaube, du bist im Grunde ... ich spüre vielleicht ein bißchen Wut und Schärfe in der Art und Weise, wie du dich in der Männerwelt zu behaupten suchst, und vielleicht mußt du so sein, um bei dem Erfolg zu haben, was dir wichtig ist. Ich weiß es nicht. Ich weiß nicht, was das alles zu bedeuten hat, aber bei mir ist das so angekommen ... verstehst du, für mich ... verstehst du, ich ... ich glaube einfach, daß ich mir ein bißchen mehr Weichheit bei einer Partnerin wünsche und, verstehst du, auf einer Liste bestimmter (lacht leise) Eigenschaften, wenn ich eine Wunschliste haben könnte. Aber, mmmmm, verstehst du. Aber, verstehst du, vielleicht habe ich irgendwelche Neurosen, daß ich, verstehst du, nicht möchte, daß irgend jemand mit mir konkurriert. Vielleicht sind da die verschiedensten Dinge im Spiel, verstehst du, so daß du gar keinen Wert darauf legen würdest, ein Teil meiner Welt zu sein, aus welchen Gründen auch immer. Ich sage, 'wer weiß?', aber das war einfach meine Vermutung, ob sie jetzt stimmt oder nicht.« Jedenfalls sagte ich: »Ich bin wirklich froh, daß wir darüber reden.« Ich sagte: »Das gibt mir eine Menge Hoffnung für die Art und Weise, wie Leute miteinander umgehen können.« Ich sagte, »Ich wollte bloß ...«, dann begannen wir darüber zu reden, daß wir wieder laufen wollten, und sie wollte mir die Namen von einigen Leuten nennen, die ... und plötzlich entspann sich eine echte Kommunikation, die so weit ging, daß wir vielleicht in ein paar Monaten wieder miteinander abendessen.

Therapeut: Richtig. Sobald man zu jemandem so ehrlich ist, ist das gewissermaßen ein solches Gipfelerlebnis, daß es zu mehr führt. Nicht unbedingt zur Heirat, aber zu einer Beziehung.

Chuck: Ja, aber sicher ... und ich sagte: »Du bist ein netter Mensch und, verstehst du, du bist eine gute Läuferin, und ich bin wirklich daran interessiert, und ich möchte die Möglichkeit offenhalten, verstehst du, daß du, wenn du zum Laufen rausgehst und ... mich mitnehmen willst, dann würde ich das gern tun. Solche Sachen würde ich einer Mann-Frau-Sache vorziehen.«

Und, ahhh, vor ein paar Tagen bekam ich meine ... weißt du, meine ersten Prüfungsergebnisse vor dieser erneuten Bewerbung für das Aufbaustudium zurück. Sie waren nicht Spitze, aber von zwei Aufsätzen bekam ich auf den einen ein A, und er schrieb in etwa, »Thema wirklich ausgezeichnet behandelt und gut geschrieben«, und der andere war ein B, der war sehr ungeordnet. (Lacht) Aber, aber ... verstehst du, es war ... aber ich dachte, egal, verstehst du, da ist ein Fortschritt! Und ich habe das Gefühl, daß meine Fähigkeiten zum Teil wieder zurückkehren, weil der eine Aufsatz wirklich gut war. Ich wußte es, als ich ihn schrieb, ich wußte es, als ich fertig war. Und ich beginne zu spüren, wie ich damit weitermachen kann. Und gleichzeitig öffnete ich den Dividendenscheck für meine Firma für das Quartal, weißt du, und es war kein kleiner Betrag, aber was mich mehr freute als alles andere, war das verdammte A. Ich meine, ... es ist mir so KLAR, verstehst du, daß ich auf dem richtigen Weg bin. Ich meine ... ich bin nicht überzeugt, daß das die richtige Weichenstellung ist. Richtig wäre vielleicht eine Abzweigung davon ... verstehst du, wer weiß, was es ist? Aber ich glaube, ich bin auf der richtigen Spur, indem ich diese Prioritäten in meinem Leben setze.

Therapeut: Ausprobieren ist die einzige Möglichkeit, um das herauszufinden ... und wie du sagtest, da sind viele Abzweigungen.

Chuck: Ja, aber ich setze das Geschäft jetzt ganz klar an die zweite Stelle — selbst wenn es ... nicht klappt. Wenn es morgen bankrott macht, dann bleibt mir all das übrige in meinem Leben, was mir soviel bedeutet, und all die anderen Möglichkeiten, und verstehst du, meine Nichten und Neffen und Kinder und Beziehungen ... es ist nicht bloß ... für mich ist nicht mehr alles, verstehst du, auf dieses Geschäft konzentriert. Das Geschäft geht übrigens jetzt ziemlich schlecht — erschreckend schlecht. Aber was bedeutet schon Geld! Ja, was soll's? Ich mache mir Sorgen, ich möchte, daß es gut läuft. Ich möchte, daß die Leute gut arbeiten ... ich möchte, daß es weiterbesteht, denn das würde mich jetzt in eine Krise stürzen. Ich könn-

te die Firma verkaufen, aber ich würde es vorziehen, das später zu tun. Ich würde es zweifellos vorziehen, etwas später zu verkaufen, falls ich überhaupt verkaufe. Das war also einiges darüber, was los ist, und im großen und ganzen ist es ziemlich positiv.
Therapeut: Kein Zweifel. Es ist wunderbar.
Chuck: Ja.
Therapeut: Ich weiß nicht, wann ich einen positiveren Bericht gehört habe — er ist positiv in jeder Hinsicht, in deinen Kontakten, deinem Selbstkonzept, deinem Verzicht darauf, die Familie überzeugen zu müssen, deiner Fähigkeit, dich irgendwie einzufügen und dich echt gegenüber denjenigen zu verhalten, die auch dir gegenüber echt sind, und irgendwie einfach zu verstehen und loszulassen und dich auszuruhen und festzustellen, daß dein Bruder ein bißchen, hm, ein bißchen —
Chuck: ein bißchen verlogen ist, ja.
Therapeut: Ohne wirklich zu versuchen, ihn darauf festzunageln oder darüber beleidigt zu sein. Und wie du mit dieser Frau umgegangen bist. Toll.
Chuck: Ja, es war — ich glaube, die Dinge werden mir allmählich klarer. Verstehst du, ich glaube die Dinge werden mir etwas klarer, deshalb komme ich besser zurecht, aber als ich dann nach Hause fuhr und diese Kinder sah, hat mir das wirklich die Augen geöffnet, und das war, hm, der Country-Club in Ann Arbor mit meiner Schwester. Ich saß da einfach am Schwimmbecken und sah all den kleinen Kindern zu, verstehst du, wie sie ins Wasser sprangen und herumschwammen und dann auf dem Rücken schwammen und irgendwie kreuz und quer und zusammenstießen. Ja, ich meine, ich weiß nicht, verstehst du, entweder werden die Kinder niedlicher oder ... ich werde älter, ich weiß nicht, was es ist, aber plötzlich bin ich einfach aufgeschlossen dafür. Ich bin viel aufgeschlossener dafür und glaube, es könnte wirklich Spaß machen.
Therapeut: Vater zu sein, meinst du?
Chuck: Nun, Kinder oder an etwas beteiligt zu sein, was mit Kindern zu tun hat. Ob das jetzt — verstehst du, vielleicht sogar, sich irgendwie am Freizeitprogramm der Stadt zu beteiligen, einfach irgend etwas das, verstehst du —
Therapeut: Auch das Großer-Bruder- oder Große-Schwester-Programm könnte interessant sein.
Chuck: Genau. Genau. Es macht mir einfach irgendwie Spaß, und ich glaube, daß diese Familiendinge irgendwie wichtig für mich sind. Die Dinge, auf die ich immer wieder zurückkomme, sind wichtig für mich — mir gefällt dieser Gedanke an eine eigene Familie als eine Möglichkeit. Es muß nicht gleich sein, und ich habe auch noch nicht die richtige Person, mit der ich das tun könnte, aber ich vermute, daß sich das zur rechten Zeit finden wird, es wird vielleicht noch ein paar Jahre dauern, aber ich glaube irgendwie, daß dies eine echte Möglichkeit ist.
Therapeut: So ist es.

So ist's richtig!! Die Saat dieser Transformation lag natürlich schon bereit und wartete bloß darauf, zum Keimen und Blühen gebracht zu werden. Dennoch dokumentiert dieses Transkript viele der Veränderungen, die stattfinden, sobald ein narzißtischer Klient sein wahres Selbst entdeckt, es kräftigt und äußert; und es dokumentiert, was kurzfristige Arbeit bei geeigneten Klienten leisten kann. In diesem Transkript werden die Entwicklungen, die Kontraste und die sehr realistischen positiven Hoffnungen für die Zukunft so deutlich an der Fahrt nach Hause und diesem sehr menschlichen Dialog mit der Frau, die er nicht mehr zu sehen wünschte, aufgezeigt. So sieht eine narzißtische Transformation aus, und so hört sie sich an. Es ist eine Rückkehr zu den unglaublichen Freuden des gewöhnlichen Lebens.

6. Kapitel

Die Integration von Gruppen- und Einzeltherapie: die narzißtische Persönlichkeitsstörung

Ich finde meinen Weg, weil du deinen findest.
— Hugh Prather

Es ist Dienstag abend, 17 Uhr 30, die Therapiegruppe wird gleich beginnen. Ich freue mich auf diese spezielle Gruppe, weil ich ihr eine der tiefreichendsten Lernerfahrungen meines Berufslebens verdanke. Ich bin der Therapeut aller sechs Teilnehmer, lauter Männer, die alle bei mir auch in Einzeltherapie sind oder waren. Die meisten Gruppenmitglieder gleichen mir in gewisser Weise, beginnendes mittleres Alter, beruflich erfolgreich, aber ein wenig bis ziemlich stark isoliert. Uns allen ist die Erfahrung gemein, als Kompensation für unzureichende Selbstachtung Leistung anzustreben und anderen zu helfen. Die verbreitete männliche Variante des narzißtischen Persönlichkeitsstils ist hier reichlich vertreten. Larry ist da, ebenso John, das jüngste Mitglied der Gruppe, der im III. Kapitel, erstmals vorgestellt wurde. John befindet sich in einer seiner Krisen und spielt mit dem Gedanken, aus der Gruppe auszuscheiden. In der folgenden Bandaufzeichnung beschreibt er meisterhaft die zentralen Probleme des Narzißmus, und er tut dies mit solcher Ehrlichkeit und Prägnanz, daß sich jeder Mann in der Gruppe in John wiedererkennt — in der Wahrhaftigkeit seiner Selbstdarstellung und in der Tragik seiner Selbstaufopferung.

Der Einzelne in der Gruppe: I. Teil

John: Ich habe das Bedürfnis verspürt, an die Arbeit zu gehen und viel mehr zu leisten, als ich in letzter Zeit geleistet habe. (Sehr sehr leise) Im letzten Semester habe ich nicht den Notendurchschnitt erreicht, den ich wollte. Die Gefühle, die in

dieser Therapie hochkommen, behindern einfach meinen Leistungswillen. Wenn ich etwas fühle, will ich gewöhnlich nicht soviel leisten. Aber versteht ihr, ich fühle mich komisch, wenn ich nichts leisten will. Ich habe dann das Gefühl, kein guter Mensch zu sein — ein guter Mensch zu sein, bedeutet für mich, hinauszugehen und zu versuchen, in was auch immer man tut der Beste zu sein. Ich habe diese Anstrengung nicht gemacht, und ich werde sehr wütend auf mich, weil ich es nicht tue. Ich fühle mich nicht stark genug, um gleichzeitig etwas leisten und etwas fühlen zu können.
Therapeut: Stark genug!
John: Ich habe nicht soviel Kapazität, wie ich benötigen würde, um gleichzeitig zu fühlen und etwas zu leisten. Und wahrscheinlich bin ich deshalb von mir enttäuscht. Ich erkenne einige der Schwächen, die ich habe, und ich mag sie nicht, und ich mag nicht, wenn man mich auf sie hinweist, und ich möchte jedem beweisen, daß ich sie nicht habe. Ich habe nicht das Gefühl, hier in dieser Gruppe irgend etwas zu erreichen. Es bedeutet mir nicht genug, hier zu sein; ich weiß nicht genug; ich habe nicht soviel mitzuteilen, und deshalb fühle ich mich nicht gut dabei. Gewissermaßen kann ich hier nichts leisten; ich kann nichts tun. Es ist ärgerlich. Und ich investiere hier eine Menge Zeit, eine Menge Zeit. Ich wünsche mir, emotional so entwickelt zu sein wie einige von euch. Ich bin verärgert über euch, weil ihr um so viel weiter seid als ich. Ich fühle mich merkwürdig, ich fühle mich traurig — ich fühle mich wie eine Niete, so fühle ich mich, weil ich nicht besser bin, als ich bin. Ich kann mich selbst nur beurteilen, indem ich die Reaktionen anderer Leute beobachte. Wenn sie nicht positiv reagieren, dann glaube ich, daß mit mir etwas nicht stimmt. Ich werde wirklich deprimiert. Ich habe in den letzten Tagen quasi ein Spiel mit mir selbst gespielt, auszugehen und Dinge zu erreichen, ich bin zu Einstellungsgesprächen gegangen und habe sooft wie möglich positiv reagiert. Aber ich beobachte auch, wie ich mich verhalte, wenn ich diese positiven Reaktionen von mir gebe. Ich tue so, als sei ich großartig, als wüßte ich alles und nichts könne mich aus der Fassung bringen; als sei ich wirklich stark. Den Leuten scheint das unheimlich zu gefallen. Die reagieren positiv: »Du bist toll.« Und obwohl ich nicht glaube, daß das stimmt ... gefällt mir diese Reaktion, gefällt mir die Aufmerksamkeit. Ich möchte, daß viele Leute positiv reagieren. Aber ich führe sie bloß hinters Licht. Ich habe alle diese positiven Reaktionen erhalten, und danach habe ich mich ganz einsam gefühlt. Aber ich bin in Verwirrung geraten, als ich heute abend hierherkam. Ich habe Bill zugehört; mir gefiel, was Bill sagte — weil es *echt* schien, es schien *wirklich ehrlich*, und es war — echt. Es fällt mir schwer, es anders auszudrücken als mit dem Wort echt.
Solchen Dingen kann ich den ganzen Abend lang zuhören; es ist großartig, all diese aufgestauten Gefühle loszuwerden. Aber ich fühle mich nicht stark genug, beides zu tun. Ich habe dich in der Stadt gesehen, Bill, du bist anders, du bist viel zielstrebiger. Jetzt denke ich bei mir, ich wünschte, ich könnte so sein, könnte imstande sein zu fühlen, wenn ich es will, und es dann nach außen hin abzublocken. Niemand wissen lassen, was ich empfinde, bis ich mich äußern will. Aber ich

scheine nicht imstande zu sein, das zu tun. Mir sind meine Gefühle ins Gesicht geschrieben, und sie äußern sich in meiner Stimme. Und ich werde nicht gern daran erinnert, daß ich nicht beides tun kann, daß ich nicht stark genug bin, beides zu sein, jetzt oder vielleicht jemals. Ich mag nicht daran erinnert werden, und das scheint die Therapie bei mir zu bewirken, mich daran zu erinnern, wie schwach ich bin.

Jeff: Was willst du! Wenn ich fühlen und meine Gefühle dabei unter Kontrolle halten könnte, dann würde ich es tun, aber ich kann sie nicht unter Kontrolle halten.

Larry: Stärke bedeutet — für dich — deine Gefühle nicht so zu zeigen. Zumindest habe ich dich so verstanden.

Jeff: Zumindest für mich stehen Gefühle und Kontrolle irgendwie in Widerspruch zueinander — reines Gefühl ist etwas, das — für mich ist das, wenn die Kontrolle auf einer wirklich niedrigen Stufe ist. Also versucht man nicht, die Gefühle zu beherrschen, wenn man etwas wirklich ehrlich fühlt, verstehst du. Da ist ein großer Abstand dazwischen. Ich sehe die Kontrolle beinahe am entgegengesetzten Ende des Spektrums von den Gefühlen.

Bill: Meinst du, daß es dir wirklich schwerfällt, dich wieder zu sammeln und rauszugehen und die Dinge zu tun, die du tun mußt? Du kommst hierher und fällst auseinander, dann gehst du wieder hinaus und fängst an, das ganze Zeug, das du hier machst, auf die Reihe zu kriegen, damit du draußen wieder das Rädchen im Getriebe sein kannst.

John: Für mich ist das unmöglich.

Jeff: Ich bin in Situationen gewesen ... manchmal sind die Ereignisse in meinem Leben so überwältigend gewesen, daß ich kaum imstande war, irgend jemand oder etwas zu sehen ... zum Glück ist das nur etwa zweimal in zwölf Jahren geschehen, aber manchmal ist es so.

Bill: Ich glaube, ich empfinde es so, je mehr man hier ablädt, desto weniger fühlt man sich draußen belastet. Leuchtet das irgend jemand ein?

John: Ja, aber für mich funktioniert es nicht so. Ich fange an zu fühlen, und ich kann es nicht stoppen.

Therapeut: Ein Teil des Preises, den du für die Arbeit bezahlst, die du hier leistest, ist, daß du eine emotionale Verletzlichkeit mit dir herumträgst. Kannst du das akzeptieren? Das gehört dazu.

John: Das verstehe ich. Verstehst du, die Sache ist die, ich glaube, ich verstehe ziemlich gut, was ich tue und fühle und warum ich hier bin, und ich verstehe auch den Prozeß ziemlich gut. Nicht völlig, aber ich verstehe, warum ich in diese Stimmungen komme, aber das hilft mir nicht aus ihnen heraus. Das Verständnis ändert für mich eigentlich nicht viel. Ich hatte eine Abschlußprüfung in Physik am Mittwochmorgen, nach der Gruppe am letzten Dienstag. Du warst nicht da, Larry, aber das war — eine ziemlich emotionale Zeit für mich. Und ich bin durchgefallen. Nun, genau genommen habe ich ein D bekommen, aber das ist schlimm genug. Als Schlußnote habe ich ein C in diesem Fach bekommen. Das ist nicht typisch für mich. Ich habe bisher nur A's gehabt, und jetzt bin ich wirklich sauer. Ich war total sauer. Versteht ihr, ich sagte mir, diese verdammte Therapie bringt mich ganz durcheinander. Ich kann nicht einmal mehr denken im Unterricht. Wenn mir also jemand sagt, hör zu, laß dir Zeit, du hast die Zeit, um zu fühlen, nur zu — ich habe die Zeit nicht. Ich habe sie nicht. Ich kann es mir nicht leisten einen Tag lang k.o. zu sein und mich dann wieder zu fangen, weil es sich in meinem Zeugnis niederschlägt.

Bill: Wie ist dein Notendurchschnitt?

John: Ich weiß nicht, etwa 3.7, in der Größenordnung. Ich meine, er wurde schlechter gegenüber 3.9 vorher.

Therapeut: Ich glaube, man kann nicht tun, was du tust, ohne mit solchen Dingen rechnen zu müssen — soviel ich darüber weiß, wie das funktioniert, kann man nicht tun, was du tust, ohne manche solche Tage zu erleben. Es ist nur ein Pech, daß es der Tag der Abschlußprüfung war.

John: Das weiß ich auch und das — das ist es ja, womit ich mich herumschlage.

Therapeut: Bevor wir damit weitermachen, ich habe mich eben gefragt, ob es möglich wäre, die Prüfung zu wiederholen, da sie über deine Verstörung Auskunft gibt und nicht über dein Wissen.

John: Nein, ist es nicht... das möchte ich nicht tun. Ich halte nichts davon. Deswegen bin ich nicht hier. Ich verstehe die Überlegung dahinter, ich danke dir dafür, aber ich werde es nicht tun — ich habe die Prüfung gemacht, wie alle anderen. Alle anderen hatten auch ihre Probleme, und ich habe sie verhauen. Ich will keine Extrawurst, bloß weil ich etwas zu tun versuche.

Jeff: Wenn ich dich richtig verstehe, kannst du den Stoff...

John: Nein, es geht um mein Gewissen, und mein Gewissen sagt nein dazu. Vielleicht werde ich in Zukunft anders darüber denken, aber nein. Nein, es ist meine Aufgabe, durch's Leben zu gehen und die Verantwortung dafür zu übernehmen.

Therapeut: Du empfindest es als eine harte Probe —

Bill: Eine Feuerprobe. Und das ist eine Gelegenheit, jemand zu bitten, kurzfristig die Hitze kleinerzustellen.

John: Mir gefällt der Gedanke in diesem Fall nicht. Vielleicht werde ich künftig darüber nachdenken, aber nicht in diesem Fall. Mein Notendurchschnitt ist 3.7 bei fast 100 Einheiten. Davor war mein Notendurchschnitt 2.7. Wenn man die beiden kombiniert, liegt der Gesamtnotendurchschnitt bei 3.1. Und jedesmal, wenn ich ein A bekomme, steigt er nicht, er pendelt immer um diesen Wert. Und da sind so viele Leute mit besseren Notendurchschnitten — Gott, ich fange schon wieder davon an, warum ich gut abschneiden möchte, das wird schon allmählich langweilig, aber ich steigere mich da unheimlich hinein, weil ich mir nicht — weil ich mir keine Absolution dafür gewähre, was ich früher getan habe, als Ansporn, um künftig mehr zu leisten.

Martin: Ich verstehe, daß du dich selbst geißelst, um Fortschritte zu machen, und ich glaube, auch alle übrigen hier verstehen dieses Verhalten. Darin sind wir alle Experten.

Bill: Eine Rückmeldung, die ich dir gern geben möchte, ist — du hast vorhin gesagt, daß du ziemlich gut begreifst, wie dieser Prozeß funktioniert und was charakteristisch für ihn ist. Ich habe große Hochachtung dafür, wieviel Zeit du in deinem Kopf damit verbringst, an diesen Problemen zu arbeiten und wieviel Energie du ihnen widmest, und ich wüßte gerne, ob du auch verstehst, daß du bei dieser Entscheidung zwischen Leistung und Gefühlen in Wirklichkeit keine Wahl in dem Sinne hast, daß du deine Gefühle abschalten oder dich von ihnen abwenden könntest, daß du diese Prozesse verdammen könntest, die die Gefühle entstehen lassen und sie dir unter die Nase reiben. Wenn es dein Ziel ist, über das hinwegzukommen, was dich verletzt, und zu lernen, wie du ein gutes, befriedigendes Leben mit Frauen und anderen Menschen führen kannst, dann hast du keine Wahl. Du weißt schon, was ich sagen will... ich meine einfach, daß ein Zeugnis ein fliegenschißkleiner Teil des Lebens ist.

John: Das weiß ich auch. Aber ich — verstehst du, niemand hat mich im Leben wirklich angetrieben. Meine Eltern scheuten sich, etwas zu mir zu sagen, weil sie meine älteren Brüder schon völlig verkorkst hatten, und ich kam mit etwa 18 Jahren zu der Überzeugung, daß ich mich selber nicht genügend antrieb.

Jeff: Also hier ist ein Typ, der wirklich was erreichen könnte, wenn man ihn antreiben würde.

John: Das wußte ich nicht, aber ich wollte es herausfinden und — jedesmal, wenn ich jetzt nachlasse, muß ich mir selber einen Tritt in den Hintern geben, um was zu tun, weil sonst niemand da ist, der, nun ja, hilft, verstehst du, der anschiebt. Und ich tue es zu sehr, glaube ich, ich übertreibe es, aber —

Therapeut: Glaubst du, daß das je endet... wenn du den Nobelpreis bekämst, würde dir das genügen?...

John: Nein, aber was es bewirken würde, ich würde mich eine Weile wirklich gut fühlen, und es würde mir etwas geben, worauf ich zurückgreifen kann, so daß ich sagen kann, ich verdiene den Respekt, den ich mir wünsche. Es wäre mehr Respekt, denn ich verdiene Respekt.

Therapeut: Meine Erfahrung ist, daß nichts je genug ist, wenn man einmal damit anfängt. Sobald du diesen Weg einschlägst, wirst du nie zur Ruhe kommen.

John: Ich werde immer mehr leisten wollen, das weiß ich.

Therapeut: Es ist noch schlimmer —

Jeff: Man hat immer das Bedürfnis, mehr zu leisten, um sich das zu beweisen, und es funktioniert nicht.

Larry: Und weil die Gefühle zu kurz kommen, wirst du dich weiterhin schlecht fühlen wegen der langen Jahre und harten Stunden, die aufgewandt werden müssen, um diese Doktorate zu bekommen. Dennoch wirst du...

John: Ich glaube euch beiden, ich widerspreche euch gar nicht.

Therapeut: Weil sie es beide gemacht haben — wir alle haben das zur Genüge gemacht.

John: Aber irgendwie glaube ich, auch ein Recht zu haben, es zu machen. (Gruppengelächter)

Jeff: Ich wette, jeder von uns hier weiß, daß du eine Menge erreichen wirst.
Larry: Ja.
Bill: Zum Teil ist es ja auch befriedigend. Verstehst du, ich meine, zum Teil ist es ja gut, es zu schaffen. Aber die Kehrseite der Medaille ist — es beweist nichts.
John: Ich glaube, es beweist schon etwas.
Bill: Es beweist nicht, was ich mir neurotischerweise wünsche, daß es beweisen soll. Es beweist irgendwas anderes. Es beweist auch etwas Gutes, aber es widerlegt nicht die Kehrseite.
Therapeut: Ein Teil der Kehrseite, John, ist, daß du so streng mit dir bist, so unglaublich streng mit dir. Was ich weiß, ist, daß dich Leistungen niemals davon abhalten werden, dich so zu verhalten, so *streng* zu sein.
John: Nein, aber es wird mir ... so denke ich im Augenblick — wenn ich viel erreiche und, sagen wir, viel Geld verdiene, dann kann ich mir sagen, nun, warum fährst du nicht dieses Wochenende weg — und verbringst es, sagen wir mal, beim Top-Guru in Psychiatrie. Dann habe ich das Geld verdient, um das zu tun, und ich tue es für mich. Mit anderen Worten — ich habe es quasi für mich selbst verdient. Niemand schenkt es mir; ich schenke es mir selbst. Während jetzt, wo mir meine Eltern etwas schenken, fühle ich mich nicht wirklich gut dabei, ich fühle mich hohl. Ich empfinde keine besondere Motivation — es ist nicht für mich, fast habe ich eher das Gefühl, diese Therapie für sie zu machen. Versteht ihr?
Bill: Hast du je das Gefühl, es für uns zu tun?
John: Nein, ich habe nicht das Gefühl, euch genug zu geben, wie ich vorhin sagte, ich weiß nicht genug, um das zu durchschauen, was ihr sagt, denn ich habe den Eindruck, daß wir alle so ziemlich dasselbe sagen, aber ich möchte — ich persönlich habe dieses Ziel — ich strebe nach Größe. Versteht ihr, ich habe das Gefühl, ich sollte imstande sein, in einem Satz auszudrücken, was für euch alles auf den Punkt bringt, aber nicht so tiefsinnig, daß ihr es nicht versteht, sondern so, daß es für alle den Nagel auf den Kopf trifft.
Bill: Klar, das wünschen wir uns alle.
Jeff: Genau.
Therapeut: Großartig, heile uns alle in einem Satz, einem vollkommenen Satz.
John: Und es ist wirklich unheimlich, aber irgendwie sage ich mir selbst, streng dich genügend an, bleib eisern dabei, und vielleicht, wenn du 50 Jahre alt bist, wirst du es geschafft haben, oder du wirst dem Ziel nähergekommen sein. Aber dann sage ich mir, also, wenn ich in diesem Tempo weitermache, dann werde ich nie ans Ziel kommen.
Therapeut: Wenn du diesen einen vollkommenen Satz nicht findest, was wirst du dann von dir denken?
John: Ich würde mich nicht nur für mich allein schlecht fühlen, sondern wenn ich den Rest von euch sehen müßte, dann würde ich mich schuldig fühlen, daß ich es nicht geschafft habe — daß ich nicht gut genug war.
Bill: Dann möchte ich dir sagen, gleich jetzt, daß du sehr hilfreich für mich gewesen bist. Du hast mir sehr geholfen. Und ich sage das, weil es eine sehr wahre und

sehr simple Tatsache ist. Du hast dir selbst eine Falle gestellt, daß du, wenn du nicht die Eleganz eines Konfuzius schaffst, nichts taugst und schuldig bist. Das brauchst du nicht zu tun. Und das wird dich vielleicht nicht in der Weise ansprechen, die ich mir wünschen würde, aber du kannst uns in der Weise helfen, wie wir übrigen einander helfen können. Ich glaube, daß es deine Absicht ist zu helfen, und ich brauche diese Hilfe, deshalb weiß ich das zu schätzen. Du brauchst nichts Besonderes zu sagen ... das brauche ich nicht von dir. Du hilfst mir am meisten durch deine Absicht und deine Ehrlichkeit und durch den Spiegel, den du für mich abgibst und in dem *ich mich selbst* sehe. Ich sehe mich darin, wie streng du gegen dich bist, wie wenig freundlich du dir selbst gegenüber bist. Du könntest freundlich zu dir sein, indem du anerkennst, daß du mir hilfst. Übe Freundlichkeit dir selbst gegenüber.

John: Das klingt mir zu sehr nach danke dem Herrn für alles, was er dir beschert hat vor dem Einschlafen, und das habe ich nie abgekauft.

Therapeut: Könntest du jetzt damit anfangen?

Jeff: Du müßtest dich darauf programmieren, dich selbst gut zu finden, und das kannst du unter anderem, indem du akzeptierst, was du für uns leistest.

Therapeut: Wie du schon oft gesagt hast, John — liebe dich selbst.

John: Ich liebe mich im Grunde nur dann selbst, wenn ich mich von anderen geliebt fühle.

Therapeut: Ja. Und das möchte ich gern tun. Ich möchte dir all die guten Dinge sagen, die ich über dich denke und möchte sie mit einem Satz ausdrücken. Wenn es eine Möglichkeit gäbe, wie ich dir die Liebe zeigen könnte, die ich gerade jetzt für dich empfinde, dann würde ich es gern tun, aber ich weiß auch, daß das vielleicht nicht möglich ist.

John: Ja, es würde nicht funktionieren, es würde für mich nicht funktionieren, weil ich es mir selbst beweisen muß. Ich muß mir beweisen, daß ich was tauge.

Bill: Das ist die Tragik.

John: Ich höre, was ihr alle sagt, aber was ich euch im Grunde sage, ist, es ist ganz egal, was ihr sagt.

Martin: Was ist ganz egal?

John: Daß ihr mir sagt, daß Leistungen wirklich nicht der Heilige Gral sind.

Bill: Wie hast du dich gefühlt, als ich das vorhin zu dir sagte — daß du mir geholfen hast?

John: Du hast mir das schon früher gesagt, deshalb verstand ich es.

Bill: Wie hast du dich dabei gefühlt?

John: Nun, ich habe mich bei deinen Worten genauso gefühlt wie bei dem, was Steve (Therapeut) sagte, weil ihr, glaube ich, dasselbe sagtet. Es zählt einfach nicht — ich muß es mir selbst beweisen.

Bill: Es hat dich also ganz kalt gelassen? Es hatte keine Wirkung?

John: Ich habe mich schon gut dabei gefühlt, aber das war nicht genug.

Bill: Moment mal. Was fühlte sich dabei gut an? Was fühlte sich gut an, wenn ich dir sage, daß du mir geholfen hast?

John: Nun ja, es gibt mir das Gefühl, daß es nette Menschen auf der Welt gibt, und ich glaube, du bist einer davon. Das empfinde ich dabei.
Bill: Mhm. Und was sagt das über unsere Beziehung?
John: Ich glaube eigentlich nicht, daß es viel über unsere Beziehung sagt.
Bill: Aber es sagt doch etwas, oder nicht?
John: Daß du imstande bist, die Tatsache auszudrücken, daß du ein netter Mensch bist.
Bill: Was sagt es über meine Gefühle dir gegenüber?
John: Ich glaube nicht, daß es viel sagt.
Bill: Ich stimme dir zu; es sagt nicht sehr viel, aber du weißt, daß es etwas sagt, und dem weichst du ständig aus.
John: Nun ja, weil, verstehst du, die Wahrheit — wenn ich die Wahrheit darüber sagte, was ich empfinde, dann wäre das nicht sehr nett.
Martin: Wir werden es aushalten.
John: Nun, was ich empfinde ist, es spielt keine Rolle, weil es *nicht genug* ist. Was du zu mir sagst, ist bloß — ich bekomme eine Streicheleinheit, und ich habe das Gefühl — ich habe das Gefühl, daß du nicht weißt, worüber du redest in meinem Fall.
Bill: Ich habe nicht über deinen Fall geredet, ich habe über meinen Fall geredet... du hilfst mir...
John: Verstehst du, so sehe ich das.
Bill: Worauf ich hinaus will, ist, daß ich dich sehr schnelle Haken schlagen sehe, weg von allem Positiven, so daß es nie genug ist, nie genug, nie genug. Als ob die Intensität des Erlebnisses unglaublich stark sein müßte, um etwas zu bedeuten. Aber ich glaube schon, daß du etwas empfindest. Du hast ein gutes Gefühl dir selbst gegenüber, wenn du dich von anderen Menschen geliebt fühlst. Meine Erfahrung mit dir in dieser Gruppe ist, daß es Zeiten gegeben hat, in denen du dich von Leuten in dieser Gruppe geliebt fühltest, so daß du offen und nachsichtig mit dir selbst sein konntest.
John: Das stimmt, das kommt vor. Und ich genieße es sehr. Aber dann muß ich nach Hause gehen und bekomme keine Streicheleinheiten mehr. Ich will keine Streicheleinheiten empfinden und dann keine mehr bekommen.
Therapeut: Hilft es dir, wenn ich dir sage, daß ich glaube, es fällt dir schon leichter, die Streicheleinheiten anzunehmen?
John: Ich kann das alles annehmen, aber dann tut es mir nur noch mehr weh, nachdem ich von hier weggehe. Wenn ich am Dienstag von hier weggehe, fühle ich mich gewöhnlich schrecklich. Ich verliere meine Fassung, und ich fühle mich nicht wohl in der Welt, und ich frage mich, was zum Teufel mache ich eigentlich? Ich fühle mich furchtbar schwach, und gewöhnlich endet es damit, daß ich ausgehe und etwas Selbstzerstörerisches tue — trinke oder...
Therapeut: Was würde dir helfen...
John: Nun ja — verstehst du, es ist eine Art Zwickmühle, denn selbst wenn man mir nach der Gruppe helfen würde, dann würde ich es am nächsten Tag wollen und

am übernächsten. Ich will es an jedem Tag meines Lebens; ich will es immer. Und... das ist es, was ich mir wünsche und nicht kriegen kann.
Jeff: Doch, du kannst es kriegen.

In früheren Sitzungen sowohl in der Gruppe als auch in der Einzeltherapie hatte John das sehr intensive Gefühl entdeckt, daß ihm nur die bedingungslose Liebe und Unterstützung einer Frau das »Genug« geben könnte, das er brauchte. Dies ist ein sehr häufiges dysfunktionales Gefühl bei Personen, die in den ersten achtzehn Lebensmonaten, in der Periode des Stillens und Im-Arm-Haltens, ernsthafte Schwierigkeiten erlebten. Infolge dieses gewaltigen Defizits ist es oft, wie in Johns Fall, schwierig für sie, Zuwendung anzunehmen bzw. zu internalisieren, die nicht von dieser einen, vollkommenen Quelle ausgeht. Die Durcharbeitung dieses Bedürfnisses ist vielleicht das zentrale Problem in der Therapie von Menschen mit schizoider oder oraler Problematik, die John hier eindeutig manifestiert. Sowohl Bill als auch ich versuchten, John bei diesem Problem zu helfen, indem wir ihm, wie im Transkript veranschaulicht, anteilnehmende Rückmeldungen anboten. Obwohl diese Annäherungsversuche offensichtlich an ihm abprallten und als »nicht genug« bezeichnet wurden, hatten sie dennoch eine therapeutische Wirkung. Sie beleuchten aufs Neue Johns Haltung des »Nichts-ist-je-genug«, zu der sich John bekennt, als er sagt: »Verstehst du, so sehe ich das eben.«

Dennoch läßt John, wie so viele andere in seiner Position, mehr an sich heran, als er bereit ist, zuzugeben. Alles an sich heranzulassen, wäre emotional überwältigend für ihn, und obwohl es typischerweise Tränen der Erleichterung und Ekstase auslöst, wie das beim vorherigen Gruppentreffen geschehen war, bewirkt es auch einen Grad an Offenheit, der ihn noch aus der Fassung bringt und daher seine Funktionsfähigkeit im Alltag beeinträchtigt. Dies zeigte sich an dem Umstand, daß die Gefühlsbewegungen der letzten Gruppensitzung schlechte Leistungen bei der Abschlußprüfung in Physik zur Folge hatten. Auf dasselbe Thema — positive Rückmeldungen an sich heranzulassen, die weniger als vollkommen und bedingungslos sind und auch nicht aus einer weiblichen Quelle stammen — wird in diesem Gruppengespräch später Bezug genommen.

Martin: Du wirst nie genug erreichen, um mich zu beeindrucken, John. Egal, was du tust, es wird mich nicht interessieren.
John: Das ist das Beste, was du mir überhaupt sagen kannst, Martin, denn jetzt werde ich dich niemals in Ruhe lassen. Ich werde immer in Kontakt mit dir bleiben, um dir zu beweisen, daß ich es schaffe. (Gruppengelächter) Das ist so unge-

fähr der größte Ansporn, den man mir geben kann, wenn das irgend jemand zu mir sagt. Dann habe ich das Bedürfnis, es dir zu zeigen.
Martin: Mit Leistung wirst du mich nie beeindrucken.
John: Ja, das habe ich gehört, aber du gießt bloß Öl ins Feuer.
Martin: Die Dinge, die dich wirklich auszeichnen, sind diejenigen, die du zu verstecken suchst. Die Dinge, an denen du mich teilhaben läßt, das sind die Dinge, die wichtig sein werden ... eben das, was dich wirklich ausmacht. Wenn es dir gelingt, etwas zu leisten, dann, höre ich dich sagen, wirst du besser imstande sein, deine Gefühle zu verbergen, wer du wirklich bist, was du eigentlich zu geben hast.
John: Ich finde das — ist nicht fair. Das solltest du nicht zu mir sagen. Das scheint mir nicht fair. Denn dann möchte ich mehr so sein, wie du es beschreibst, aber das ist nicht fair, denn wenn ich so sein möchte, dann wird mich niemand einstellen. Dann werde ich keine Million Dollar verdienen.
Martin: Ich hätte dich lieber arm und glücklich als reich und dich selbst hassend. Wenn du arm sein und dich selbst mögen könntest, sicher ... dann wünsche ich dir Armut. Es ist keine Frage von entweder-oder, aber wenn es das wäre, dann wüßte ich, was ich wählen würde.
John: Ich bin immer noch von der Überzeugung besessen, daß Erfolg ... nun ja, Geld bedeutet, und ich möchte es *jetzt*. Ich will nicht warten. In der Therapie gestatte ich mir quasi, mich irgendwie aufzulösen. Aber ich möchte mich in den Griff bekommen, und es jetzt schaffen. Ich will nicht warten. Ich habe es eilig. Ich bin sehr ungeduldig ... was ich eigentlich möchte, ist die *Leute wegpusten* (aggressiv).
Jeff: Sie beeindrucken?
John: Nein, ich möchte sie *niederrennen*, verstehst du, sie wirklich schlagen. Ich glaube, ich weiß, wie das geht, aber ich kann nichts fühlen, während ich es tue, denn dann würde ich es nicht tun. Aber irgendwie, wenn ich etwas in dieser Weise schaffe, dann empfinde ich ein Machtgefühl, ein Gefühl der Kraft, das das genaue Gegenteil davon ist, wie ich mich jetzt fühle.
Therapeut: Wie lange hält das an?
John: Bis zur nächsten Leistung — wie lang hängt von der Leistung ab, von der Anerkennung, die ich bekomme.
Therapeut: Je größer die ist, desto länger hält es an?
John: Es hält gewöhnlich nicht mehr als eine Woche an, manchmal einen Monat. Und in der Zwischenzeit arbeite ich an der nächsten Leistung. Ich kann zwar eine Woche Urlaub machen, aber ich bleibe immer in Kontakt mit meinen Aufgaben, sammle Material, beeile mich, um wieder ins Leben zurückzukehren.
Therapeut: Ich denke, Martin hat dir gesagt, daß es nicht deine ständig neuen Leistungen sind, was ihn dir näherbringt. Die sind ihm scheißegal. Er möchte *dich* in deinem Leben.
John: Nun, darum ist Martin auch etwas Besonders für mich. Aus diesem Grund brauche ich nicht immer obenauf zu sein. Ich kann ihn auch anrufen, wenn es mir schlecht geht. Verstehst du, fast scheint er es mehr zu schätzen, wenn ich ihn

anrufe, wenn es mir schlecht geht.
Jeff: Das trifft vielleicht auch für uns übrige zu, und du weißt es bloß nicht. Es stimmt, John.
John: Aber es gibt Leute in der Welt, auf die ich eine Wut habe. Sie sagen mir, daß ich nicht gut genug bin.
Therapeut: Und sie wollen die Million Dollar.
John: Ja, sie wollen die Million Dollar, und für sie bedeutet Erfolg, Geld zu machen, der Chef zu werden, die Welt zu besitzen.
Therapeut: Und du wirst es ihnen zeigen.
John: Ja.
Therapeut: Dafür wirst du dich nötigenfalls aufopfern.
John: Nun ja, ich will meinen Kuchen haben und ihn auch essen, aber zuerst opfere ich mich. Scheint mir wichtiger. Opfern ist eine Religion für mich. Ein guter Mensch tut das.
Therapeut: Das umschreibt diese Krankheit sehr gut, du hast es schön formuliert.
John: Hm, danke. Nun, meine Paranoia basiert auf der Tatsache, daß ich nicht glaube, geliebt zu werden. Und...
Jeff: Liebe dich selbst.
John: Nun, der Grund, warum ich mich selbst nicht liebe ist, weil ich nicht glaube, liebenswert zu sein, weil andere mich nicht lieben, und das muß ich ja von irgendwo her gelernt haben. Ich glaube nicht, daß ich damit zur Welt kam.
Therapeut: Wenn du glauben könntest, daß du geliebt wirst, was würdest du dann...?
John: Gott, ich weiß nicht, ich weiß nicht, wie das wäre. Wirklich nicht. Das einzige, was ich weiß, ist, daß ich mich stark fühle, wenn ich ein Ziel erreiche. Gefühle sind so... aber ein Ziel zu erreichen — das ist euphorisierender als jede Droge. Es ist großartiger als alles andere.
Therapeut: Wie ist es, wenn du dich geliebt fühlst?
John: Nun, ich glaube nicht, daß es das gibt.
Therapeut: Nun, was ist letzte Woche geschehen — erinnerst du dich an den Augenblick, als du dich gesehen und verstanden fühltest... du hast ein bißchen geweint und du hattest das Gefühl, du müßtest nicht mehr kämpfen und nichts mehr beweisen? In diesem Augenblick hattest du es.
John: Ich versuche, diese Augenblicke ziemlich schnell zu vergessen.
Therapeut: Erinnere dich jetzt.
John: Mmm. Ich erinnere mich, aber ich möchte nicht darüber reden, denn so fühle ich mich wirklich, und weil... wenn ich wirklich ehrlich mit mir selbst wäre, dann würde ich so empfinden und, ich würde nichts tun. Ich würde nicht — nichts wäre wirklich wichtig.
Bill: Bist du dir klar, was du aufgeben müßtest?
John: Um was zu tun?
Bill: Wenn du Erfahrungen behalten würdest, wie du sie letzte Woche hattest, die dein ganzes Leitbild deines Lebens bedrohen, dann würdest du dieses Leitbild

aufgeben müssen.
John: Stimmt. Und dann würde ich meine Argumentation aufgeben müssen, wie man etwas im Leben erreicht.
Bill: Ja. Und du hast diese Landkarte von der Welt von 1962 — und dann machst du diese Erfahrung, die du wegwerfen mußt, du mußt sie auslöschen, weil sie nicht zu der Landkarte paßt. Also muß eines von beidem weichen. Entweder das authentische, echte Erlebnis muß weichen oder die alte Landkarte des Lebens.
John: Ja, ich weiß.
Bill: Du entscheidest dich ständig dafür, authentische Erlebnisse auszulöschen zugunsten der alten Landkarte.
John: Ich glaube, daß du das glaubst.
Bill: Ich weiß, daß es stimmt.
John: Da bin ich nicht so sicher. Ich beginne, daran zu zweifeln, was der richtige Weg für mich ist, denn ich fühle mich gut, wenn ich etwas erreiche, und ich fühle mich beschissen, wenn ich bloß fühle. Und besteht der ganze Sinn des Lebens nicht darin, sich gut zu fühlen? Ich meine, letzten Endes.
Therapeut: So wie du diese Erfolgserlebnisse beschreibst, waren sie immer auch mit einem Gefühl der Schalheit verbunden. Sie bringen es nicht wirklich.
John: Ja, zum Beispiel mein sportlicher Erfolg im Osten oder mein akademischer Erfolg in Washington. Sie waren bloß ein Anfang, und ich habe sie aufgegeben.
Therapeut: Und du hast sie immer aufgegeben, weil sie nicht deinen Erwartungen gerecht wurden; sie bringen es nicht.
John: Wahrscheinlich. Aber da ist die Entscheidung, die ich jetzt treffen muß, und das würde ein totales Mich-Einlassen in der einen oder anderen Weise erfordern. Und ich glaube, meine Zweifel müßten noch geringer werden, daß ihr diesbezüglich recht habt. Soviel möchte ich euch jedoch sagen, wie ich zu Leuten in dieser Gruppe stehe, ist, daß ich fast das Gefühl habe, daß ihr kein Recht habt, mir zu sagen, was mit mir geschehen wird, denn ihr habt alle bereits genügend geackert und etwas erreicht. Aber ich habe das nicht, und ihr sagt mir, ich sollte es nicht tun, weil es nicht der richtige Weg ist.
Jeff: Wir sagen dir nicht, daß du nichts leisten sollst, wir sagen dir, erwarte nicht, daß es dir das gibt, was du dir wirklich wünschst.
Martin: Verkaufe bloß nicht deine Seele für den Erfolg.
Therapeut: Nein, Leistung ist schön, Erfolg ist schön, aber es ist nur die Garnierung des Kuchens. Ich kann dieses wunderschöne Haus bewohnen, ich fahre ein schönes Auto, ich kann mir neue Schallplatten und Bücher kaufen, wenn ich will. Es macht Spaß, es gefällt mir. Es gibt mir nicht das Gefühl, geliebt zu werden, es bewirkt nicht, daß ich mich selbst liebe, es macht mich nicht glücklich. Es ist bloß die Garnierung, oder es ist besser als nichts.
Bill: Es ist Geld. Ich lebe auch in einem sehr hübschen Haus. Ich mache einen schönen Urlaub. Wenn ich mir etwas wünsche, dann kann ich es mir mit größerer Wahrscheinlichkeit leisten, da sind also viele Dinge, die geschehen können, wenn man Geld hat. Ich verdiene viel Geld, indem ich etwas tue, was mir gefällt. Ver-

steht ihr? Und es sind wirklich schöne Dinge verbunden mit dem Erfolg, denn viele Dinge, die man sich wirklich wünscht, auf einem sehr hohen, erfolgreichen Niveau, kommen dadurch in Reichweite, und das ist toll. Aber es sind nicht die Dinge, die wirklich zählen.

Martin: (Sarkastisch) Mach nur so weiter und erreiche noch mehr, bis das alles ist, was du hast, und dann komm zu mir zurück.

John: Was?

Jeff: Martin ist nur noch auf dem Leistungs- und Erfolgstrip.

Martin: Ich habe kein tolles Auto, ich lebe nicht einmal in dem Haus, das mir gehört; ich schlafe dort. Ich arbeite die ganze Zeit. Ich kann nichts genießen. Ich würde dir das nicht wünschen. (Seine Augen füllen sich mit Tränen).

Jeff: Ja. Wenn du Martins Weg einschlägst, dann mußt du das alles in Kauf nehmen.

John: Nun, ich beneide dich, Martin. Ich habe unlängst mit dir telefoniert und dir von einem Job erzählt, den ich vielleicht annehmen wollte, und du hast mir gesagt, daß du in deinen letzten Studienjahren in einem Lagerhaus gearbeitet hast, daß du dich bis zum Vorarbeiter hochgedient hattest, nachdem du anfangs bloß Güterwagen entladen hast, und daß man dich zum Leiter des ganzen verdammten Lagerhauses machen wollte, nachdem du deinen Abschluß geschafft hattest. Und ich habe dich unheimlich beneidet. Und ich dachte mir, ich werde dasselbe tun, verstehst du? Und es wurde mir blitzartig klar, so als hätte ich jetzt ein Ziel, das ich anvisieren könnte.

Jeff: O Gott, wenn man dir jetzt nicht anbietet, Leiter des ganzen Lagerhauses zu werden, dann wirst du dich als Versager fühlen. Er hat dir jetzt bloß einen neuen Maßstab in die Hand gegeben. Und wenn du alles tust, wenn du all das leistest und dann ganz zum Schluß, wenn der Typ dich eben fragen will, ob du Leiter des Lagerhauses werden willst, wenn er dann sagt, »nun, wir werden Herrn Schmidt einstellen«, dann bist du ein Versager!

John: Aber ich will das, ich will Respekt.

Jeff: Du versuchst, etwas zu beweisen und es funktioniert nicht. Schau dir Martin an.

John: Ich respektiere Martin sehr. Ich weiß, daß er zu kämpfen hat. Aber, versteht ihr, ich respektiere ihn, ich kann mir vorstellen, in seinem Alter in seiner Position zu sein, von Leuten respektiert zu werden, und irgendwie gibt mir das ein gutes Gefühl.

Therapeut: Es wäre besser als nichts.

John: Ja, ich glaube es wäre toll.

Jeff: Hör zu, du begreifst nicht, was er dir erzählt. (Martin weint still vor sich hin.) Wenn du Martin annimmst, dann mußt du alles in Kauf nehmen, und das ist eine Menge innere Leere und Leiden.

John: Glaub mir, ich weiß, was er sagt. Ich glaube, ihr hört mir nicht zu. Was mir wichtiger ist, als die Liebe zu empfinden, ist, den Respekt zu bekommen, den Erfolg. Ich verstehe, was ihr sagt.

Jeff: Und ich sage, du täuschst dich.
John: Das ist es, was ich nicht glaube. Ich weiß es noch nicht.
Bill: John, das habe ich schon vor etwa zehn Minuten gesagt. Und ich möchte nicht herablassend klingen, aber ich glaube, du mußt erst mal dahin kommen.
John: Ich weiß.
Bill: Und ich wünsche dir, daß du diese Desillusionierung sobald wie möglich erlebst. Ich möchte, daß du desillusioniert wirst. Ich möchte, daß dir das Herz bricht bei der Erkenntnis, jetzt habe ich eine Million Dollar verdient, ich besitze jede Eisenbahn in den Vereinigten Staaten, und es nützt mir nichts.
Martin: (Weinend) Ich habe es getan. Schau her, was es mir gebracht hat. Niemand liebt mich wegen meiner Leistungen. Niemand hat mich deshalb gern. Ich möchte da raus.
John: Ich denke bloß immer, daß niemand wissen wird, wie glücklich ich bin, wenn ich nichts erreiche.
Martin: Wenn du glücklich bist, ist es egal, wer es weiß.

Martins Beitrag zu diesem Gespräch ging weit über das hinaus, was aus diesem Transkript ersichtlich wird. In vieler Hinsicht waren John und Martin Zwillinge in ihrer seelischen Grundstruktur, und Martin hatte jene Art der Selbstaufopferung und des Erfolgsstrebens ausgelebt, die John vorschwebten. Martins einfühlsames Verständnis für John war in der Gruppe schon früher zahllose Male demonstriert worden, und seine Autorität bei John wurde durch seine Tränen noch weiter gesteigert. Martin hatte soeben eine Durcharbeitung schwerer frühkindlicher Mißhandlung innerhalb und außerhalb des Gruppenkontexts abgeschlossen. Sobald dies beendet war, gelang es ihm endlich, sich von einer erfolgreichen, aber sehr selbstverleugnenden Karriere zu distanzieren. Ich glaube, daß Martin seinen eigenen inneren Dialog hier so klar von John wiedergegeben hörte, trug dazu bei, daß Martin diese Verhaltensmuster schließlich loslassen konnte. Martins Herz war gebrochen worden, und Johns innerer Kampf war für ihn eine noch nötige Erinnerung daran und befähigte ihn, noch mehr loszulassen. Wenn er schon John nicht retten konnte, so konnte er wenigstens sich selbst retten. Und daß Martin sich selbst rettete, wurde zu einem Beispiel für John, das wichtiger war als alles, was er je hätte sagen können.

An einem späteren Punkt der Sitzung rang John mit der Entscheidung, ob er dem Weg vertrauen sollte, den ihm die ganze Gruppe empfahl, oder ob er bei der alten Landkarte bleiben sollte, die Bill zuvor erwähnt hatte. Wir nehmen den Faden hier wieder auf:

John: Wenn ich euch folge, dann muß ich auf etwas vertrauen, an das ich nie

glaubte, und aus einem anderen Grund etwas leisten. Ich glaube nicht, daß Leistung als solche schlecht ist.
Therapeut: Können wir dir im Zusammenhang mit dem, was du eben sagtest, irgendwie helfen.
John: Ihr könnt mir sagen, wo es eine großartige Frau gibt, die mir sagt, daß es okay ist, so zu empfinden, und nicht irgendein Spatzenhirn, das hin- und herflattert, sondern jemand, der mir sagt, ich habe diesen Mist selbst durchgemacht, ich kenne das.
Larry: Muß sie alleinstehend und frei sein oder bloß jemand zum Reden?
John: Ich weiß nicht.
Larry: Ich wüßte da jemand.
John: Ich würde eine Weile dazu brauchen, denn ich würde diese Person sehr sorgfältig unter die Lupe nehmen. Ja. Es fällt mir sehr schwer zu glauben, daß es solche Frauen gibt. Jetzt kommen wir wirklich weiter, denn wenn es solche Frauen gibt, dann würde das meinen Leistungswillen etwas bremsen, wenn ihr versteht, was ich meine. Martin, verstehst du mich?
Martin: Allerdings.
John: Denn meine Mutter war sehr leistungsorientiert, versteht ihr — und ich würde gern glauben, daß es auch etwas anderes gibt. Ich glaube es nicht. Aber was nicht fair wäre, ist, daß diese Person nahezu vollkommen sein müßte.
Therapeut: Aber dann mußt du dich damit auseinandersetzen. Und genau das ist eines deiner Hauptprobleme, diese *Vollkommenheit.*
John: Ich kann Unvollkommenheit bei einem Mann akzeptieren. Nicht bei Frauen.
Therapeut: Nun, dann wirst du nie mit einer Frau glücklich sein.
Bill: Ich bin nicht so sicher. Denn das klingt wie etwas, das ich von mir kenne — ich meine, das ist auch mein sehr großer Wunsch und meine Arbeitshypothese — je mehr die Beziehung Gestalt annimmt, desto realer werde ich, desto realer wird sie, und dann beginnt sich der ganze Vollkommenheitstick aufzulösen. Ihr versteht, was ich meine, und dann braucht sie nicht vollkommen zu sein und du auch nicht.
Therapeut: Das ist auch meine Theorie.
John: Ich möchte nicht Hank Reardon sein, soviel kann ich euch sagen.
Therapeut: Was dann, Albert Einstein, Arnold Schwarzenegger — wer soll's denn sein?
John: Nein, nein. Ich habe einen speziellen Grund. Wißt ihr, wer Hank Reardon ist?
Larry: Allerdings!
John: Ich habe das nicht umsonst gesagt. Ich möchte nicht Hank Reardon sein. Er will nichts anderes als produzieren. Er will nicht einmal eine Frau. Er ist mit der Produktion verheiratet. Ich möchte nicht Hank Reardon sein.
Therapeut: Nun, das ist ein Anfang. (Gruppengelächter)

Hier hat John erneut eingeräumt, daß sein eigentlicher Wunsch die Liebe und das Verständnis einer Frau ist, obschon sowohl die Frau als auch die Liebe, die sie ihm gibt, vollkommen sein müssen. Ein Gruppenmitglied, Bill, konfrontiert ihn damit und macht ihm gleichzeitig Hoffnung, indem er auf den Prozeß anspielt, durch den sich sein Vollkommenheitswahn in Beziehungen auflöst. Durch seine Bemerkung, daß er nicht Hank Reardon sein wolle, lenkt John ein, gesellt sich wieder zur Gruppe und zeigt ihr, daß sie einen Einfluß auf ihn hatte. Später berichtet Martin über die extremen Schwierigkeiten, die er mit einer Arbeitssituation hat, die ohne Übertreibung als »verrückt« bezeichnet werden könnte, und erhält eine Menge Unterstützung seitens der Gruppe für seine Bemühungen, sich davon zu distanzieren. Am Ende der Gruppe sagt John: »Als ich heute hierher kam, dachte ich daran, die Gruppe zu verlassen. Jetzt spüre ich, daß ihr zu großartig seid, um von euch wegzugehen.«

Einzeltherapie: I. Teil

Ein Großteil der nächsten Einzelsitzung beschäftigte sich mit der weiteren Aufdeckung und Durcharbeitung von Gefühlen, die mit Johns Mutter und mit Frauen im allgemeinen zu tun hatten. Im ersten Teil der Sitzung widmeten wir uns jedoch der Durcharbeitung des Widerstands und Mißtrauens, die John davon abhielten, mir diese Gefühle zu zeigen. Er sagte, er befürchte, daß ich ihn mit diesem Wissen demütigen könnte oder es in irgendeiner Weise gegen ihn verwenden würde. Dieses Gefühl habe er bei den meisten Männern, und außerdem befürchte er, ihre Freundschaft zu verlieren, sobald er diese Schwäche für Frauen aufdecke. Bei genauerer Auseinandersetzung damit entdeckte er, daß er den Kontakt mit anderen Männern deshalb verlor, weil er nicht mehr bereit war, sie wiederzusehen, sobald sie von seiner großen Schwäche wußten.

Ich ersuchte John, seine eigenen Urteile über sich selbst über seine Gefühle gegenüber Frauen zu erforschen. Als Reaktion darauf sagte er: »Ich bin allzu leicht gekränkt. Es ist schwierig, mit mir auszukommen. Wenn ich mir selbst zuschauen würde, dann würde ich sagen: 'Hier ist jemand, der an Frauen zu sehr leidet.' Ich würde nicht wissen, was ich mit mir tun sollte. Ich würde mich am liebsten wegschicken.« Offensichtlich projizierte John seine eigenen Urteile über sich selbst auf andere; ich gab ihm diese Deutung. Ich versicherte ihm, daß viele Männer im Zusammenhang mit Frauen zu extremer Kränkbarkeit und Verletzlichkeit neigten, und daß ich einer Reihe von Männern mit diesem Problem geholfen hätte.

An diesem Punkt gestand John, daß er ständig die Probleme mit seiner früheren Freundin dazu benutzt habe um zu testen, ob ich in diesen heiklen Fragen hinreichend vertrauenswürdig sei. Er hatte den Eindruck, daß ich mich von ihm zurückzog, sobald er ihren Namen erwähnte, und wertete das als ein Zeichen, daß man mir auf dieser Informations- und Gefühlsebene nicht vertrauen könnte. Ich erforschte mit ihm was ich über meine Reaktionen auf seine Aussagen über seine frühere Freundin wußte. Ich erinnerte mich, daß er sie und ihre Motivationen bei vielen Anlässen analysiert hatte, und ich häufig versucht hatte, ihn zu seinen eigenen Gefühlen und Motiven zurückzubringen, da ich diese Analyse von ihr als eine echte Verschwendung seiner Therapiezeit ansah. Bei mehreren Anlässen hatten wir darüber gesprochen, daß John seine frühere Freundin aufsuchen wollte, und ich erinnerte mich, daß ich bei diesen Anlässen besorgt wegen der Kränkungen war, die er sich dadurch einhandeln würde. Schließlich mag auch Johns Paranoia in bezug auf die Beziehung zwischen mir und seiner früheren Freundin eine Veränderung in meinem Verhalten bewirkt haben, während ich schwankte, wie ich ihm gegenüber reagieren sollte, wenn er das Thema anschnitt. In jedem dieser Fälle mag tatsächlich eine Änderung in meinem Verhalten eingetreten sein, aber ich konnte ihm versichern, daß ich mich nicht davor fürchtete, mit diesem Thema umzugehen, und mir auch keines Vermeidungsverhaltens bewußt sei. Als wir dies erforschten, fügt er hinzu, daß er dieselbe Veränderung auch bei den anderen Männern in der Gruppe beobachtet habe, sooft er über seine frühere Freundin redete, was er natürlich oft tat.

Nach diesem Zulassen von Widerstand und Mißtrauen und deren Durcharbeitung, die sowohl aus Deutungen als auch meiner behutsamen Darstellung der Realität aus meiner Sicht bestand, konnten wir dazu übergehen, seine leicht verletzlichen Gefühle in bezug auf Frauen zu erforschen. Bei diesem Anlaß war er eher bereit, seine Gefühle gegenüber seiner Mutter zu erkunden, aber er zögerte noch, seine Empfindungen gegenüber seiner früheren Freundin und anderen Frauen, die es in seinem Leben geben könnte, zu erörtern.

Dies ist eines der vielen Beispiele des zweifachen Gebrauchs von Deutung sowie Selbsterforschung und -enthüllung des Therapeuten, die ich im Falle eines Konflikts zwischen Therapeut und Klient als heilsam empfinde. Der Patient braucht ein reales Objekt in der Person des Therapeuten, mit menschlichen Motiven, Reaktionen, Neigung zum Irrtum etc. Die Mitteilung der inneren Vorgänge des Therapeuten ist ein Vorbild für Intimität, steigert das Vertrauen des Klienten und öffnet den Klienten oft für Übertragungsdeutungen, die dann weniger in Gefahr sind, als Herabsetzungen aus überlegener Position erlebt zu werden.

Als John über seine Gefühle sprach, von seiner Mutter wie eine Puppe behandelt worden zu sein, und als er einige bizarre Geschichten darüber erzählte, wie sie ihn als Kind behandelt hatte, gestand er mir wieder, wie schwer es ihm falle, gleichzeitig zu fühlen und über diese Dinge zu sprechen. Daraufhin ermutigte ich ihn, einfach zu fühlen, und versicherte ihm, daß es das sei, was ich wollte, und daß ich einfach bei ihm sein wollte, während er sich seinen Gefühlen überließ. John antwortete: »Ich glaube dir überhaupt nicht, wenn du das sagst. Kein bißchen. Du bist nett zu mir — damit meine ich, daß du schlicht und schamlos lügst. Ich stelle dir nicht einmal die Frage, warum du lügst, ich weiß einfach, daß du lügst. Fühlen zu dürfen, bedeutet für mich, angenommen zu sein. Für mich ist das eine Unmöglichkeit, von der ich wünschte, ich hätte sie. Und das ist für mich schrecklich traurig.« John erzählte mir, wie er wegen all seiner Gefühle als Kind kritisiert wurde; insbesondere seine kindliche Munterkeit wurde sowohl von seinen Eltern als auch seinen älteren Brüdern lächerlich gemacht.

John sagte in dieser Sitzung immer wieder, er würde es nicht glauben, daß ich einfach für ihn da sei, und ich fragte ihn immer wieder, wie es für ihn wäre, wenn er es glaubte. Auf diese Frage hin gestand er mir schließlich, daß er dann noch mehr leiden würde beim Gedanken an all die Zeiten, in denen er sich diese Art von Kontakt und Unterstützung gewünscht, aber nicht erhalten hatte. Ich bot ihm die Deutung an, daß dies der Grund sei, der ihn davon abhalte, sich mit diesen Problemen auseinanderzusetzen. Genau wie im Gruppenkontext war er hin- und hergerissen zwischen dem Gefühl der Unzufriedenheit mit der Unterstützung, die nie genug war, auf der einen und einer noch größeren Niedergeschlagenheit, nachdem er die ersehnte Unterstützung bekommen hatte und dann allein nach Hause zurückkehren mußte, auf der anderen Seite.

Als Reaktion auf diese Abwehrdeutung begann John sich tiefer auf seine Gefühle einzulassen, aber kaum hatte er damit begonnen, fing er an, seine Kommilitonen zu kritisieren, die nicht so tief fühlen könnten, und bezeichnete mich als einen College-Professor, der ihm ein zu schnelles Tempo aufzwinge etc. Wieder machte ich die Abwehrdeutung, daß er die Kritik und Beurteilung anderer dazu benutzte, um seinem eigenen Erleben schmerzhafter Gefühle zu entrinnen. John akzeptierte diese Deutung und sagte: »In Wirklichkeit bin ich es, der es nicht in Ordnung findet zu fühlen.« An diesem Punkt der Sitzung begann er zu weinen und über sein verzweifeltes Bedürfnis nach Liebe zu sprechen. Er sagte: »Ich würde mich mit jeder Frau zusammentun, die mir über den Weg läuft und die Mitgefühl für mich hat. Ich habe mich Brit (seine frühere Freundin) geöffnet, und sie hat mich verlassen. Sie hat mich verraten. Sie sagte, 'Glaube mir, ich bin für dich da', genau, wie du es zu mir sagst. Ich glaubte ihr, und dann hat sie mich verlassen.« An diesem Punkt empfand John eine ziemliche Wut auf Brit und dann auf seine Mutter.

John sprach danach über die Schuldgefühle, die er empfand, weil er eine solche Wut auf seine Mutter hatte, und ich gab ihm offen die Bestätigung für die Äußerung dieser in meinen Augen normalen Wut. Ich sagte zu ihm: »Du hast eine normale Abneigung gegen eine Mutter, die schlecht zu dir war. Deine Reaktion ist in Ordnung. Du hast ein Recht darauf, wütend zu sein, und du hast ein Recht darauf, zu bekommen, was du willst.« Bei der Erörterung seiner Schuldgefühle sagte John: »Ich habe kein Recht zu haben, was ich mir wünsche, deshalb bekomme ich es auch nicht. Ich bin nicht gut gewesen. Ich habe die Erwartungen nicht erfüllt.«

John verbrachte den Rest der Sitzung, indem er über seinen geliebten Onkel sprach, dem einzigen Menschen in seiner Familie, den er wirklich respektierte, und von dem er sich wirklich geliebt fühlte. Ich hörte die meiste Zeit bloß zu, obwohl ich jede Gelegenheit ergriff, um in verschiedener Weise die Internalisierung dieser starken und gütigen Figur zu fördern. Ich suggerierte John, daß sein Onkel, wenn er da wäre und mit ihm reden könnte, zu ihm sagen würde: »Du hast ein Recht, auf jemand wütend zu sein, der dich verletzt hat. Du hast ein Recht, mit jemand glücklich zu sein, der dich liebt, der dir schön erscheint und der Mitgefühl für dich hat.« Ich suggerierte John auch, daß er, sobald er die Kraft nutzen könnte, die ihm sein Onkel würde verleihen wollen, beginnen würde, sich als vertrauenswürdig und mit Rechten ausgestattet zu sehen, und daß er deshalb auch andere als vertrauenswürdig erleben würde.

An dieser Stelle weinte John sehr heftig und sagte, er habe das Gefühl, seinen Onkel enttäuscht zu haben, der auf ihn herunterschauen und sehen könnte, wie unvollkommen er sei. John sagte: »Seit der Zeit, als ich ihn enttäuschte, hatte ich das Gefühl, daß ich ihn nicht mehr besuchen durfte. Ich vermisse es so sehr, geliebt zu werden. Dieser Schmerz ist mir während eines so großen Teils meines Lebens im Weg gewesen. Der Schmerz, nicht geliebt zu werden, ist so groß, daß ich weder ihn noch mein Leben beherrschen konnte.« Wieder versicherte ich John, daß er Liebe verdiene, daß er die Unterstützung seines Onkels verdiene, und wieder suggerierte ich ihm indirekt die Verinnerlichung dieser positiven Figur. Ich machte dann einen kleinen Exkurs über emotionale Kontrolle. Da ich glaube, daß er von allgemeinem Nutzen sein könnte, führe ich ihn hier an.

John: Ich begreife im Grunde immer noch nicht, was es bedeutet, mein Leben unter Kontrolle zu haben.

Therapeut: Was es für mich bedeutet, John, ist, daß du diese frühen Schmerzen

genügend durcharbeitest und die Entscheidung, »ich werde es nie verdienen zu bekommen, was ich will«, umänderst zu, »das ist geschehen, und ich möchte das nie wieder erleben, aber da draußen gibt es das Leben und die Liebe und den Erfolg — was ich mir wünsche — und ich werde sie mir holen.«
John: Ich bin nicht mehr sicher, was es bedeutet, und ich habe keine ... Bilder von einem Leben, über das ich die Kontrolle habe.
Therapeut: Schau, es sind diese Gefühle, die bewirken, daß du so wenig Kontrolle hast, und es ist der Versuch, die Gefühle unter Kontrolle zu halten, was deine Kontrolle noch weiter verringert. Was geschehen muß — was bereits geschieht — ist, daß du diese Gefühle äußerst und erkennst, daß sie vorhanden sind und das du *keine* Kontrolle über sie hast, du *kannst* sie *nicht* unter Kontrolle halten. Aber du kannst sie äußern, und indem du sie äußerst, zähmen oder soweit reduzieren, daß sie nicht dich beherrschen. Und wenn sie das nicht tun ... Je weniger sie dich beherrschen, desto mehr Kontrolle hast du, um dein Leben in einer vernünftigen Weise zu leben. (Pause) Und einige dieser Gefühle, verstehst du, können längere Zeit anhalten; aber wenn du nicht versuchst, sie zu beherrschen, wenn du sie einfach ... wenn du sie einfach durch dich hindurchgehen lassen kannst, dann gehen sie durch dich hindurch und lassen dir die Kontrolle über dein Leben.
John: Ich glaube dir.

Der Einzelne in der Gruppe: II. Teil

Bei der nächsten Gruppensitzung entwickelte John die Themen weiter, die in der Einzelsitzung angeschnitten worden waren.

John: Die Gefühle, mit denen ich mich auseinandersetzen möchte, sind dieselben, über die ich das letzte Mal in der Einzelsitzung gesprochen habe, als du mich aufgefordert hast, meine Wut gegenüber — meiner Mutter zu spüren und darüber nachzudenken. Ich habe sie entschuldigt, weil sie so schwach war. Aber was ich zu fühlen begann, war einfach sehr sehr traurig, daß mich meine Mutter niemals wirklich liebte, daß sie mich immer verließ, und ich war dazu da — ihr Liebe zu geben, weil sie Liebe brauchte. Und ich beginne zu verstehen, warum ich in solche Panik gerate, wenn ich mich in eine andere Frau verliebe. Und warum diese Frau zu meiner Mutter wird. Und so beginne ich den Schmerz zu fühlen, der mit meiner Mutter verbunden ist. Ich hatte ihn wirklich lange Zeit gut verdrängt. Und ich glaube das deshalb, weil ein sehr großer Schmerz da war, verstehst du, und darüber habe ich eben nachgedacht. Ich versuchte, mir über eine ganze Reihe von Dingen klarzuwerden, an denen wir gearbeitet haben. Und tatsächlich ist das sehr emotional für mich. Ich werde irgendwie konfus in dieser Situation, denn zu reden würde für mich bedeuten, nicht zu fühlen. Zu fühlen würde für mich bedeuten, du weißt schon.
Therapeut: Nun, vielleicht brauchst du ein paar Augenblicke des Schweigens, um dich darauf einzustellen.

John: Ja, ich werde mich darauf einstellen. (Pause) Gott, ich verliere den Faden.
Therapeut: Atme einfach weiter und fühle und bleib dann noch eine Weile still und dann beginne zu reden.
John: Ja.
Therapeut: Wechsle die Ebene.
(Pause)
John: Okay, jetzt erinnere ich mich, was ich sagen wollte. Hm. Dieser therapeutische Prozeß hat mich irgendwie ans Licht gezerrt — wovon du, Larry, heute abend gesprochen hast. Äh, er hat mich wirklich ans Licht gezerrt. Und jetzt habe ich schreckliche Angst, daß mich Leute sehen, versteht ihr, so, wie ich wirklich bin, und jetzt anfange, erwachsen zu werden, da herauszuwachsen und der zu werden, der ich sein könnte. Aber dieser Vorgang, mir selbst zu erlauben, dadurch erwachsen zu werden, ist sehr anstrengend für mich, weil ich glaube, daß das sehr einsam für mich wäre, und ich möchte diese Einsamkeit nicht wieder erleben.
Therapeut: Du brauchst nicht einsam zu sein.
John: Ja. Ich merke jetzt, daß ich mehr in Kontakt mit meinen Gefühlen komme. Erinnerst du dich, letzte Woche, als ich wieder zu dir sagte, »du kennst mich nicht«, und du sagtest, »ich glaube, ich kenne dich schon. Ich glaube, du kennst dich selbst nicht«?
Therapeut: Ja, das war, daß du es verdienst, daß man dir vergibt, daß du es verdienst zu bekommen, was du willst.
John: Ich bin nicht ganz sicher, worum es da ging, aber ich schaute mir das aus verschiedenen Blickwinkeln an. Und da steckt eine Menge Wahrheit drin, weil ich versucht habe, mich davor zu verstecken, wer ich bin. Ich habe versucht, es zu verleugnen, meinen Schmerz zu verleugnen, denn wenn ich keinen Schmerz fühle, dann bin ich in Ordnung. Aber wenn ich diesen Schmerz fühle, dann ist etwas nicht in Ordnung, und ich muß daran arbeiten. Und mein Schmerz äußert sich sehr deutlich auf meinem Gesicht, ich kann ihn sehen. Andere können ihn sehen, wenn ich ihn empfinde, das hatte ich nicht begriffen. Ich wußte nicht, was los war, ich dachte bloß, dieser Typ (der Therapeut) macht mich verrückt, versteht ihr. Nachdem ich all diese unheimlichen körperlichen Reaktionen hatte. Aber ich schaute mir das an, und in dieser letzten Woche begann mir alles etwas klarer zu werden. Und ich merkte, daß ich jedesmal, wenn ich anfing, mich so zu fühlen, große Schmerzen empfand. Da war etwas in meinem Inneren, was einfach furchtbar verletzt war. Und das kam jetzt alles an die Oberfläche. Und ich merkte das, denn wenn ich müde werde, kommt es schneller heraus und leichter. Wenn ich stark bin, kann ich es unterdrücken. Aber ich glaube, was ich heute abend hier tun wollte, war zu weinen — als ich herkam, wollte ich weinen, um das loszuwerden. Aber ich glaube nicht, daß ich im Augenblick in dieser Verfassung bin.
Therapeut: Laß es so, wie es im Augenblick ist. Du bist großartig.
John: Das befreit mich von dem Antreiber in mir. Es hat mich beeindruckt, denn ich habe endlich begriffen, was geschieht: Ich komme an die Oberfläche.
Therapeut: Ja, du hast recht. Und da ist ein Diamant unter dieser Verletzung, ge-

nau wie bei Bill. Und manches von dem, was du uns zeigst, John, ist einfach schön.
John: Gut, aber — all das ist mir irgendwie nicht so wichtig. Es ist nicht wichtig für mich, daß ich da drunter schön bin, wichtig ist mir vielmehr, herauszufinden, *was* da darunter ist. Und was mir das sagt, ist, daß ich die Kontrolle über mein Leben haben kann. Ich brauche nicht der Sklave meiner Stimmungen zu sein, denn wenn dies herauskommt, und ich weiß, wer ich bin, dann kann ich damit umgehen.
Therapeut: Richtig.
Martin: Genau.
Jeff: Das ist toll.
Larry: Ja, Mensch.
John: Das bewirkte also, daß ich mich gut fühlte. Ich empfand den Schmerz, aber es war im Grunde eine heilende Art von Schmerz, es war nicht dieses wirre Zeug. Ich wußte, wie ich damit umgehen mußte, ich konnte klarer sehen. Ich bin immer noch sehr konfus wegen bestimmter Dinge. Zum Beispiel glaube ich, ich möchte mehr arbeiten, weil ich möchte, daß mich die Leute brauchen. Ich möchte, daß sie mich einstellen, daß sie mich brauchen. Wenn ich dann hinkomme, will ich im Grunde gar nicht arbeiten, versteht ihr, in dieser Art von Job. Ich möchte bloß, daß sie mich brauchen. Da ist dieses eine Mädchen, das mich immer anruft und mir diese verschiedenen Jobs anbietet, und ich lehne sie jedesmal ab. Ich habe eine gute Ausrede, ich sage zum Beispiel, daß ich zu der Zeit eine Vorlesung habe, aber ich finde es einfach — einfach toll. Ich will bloß, daß sie mich anruft, versteht ihr.
Therapeut: Du möchtest gebraucht werden.
John: Stimmt, aber es ist irgendwie ein ungesunder Wunsch, das wollte ich nämlich sagen; es ist kein guter Wunsch. Es bringt mir zu Bewußtsein, warum ich es mir so sehr wünsche.
Therapeut: Aber durch diese Angebote erhältst du vielleicht ein klareres Bild.
John: Das stimmt, ja.
Therapeut: Eben. Und es bringt dir zu Bewußtsein, warum du es dir wünscht, und das ist sehr schmerzhaft. Und das mußt du durchmachen, um dich besser zu fühlen. Und du machst es durch, und es geht dir ja auch besser. Und ich weiß, daß es schwer ist, und ich bewundere dich dafür, daß du es tust.
John: Ja. Und das bringt einfach die Tatsache ans Licht, daß ich es nicht tun möchte, jedenfalls meistens. Ich habe große Angst.
Therapeut: Natürlich. Wer hätte keine?
John: Ich bin Klettern gegangen, auf diese Miniatur-Felsen — wie sagt man bloß,
Bill: Klippen.
John: Klippen — mit Bill, am Sonntag. Und ich dachte, als wir dahinkamen, diese Burschen sind verrückt, ehrlich, ich bin auf das Felsplateau hinaufgegangen und habe mich gar nicht an den Rand getraut. Ich hatte schreckliche Angst.
Bill: Ich fand das sehr vernünftig von dir.
John: Und dann, als ich die Wand einmal geklettert bin — natürlich habe ich lan-

ge dazu gebraucht, aber ich habe immer wieder hinter mir hinuntergeschaut, und meine Furcht hat ständig abgenommen, versteht ihr, ich sagte mir quasi — ich kann es schaffen. Und ich dachte mir, warum hast du solche Angst? Das erinnert mich an meine Familie, als ich ein Kind war. Weil ich nicht gut genug bin, versteht ihr, ich bin nicht — es gibt tausend Gründe, warum ich nicht gut genug bin. Ich war nicht gut genug, versteht ihr? Und immer sollte ich mit meinen Brüdern konkurrieren, die acht und sieben Jahre älter als ich waren. Und ich war nie gut genug. Ich konnte Mama nicht genug Liebe geben, und ich war nie gut genug. Und so bekam ich Angst davor, Dinge zu tun, die ich möglicherweise tun könnte, weil ich Angst hatte, daß man mir sagen würde, ich sei nicht gut genug. Und als ich diesen Felsen hochkletterte oder wie man es nennen soll, habe ich immer einen kleinen Anlauf genommen und dann angehalten. Und es war, als ob mir eine innere Stimme sagen würde, ich sei nicht gut genug, aber dann — bei dem ganzen Aufstieg habe ich immer wieder kleine Anläufe genommen, ich bin nicht einfach ständig weitergeklettert, und ich habe mich dabei gefragt, wenn ich kleine Anläufe nehmen kann, warum zum Teufel klettere ich dann nicht ohne Unterbrechung bis hinauf?
Therapeut: Du wirst es.
Bill: Er hat's getan.
Therapeut: Er hat's getan? Na also!
Bill: Das ist eine wunderschöne kleine Metapher.
John: Versteht ihr. Das Klettern an diesem Tag hat mich erschöpft, emotional mehr als körperlich. Und ich glaubte nicht, daß Bill da sein und mich mit dem Seil sichern würde, versteht ihr? Es ist einfach diese Angst in mir da.
Bill: Ich war da.
John: Nein, ich weiß, daß du da warst, aber ich habe eine Weile gebraucht, um es zu glauben. Einfach in dieser Situation zu sein, hat die Dinge mehr ans Licht gezwungen.
Therapeut: Ja. Es ist eine ausgezeichnete Metapher für dein ganzes Leben. Zu tun, wovor du dich fürchtest; deine Gefühle zu empfinden; darauf zu vertrauen, daß dich jemand mit dem Seil sichert.
John: Ja, und versteht ihr, ich weiß im Grunde nicht, was ich jetzt mit den Gefühlen anfangen soll. Ich weiß nur, daß ich sie habe, und das ist für mich ein Fortschritt, und ich bin froh über diesen Fortschritt.
Jeff: Ja.
Larry: Ich auch, du Typ, ich auch.
John: Ich bin froh, aber ich habe mir auch den Kopf zerbrochen, warum war ich nicht der gute Mensch? Und ich möchte laut schreien: »Warum nicht? Was habe ich getan, um ein schlechter Mensch zu werden?«
Therapeut: Nichts.
John: Und deshalb erschien es mir sinnlos hinzugehen und soviel zu arbeiten wie du, Martin, um zu beweisen, daß ich gut bin, denn warum war ich nicht von Anfang an gut? Es war irgendwie so, daß ich ihnen sogar recht gab, obwohl ich es nie glaubte, aber ich kam nicht darauf, warum sie zu mir sagten, daß ich schlecht sei.

Und so bin ich einfach, versteht ihr, jahrelang dagesessen und habe versucht, das alles zu kapieren. Also, warum war ich schlecht?
Therapeut: Ja, John. Fühle einfach diese Frage: »Warum war ich schlecht? Was habe ich getan?« Versuche nicht, sie in deinem Kopf zu beantworten, empfinde diese Frage. Atme und fühle sie...
(Mehrere Minuten später)
Martin: Es muß vor vier oder fünf Jahren gewesen sein, als ich schließlich — ich weiß nicht, wie ich es nennen soll — diesen tiefsten Schmerz durchlebte. Ich glaube, die Frage die mir in den Sinn kam, lautete einfach: »Warum haben sie mich nicht geliebt?«... Dieser Gedanke ließ mich etwa sechs Stunden lang nicht los. Versteht ihr, in diesem Augenblick weinte ich. Ihr müßt euch vorstellen, ich hatte in meinem Erwachsenenleben noch nie zuvor geweint. Darum ging's also bei all dem, versteht ihr. Ich meine, ich brauchte einfach Jahre, um an den Punkt zu gelangen, wo das geschehen konnte. Und dann glaubte ich, ich sei verrückt.
Therapeut: So wie du verrückt warst, als du auf die Mißhandlungen als Kind zu sprechen kamst. Du warst auf der Kante; es war die Hölle; du bist durch die Hölle gegangen. Wir haben es alle miterlebt, aber dir geht es seither viel, viel besser. Es ist die Hölle. Du mußt da durch, und wenn du es hinter dir hast, geht es dir besser. Ich habe es immer wieder erlebt. Und ihr beide (John und Martin) seid großartig gewesen. Der Grund, warum es so schwierig ist, Martin, ist, daß deine Hölle ziemlich tief ist, und das braucht seine Zeit, aber ich schwöre bei Gott, es ist mit dir dadurch besser geworden.
Martin: Ich habe schlimme Zeiten durchgemacht, aber jetzt verstehe ich das alles. Ich verstehe, und ich bin lockerer geworden. Zum ersten Mal in meinem Leben wache ich häufig entspannt auf. Jetzt wünsche ich mir wirklich, daß du durchhältst.
John: Das wünsche ich mir auch, aber ich fürchte — jedesmal — jedesmal ohne Ausnahme, wenn ich in diese Gruppe oder zu dir komme, Steve, versuche ich mitzukriegen, wie du dich gerade fühlst, damit ich mir erlauben kann zu fühlen. Und das Schlimme daran ist, daß meine Antennen fein genug sind, um zu erkennen, ob du einen guten oder einen schlechten Tag hast. Wenn du einen schlechten Tag hast, dann kann ich unmöglich aus mir heraus. Ich rede zwar mit dir während der ganzen Sitzung, aber gewöhnlich gerate ich in solchen Zeiten in einen Konflikt mit dir. Weil ich, glaube ich, böse auf dich bin.
Therapeut: Weil ich keinen guten Tag habe und nicht total für dich da bin?
John: Ja. Fast ist es so. Nun, ich kann es nicht erklären. Es ist bloß — verstehst du, ich wünschte, ich täte es nicht, ich wünschte, ich könnte darüber hinwegsehen und, hm, daher kommt auch mein Mißtrauen, mein — wie immer du es nennen willst, meine Skepsis, die mich veranlaßt, die Leute sehr sorgfältig zu beobachten, um zu sehen, wie sie sich fühlen. Und wenn ich sehe, daß etwas in ihnen rumort, dann bekomme ich Angst vor ihnen, und deshalb riskiere ich nichts, ich gehe dann, irgendwie nicht aus mir heraus.
Therapeut: Du weißt auch das, John, aber es gehört zu meiner Aufgabe, es zu sagen: Da ist wieder dieses Alles-oder-nichts-Denken; ich bin entweder ganz für

dich da, und das ist dir zuviel, oder ich bin gar nicht für dich da, und das ist schrecklich. Das ist einfach unentwickeltes kindliches Denken, so wie Larry früher gedacht hat. Und dieses kindliche Denken muß erwachsen werden, und das braucht seine Zeit. Es muß immer und immer wieder geübt werden.

John: Nun, was ich in solchen Zeiten fürchte, das ist, äh, wenn ich aus mir herausgehe, und du bist nicht da — wenn ich das Gefühl habe, daß du nicht da bist und mich in solchen Augenblicken unterstützt, dann werde ich sterben, weil ich nicht stark genug bin, um mich in solchen Zeiten selbst zu unterstützen.

Therapeut: Auch das ist ein Gefühl, John, das nicht unbedingt berechtigt ist.

John: Mhm. Gefühlsmäßig erscheint es mir aber berechtigt.

Therapeut: Angst erscheint einem berechtigt, das weiß ich. Sie erscheint berechtigt, aber sie ist es nicht notwendigerweise. Du bist stärker, als du dich fühlst, und du wirst nicht sterben. Du bist ein Erwachsener, kein Kind. Ich meine, so fühlt sich ein Kind, und in gewissem Sinne ist das berechtigt; wenn die Eltern nicht da sind und sich nicht um das Kind kümmern, dann wird es sterben. Und meine Gefühle sind an diesem Punkt steckengeblieben, deshalb fühlst du immer noch: wenn ich nicht da bin, wirst du sterben. Das empfindest du, aber so ist es nicht, denn du bist kein Baby.

Die Einzeltherapie: II. Teil

Die nächsten beiden Einzelsitzungen mußten verschoben werden, da ich verreiste, und sie wurden, da auch John ziemlich eingespannt war, von eineinhalb Stunden auf eine Stunde frühmorgens verkürzt. Zur ersten Stunde erschien er mit ziemlicher Verspätung, da er verschlafen hatte; beide Sitzungen waren relativ oberflächlich, verglichen mit den eben beschriebenen sowie mit den meisten übrigen Sitzungen seiner gesamten Psychotherapie. Der Höhepunkt der darauffolgenden Sitzung bestand aus einer Diskussion über Johns geheime, oft vorbewußte Überzeugung, daß seine frühere Freundin die einzige sei, die ihn glücklich machen könnte. Ich deutete diese Vorstellung als eine weitere kindliche Idee, und John akzeptierte die Deutung bereitwillig. Wenn man ein Kind ist und an seiner Mutter hängt, dann ist sie für das Kind die einzige. Wenn diese Bindung beim Erwachsenen wiederholt wird, und insbesondere, wenn eine Entwicklungsblockade vorliegt, wird auch meist dasselbe absolute, kindliche Denken reproduziert.

In dieser Sitzung setzte sich John jedoch auch mit seinen Ängsten auseinander, von all den Gefühlen, die in der Psychotherapie zutage traten, überwältigt zu werden. Er erörterte in dieser Sitzung die Möglichkeit, die Therapie abzubrechen, und zwar wieder einmal deshalb, weil er, wenn er tief in sich hineinhorchte, nichts weiter empfinden könnte als dieses verzehrende Bedürfnis nach Liebe. Er sagte: »Wenn ich mir diese Liebe wünsche, wünsche ich sie mir von dir. Und dabei bin ich mir bewußt, daß du ein Fremder bist. Ich bin dann ganz offen und verletzlich, und ich bekomme eine riesige Angst, verletzt zu werden.« Er fuhr fort, in der Phantasie zu schwelgen, die Therapie abzubrechen, bis er Erfolg haben würde, dann würde er sie wieder aufnehmen und sich mit den Gefühlen auseinandersetzen, die seine Leistungsfähigkeit behindert hatten. Obwohl ich die Realität der störenden Wirkung von Psychotherapie bestätigte, redete ich ihm weiter zu, die Gruppen- und Einzelarbeit fortzusetzen. Im späteren Verlauf des Tages rief John an und sagte seine Teilnahme an der Gruppensitzung dieses Abends ab.

In der nächsten Einzelsitzung war John noch zurückhaltender und die Sitzung noch oberflächlicher. Er teilte mir mit, daß er vorhabe, auf unbefristete Zeit aus der Gruppentherapie auszuscheiden, wiederum wegen der srörenden Wirkung dieser Art von Kontakt. Er brachte auch noch andere oberflächliche Ausreden vor, die ich behutsam in Frage stellte. Der positive Aspekt dieser ansonsten bedauernswerten Entscheidung lag in seiner Bemerkung: »Ich muß diese Entscheidung selbst treffen.« Ich bemerkte, daß ich dieses Element seines Prozesses sehr nachdrücklich unterstützte. Ich sagte, daß ich meinen Standpunkt in dieser Frage deutlich machen müsse, aber ich wüßte, daß er entscheiden müsse, und ich sei froh, daß er es auch so sehe. Am gleichen Tag rief er mich an und sagte auch die Termine seiner Einzelsitzungen ab. Am nächsten Tag rief er erneut an, um sich bei mir Rückhalt zu holen. Er befürchtete, daß ich Schritte gegen ihn unternehmen würde, weil er sich entschieden hatte, die Therapie abzubrechen, daß ich seine Gründe nicht verstehen würde etc. Ich zerstreute seine Besorgnisse, sagte, ich sei froh, daß er selbst eine Entscheidung getroffen habe und versicherte ihm, daß er jederzeit in die Einzel- und Gruppentherapie zurückkehren könne. Ich gab seine Entscheidung, die Gruppenarbeit zu beenden, am gleichen Abend bekannt. Meines Wissens hatte er danach noch mit mehreren Gruppenmitgliedern privaten Kontakt, die ihm im wesentlichen dasselbe sagten wie ich. Das heißt, sie empfahlen ihm, in die Gruppe zurückzukehren, hießen ihn da willkommen, aber versicherten ihm gleichzeitig, daß es seine Entscheidung sei und daß ihre Beziehung zu ihm nicht leiden werde, wie er sich auch entscheiden möge.

Nachdem er bei zwei der wöchentlichen Gruppensitzungen und bei einer Einzelsitzung gefehlt hatte, rief mich John an, um erneut eine Einzelsitzung zu vereinbaren. In seiner ersten Sitzung nach diesem letzten Aussteigen sagte John, daß er es gut finde, zu Einzelarbeit zurückzukehren, weil er festgestellt habe, daß er es für sich selbst brauche. Davor, sagte er, habe er die Therapie als eine Pflicht betrachtet. Es war etwas, das er tun sollte, vielleicht sogar etwas, das er für seine Eltern tun sollte, um der vollkommene Sohn zu sein, den sie brauchten. Von dieser Zeit an betrachtete er den therapeutischen Prozeß als etwas, das er selbst gewählt hatte, und nicht als etwas, das ihm als Pflicht auferlegt worden war.

Diese erste Sitzung war jedoch noch etwas oberflächlicher als viele andere. Er schien zu befürchten, bei seiner Rückkehr zur Einzeltherapie gedemütigt zu werden, besonders schien er diese Besorgnis jedoch in Bezug auf die Gruppe zu hegen. Ich versicherte ihm, daß er wieder willkommen geheißen werden würde und verglich seinen Weggang und seine Rückkehr mit einer möglichen Therapieunterbrechung Martins, den er sehr respektierte. Ich stellte ihm vor Augen, daß er die Rückkehr Martins sehr begrüßen würde, falls dieser eine ähnliche Entscheidung getroffen hätte, und daß er wahrscheinlich nicht weniger von ihm halten würde, sondern über seine Rückkehr erleichtert wäre. Ich versicherte John, daß die anderen Mitglieder der Gruppe dieselbe Einstellung zu ihm hätten. Am Ende dieser Sitzung erwog er die Möglichkeit, wieder zur Gruppe zu stoßen, behielt sich diese Entscheidung jedoch selbst vor. Tatsächlich kehrte er am gleichen Abend in die Gruppe zurück und wurde freudig begrüßt. Er sprach ein wenig über seine Entscheidung zurückzukehren, war aber in dieser ersten Sitzung noch etwas reserviert. Es ermutigte ihn, daß die Gruppenmitglieder ihn darin unterstützten, die Entscheidung selbst zu treffen.

Nach diesen ersten Sitzungen in der Einzeltherapie und der Gruppe zeigte sich bei John eine wirklich dramatische Verwandlung. Er strahlte eine neue Ruhe aus und war in den meisten der folgenden therapeutischen Sitzungen in einer für ihn erstaunlichen Weise frei von Abwehrhaltungen. Wie er sagte, war dies weitgehend darauf zurückzuführen, daß *er* die Entscheidung getroffen hatte, in die Therapie zurückzukehren, und sie nicht länger als eine Verpflichtung betrachtete, sondern als eine Entscheidung, etwas zu tun, was gut für ihn war. Als er sprach, wurde darüber hinaus klar, daß sein Gefühl der Demütigung über die extremen emotionalen Reaktionen, zu denen er neigte, in erstaunlichem Maß verschwunden war. Er empfand es nicht länger als eine narzißtische Kränkung, im Beisein von mir oder den Männern in der Gruppe Gefühle zu empfinden, die er selbst als übertrieben oder unreif erkannte.

Wir haben gesehen mit welcher Offenheit John über sich sprechen und wie ehrlich er sich zu seinen Gefühlen der Niedergeschlagenheit und zu seinen irrationalen Ideen bekennen konnte. Aber nach dieser letzten Rückkehr in die Therapie war diese Fähigkeit noch viel ausgeprägter und viel weniger defensiv. Er fing an, oft leise über sich zu lachen, wenn er uns verschiedene persönliche Macken eingestand. Beispielsweise gestand er mir in der zweiten Einzelsitzung nach seiner Rückkehr in die Therapie mit einem leisen Lachen, er habe entdeckt, daß es ihm wichtig sei, in jeder Gruppensituation die Nummer 1 zu sein. Er war sehr ärgerlich über ein Mitglied einer Arbeitsgruppe geworden, das diese führende Position eingenommen hatte, und hatte angefangen, diesen Mann wegen seiner Arroganz, seines Perfektionismus etc. anzugreifen. Er erkannte dann, was er da tat, beschloß, sein Verhalten zu ändern, und führte ein langes, sehr offenes und produktives Gespräch mit diesem Mann, mit dem er ursprünglich aufs schärfste rivalisiert hatte.

In derselben Sitzung gestand er mir, daß er in der Schule immer das dringende Bedürfnis hatte, die besten Noten zu bekommen, ohne sich anzustrengen. Er sagte, jede Situation, in der er das nicht schaffte, habe er als Bedrohung seines Selbstwertgefühls erlebt. Er sagte, er erinnere sich, häufig mit der Aufwallung reagiert zu haben, »wie können sie es wagen, mir zu sagen, ich müsse mehr lernen«, wenn er nicht die bestmögliche Note erhalten hatte. Außerdem gestand er mir, daß er sich früher angestrengt hatte, um den besten Notendurchschnitt zu erreichen oder seinen Körper einigermaßen in Schuß zu bringen, und daß er dann irrationalerweise gemeint hatte, er könnte jetzt aufhören zu lernen bzw. an seinem Körper zu arbeiten. Dieses ganze Geständnis erfolgte in einer sehr uncharakteristisch humorvollen Weise, mit einer erstaunlichen Gelassenheit über jene unerfreulichen Eigenschaften, zu denen er sich bekannte.

In dieser Stunde gestand er mir auch, daß er fast sein ganzes Leben lang gegen Intimität angekämpft hatte, in letzter Zeit auch mir und den Gruppenmitgliedern gegenüber. Er sagte: »Ich habe jetzt beschlossen, mich nicht mehr gegen Intimität zu wehren.« Er weinte in dieser Stunde über den Verlust so vieler Menschen im Laufe vieler Jahre aufgrund seiner Projektion von Ablehnung, seiner Rivalität, seines Perfektionismus für sich und andere, und so weiter.

In dieser Sitzung unterstützte ich John natürlich so gut ich konnte auf seinem neuen Weg. Auf seine Erwähnung von Angst und Verlegenheit in sozialen Situationen, in denen ein Gefühl von Intimität entsteht, reagierte ich mit der Bemerkung, daß er künftig wahrscheinlich immer intensivere Gefühle von Intimität, Freude und Liebe erleben würde. Ich verglich diese Entwicklung mit dem Vorgang der Desensibilisierung, wobei er solche positiven Erfahrungen in immer höheren Dosen machen und eine zunehmende Toleranz dafür entwickeln würde. An diesem Punkt erinnerte sich John spontan daran, daß er bis zum Alter von acht Jahren ein sehr geselliges Kind gewesen war, das locker mit anderen Leuten umgehen konnte. Ich schlug ihm vor, sich diesen Bewußtseinszustand zu vergegenwärtigen, sooft er sich in eine soziale Situation begebe, und erwähnte auch die Möglichkeit, zu diesem Zweck direktere Verfahren (»Erschließen der Quellen«) zu nutzen. Ich nahm zu Recht an, daß er mit dieser völlig verwandelten Einstellung viel zugänglicher für jene aktiven therapeutischen Techniken sein würde, die bisher zuviel für ihn gewesen waren.

Obwohl für diesen jungen Mann noch viel zu tun blieb, zählte seine Arbeit mit mir insofern zu den stärksten Erlebnissen, als er sich von einer einigermaßen ausgeprägten Borderline-Persönlichkeit zu einem Menschen mit narzißtischem Persönlichkeitsstil entwickelte. Gleichzeitig mit dieser Wandlung gelang es ihm immer besser, sich seiner Übertragungsreaktionen als solcher bewußt zu werden, und er wurde zugänglich für aktivere therapeutische Verfahren. Während die anfängliche Arbeit größtenteils aus der Analyse und Durcharbeitung negativer Übertragung bestanden hatte, konnten nach der Transformation andere Methoden und Verfahrensweisen angewandt werden. Nicht lange nach dem hier geschilderten »Durchbruch« kehrte John, was nicht überraschend war, in der Gruppe zu einer unzulänglichen Abwehrhaltung zurück. Es folgte eine sehr schmerzhafte Einzelsitzung, in der er tiefere Schichten archaischer Bedürfnisse und Affekte durchlebte. Doch brach er während seiner Arbeit mit mir nie aus der Therapie aus und erkannte seine Übertragungsreaktionen weiterhin als solche, was die therapeutische Aufgabe erheblich erleichterte.

Kommentar

Sowohl Martin als auch John mußten wiederholt das wesentliche narzißtische Problem angehen und durcharbeiten, das am Ende des letzten Gruppentranskripts von beiden präsentiert wurde: »Warum war ich so schlecht? Warum haben sie mich nicht geliebt?« Wie ich zuvor bemerkte, ist dies weniger eine Frage, die beantwortet, als vielmehr ein Gefühl, das durchlebt werden muß, ein Gefühl des Unglaubens, des Schmerzes, des Verlusts. Die Frage zu beantworten, wird letzten Endes allerdings doch hilfreich sein. Verstehen zu lernen, warum die eigenen Eltern oder Pflegepersonen menschlich unfähig waren, wirklich zu lieben, wird eine heilende Wirkung haben. Aber zuvor muß die Durcharbeitung des affektiven Erlebnisses erfolgen, das in der Frage zum Ausdruck kommt. Die abschließende affektive Lösung dieses Problems lautet: »Ich bin nicht schlecht. Ich bin gut.« Martin und John arbeiten beide immer noch an diesem Problem, aber beide haben beträchtliche Fortschritte damit gemacht — Martin nach fünf Jahren Therapie und John nach nur eineinhalb Jahren. Sobald der narzißtische Mensch weiß, daß er gut ist, braucht er es nicht länger zu beweisen. Er ist genug, und er ist frei, das einfach festzustellen.

Johns Fall stellt ebenso wie der seines »Zwillings« Martin ein ausgezeichnetes Beispiel für den Erfolg dar, der durch das »hart erarbeitete Wunder« der Durcharbeitung fast unerträglicher Grade von seelischem Schmerz erzielt werden kann. Im Verlauf dieses Prozesses wurde sich John dieser Gefühle bewußt, konnte sie auf ihre ursprüngliche Quelle in seiner Familie zurückführen und verstand schließlich, daß ihr Durchleben heilend wirkte. Er lernte, wenn auch auf mühsame Weise, seinen Gefühlen zu vertrauen, dem therapeutischen Prozeß zu vertrauen und anderen zu vertrauen (endlich hielt da jemand »das Seil« für ihn). Bei ihm stand der therapeutische Prozeß ebenso wie bei Martin ständig an der Kippe, und wir mußten wiederholt befürchten, ihn zu verlieren. In diesen beiden Fällen waren die negativen Affekte so überwältigend, daß sie wiederholt die Grenzen der Ich-Kräfte des Patienten auf die Probe stellten. Dem wurde, wenn auch nur teilweise, durch das konsequente Bemühen in der Gruppen- und Einzeltherapie abgeholfen, stützende und ich aufbauende Interventionen anzubieten. Obwohl wir es in beiden Fällen geschafft haben, saß ich wiederholt unbehaglich auf meiner Stuhlkante. Zwar halte ich es nach wie vor für möglich, daß diese Arbeit weniger einer Achterbahnfahrt gleichen könnte. Zum gegenwärtigen Zeitpunkt scheint mir die Arbeit mit Narzißten, die Borderline-Merkmale aufweisen, angesichts unserer gegenwärtigen Erkenntnisstandes doch etwas haarig zu sein. Vielleicht bleibt das auch immer so.

Trotz des Mißbehagens, das man in bestimmten Augenblicken der Fahrt erlebt, sind die Ergebnisse schließlich doch unerhört befriedigend. Zu sehen, daß Menschen wie John und Martin wirklich ein Teil der menschlichen Gemeinschaft werden, deren Wärme spüren und aus ihr Kraft schöpfen, ist den Eintrittspreis wirklich wert. Wir verlieren zwar einige dieser Menschen, die nicht nur aus der Therapie, sondern aus dem Leben scheiden. Aber wir gewinnen auch einige. Und sie sind kostbar.

7. Kapitel

Die Integration von Gruppen- und Einzeltherapie: der narzißtische Persönlichkeitsstil

> Ein gewandelter Mensch ist einer, der die Wahrheit sagen kann. Eine gewandelte Umwelt ist eine, in der die Wahrheit gesagt werden kann.
>
> — Werner Erhard

Im letzten Kapitel verfolgten wir die Entwicklung des Selbst bei einem jungen Mann, der ursprünglich eine narzißtische Persönlichkeitsstörung aufwies, während einer entscheidenden Periode seiner Therapie. Gegen Ende dieser Arbeit wurden seine Einstellungen, Verhaltensweisen und affektiven Kontrollfunktionen charakteristischer für den narzißtischen Persönlichkeitsstil. Im diesem Kapitel wollen wir die Wechselwirkung von Gruppen- und Einzelbehandlung in den letzten Stadien der Arbeit mit Larry näher betrachten, einem hochqualifizierten Mann Ende dreißig, der von Anfang an den narzißtischen Persönlichkeitsstil repräsentierte. Larry kam erstmals im V. Kapitel vor, wo kurz über seine frühere Arbeit berichtet wurde.

Das hier vorgestellte Material aus der Einzel- und Gruppentherapie stammt in etwa aus derselben Zeitspanne, über die ich für John berichtet habe. Beide Männer gehörten derselben Gruppe an, und ihre Geschichte entfaltete sich in paralleler Weise im Zeitraum von zwei Monaten, auf welche sich diese Transkripte beziehen. In derselben Gruppensitzung, die das VI. Kapitel einleitete und in der John seine Schwierigkeiten so treffend charakterisierte, die in den folgenden Sitzungen durchgearbeitet werden mußten, befand sich Larry in einer ermutigenden Periode der Selbstentdeckung. Er versuchte John in dieser Gruppensitzung Unterstützung zu geben, aber davon abgesehen blieb er relativ passiv. Gegen Ende der Sitzung platzte jedoch Bill mit dem Geständnis in die Schlußrunde, daß er etwas in bezug auf Larry zurückgehalten habe, was er sich jetzt verpflichtet fühle zu sagen. Er bemerkte dann, daß er Larry von allen Gruppenmitgliedern am wenigsten kenne. Er warf Larry vor, sich in der Gruppe bedeckt zu halten und sagte, daß er kaum ein Bild von Larrys Persönlichkeit habe.

Im Laufes dieses Gesprächs forderte ich die Männer in der Gruppe auf, Larry Rückmeldungen über dieses Thema zu geben. George* meinte zu Larry, daß auch er ihn weniger kenne als andere Mitglieder der Gruppe, und fragte Larry, warum er eigentlich da sei. Martin sagte, er habe das Gefühl, Larry ziemlich gut zu kennen; manchmal habe er zwar den Eindruck, daß sich Larry hinter einer Fassade verberge; er glaube zwar, daß das Larry etwas behindere, es sei aber keine ernsthafte Schwierigkeit für ihn. Jeff konfrontierte Larry jedoch mit der Tatsache, daß sich Larry an diesem Abend John gegenüber gönnerhaft verhalten habe und daß Larrys glatte Fassade es oft schwierig mache, wirklich zu verstehen, wer er sei. Jeff fiel es schwer, diese Konfrontation in Worte zu fassen, und er gestand, daß er Larry dieses Feedback bei einigen früheren Anlässen vorenthalten habe. John gestand ebenfalls, daß er Larry gelegentlich als allzu glatt empfunden habe, betrachtete dies jedoch nicht als ein besonderes Problem. Er anerkannte, daß Larry an diesem Problem bereits gearbeitet habe und daß er wisse, warum Larry in der Gruppe sei.

Obwohl Larry auch schon bei früheren Anlässen ähnliche Rückmeldungen erhalten hatte und dieses Problem im Mittelpunkt seiner Arbeit in der Gruppe stand, traf ihn dieses Feedback zu diesem Zeitpunkt besonders hart. Er ließ sich davon überwältigen, weinte und fühlte sich sehr hoffnungslos. Seine Reaktion ging weit über das hinaus, was zu erwarten gewesen wäre angesichts seiner Geschichte in der Gruppe und der Art von Rückmeldungen, die er auch schon zuvor erhalten hatte und die bei diesem Anlaß sehr anteilnehmend ausgesprochen wurden. Es kostete beide, Bill und Jeff, beträchtliche Überwindung, ihm diese Mitteilungen zu machen, und sie wollten Larry damit sichtlich einen Freundschaftsdienst erweisen. Seine relative fassungslose Reaktion deutete auf eine Überreaktion hin. Ich versuchte nicht nur, ihn zu beruhigen, sondern forderte ihn auch auf, näher hinzuschauen, worauf sich seine Reaktion sonst noch beziehen könnte.

Es war schon damals klar, daß Larrys Niedergeschlagenheit zum Teil

* George fehlte bei vielen dieser Sitzungen, weil er Urlaub hatte, und er war in dieser Periode relativ inaktiv, wenn er anwesend war.

dadurch bedingt war, daß er sich in dieser Gruppensitzung besonders echt erlebt hatte. Tatsächlich hatte er sich vor dieser Konfrontation als außergewöhnlich mitteilsam erlebt und war schockiert, daß ihn die Gruppe als unecht bezeichnete, da er sich selbst als so echt empfand. In meinem ermutigenden Zuspruch erinnerte ich Larry an eine frühere Gruppensitzung, in der Bill der Gruppe über ein ergreifendes Erlebnis mit seinen zwei Neffen berichtet hatte. Die Gruppe hatte damals etwas verdrossen auf die leicht affektierte Weise reagiert, in der Bill diesen Vorfall erzählt hatte. Ich war Bill damals beigestanden, indem ich ihm sagte, daß er mir denselben Vorfall in seiner Einzelstunde in einer Weise erzählt hatte, die ich als viel echter, spontaner und realistischer empfunden hatte.

Ich bot die Deutung an, daß Larrys Verhalten an diesem Tag Ähnlichkeit mit dem Bills bei einem früheren Anlaß habe. Beide Männer neigten dazu, ursprünglich echte Gefühle herzunehmen und sie für andere so auszukleiden, daß sie unecht erschienen. Ich erinnerte sie daran, daß sie sich schon bei früheren Anlässen gegenseitig bei einem solchen Verhalten ertappt hätten und daß sie aufgrund ihrer charakterlichen Ähnlichkeit dafür feinere Antennen beim jeweils anderen hätten. Schließlich empfahl ich Larry, in sich hineinzuschauen und zu prüfen, ob er *de facto* bei diesem und anderen Anlässen wirklich echt gewesen sei. Ich hob hervor, daß die Rückmeldungen in verschiedenster Weise nützlich für ihn sein könnten, daß aber letzten Endes er derjenige sei, der über die Gültigkeit des Feedbacks und über die Art seiner Reaktion darauf zu entscheiden hätte.

Einzeltherapie: I. Teil

Fast eine Woche später erschien Larry zu einer Einzelstunde und begann damit, die Faktoren herauszuarbeiten, die seiner massiven Überreaktion in der Gruppe zugrunde lagen.

Larry: Ich habe fast die ganze Woche darüber nachgedacht, was letztes Mal in der Gruppe passierte. Und ich möchte mir das meiste davon für die Gruppe aufheben, aber der Teil, bei dem ich deine Hilfe möchte, ist folgender. Du hast angeregt, du sagtest: »Larry, warum denkst du nicht darüber nach, weshalb du so heftig reagierst?« Damit wolltest du mir, glaube ich, zu verstehen geben, daß meine Reaktion auf ihre Worte etwas überzogen war, und du sagtest: »Warum denkst du nicht darüber nach, was der Grund dafür ist?«
Therapeut: Richtig.
Larry: Und deshalb möchte ich gern damit anfangen. Ich stimme dir zu. Ich glaube, daß das nützlich wäre, wenn ich da draufkäme.

Therapeut: Sicher (Pause).

Larry: Gut. Ich hatte das Gefühl, in ein tiefes Loch zu fallen und, nun ja, ich hatte das Gefühl, daß ich dies zuließ, in gewisser Weise. Aber was mit mir vorging, war, daß ich, als Bill seine Bemerkungen machte, irgendwie wie ein begossener Pudel dasaß; das stürmte auf mich ein, und ich merkte, daß ich mich einfach gräßlich fühlte. Ich hatte das Gefühl, oh Gott, das ist schrecklich peinlich; ich möchte mich nicht darauf einlassen. Und dann sagte ich mir einfach: »Nein, das ist in Ordnung.« Ich öffnete mich einfach für diese Gefühle, ich sagte mir: »Ich weiß, dir gefällt das nicht, ich weiß, du würdest lieber nicht weinen. Ich weiß, daß du dir alles mögliche wünschst, aber tue es trotzdem.« Also tat ich es. Und fast ohne auf der Schwelle zu zögern, ging ich quasi geradewegs in meine Gefühle hinein. Das fand ich ziemlich gut, daß ich mich in diese Gefühle hineinziehen ließ und nicht viel Zeit darauf verwandte, dagegen anzukämpfen. Ich ließ mich rasch und gründlich davon forttragen. Und — was in diesen Gefühlen drinsteckt, darauf möchte ich jetzt zu sprechen kommen. Zum einen war da eine Art Entsetzen. Bill sagte, was er zu sagen hatte, und George und Jeff fielen wegen meines herablassenden Verhaltens, wie Jeff es nannte, über mich her. Und — das erschien mir einfach völlig falsch. Jedenfalls sah ich mich selbst nicht so; ich empfand mich nicht so, und was mich so betroffen machte, war deshalb zum Teil diese fürchterliche Erkenntnis, daß ich sie, wenn sie recht hatten, *de facto* verlieren würde. Es war wie damals, als meine Partnerin im Labor, Karen, sagte: »Das Team wünschte, du würdest zu uns kommen.« Und ich wußte schon damals: »Ich bin draußen. Es ist vorbei.« Ich wußte es. Es war genau dieser Moment, in dem Karen mir zu verstehen gab, wie der Rest der Gruppe zu mir stand.

Therapeut: Du warst draußen.

Larry: Das hat es mir deutlich signalisiert — es ist vorbei. Und das war irgendwie ein besonderer Augenblick, denn obwohl sich der Raum um mich drehte und ich mich wirklich in einer schlimmen Lage fühlte, kam mir diese Erkenntnis wie eine Art von kühler Brise vor.

Therapeut: Du hast sie als angenehm empfunden?

Larry: Ein bißchen, sie kam zum Vorschein, ohne daß ich zitterte, ohne daß ich so furchtbar davor erschrak. Ich war einfach darauf eingestellt, fühlte es einfach.

Therapeut: Ja. Ich weiß.

Larry: Und obwohl es noch meilenweit entfernt war, daß ich das Labor verlassen mußte, *de facto* fünf Monate später, stimmte es. Es war der kritische Augenblick, und ich habe ihn als solchen begriffen. Und jetzt komme ich auf das zurück, was Bill sagte. Bill sagte etwas, das ich im Grunde so verstand: Larry, du kennst dich selbst so schlecht, so wenig, daß du keine Ahnung hast. Es ist nicht, daß du dir in die Tasche lügst, was in dir vorgeht.

Therapeut: Du hast einfach keine Ahnung.

Larry: Richtig, ich habe einfach keine Ahnung.

Therapeut: Das habe ich mitgekriegt.

Larry: Gut. Und ich glaube, daß er unrecht hat.

Therapeut: Ich glaube auch, daß das falsch ist. Verstehst du, mein Eindruck war,

daß du echt warst und daß dich andere als unecht empfinden würden, als du es sagtest.
Larry: Und du hast das auch zu mir gesagt. Oder etwas in dieser Art.
Therapeut: Ich dachte, sie könnten es als unecht empfinden, weil die Worte so gewählt waren, es war so — geschliffen, quasi — aber das bedeutet nicht, daß es nicht echt war, es war bloß fast zu gut, um wahr zu sein.
Larry: Was mir da also klar wurde, war, daß Bill — ich habe keine Wahl, außer bei dem zu bleiben, was ich als das eigentliche Ich in mir empfinde. Und wenn es stimmt, daß die Art, wie ich mich verhalte, hier nicht gut ankommt, weil sie Leute abstößt, dann werde ich, so ungeheuer schwierig das auch für mich ist, bei mir bleiben und euch verlieren müssen.
Therapeut: Richtig. Wunderbar. Ich stimme deiner Wahl zu. Ich unterstütze deine Wahl. (Pause) Aber das Dilemma — die Notwendigkeit, eine Wahl zu treffen — diese Auffassung, daß du sie verlieren mußt, ist deine Projektion. Bloß, weil sie sich abgestoßen fühlen, bloß, weil sie glauben, daß du herablassend warst, bedeutet nicht, daß du sie verlieren wirst. Der Grund, warum Jeff dir das sagte, ist, weil er dich in gewisser Weise gern hat, und als er sagte: »ich mag Larry«, weinte er. Nun, *er* verläßt dich nicht. Das ist der Kinderglaube in dir, das ist magisches Denken — wenn ich meine Mutter verärgere, dann werde ich sie verlieren. So denken Kinder. Es kann sehr wichtig für dich sein, diese Entscheidung zu treffen: »Wenn ich zwischen mir und euch wählen muß, dann werde ich mich für mich entscheiden.« Das ist großartig. Und ich glaube, daß du an diesen Punkt gelangen mußt, um wirklich bei dir zu bleiben. Aber zu deinem Erwachsenen möchte ich sagen, daß das eine Scheinwahl ist, das ist keine echte Entscheidung, vor der du jetzt stehst.
(Pause).
Larry: (traurig) Ich habe das Team tatsächlich verloren.
Therapeut: Ja, das Team hast du verloren. Aber das war komplex. Das war nicht bloß durch deine Art, dich zu äußern, bedingt; das geschah aus den verschiedensten Gründen.
Larry: Das stimmt.
Therapeut: Das hing mit den Leuten in Washington zusammen, mit der Branche, in der du bist, vielleicht auch mit gewissen Defiziten in deinen Managementstrategien und mit vielen anderen Dingen — das war etwas anderes. Es geschah nicht, weil sie *dich* gesehen haben.
Larry: Oh ja, da hast du recht. So war das nicht. Ah, ja. (Sehr lange Pause) Weißt du, es hat mich ziemlich verletzt, wie du mich am Dienstag beschrieben hast — so wie es bei mir ankam, sagtest du, Larry hat ein sehr embryonales Selbst. Und ich war verletzt durch das »embryonal« — ich hatte das Gefühl, was du sagtest, war, verstehst du, wir haben es hier mit dem achtzelligen Zygotenstadium zu tun, bis zur Geburt sind es noch neun Monate, und bis daraus eine Persönlichkeit wird, vergeht ein ganzes Leben. Und was mir Schwierigkeiten macht, um zu verstehen, was Dienstag geschah, das ist, auseinanderzuklauben, was von der Gruppe kam

und mir gilt und was davon ihre Probleme sind, die sie auf meine Kosten zu lösen versuchen. Und insofern stimmte es durchaus, daß ich einfach darum ringe, mein eigentliches *Ich* zu finden. Ich glaube, daß mehr Ich da ist, als aus meiner kleinen Paraphrasierung deiner Bemerkungen hervorgeht.
Therapeut: Es ist dir hoffentlich bewußt, daß ich dich nicht als embryonal bezeichnet habe.
Larry: Nein, das ist mir nicht bewußt.
Therapeut: Wirklich nicht?
Larry: Nein.
Therapeut: Nun, was auch immer ich damals gesagt habe — das ist sicher nicht meine Ansicht über dich. Ich glaube zwar, daß du eben erst im Begriff bist, dich zu entdecken, das schon. Ich glaube auch, daß bei dir eine Menge Selbst da ist, das entwickelt ist und von dem du gewissermaßen noch gar nichts weißt. Du hast eine Menge Fähigkeiten und Antennen und andere Dinge, die du im falschen Selbst entwickelt hast und die ziemlich leicht auf dein wahres Selbst übertragen werden können, sobald sich die Motivationen verändert haben.
Larry: Genauso fühle ich mich auch. Ich — ganz ernsthaft, Stephen, ich weiß, daß ich es noch nicht begriffen habe. Verstehst du? Ich begreife es nicht.
Therapeut: Du begreifst — was nicht?
Larry: Nun, was auch immer das Entscheidende für mich ist, das ich begreifen muß. Manchmal habe ich das Gefühl, als wüßte ich etwas, von dem ich nicht weiß, daß ich es weiß, verstehst du? Es ist, als hätte ich es, aber ich sehe es nicht.
Therapeut: Richtig, richtig. Du bist im Begriff zu entdecken, was für ein wunderbarer Mensch du bist. Und dabei wird sich noch eine Entwicklung deines Selbst vollziehen, aber es ist auch schon eine Menge entwickeltes Selbst da, von dem du nicht einmal weißt, daß du es bist. Du weißt nicht, wie sehr du lieben kannst, zum Beispiel. Du bist ein wunderbarer Mensch, der das noch nicht weiß, weil ein so großer Teil deiner Aufmerksamkeit darauf gerichtet wurde, zu gefallen und es zu vermeiden zu mißfallen. Ich möchte dich noch einmal auffordern, das anzuschauen: Ich glaube, du reagierst auf etwas, das ich als überdeterminiert bezeichnet habe, das heißt, daß du übertrieben hast, was ich sagte.
Larry: Ja, das glaube ich auch.
Therapeut: Das hat dich mehr verletzt, als durch meine Worte gerechtfertigt war. Das hat, das hat in jeder Hinsicht zugetroffen. Du bist stärker verletzt, als durch meine Worte gerechtfertigt gewesen wäre; jetzt kommt es darauf an, herauszufinden, worauf du sonst noch reagiert hast, auf welche tiefe Kränkung und Demütigung ist das gestoßen? Darauf könnten wir uns gleich jetzt konzentrieren.
Larry: Ja, das möchte ich auch. Es kommt mir vor, als sei es *immer* so bei mir gewesen. Ich sage das bloß, weil es ziemlich früh oder ziemlich häufig oder so geschehen sein muß. Das war schon eindeutig am Ende der Grundschule so, ja schon früher, glaube ich. Was mich auf die Palme brachte, war... (Pause) als mir einigermaßen klar wurde, was an dem nicht stimmte, was Bill und Jeff zu mir sagten — ach nein, nein, jetzt weiß ich es wieder, was geschehen ist. Ich... nach dem

Ende der Gruppe stand Bill auf und sagte, äh, und ich werde das wahrscheinlich in der Gruppe wiederholen, aber er sagte: »Hat jemand Lust, Hamburgers essen zu gehen?« Ich stand etwa eine Armlänge von ihm entfernt seitlich von ihm und antwortete, »ja, ich«, und dann merkte ich, daß er mich nicht hörte, und so sagte er es noch einmal, und danach wandte ich mich ihm zu und sagte, »ja, ich gehe mit«, und er hörte mich immer noch nicht. Es erfolgte keine Reaktion. Dann ging ich die Treppe hinauf in deine Küche, und als ich da oben war und ihn nicht sehen konnte, sagte er es wieder und ich rief laut aus der Küche, »ja, ich gehe mit«, und dann, als ich zur Tür hinausging, wandte er sich zu mir und sagte: »Kommst du mit?« Da bekam ich eine Stinkwut. In diesem Augenblick bekam ich eine Stinkwut.
Therapeut: Deswegen.
Larry: Ja. Und was ich damit machte, war, ach ja, diese Mistkerle haben mich praktisch angelogen, als ich sie damals, vor einigen Monaten, fragte, ob mit mir irgendwas nicht stimme. Entweder wissen sie es nicht, oder sie wollen es mir nicht sagen, und sie mögen mich wirklich nicht, und da ist wirklich etwas Widerwärtiges oder Unangenehmes oder Abstoßendes an mir, und genau dieses Gefühl ist es, Stephen, von dem ich dir gesagt habe, daß es sehr alt ist.
Therapeut: Ja. (Pause) Also gut. Stellt sich irgendeine Erinnerung im Zusammenhang mit diesem vertrauten Gefühl, insbesondere eine Kindheitserinnerung, ganz von selbst ein, ohne daß du danach suchst? Geh einfach in dich und bemühe dich nicht, erinnere dich bloß zurück an den Ort, wo du aufgewachsen bist, und lasse etwas von selbst kommen, forciere nichts. Lasse es einfach geschehen — es wird später auftauchen, wenn es jetzt nicht kommt.
Larry: Ich kriege irgendwie ein Gefühl im Dickdarm, das es etwas mit Reinlichkeitserziehung zu tun hat oder so — ich erinnere mich an nichts Bestimmtes. Es hat — meine Mutter hat damit zu tun und... (Pause)
Therapeut: Gut. Wie hat sich deine Mutter verhalten, im Zusammenhang mit Scheiße? Hat sie sich echt geekelt oder ist sie wie eine Bäuerin damit umgegangen, für die es — einfach Scheiße ist, verstehst du, überall vorhanden?
Larry: Nun, das Überraschende dabei ist, eher wie eine Bäuerin. Sie ist in ländlicher Umgebung aufgewachsen, und ich habe in späteren Jahren gesehen, wie sie mit Kindern umging, sie lächelte einfach und tat, was zu tun war, ohne spezielles Problem.
Therapeut: Ah ja, gut. Welche Rolle hat dein älterer Bruder gespielt?* Wie alt war er damals? Wie alt war er, als du zwischen zwei und drei warst?
Larry: Und vier. Das ist eine fehlende Dimension, nicht wahr? Matthew ist eine fehlende Dimension. Er war elfeinhalb, als ich zu Welt kam.
Therapeut: Also war er damals...
Larry: Dreizehn bis fünfzehn. Matthew und ich hatten eine merkwürdige Kindheit. Es wurde immer behauptet, daß wir ein Herz und eine Seele gewesen seien.

* Dies stellt einen intuitiven und, wie mir klar ist, etwas abrupten Sprung dar.

Die physische Realität war, er hatte sehr wenig mit mir zu tun, bis ich ins Internat kam und er schon an der Uni war. Davor lief unser Kontakt immer nach demselben Muster ab, sooft er nach Hause zu Besuch kam, nämlich, wir gingen in den Garten hinaus und nahmen uns Stöcke und kämpften.
Therapeut: Und das war wann, als er im College war?
Larry: Als er in der High School und dann im College war und ich noch in der Grundschule. Diese Tradition setzten wir einige Jahre lang fort, das heißt, wir gingen in den Garten hinaus und suchten uns irgendwelche Stöcke und fochten dann miteinander, in einer Weise, die nie zu irgendwelchen Verletzungen führte.
Therapeut: Aber es war ein Kampf.
Larry: Ein erbitterter Kampf.
Therapeut: Und das war, als du in der Grundschule warst und er war in der High School bzw. im College.
Larry: Beides. Ich meine, diese Periode war lang genug, um sich bis in seine College-Zeit zu erstrecken. Und ich kann mich an meine Stinkwut erinnern, wenn er Sachen von mir kaputt gemacht hat. Ein kleines Modellflugzeug, das er zerdeppert hatte und mit dem er die Treppe herunterkam, um es wegzuwerfen, und die Ohnmacht und Wut und völlige Hilflosigkeit, die ich empfand, weil ich es nicht ändern konnte. Im Zusammenhang damit erzählte er mir mehrmals unter Tränen, als ich im College war und versuchte, erwachsen zu werden und so weiter — als er heiratete, wandte er sich quasi mir zu und wurde väterlich-fürsorglich, und die Schuldgefühle, die er empfand, hatten großenteils damit zu tun, wie er mich mißhandelt hatte. Einmal benutzte er mich dazu, um festzustellen, ob der Strom bei dem Elektromotor, den er umgebaut hatte, funktionierte.
Therapeut: Mit anderen Worten, er hat dir einen Schock versetzt?
Larry: Ja, das muß ein ziemlicher Schock gewesen sein. Aber ich erinnere mich nicht an dieses Ereignis; er hat mir das mindestens fünf oder sechsmal erzählt, als ich vor dem High-School-Abschluß stand und eben ins College kam, und ich habe ihm gratis und franko vergeben, ohne eine Erinnerung daran zu haben.
Therapeut: Sechsmal hat er dir die Geschichte mit dem Elektromotor erzählt?
Larry: Mhm.
Therapeut: Hat es noch andere Vorfälle gegeben, wie mit dem Flugzeug, war das ein Mißgeschick oder hat er es absichtlich getan?
Larry: Nein. Er hat es absichtlich getan. Aber es war, was bei mir ankam, war, daß das ganze für ihn so belanglos war, daß er nicht einmal böse auf mich war, es war bloß, daß alles, was mich betraf, zu belanglos war, um sich darum zu kümmern. Und das ist belanglos. *Dieses* Gefühl hat mir Bill das letzte Mal gegeben. Er hat mich und meinen Wunsch, mit ihm auszugehen, völlig *übergangen.*
Therapeut: Sag ihm das, sag ihm das.
Larry: O ja, da kannst du sicher sein. Das werde ich — ich werde Bill heute abend ganz hart konfrontieren. Ich hatte immer das Gefühl in bezug auf Bill: ich glaube, er wäre ein netter Bruder ... ich glaube ... ich habe da eine Menge zusammengepackt und es ihm aufgehalst.

Therapeut: Hm, ja. Zwischen euch beiden wird eine Menge projiziert, weil ihr euch so ähnlich seid. Die Unechtheit, Leuten gefallen zu wollen und alles richtigzumachen, all das. Hast du noch andere Erinnerungen an deinen Bruder, daß er dich demütigte oder dir das Gefühl gab, nicht zu zählen?
Larry: Er gab mir das Gefühl, dumm zu sein. In dem Bestreben ... ich weiß nicht, wie ich sein Motiv beschreiben soll. Matthew war ein guter Kopf. Und, mm, als er in der High School war, etwa in der siebten Klasse, mit etwa dreizehn, bauten irgendwelche Nachbarn einen Ford um. Und Matthew hat die ganze Arbeit an dem Motor gemacht. Er baute den oberen und den unteren Teil um — er hat das tatsächlich allein geschafft! Und nachdem er sich in dieser und anderer Hinsicht qualifiziert hatte, ging er dann ins College und kam zurück und investierte ungeheuer viel Zeit in mich, in dem Bestreben, mir Dinge zu erklären. Er ging an die Tafel und erklärte und erklärte und erklärte, und eines der ersten Erlebnisse, bei dem mir ein Gefühl bewußt wurde, statt es bloß zu empfinden, war, daß mir nach mehreren Jahren — vielleicht war ich damals elf oder zwölf — bewußt wurde, daß ich mich durch seine Vorträge unheimlich schlecht fühlte, weil ich es nicht kapierte. Ich konnte es nicht verstehen.
Therapeut: Das kann an seiner Lehrmethode, deinem Verständnis oder den Schwierigkeiten in der Beziehung gelegen haben, die das verhinderten. Aber du hast nur dir die Schuld gegeben.
Larry: Das stimmt. Ich bin doof. Oder zumindest bin ich in Mathematik und den Naturwissenschaften doof.
Therapeut: Das hast du seither widerlegt. (Pause) Hast du nicht jetzt beruflich mit Naturwissenschaften zu tun?
Larry: Ein bißchen, aber was ich tue, ist überwiegend nicht-mathematisch.
Therapeut: Schön, zumindest hast du nicht als Reaktion auf diese Erfahrung eine Karriere als Mathematiker eingeschlagen. Es gibt solche Lebensläufe.
Larry: Ja, das glaube ich.
Therapeut: Das ist ein neuer Aspekt für mich — da ist eine große Empfindlichkeit für Herabsetzungen bei dir vorhanden, und es hat mir nie ganz eingeleuchtet, daß das ausschließlich mit deiner Mutter zu tun hatte. Die anderen Dinge — Leuten gefallen wollen, davor zurückschrecken, jemand zu beleidigen und die Wahrheit zu sagen und all das, das paßt zu deiner Mutter. Aber diese große Angst vor Demütigung, dieses »Darf ich in eurem Team sein?«, habe ich nie zuvor so gut begriffen. Was du eben erinnert hast, enthält die emotionale Substanz, um diese Überreaktion zu erklären. Glaubst du nicht?
Larry: Sicher. Warum das so schwer zu finden war, warum das so lange verborgen blieb, hing damit zusammen, daß Matthew, indem er sich völlig veränderte und sich so unheimlich um mich bemühte, in meinen Augen irgendwie unantastbar wurde, und das machte es so extrem schwierig für mich, an diese Dinge heranzukommen. Ich erinnere mich, einmal — und ich nehme an, daß das Probleme gewesen sein müssen, aber ich erinnere mich nicht direkt — etwa 1971, als ich Seattle verließ und dort zwei Jahre Therapie machte, daß Matthew und ich hergingen und

uns ein paar Schaumstoffschläger zulegten. Erinnerst du dich an die? Ja, das sind diese langen großen, gepolsterten Dinger.
Therapeut: Und ihr habt euch damit gekloppt.
Larry: Und ich erinnere mich, daß wir uns ausdrücklich bemühten, Wut herauszulassen, die wir aufeinander hatten, und wir redeten die ganze Zeit, während wir das taten, aber irgendwie war Matthew immer so — seit ich in der High School war, hat Matthew für mich die Realität verkörpert. Er rettete mich vor der sexuellen Verkorkstheit meiner Mutter und der diesbezüglichen Resignation meines Vaters. Ich erinnere mich, daß er und Mary, Matthews Frau, mich einfach hinsetzten und zu mir sagten: »Hör zu, Larry, Frauen mögen es, wenn Männer sie anmachen, kapierst du das?«
Therapeut: Während deine Mutter das verurteilte.
Larry: Genau. »Und du kannst ein Glas Wein trinken, ohne ein Alkoholiker zu werden, und ...«
Therapeut: Richtig, also war er in vieler Hinsicht ein guter Bruder, und das machte es nur noch schwieriger für dich zu sehen, wo er es nicht war, wo er dich demütigte, dich verletzte.
Larry: Ja. (lange Pause) Demütigung ist ein so wunder Punkt bei mir. Irgendwie spielte das auch für meine Mutter eine zentrale Rolle, und ich habe den Eindruck, daß all das, was ich im Umgang mit meinem Bruder da erlebte, die Gefühle meiner Mutter, äh, irgendwie verstärkte, so wie sich Wellen derselben Frequenz gegenseitig verstärken. Irgendwie hat sie sich da emotional voll hineingesteigert. Ich kann das Gefühl jetzt nicht mehr nachvollziehen, aber es ist mit der Art und Weise vergleichbar, wie Leute Seifenopern genießen. Irgendwie genießt man den Schmerz, man genießt es, der Underdog zu sein, es überschwemmt einen einfach mit Gefühlen.

Bei der Erforschung dieser Reaktionen begriff Larry somit, daß sein Verhalten in der Gruppe echt und ehrlich war, daß seine Überzeugung, »ich muß mich zwischen mir oder ihnen entscheiden«, die gegenwärtige Realität verfehlte, und daß seine emotionale Reaktion auf die Rückmeldungen überdeterminiert war. In diesem kurzen Ausschnitt identifizierte er eine weitere Quelle dieser überdeterminierten Reaktion auf Demütigung (nämlich seinen Bruder), während er auf die andere anspielte (den Einfluß seiner Mutter). Schließlich beschloß er, in der Gruppe für sich selbst einzutreten, insbesondere gegenüber Bill, der das Thema angeschnitten hatte. Diese Art von Übung, sich selbst zu spüren und dann für sich einzutreten, sollte in den nächsten paar Wochen sowohl in der Therapie wie in anderen Lebensbereichen zum Brennpunkt seiner Arbeit werden.

Der Einzelne in der Gruppe: I. Teil

Beim nächsten Gruppentreffen sprach Larry Bill auf dieses Thema an. Jeff war bei dieser Sitzung nicht anwesend.

Larry: Aber ich glaube, die Gefühle, die ich in bezug auf letzten Dienstag habe, haben zum größten Teil mit dir zu tun, Bill, und deshalb möchte ich dich bitten, dich mit mir darüber auseinanderzusetzen. Hm, das wird nicht immer ganz angenehm sein.
Bill: O je.
(kurzes Gelächter)
Therapeut: Bill ist derjenige, der wollte, daß wir aufhören, so nett zueinander zu sein.
Larry: Ja, aber das ist Bills Anliegen, nicht meines, und ...
Therapeut: Ja, aber er ist dem gewachsen. Er ist imstande, damit umzugehen.
Larry: Gut. Laß mich einiges darüber sagen. Hm. (Pause) Dies sind Probleme ... wie ich inzwischen entdeckt habe, die mein Leben schon seit sehr langer Zeit bestimmt haben, und deshalb ist dies eine ganz besondere Chance für mich, die Sache mit dir zu klären, aber ich werde in Kürze etwas unangenehm werden, und ich werde mich nicht sehr dankbar verhalten.
Bill: Schieß nur los.
Larry: Gut. Wenn du eine Pause machen oder stoppen willst, ich bin klar genug im Kopf, um das zu respektieren. (Pause) Was du ... was du unter anderem sagtest, war: »Larry, du bist nicht präsent gewesen, du hast dich versteckt. Ich kenne dich am wenigstens von allen hier.« Ich habe mich darin nicht wiedererkannt, wie Bill mich darstellte, ich habe mich darin nicht erkannt, und in mir ging folgendes vor: ich sagte mir, Moment mal, ich habe mindestens doppelt soviel geredet wie George. Nicht nur das, du und ich, wir haben eine Beziehung außerhalb der Gruppe, zumindest eine beginnende.
Bill: Eine beginnende. Ja.
Larry: Wo nimmst du das her? Wo nimmst du das her, wenn du mir sagst, daß ich nichts geredet habe, daß ich nicht vorhanden war, nicht präsent war, oder daß ich nicht gesagt habe, was bei mir los war? Das habe ich *schon* getan. Ich habe mein ewig gleiches Thema behandelt, wie schaffe ich es, ich selbst zu sein. Und — es stimmt einfach nicht. Ich habe mich nicht davor gedrückt, hier etwas von mir zu zeigen. Gut, ich verstecke mich. Gut, deine Kritik war irgendwo berechtigt, aber irgendwo auch nicht. Sie hat mir damals gestunken, und sie stinkt mir auch jetzt. (Pause) Vielleicht deshalb, wegen deiner Frage: »Warum bist du eigentlich hier?«
Bill: Ja, warum bist du hier?
Larry: Nun, das impliziert, daß ich nicht gesagt habe, warum ich hier bin, ich habe es aber gesagt, die Frage ist also, warum hören es die anderen nicht, warum hörst du es nicht? Warum hören mich die Leute in der Gruppe nicht? Sage ich es so leise oder so indirekt, daß die Botschaft nicht rüberkommt? Oder habe ich nicht genug gesagt? Oder ist es etwas anderes? Da ist noch ein anderer Aspekt, nämlich, ich brauche hier niemandem zu sagen, warum ich hier bin. Ich habe ein

Recht, hier zu sein. Ich brauche keinen Eintritt zu bezahlen, indem ich sage, nun, das ist der Grund, weshalb ich hier bin. Und doch hat mir die Gruppe das vorgeworfen. Ihr habt gesagt: »Wir wissen nicht, warum du hier bist.« Zum Teufel damit.

Bill: Ich glaube, du verdrehst das etwas. Ich bin nicht der Meinung, daß du dir deine Anwesenheit hier verdienen mußt. Und ich glaube, du bist hier akzeptiert, und dennoch, was vor sich geht, ist das Rätsel, und warum du hier bist, ist das Rätsel, was du bezweckst. Vielleicht ist es am hilfreichsten — vielleicht bist du am hilfreichsten für mich als ein Spiegel für mich. Das Gefühl, das ich dir gegenüber habe, ist das einer Art von Nebel — ein Nebel, der etwas verbirgt, was ich wirklich zu fassen kriegen könnte. Ich merke, daß ich abschalte, wenn du sprichst. Und ich weiß nicht, was das ist, vielleicht liegt es mehr an mir als an dir. Was Steve über die Art, etwas zu berichten, sagte, und was sich auf meinen Bericht vor einigen Monaten bezog, das kann ich genau auf dich anwenden, wenn ich darüber nachdenke, was bei dir los ist. Es ist fast, als veränderte sich die Realität auf dem Weg von hier (dem Bauch) oder hier (dem Herzen) nach hier (zum Mund). Und ich — ich schalte einfach irgendwie ab, wenn . . .

Larry: Ja, ja, ich höre dich.

Bill: Wenn du das machst, dann bin ich weg.

Therapeut: Richtig, und es ist schwierig, sich damit auseinanderzusetzen, Bill, nicht wahr, weil es schwierig ist, draufzukommen, was los ist?

Bill: Nun, es ist schwierig, denn es ist, wie du immer sagst, du hast immer genau die richtige Gefühlsregung parat. Und das ist fast nie überzeugend, und es scheint mir nie — ich möchte nicht nie sagen (Pause). Es erscheint mir oft genug nicht überzeugend, so daß es ein Problem für mich darstellt. Irgend etwas ist ein bißchen unecht, ein bißchen künstlich an dem, was du mir präsentierst. Wenn du zum Beispiel deine Hand auf Johns Bein legst und sagst, »ich fühle mich dir nahe, John«, dann habe ich irgendwie das Gefühl, ach, das ist ein solcher Krampf. Und das macht mir echt Angst — das macht mir echt Angst, weil es nun einmal eine Tatsache ist, daß ich Menschen brauche, und du bist hier, und eines Tages brauche ich vielleicht dich, und ich weiß nicht, ob du dich dann mir nahefühlen wirst, und das macht mir Angst.

Larry: Das kann ich verstehen.

Bill: So läuft das also. Wir haben es schon dreitausendmal gesagt, wie sehr wir uns, du und ich, in andere Menschen einfühlen können, aber wenn so etwas schließlich ausgesprochen wird — ich glaube, ich habe das schon letzte Woche gesagt, dann kommt mir das irgendwie gelackt vor. Ich habe mich Leuten in dieser Gruppe immer dann nahe gefühlt, wenn ich oder sie nackt waren.

Larry: Gut, das kapiere ich. Aber was sich für mein Empfinden am letzten Dienstag abgespielt hat, das war keine zutreffende Wahrnehmung von mir. Das war Verhaltensformung. Jeff sagte, nachdem ich zusammengebrochen war und geweint hatte und so weiter: »Das ist jetzt der echte Larry, das kommt mir jetzt echt vor.« Aber hier drinnen (zeigt auf sein Herz) war im Gegensatz zu anderen Zeiten in der Vergangenheit kein Unterschied in meiner Authentizität vorhanden. So wie ich es

empfand, hast du Therapeut gespielt, du hast Gruppenleiter und Assistent gespielt, du hast mich nach Therapeutenart behandelt und bist als Jeffs Bauchredner aufgetreten.
Bill: Ich habe es zuerst gesagt.
Larry: Ja. Du wolltest, daß er bestimmte Sätze zu mir sagt, damit ich seine Äußerungen mir gegenüber in einer bestimmten Weise interpretieren würde. Ich sollte begreifen...
Bill: Sag das noch einmal.
Larry: Gut. Du wolltest, daß er bestimmte Dinge, bestimmte Sätze sagt, und du hast sogar ausdrücklich gesagt, nachdem er das tat, he, ich wollte, daß du diese Dinge aussprichst. Meine Einstellung ist, wenn du etwas sagen willst, dann sage es mit deinem eigenen Mund. Wenn du mir etwas zu sagen hast, dann sage es mir, das meine ich damit.
Bill: Mhm. Ich erkläre dir, warum ich das getan habe. Zum einen habe ich nicht... glaube ich jedenfalls... vielleicht habe ich es, aber ich glaube es nicht, den Therapieassistenten gespielt. Denn nach meinem Eindruck waren wir fast schon am Ende angekommen, nicht?
Therapeut: Ja.
Bill: Und ich dachte, es könnte mir entschwinden, und das wollte ich nicht — ich wollte nicht, daß es untergeht, ohne daß ich es ausspreche, ich wollte den Gedanken festhalten.
Larry: Hm, irgendwie kann ich nichts damit anfangen, es, es überzeugt mich immer noch nicht.
Therapeut: Laßt mich das klarstellen. Du hast das Gefühl, daß Bill Jeff veranlassen wollte, dir dieselbe Botschaft noch geballter zu übermitteln.
Larry: Nein, es ging bloß um die Botschaft. Mein Eindruck war, daß Jeff diesmal ziemlich daneben gehauen hat bei seiner im allgemeinen zutreffenden Charakterisierung von mir. Und ich glaube, Bill hat ihm Sätze in den Mund gelegt, die er sagen sollte, was er auch tat, damit ich seiner Version der Realität glauben sollte — daß Jeff dies nur aus Sympathie für mich tue. Nein, das glaube ich nicht. Ich glaube, Jeff bearbeitet seine Probleme auf meine Kosten, das glaube ich nämlich!
Bill: Nun ja, das machen wir doch alle. Weißt du, was ich nämlich glaube, ist, wir arbeiten uns hier an etwas ab und, äh, es kommt mir fast so vor, als redeten wir über den Roman, den du nicht geschrieben hast, verstehst du? Für dich war letzte Woche etwas los, wovon du dich sofort betroffen gefühlt hast, was einen wunden Punkt berührte. Warum reden wir über etwas, das nicht der Fall war? Du sagtest, etwas das ich oder Jeff sagten, hat bei dir einen echten Nerv berührt. Und jetzt kommt es mir vor, als redeten wir ziemlich intellektuell über anderes Zeug.
Therapeut: Ganz so ist es nicht. Nein, ich glaube, daß Larry dir Rückmeldungen gibt — negative Rückmeldungen, die nach seiner Meinung zutreffen oder auch nicht. Das ist eine heiße Sache. Und zwar hast du nach seiner Meinung diese Interaktion orchestriert, und das gefällt ihm nicht — er gibt dir quasi den Vorwurf zu-

rück, glaube ich, selbst auf deine Weise unecht zu sein. Und diese Unechtheit besteht darin, den Therapeuten zu spielen und Dinge zu orchestrieren. Das mag zutreffen oder auch nicht, aber das sagt er jedenfalls zu dir.
Bill: Ich glaube, ich finde das nicht schlecht. Ich finde das überhaupt nicht schlecht, denn zum einen hatte ich etwas zu sagen, und ich wußte nicht, ob sonst noch jemand etwas darüber sagen würde, aber ich wollte dir etwas mitteilen, und ich glaube, es war fünf Minuten vor dem Ende der Stunde, als ich es sagte. Ich erwartete gar nicht, daß irgend etwas geschieht; es war mein Thema. Steve forderte andere Leute auf: »Nun, warum überprüfst du es nicht, schau mal, was die anderen dazu meinen.« Wir befragten die anderen dazu, und dann kam Jeff in Fahrt. Ich hatte das Gefühl, daß das, was mit Jeff vorging, eine heiße Sache war, und mein eigenes Gefühl war, daß ich es vorzog, von dem Abstand zu nehmen, was bei mir persönlich los war, und ihn machen ließ. Ich glaube nicht, daß ich ihm damit Sätze in den Mund gelegt habe. Vielleicht doch.
Therapeut: Ja, ich glaube schon, aber andererseits — ich stimme dir zu, es waren gute Sätze, und sie trafen den Nagel auf den Kopf, ich glaube allerdings auch, daß Jeff einige seiner eigenen Probleme auf dich projiziert, Larry. Ich glaube auf der anderen Seite, daß es ihn eine Menge Mut kostete, dich so herunterzuputzen, wie er es tat.
Larry: Das weiß ich.
Therapeut: Es ist aus Zuneigung geschehen, und gleichzeitig waren auch Projektionen dabei, genauso wie bei Bill, das stimmt alles. John?
John: Ich möchte nur sagen, was ich beobachtet habe. Abgesehen von den Worten, die gesprochen wurden, habe ich gemerkt, daß du, Bill, erklärt hast, warum du dich so und so verhalten hast und dich verteidigt hast, und ich habe gemerkt, daß du, Larry, nicht wirklich deine wahren Gefühle gegenüber Bill geäußert hast. Ich meine, du hast einleitend gesagt: »Ich werde böse auf dich werden.« Du bist überhaupt nie böse auf ihn geworden.
Larry: Nun, wir sind noch nicht fertig.
John: Ich weiß, aber du scheinst der Sache nicht auf den Grund zu kommen.
Larry: Vielleicht fällt es mir schwer, ich brauche dazu eine Weile.
Bill: Ich mag nicht, wenn Leute böse mit mir werden. Hu!
Therapeut: Nun, machen wir weiter.
Larry: Gut. Also weißt du, ich habe das Gefühl, du hörst mir nicht zu, wenn ich rede. Ich rede schon, und ich sage schon, was hier mit mir los ist. Ich habe gesagt, warum ich hier bin. Ich habe gesagt, was meine Probleme sind. Nachdem sich die Gruppe auflöste, ist etwas geschehen, das ich irgendwie für bezeichnend halte. Du bist da gesessen, Bill. Ich bin gleich neben dir gesessen. Du bist aufgestanden und hast gefragt: »Hat jemand Lust, Hamburgers essen zu gehen?« Ich stehe gleich da. Ich sage: »Ja, ich komme mit.« Keine Reaktion. Du fragst noch einmal. »Kommt jemand mit Hamburgers essen?« Ich sage: »Ja, ich gehe mit dir.« Wieder keine Reaktion. Nichts. Als ob ich nicht da wäre. Dann gehe ich in die Küche hinauf und von dort höre ich dich dasselbe nochmals sagen. Mit lauter Stimme

antworte ich: »Ja.« Als ich zur Tür hinausgehen will, wendest du dich mir zu und fragst: »Kommst du mit?«
Bill: Ahh. (Pause) Ich erinnere mich nicht. Vielleicht habe ich dich nicht gehört, oder vielleicht habe ich dich angeschaut oder es für mich zur Kenntnis genommen, »nun, da ist einer«, oder etwas dergleichen.
Larry: Gut. Vielleicht ist das mein persönliches Problem in solchen Fällen. Das bringt mich wirklich auf die Palme. Ich fühle mich, als sagtest du zu mir: »Du existierst nicht. Du *existierst* gar nicht.« Und so ähnlich ist das auch bei mir angekommen, was du letztes Mal gesagt hast: »He, du bist hier nicht vorhanden, du redest nicht, du versteckst dich, du hast uns nicht gesagt, wer du bist.« Das habe ich schon, zum Teufel. (Lange Pause)
Verstehst du, ich fühle mich furchtbar klein, daß mir solche Dinge Probleme machen. Mein ganzes Leben lang habe ich solche Dinge hinuntergeschluckt. Ich habe sie sehr genau registriert und sie hinuntergeschluckt, weil ich weiß, daß nur neurotische Scheißer wie ich solche Vorkommnisse überhaupt registrieren. Aber es ist nun einmal ein Faktum, daß ich es tue. Es ist nun einmal ein Faktum, daß ich mich so fühle (Pause). Ich fühle mich als jemand, der nicht gehört wird, dem man nicht zuhört, dem man keine Aufmerksamkeit schenkt, das hat eine Riesenrolle in meinem Leben gespielt. Und das habe ich auch von dir gekriegt. Es kommt mir vor, als hättest du mich benützt. Du hast mich benützt, um dein Ziel, »räumen wir mit der Höflichkeit hier auf«, zu erreichen. Du hast auf einen Knopf gedrückt, von dem du wußtest, daß ich darauf anspringe. Es hat funktioniert. Es ist etwas anderes passiert als Höflichkeit. Aber das ist dein Anliegen. Ich bin hier nicht höflich gewesen. Ich habe hier Angst. Ich bin nicht höflich. Ich bin sauer auf dich, daß du mich ignorierst, daß du mich als belanglos behandelst. Du kannst mich mal! Arschloch! (Pause) Ich bin nicht zu deiner Unterhaltung da. Unten beim Hamburgerstand sagst du, der Trainer mit dem Pfeifchen nach dem Spiel: »Gut gemacht, Männer. Eine gute Gruppe hatten wir wieder, ha?« Ich fühle mich wie geprügelte Scheiße. Und ich bin noch so dumm, dir dafür zu danken. (Lange Pause)
Ich bin sogar noch egoistischer. Ich sitze hier und werfe dir vor, den Therapeuten zu spielen. Genau genommen werfe ich dir vor, einmal ein schlechter Therapeut gewesen zu sein. Bei anderen Anlässen hast du ziemlich gut geholfen. Aber, äh, ich möchte, daß du bloß einer der Kumpels im Team bist.
Bill: War ich doch.
Larry: Und ich habe auch meine Meinung gesagt.
Therapeut: Larry, was wünscht du dir von Bill?
Larry: Weißt du, was mich einfach erbittert hat, Bill, als du sagtest, daß ich nicht den Mund aufgemacht hätte oder daß du nicht wüßtest, wer ich sei, da hast du mich genauso ignoriert wie, als ich sagte, daß ich mit dir zum Hamburgerstand gehen will. Es ist einfach so, ich möchte, daß du meine Existenz zur Kenntnis nimmst. Ich möchte, daß du aufhörst, so zu tun, als ob die Beziehung, von der ich glaubte, daß sie sich draußen zwischen uns entwickelt, nichts sei — daß ich nicht vorhanden bin. (Pause) Verstehst du, ich bin vorhanden, so gut ich es kann.

Ich ... kann mir niemand vorstellen, der mehr daran arbeitet ... der ... der ... der mehr darum besorgt ist ... der ... mehr daran denkt, äh, sich mehr bemüht, jede Minute des Tages echt zu sein, wenn ich die Straße entlanggehe und bei jeder kleinen Begegnung an der Tankstelle und einfach bei allem, und du sitzt hier hochnäsig mit deiner Therapeutenart und sagst: »Mann, hör mal, irgendwann mußt du aus dir herausgehen und reden.« Und, verstehst du, ich bestreite nicht einmal hier, daß es zutrifft. Ich schreie bloß *au*. Es gefällt mir nicht. Und wenn dir das nicht genügt, dann weiß ich nicht mehr, was ich noch tun kann.
(lange Pause)
Bill: Willst du, daß ich was sage? (Pause) Ich habe eben bemerkt, was für eine Angst ich habe.
(sehr lange Pause)
Bill: Ich habe das letzte Woche nicht als billigen Trick empfunden. Was ich mir vorstellte, war, daß diese Gruppe bald enden könnte. Und aus welchem Grund auch immer würde dann etwas, das sich zwischen uns bewegt haben könnte, dann vielleicht nie geschehen. Manchmal gelingt es mir nicht gut, anderen Menschen Zuwendung zu geben. Ich nehme keinen echten Anteil an ihnen. Manchmal bin ich absolut gleichgültig. Und daher kann es sein, daß du dir Zuwendung von mir wünschst und sie nie bekommst. Manchmal fühle ich mich absolut kalt gegenüber meiner Frau, als könnte ich zur Haustür hinausgehen und sie nie wiedersehen, und es würde mir nichts ausmachen. So ein Gefühl ist das. (Pause) Und jetzt habe ich es mit einem Gefühl der Angst zu tun, und ich weiß auch, daß ich häufig davonlaufe. Ich bin nicht hier, weil ich alles weiß; ich bin hier, weil ich in manchen Teilen meines Lebens nichts weiß. Ich wollte dich nicht verletzen, und ich glaubte auch nicht, daß ich dich verletzen würde.
Therapeut: Glaubst du das?
Larry: Ja, ich glaube es.
Bill: Auf der anderen Seite — ich glaube, diese zwei Dinge sind wahr, daß ich es weder beabsichtigte noch vorhersah. Und als es ins Rollen kam, dachte ich mir, daß ich froh bin, daß ich es sagte. Ich glaube, wir mogeln uns in dieser Gruppe zu oft durch mit dem Intellekt und mit Umgangsformen. (lange Pause) Ich weiß nicht, wie ich mich selbst dazu bringen kann, echt zu sein. Und ich weiß nicht, wie ich andere Leute dazu bringen kann, echt zu sein. Ich weiß nicht, wie ich das anfangen soll.
Therapeut: Bill, könntest du Larry in irgendeiner Weise die Bestätigung geben, um die er dich gebeten hat?
Larry: Ich habe das Gefühl, sie zu bekommen.
Therapeut: Fein.
Larry: Ich sitze hier und denke mir, was hast du angestellt Larry? Du bist hingegangen und hast Bill Sachen vorgeworfen, die offensichtlich nicht wahr sind, und hast eine Menge Zeug von früher auf ihn projiziert. Ich weiß auch nicht, wie ich dazu bringen kann, echt zu sein, und ich glaube, die Panik darüber macht einen großen Teil meines Antriebs aus.

Bill: Die Panik, daß du mir diese furchtbaren Sachen angetan hast?
Larry: Nein, die Panik darüber, daß ich selbst nicht weiß, wie ich mich dazu bringen kann, echt zu sein. Die Charakterisierung, die du vor einigen Minuten von mir gemacht hast — daß die Wahrheit irgendwie zwischen meinem Bauch und meinem Mund auf der Strecke bleibt. Das ist so zutreffend.
Therapeut: Da ist ein Filter drinnen.
Larry: Und das bringt mich zur Verzweiflung. Und ich weiß zum Beispiel, daß ich oft, wenn ich glaube, authentisch zu sein, im Grunde immer noch das Gefühl habe, daß es unecht ist.
Therapeut: Der Filter funktioniert immer noch, meinst du.
Larry: Wahrscheinlich.
Bill: Fühlt sich verrückt an, nicht wahr?
Larry: Ja, (weint)
Bill: Und so hoffnungslos.
Larry: Ja.
(lange Pause)
Bill: Was ich glaube, ist: manchmal müssen wir, du und ich, sehr hart konfrontiert werden. Manchmal müssen wir aufspringen und schreien und anecken und auf diese Weise konfrontiert werden, und dann fangen wir an, wie echte menschliche Wesen zu klingen, weil das soviel Gefühl und Druck erzeugt...
Larry: Stimmt.
Bill: Was im Moment bei mir los ist, etwas Echtes, das bei mir los ist, welche Angst ich habe, bloß beim Reden. Das macht mich ein bißchen schwindlig.
Larry: Man sieht es dir nicht an. Siehst du, ich weine. Ich zittere. Dir sieht man die Angst nicht an.
Bill: Ja und?
Larry: Nun, für mich — ich sehe sie nicht.
Bill: Du gehst nur nach dem Äußeren.
Therapeut: Nun, ich weiß nicht, ich glaube, er sagt dasselbe zu dir, Bill, was andere Leute vorige Woche zu ihm sagten, daß er sie nicht sieht. Das bedeutet nicht, daß sie — bei euch beiden — nicht da ist, es bedeutet bloß, daß die anderen sie häufig nicht sehen. Bill hat Angst; ich glaube dir, Bill, du hast Angst. Ich sehe nicht viel Angst, ich sehe ein bißchen. Er sieht nicht viel, und das bedeutet nicht, daß du irgend etwas falsch machst, oder daß er etwas falsch macht, ihr habt beide einen solchen eingebauten Filter, so daß andere viel von dem, was in euch vorgeht, nicht sehen, und dann finden sie euch unecht. Und manchmal seid ihr auch unecht, aber oft seid ihr es nicht. Es ist bloß, daß ihr diesen Filter habt, der bewirkt, daß man euch nichts anmerkt. Du hast Angst, er sieht es dir nicht an. Dann denkt er — dann ist er nicht sicher, ob er dir glauben soll. Denn wenn man selbst unecht ist, verstehst du, dann ist man auch ein bißchen mißtrauisch gegenüber dem anderen. Andere erscheinen einem dann auch unecht. Was zwischen euch läuft, hat eine Menge damit zu tun. (Pause) Und deshalb ist es auch so beunruhigend, wenn man dem anderen nichts anmerkt.

Larry: Ja, wenn man nichts *sehen* kann.
Therapeut: Wenn man die echten Gefühle beim anderen nicht sieht. Es ist so beunruhigend, weil man dann anfängt, seine eigene Unechtheit auf den anderen zu projizieren. Und dann weiß man nicht mehr, um wen es geht. Dann macht es einem Angst, weil man auch selbst nicht mehr weiß, ob man unecht oder echt ist. Du weißt jetzt, Bill, daß du echt bist. Du weißt, daß du Angst hast. Und du weißt, daß er es bloß nicht sieht. Aber was dir letzte Woche passiert ist, Larry, war, daß andere dir sagten, du seist nicht echt, und du hast Angst bekommen, daß du nicht weißt, ob du es bist oder nicht. Aber als du es durchgearbeitet und darüber nachgedacht und es gefühlsmäßig geprüft hast, bist du zur Überzeugung gekommen, daß du es bist, und daß sie es einfach nicht merkten. Was ihr beide lernen müßt, ist, zu unterscheiden, ob — es bloß der Filter ist, der das Echte abschirmt, oder ob ihr eine Maske zur Schau tragt, was ihr beide manchmal tut. Und das ist eine wirklich schwierige Unterscheidung. Ihr könnt es aber nur herausfinden, indem ihr in euch hineinschaut. So wie du jetzt weißt, daß du Angst hast, stimmt's?
Bill: Mhm. Das stimmt.
Larry: Ich bin nicht...
Bill: Ich habe eben einen Impuls verspürt, mich auf dich zu stürzen und dich zusammenzudreschen. (sehr stille Pause) Hast du das gesehen?
Larry: O ja, und wie. Ich möchte dasselbe tun.
Therapeut: Er hat's gesehen, ich hab's gesehen. Es ist in deinen Augen da. Es ist in den Augen. Es ist offensichtlich.
Bill: Das ist gut. Und ich sage dir, womit das zu tun hat. Mir ist der... Schweiß ausgebrochen. Und zwar, weil wir immer mehr daran arbeiten und wir der Sache immer näherkommen und ich entlarvt, bloßgestellt werde. Und jetzt habe ich einfach wirklich Angst, versteht ihr, daß ihr — daß ihr mir die Maske einfach abreißt und seht, was für ein böses, schreckliches Wesen ich bin.
Larry: Bill, das einzige, was ich gemerkt habe und was ich noch nicht gesagt habe, ist: mir fällt auf, daß du mit Echtheit hausieren gehst.
Bill: Was meinst du damit?
Larry: Nun, mit deinem Schweiß. Als wolltest du sagen, schaut her, das ist echt. Weißt du, was ich meine?
Bill: Mhm.
Therapeut: Er protestiert quasi zuviel?
Larry: Ja.
Bill: Gut, schön.
Larry: Aber ich habe keine anderen verheerenden Eindrücke, bloß diese eine Beobachtung.
Bill: Ich möchte im Grunde, daß mich die anderen sehen. Ich möchte, daß sie mich sehen, ich möchte, daß sie mich kennen, mich erkennen, daß sie alles wissen, was mit mir vorgeht. Ja. Deshalb gehe ich oft hausieren. Ich möchte, daß ihr Mitgefühl habt, ich möchte, daß ihr Mitgefühl mit meiner Angst habt, und deshalb gehe ich mit der Echtheit und der Angst hausieren, weil ich nicht — ich möchte,

daß ihr wißt, daß sie da ist, und das könnte euch zur Zurückhaltung veranlassen. Wenn ich euch nicht sage, daß ich Angst habe, dann wißt ihr es vielleicht nicht, und dann fällt es euch vielleicht ein, zu mir zu sagen: »Du verdammter Dreckeimer.«

Larry: Weil ich sie nicht sehe?

Bill: Ja.

Therapeut: Ich möchte dir noch mehr Feedback geben, Bill. Erinnerst du dich an »die Trommeln, die Trommeln, die rasenden Trommeln«. Wenn du den Leuten dieses *Drama* servierst, dann bezeichnen sie das manchmal als unecht und fühlen sich abgestoßen. Und es bedeutet nicht, daß es nicht echt ist, es ist bloß ein Verhaltensstil, der die Leute veranlaßt, dir Unechtheit, Theatralik etc. zuzuschreiben, woran du vielleicht nichts ändern willst oder dessen du dir bewußt sein willst, vielleicht willst du es auch ändern, was auch immer, aber ich glaube, daß das ein Teil desselben Problems ist. Es ist wie ein Filter; es ist ein Verhaltensstil, der gewisse Probleme mit sich bringt, aber das bedeutet nicht, daß mit dir etwas nicht stimmt, es bedeutet bloß, daß es nicht immer sein Ziel erreicht. (Pause) Es ist der Grund, warum dich Leute manchmal als unecht ansehen, wenn du es nicht bist.

Larry: Ich weiß, daß du über Bill sprichst, aber das scheint mir auch für mich zuzutreffen.

Therapeut: Oder wenn du deine Echtheit zur Schau stellst, dann ist es so, daß du sie zur Schau stellst und daß sie echt ist, aber weil du sie zur Schau stellst, sagen die anderen: »Das ist nicht echt.«

Bill: Das haut wirklich hin. Das stimmt wirklich. Das stimmt ganz genau. Quasi, es geschieht etwas und es ist echt, und damit sorge ich für einen ganzen Monat vor.

Therapeut: Genau. Weil du deine Echtheit entdeckst und du sagst, schau Mama, ich bin echt, ich bin echt, ich bin echt. Und die Leute sagen, ist ja schon gut. So ungefähr, oder auch, nein, du bist es nicht, du bist unecht, denn wenn du echt wärst, dann müßtest du nicht so ein Trara darüber machen, und sie verstehen nicht, daß du deine Echtheit entdeckst und begeistert darüber bist.

Bill: Es ist auch wie die Sache mit der Tür und dem, was man von sich zeigt. Eben ist mir diese Idee gekommen — daß ich irgendwie nicht weiß, wann die Türen offen sind. Und manchmal — wie ich dir von dieser Frau in dem Ski-Hotel erzählt habe, als wir — es war wirklich nett, versteht ihr, wir redeten stundenlang in der heißen Badewanne und dann saßen wir in der Sauna zusammen und ich habe gesungen, versteht ihr, ich habe es wirklich genossen in dieser kleinen Sauna da oben diese Lieder zu singen, und es klang toll, klang toll. Sie war begeistert. Ich meine, ich kam mir vor wie der Größte. Ich hatte das Gefühl, ein großartiger Typ zu sein. Und, äh, wie großartig ich mich aufführte. Und am nächsten Morgen sagte sie: »willst du eine Wanderung machen?«, und ich sagte, »nein, ich werde mich in die heiße Wanne setzen.« Und sie sagte, »das ist gut, du brauchst mich nicht zu unterhalten«, und für mich war das ... ahhhh. Es war wirklich ein Schlag ins Kontor, denn ich fühlte mich, versteht ihr, als hätte ich meinen Hosenschlitz offen. Genauso peinlich, versteht ihr. Man geht dahin, plötzlich hüpft dein Pimmel raus ....

das ist eine echte Horrorvorstellung für mich, und das mit den Türen und was man von sich zeigt, das macht mir manchmal echt Angst, denn manchmal platze ich mit etwas heraus, ohne daß es mir bewußt ist. Und dann — dann bin ich bloßgestellt und das macht einem verdammt Angst. Das macht einem wirklich Angst. Einmal war ich high, wir saßen zu mehreren um einen Tisch herum und plötzlich sagte diese Frau zu mir: »Ist alles in Ordnung?« Es kam mir vor wie, na ja, was habe ich eben getan, versteht ihr? Habe ich eben etwas Entsetzliches getan, was mir gar nicht bewußt war?
(Gelächter)
Therapeut: Und der Schlüssel zu all dem, Bill, ist, daß du in deinem tiefsten Inneren immer noch glaubst, daß du abscheulich bist und daß irgend jemand draufkommen könnte, und die Wahrheit ist, daß du großartig bist, und du kannst das nur — deine unerquicklichen Eigenschaften sind all deine Versuche, das zu verbergen, was du für abscheulich hältst. Und du weißt das, aber ich dachte, es könnte nicht schaden, es dir zu sagen. Denn die Menschen sehen dich, verstehst du, und je mehr du etwas zu verbergen suchst, desto mehr sehen sie es.
(sehr lange Pause)
Bill: (in Tränen) Es kommt mir vor ... ich habe das Gefühl, ein Edelstein zu sein unter einem Berg von Scheiße, und ich habe vergessen, wer zu Hause ist.
Therapeut: Gut, und was du hier so schön machst, ist, diesen Berg abzutragen, Woche für Woche.
Bill: Ich fühle mich echt traurig.
Therapeut: Atme und fühle es
Bill: Ich möchte ... bloß weg von hier, so schnell, daß ich mir vorstelle, über dieses Geländer zu springen und davonzulaufen.
Therapeut: Eben jetzt?
Bill: Eben jetzt.
Therapeut: Bleib hier, atme, fühle das. Du bist unter Freunden.
(lange Pause, Bill weint)
Bill: Ich wollte nichts sagen, weil ich nichts kaputtmachen wollte. Ich dachte eben, wie schön Gefühle sind, hier zu sitzen und sich einfach traurig zu fühlen und auf das grüne Laub hinauszuschauen. Es hat einfach etwas wirklich Schönes.
(lange Pause)
Therapeut: Ihr braucht nichts zu sagen.
(sehr lange Pause)
Bill: (zu Larry) Mit dir und mir hat es angefangen.
Therapeut: Ja, ist das abgeschlossen?
Larry: Mmm. Beinahe. Eines möchte ich noch hinzufügen. Als du darüber sprachst, du weißt schon, daß der Hosenschlitz offen ist und das unbekannte — daß dir etwas rausgerutscht ist, von dem du nicht wußtest, daß es alle sehen können. Meine Version davon ist mit etwas anderem befrachtet, und das ist Demütigung. Ich bin auf Demütigung programmiert.
Bill: Das sind wir beide.

Larry: Das stößt mir so hart auf, daß es mich richtig bei der Gurgel packt.
Bill: Sonst wäre es nicht wichtig, ob mein Hosenschlitz offen ist.
Larry: Genau, ich könnte ja sagen, ist mir doch wurscht, mein Schlitz ist offen.
Bill: Und ein hübscher großer Pimmel.
(Pause)
Martin: Oder grad' das Gegenteil. (kurzes, aber unbeherrschtes Lachen)
(Pause)
Therapeut: Seid ihr jetzt miteinander fertig? Für jetzt?
Bill: Siehst du, deshalb hatte ich Angst.
Therapeut: Warum hattest du Angst?
Bill: Ich hatte Angst, daß du mich irgendwie bloßstellen und demütigen würdest, Larry. Nicht, »was für ein hübscher, großer...«, sondern »das nennst du einen Penis? Du hältst dich für einen Mann? Du glaubst, du bist jemand?«
Therapeut: Ist das geschehen?
Bill: Ist es geschehen?
Therapeut: In diesem Gespräch.
Bill: Nein. Nein. Als ich hier saß, habe ich eine Art Dankbarkeit empfunden, einfach, weil... nicht für etwas Bestimmtes, sondern einfach für diese Erfahrung.
Therapeut: Gut jetzt — aber er hat — ich möchte auf etwas hinweisen — er hat dir vorgeworfen, den Therapeuten zu spielen und solche Sachen, und das war nicht demütigend für dich. Warum nicht?
Bill: Weil ich weiß, was ich tue.
Therapeut: Richtig. Das ist es. Das ist die Antwort. Quasi, bleibe bei deinem eigenen Urteil über dich. Hör dir die Rückmeldungen an, aber das Resümee, das du ziehst, ist, was *du* denkst und fühlst. Und deshalb war es nicht demütigend, weil du es besser wußtest. Du wußtest, daß du etwas Gutes getan hast, du wußtest, daß du es aus Sympathie getan hast. Und du wußtest, daß, als du Jeff dazu brachtest zu sagen, daß er Larry gern hat, und daß er es deshalb getan hat, daß auch das aus Zuneigung geschah und daß das eine gute Geste war. Und deshalb hast du dich nicht gedemütigt gefühlt, weil du dir selbst vertraut hast.
Bill: Danke dir. Das ist echt wahr. Dieser Aspekt — verstehst du, das ist wirklich etwas Aktuelles, es ist wirklich so, mein Schlitz ist offen und mein Pimmel ist draußen. Ja, so ist es. Und ich weiß, warum es so ist.
Therapeut: Und er gefällt dir.
(Gelächter)
Therapeut: Gut. Seid ihr jetzt fertig? (Pause)
Bill: Da ist eine Kleinigkeit, die ich mit John abhandeln muß. (Pause) Eigentlich habe ich gerade daran gedacht, wie (Pause) ich denke eben — ich denke eben an Zärtlichkeit. (Pause, seufzt, weint)
Therapeut: Laß es zu.
Bill: Gott. (weint, lange Pause) Ahh.
Therapeut: Atme tief ein und laß das Gefühl zu. (Pause)
Bill: Oh (Pause). Ich weiß nicht einmal, was es war.

Therapeut: Macht nichts. Ihr versucht wieder, an die Gefühle heranzukommen — das ist das einzige, was ihr braucht. Ihr braucht keine Analyse und braucht es nicht zu begreifen...
Bill: Ich denke gerade an Frauen und Mütter und Schönheit. Weich. Versteht ihr, all diese leidenden Menschen, die ich die ganze Zeit sehe, und einfach von einer liebevollen Mutter an einem schönen Tag im Arm gehalten werden. Versteht ihr, ganz sanft. Geliebt. Mensch... vor einigen Minuten hatte ich endlich das Gefühl, als ob ich es jetzt gefunden hätte — als wüßte ich jetzt, wo ich stehe in diesem Kampf, in dem ich mich befinde.
Therapeut: Mach weiter, mach weiter. (Pause) Bist du mit diesem Teil fertig?
Bill: Ja. Ich danke euch.

Einzeltherapie: II. Teil

In der nächsten Einzelsitzung führte Larry die Untersuchung der Ursachen seiner Unechtheit fort und entwickelte seine Fähigkeit weiter, sein wahres Selbst zu äußern. In der Woche dazwischen hatte er mehrmals die befriedigende Erfahrung gemacht, daß er imstande war, sich zu äußern und zu behaupten. In dieser Einzelstunde und in der folgenden Gruppensitzung übte er dieses selbstsichere Auftreten weiter und wurde darin bestätigt.

Larry: Die Wahrheit ist, daß meine Gefühle manchmal wie tot sind. Und ich habe mich oftmals in meinem Leben wie ein Minenfeld gefühlt. Damit will ich sagen, was hier drinnen war, das war... ein Minenfeld schlechter Gefühle, die sind mir ins Gesicht explodiert, und ich habe schreckliche Dinge gesehen. Im allgemeinen glaube ich, daß ich Strategien entwickelt habe, um... um schlechten Gefühlen auszuweichen, immer war das so. Und darauf... darauf ziehe ich mich zurück... meine Unechtheit, über die sich die Gruppe beklagt, kommt, glaube ich, hauptsächlich davon. Ich habe keine Angst, keine...
Therapeut: Vor deinen Gefühlen?
Larry: Jedenfalls nicht mehr als alle anderen in der Gruppe, meine Unechtheit ist mehr als alles andere ein Produkt der Angst...
Therapeut: Sicher.
Larry: Bills Bemerkung letzten Mittwoch, nachdem ich sagte, »also Bill, du brauchst deine Echtheit nicht gar so zur Schau zu stellen«, da sagte er doch, »du gehst nur nach dem Äußeren«. Also (Pause) nein, das stimmt nicht ganz. Es stimmt zum Teil. Ich habe ein Problem damit. Er hat mit fabelhafter Präzision einen wirklich wunden Punkt bei mir getroffen, um sich selbst zu verteidigen, eine Beobachtung, die nur er benötigte. Ich weiß das bereits. Er muß das erst erkennen.

Therapeut: Mhm.
Larry: Aber der therapeutische Prozeß ist ein Vorgang, bei dem ich irgendwie herauszufinden versuche, wer ich bin ... wobei ich zwei widersprüchliche und schwierige Dinge gleichzeitig tun muß. Das eine ist, mich meinen Gefühlen zu öffnen, und das andere, es irgendwie zu schaffen, nicht den alten Gefühlen in die Falle zu gehen. Verstehst du?
Therapeut: Ja.
Larry: Und ich schlage mich mit diesem Widerspruch herum. Soll ich einfach alles zulassen? Soll ich meine Gefühle einfach so akzeptieren, wie sie sind? Nun, manchmal helfen sie mir und manchmal nicht. In welchem Grad erfordert eine reife Ausgeglichenheit etwas ähnliches wie das Vermeidungsverhalten, das ich mein ganzes Leben lang praktiziert habe? Soweit beides eine Ähnlichkeit hat, fällt es mir wirklich schwer, das eine vom anderen zu trennen. Bill hat den Nagel auf den Kopf getroffen, als er meine große Empfindlichkeit in diesem Punkt beschrieb ... er sagte: »Larry, wenn du anfängst zu reden, dann ist das, als ob du das Gefühl quasi mit einer Lackschicht überziehen würdest, und wenn es dann herauskommt, klingt es wie gelackt.« Verstehst du, genau das empfinde ich auch, und es macht mich wahnsinnig ... es ist so frustrierend ... was ich im Grunde tue, ist, mich davor zu schützen, aus dem Augenwinkel nicht diese Ungeheuer zu sehen, bis ich mit ihnen zurechtkomme und ... und bei diesem Manöver gehen sie mir verloren. Das Echte geht mir dabei verloren.
Therapeut: Und deshalb glaube ich, du solltest versuchen, einfach mehr Gefühle zuzulassen, mach dir keine Sorgen, daß du dich darin verheddern könntest.
Larry: Okay, gut ... Aber was in der Gruppe geschah, ist folgendes: Für mein Gefühl bekam ich gerade dann, als ich mich am meisten öffnete, Prügel dafür, unecht zu sein. Gerade, als ich die wenigste Rücksicht auf meine äußere Erscheinung und mein Auftreten nahm, bekam ich Prügel dafür, nur auf mein Äußeres bedacht zu sein. Ich habe das Gefühl, daß sie über mich herfielen, als ich gar keine Show mehr abzog. Und ...
Therapeut: Ich glaube, du hast recht.
Larry: Außerdem, und wenn schon? Ich meine damit, als ich mit Maria darüber sprach, sagte sie: »Glaubst du, daß diese Leute solche Sachen aus Feindseligkeit sagen?«
Therapeut: Oder ... aus Sympathie?
Larry: Wie Sympathie kommt mir das nicht vor. Du bietest mir diese Deutung immer wieder an. Anscheinend denke ich, daß sie stimmt, aber ich fühle es nicht.
Therapeut: Es ist nicht bloß Sympathie ... ich glaube, es ist Sympathie und Projektion ... ja, Sympathie und Projektion. Und ... genaue Wahrnehmung und andere Motivationen vermischen sich da ... es hat Jeff und Bill eine Menge Mut gekostet, das zu sagen, was sie sagten, und, glaube ich, eine Menge Sympathie. Auf der anderen Seite war auch einiges an Projektion da. Gleichzeitig glaube ich, daß auch die Projektion einige Berechtigung hatte. Aber wenn ich höre, daß du nur den Angriff dabei empfindest, dann denke ich: »Sag mir noch mehr darüber, wie

du das ganze interpretierst.«
(lange Pause)
Larry: Ich bin, äh. Ich habe meine eigenen inneren Denkprozesse intensiv untersucht... was in meinem Kopf vor sich geht, in der einen oder anderen Form, ist die Annahme, daß irgend etwas mit mir nicht stimmt... wie ich sagte, seit ich ein Kind war. Als ich auf meinem LSD-Trip war und ausflippte, war es im Grunde deshalb. Es war so... es hat mich einfach völlig fertiggemacht, die Komplexität... meiner... äh... meiner inneren geistigen Vorgänge zu verstehen. Mit einer solchen Droge ist da innerlich einfach zuviel los... Aber ich bin oft so. Ich bin frustiert und sauer darüber und habe es satt, so zu leben. Ich schaue mich um, und der Durchschnittsbürger quält und martert sich ja auch nicht als Hauptberuf... als Hobby, in seiner Freizeit, ununterbrochen. Ich meine... gerade deshalb ist die Art von Rückmeldungen, die ich von der Gruppe bekomme, ein solches Problem für mich. Ich meine... ich lebe schon mindestens dreißig Jahre so. Und ich fange an, wirklich wütend darüber zu werden.
Therapeut: Mhm.
Larry: Einfach wütend. Und, und... irgendwie... und daher kommt auch diese Bemerkung, daß ich mir selbst kein Freund bin. Ich... (Pause, kurzes heftiges Ausatmen) irgendwie habe ich das Gefühl, was das Herauskommen aus meinem Loch betrifft... Ich werde es nicht schaffen, mit einem Lächeln herauszukommen, aber ich schaffe es, wütend herauszukommen.
Therapeut: Gut, bleib dabei.
Larry: Ja. Ich muß.
Therapeut: Du hast genügend Ich-Stärke, du wirst nichts gefährliches tun... Du wirst dich vielleicht in peinliche Situationen bringen...
Larry: (lacht) Es könnte sein, daß ich meine Freunde verliere.
Therapeut: Nein, das wirst du nicht. Du wirst sie vielleicht sauer machen, aber du wirst sie nicht verlieren. Du wirst das vielleicht nicht glauben, aber ich möchte dir das zur Ermutigung sagen... Und es kann sein, daß sie völlig entzückt und erleichtert sind, dich zu sehen, dort, wo sie wirklich *dich* sehen können. Das wünschen sie sich ja am meisten. Auch ich wünsche mir das. Schau, ob du diese Wut jetzt finden kannst, und sage mir etwas darüber.
(lange Pause)
Larry: Ich empfinde wieder die Energie und das Gefühl, das ich letzter Zeit diesbezüglich hatte. Ich habe eine Menge mißtrauische Gedanken in bezug auf all das losgelassen. Was mir jetzt kommt, ist... hat mit den Interaktionen hier zu tun. Du und ich... die Gruppensitzungen. Ich fühlte mich ziemlich schlecht. Ahhhh. Gestern abend habe ich darüber nachgedacht. Wo stehe ich also jetzt nach dreijähriger Therapie hier?... Ich... ich habe das Gefühl, immer noch nicht vom Fleck gekommen zu sein ... dieser Zustand hat nicht sehr lang angehalten, aber das habe ich eine Zeitlang empfunden. Ähhmmmm. Dieser therapeutische Prozeß ist also nicht wirklich dahingelangt, wo ich hinwollte. Er hat mich nicht wirklich davon losgebracht. Diese Gruppe ist nicht auf Realität aus. Sie haben eine Reihe

von Verhaltensweisen gelernt. Eine Religion. Das macht mich mißtrauisch. Ich komme hierher zu dir, du baust mich auf, schön. Aber das läßt mich auch irgendwie verstummen. (Pause) Ich stellte mir gestern abend vor, daß du sagst: »Larry... gut, du glaubst, die Gruppe mag dich nicht. Laß dir einmal von jedem in der Gruppe sagen, was sie an dir mögen.« Worauf ich erwidere: »Das kann mir gestohlen bleiben, Stephen.« Ich... äh... ich würde ihnen sowieso nicht glauben... und ammmm, und, und... HÖRT mich (ringt um Worte), hört, was ich euch zu sagen habe,... wenn ihr mich wollt, so wie ich wirklich bin. Ich glaube, ihr Armleuchter wollt mich nicht so, wie ich wirklich bin. Ihr verlangt immer mein wahres Selbst, aber was ihr eigentlich wollt, ist dieses Verhalten, wo ich entweder zusammengebrochen bin und weine oder irgendwie sehr weich bin. Aber nicht, daß ich käuflich, mißtrauisch, äh, ich weiß nicht was bin... kurzsichtig, nicht imstande, die Sympathie mitzukriegen, die sie mir wirklich entgegenbringen... Du hast recht. Ich kriege sie nicht mit. (Pause) Aber mein wahres Selbst, das sind meine Gefühle. Und meine Gefühle sind das, was ich nicht mitkriege... genau das versucht mir speziell Bill klarzumachen ... zu meinem Nutzen. Ich weiß verstandesmäßig, daß viel von dem, was er sagte, richtig ist. Diese Charakterisierung, daß meine Gefühle irgendwie lackiert, wie mit einer Lackschicht überzogen wirken...
Therapeut: Was immer seine Motive sind, er trifft ins Schwarze.
Larry: Ja.
(Lange Pause)
Larry: Irgendwie kann dieses Ziel... echt zu werden und herauszufinden, wer ich bin, nicht aus einer lebenslangen (Pause, Seufzer) negativen, kritischen Selbstanalyse und aus Vorsätzen bestehen, morgen mit etwas anzufangen und es nie zu vergessen. Verstehst du, ich meine... ich meine... Bills Rezepte in bezug auf mein Verhalten sind nicht etwas, was ich mir einfach aneignen kann... Ich meine, man muß mir irgendwie auch zugestehen, mich spontan zu verhalten. Ich muß irgendwie... es muß in Ordnung sein, daß ich bin, wie ich bin.
Therapeut: Insbesondere was das Kind in dir betrifft... wie siehst du die Gruppe in dieser Hinsicht?
Larry: Ich habe nicht... die Gruppe macht mir nicht viel Freude.
Therapeut: Ich weiß nicht, was du meinst. Insgesamt oder in letzter Zeit?
Larry: Nein... bloß in letzter Zeit. Früher bin ich wirklich begeistert davon gewesen. Manchmal hat es mir gefallen, angegriffen zu werden, weil ich diese Erregung des Wachsens spürte. Aber in letzter Zeit... ich habe ernsthaft daran gedacht, die Frage offenzulassen, ob ich heute abend von da nach dort gehen soll. Ich habe mich nicht gegen sie entschieden, aber vor der Entscheidung stehe ich.
Therapeut: Ja. Du bist wütend.
Larry: Ja, verdammt noch mal.
Therapeut: Aber nicht akzeptiert. Du fühlst dich echt, aber nicht akzeptiert.
Larry: Das ist richtig. Ich mißtraue... ich glaube nicht, was sie sagen, »wir wollen dein wahres Selbst«. Mein wahres Selbst ist nicht sehr erfreulich.
Therapeut: Du glaubst nicht, was sie sagen.

Larry: Das stimmt. (Pause)
Therapeut: Hast du das Gefühl, daß es irgendeiner ehrlich meint, wenn er sagt, daß er auf deiner Seite ist?
Larry: Sicher. Ich glaube Martin. Ich glaube John. Ich glaube George. Ich glaube dir. Also bleibt Bill und Jeff übrig, stimmt's?
Therapeut: Okay (lacht), du bist also echt sauer auf Bill und Jeff, weil sie dich nicht so akzeptieren, wie du bist. Und weil sie dich falsch sehen und ihre eigene Scheiße auf dich projizieren?
Larry: Und ich bin echt sauer auf mich wegen all der Anlässe, wo ich nicht meine Meinung gesagt habe. Ich meine... es stimmt schon, natürlich. Ich stimme ihrer Kritik an mir zu. Nur — dieser Typ, der mich heute auf der Straße angemacht hat, war insofern sehr nützlich, als ich ihm meine Meinung sagte.
Therapeut: Und du hast das Gefühl, das in der Gruppe nicht getan zu haben?
Larry: Allerdings, sogar letzten Dienstag mit Bill. Ich habe es nur zur Hälfte geschafft. Ich habe mich immer noch wahnsinnig zurückgehalten.

Den Rest der Stunde brachte ich damit zu, Larry zu ermutigen, Bill und der Gruppe auch noch die restlichen 50 Prozent zu geben, so wie er es mit mir zuvor in dieser Einzelsitzung getan hatte. In dieser Woche ging Larry nach seiner Einzelstunde gleich in die Gruppe und konfrontierte Bill nachdrücklich mit dessen Vorwurf von der vorigen Woche: »Du gehst nur nach dem Äußeren.« Jeff war diese Woche ebenfalls anwesend, und es gelang Larry, ihn mit der Ablehnung zu konfrontieren, die er zwei Wochen zuvor empfunden hatte, als Jeff ihn beschuldigte, sich gönnerhaft zu verhalten. Jeff hatte sich schon seit Monaten mit seinen eigenen, sehr negativen Gefühlen gegenüber seinem sehr gönnerhaften Vater herumgeschlagen. Jeff vermochte jetzt anzuerkennen, daß es sich bei seiner Äußerung vor zwei Wochen möglicherweise um eine Übertragung gehandelt habe. Larry ließ in dieser Sitzung viel von seiner Wut und seinem Groll heraus und bekannte sich zu seinen Zweifeln an der Beständigkeit der Gruppe. Er erhielt danach ziemlich starke positive Rückmeldungen, was ihn sowohl überraschte als auch erleichterte. An diesem Punkt bemerkte er: »Jetzt spüre ich die Sympathie, jetzt spüre ich sie.«

Artige Jungen und Mädchen, die ihre Aggressionen aus Angst vor Demütigung und Ablehnung unterdrückt haben, müssen deren Äußerung und Akzeptanz immer wieder erleben, um wieder sie selbst zu werden. Eine Zeitlang haben sie oft das Gefühl, nicht vollständig gesehen und angenommen zu werden, wenn diese »korrupte, wütende, mißtrauische, verletzte« Seite von ihnen nicht geäußert, gesehen und von anderen akzeptiert werden kann. In bestimmten Variationen ist dieses Thema wahrscheinlich für alle narzißtischen Persönlichkeiten von Bedeutung. In dieser und anderen Gruppen ziehe ich die übrigen oft dazu heran, einem Mitglied wieder Mut zu machen, nachdem er oder sie Aspekte von sich gezeigt hat, denen gegenüber er oder sie sich besonders unsicher fühlt. Entweder der Klient selbst oder ich bitten dann Mitglieder der Gruppe, dem Betroffenen die Rückversicherung zu geben, nachdem er in einem Bereich, in dem es ihm besonders schwerfällt, etwas von sich gezeigt hat. Fast ohne Ausnahme sind die Rückmeldungen äußerst positiver Art, da wir einander wirklich so sehen wollen, wie wir sind. Wir sind bereit, das Schlechte ebenso zu akzeptieren wie das Gute. Was uns alle am meisten verunsichert, ist das, was verborgen wird, was wir argwöhnen und was uns als ambivalente Zielscheibe für unsere eigenen Projektionen von Unsicherheit dient.

Klienten wie Larry brauchen in der Regel auch das wiederholte Erlebnis, für sich selbst einzustehen und ihre Rechte zurückzufordern. Dies tat Larry während dieser Zeit nachdrücklich sowohl innerhalb als auch außerhalb der Therapie, und das war sowohl rührend als auch ermutigend. Gegen Ende dieser Periode wurde Larry allmählich mit dem »Projekt«-Charakter dieser Arbeit unzufrieden. Er wünschte sich einen Durchbruch, einen Erkenntnisblitz, eine Transformation und wollte sich nicht mehr mit diesen kleinen Fortschritten abfinden. Er erhielt ständig Ermutigung und Lob sowohl von mir wie auch von den Gruppenmitgliedern in bezug auf seine Mitteilungsbereitschaft, Selbstsicherheit und Echtheit etc., aber all dies genügte ihm nicht.

Ich reagierte in zweierlei Weise auf Larrys Unzufriedenheit mit seiner Arbeit. Zum einen bemerkte ich, daß er sehr leicht zu kränken, aber sehr schwer zu loben sei. Er hatte die feinste Antenne für Demütigungen, aber es war schwierig für ihn, Unterstützung oder Ermutigung anzunehmen und sich darüber zu freuen. Dies ist natürlich charakteristisch für die narzißtische Pathalogie, und in weniger abwertenden und diagnostischen Worten sagte ich dies Larry auch. Zum anderen bemerkte ich, daß sich Larry ständig selbst benotete, und die Noten, die er sich gab, waren halt nie eine glatte Eins. Wenn er sich durchsetzte, war er nicht zufrieden, weil er dabei Angst empfunden hatte. Seine Annäherungsversuche an Frauen genügten ihm nicht, weil ihm die Frauen nicht so attraktiv erschienen, daß sie die letzte Herausforderung darstellten. Die Fortschritte, die er erzielt hatte, reichten ihm nicht, weil sie keinen Sprung vorwärts, keinen Durchbruch darstellten, wie er ihn in Martins Fall erlebt hatte.

Aber wie ich Larry in einem von mir selten vorgenommenen Vergleich erklärte, war Martins »Durchbruch« nach fünfjähriger, sehr intensiver therapeutischer Arbeit zustandegekommen, und er war deshalb so dramatisch, weil es ihm gelungen war, sich eine Reihe außerordentlich traumatischer und verdrängter Kindheitserfahrungen in Erinnerung zu rufen. Larrys »Mißhandlung« als Kind war wie in den meisten Fällen eines narzißtischen Persönlichkeitsstils viel subtiler gewesen. Ihre Heilung ermöglichte Gipfelerlebnisse, wie Larry sie gehabt hatte, aber nicht jene Art von dramatischem Durchbruch, den er bei Martin und bis zu einem gewissen Grad auch bei John erlebt hatte. Unsere amerikanische Alles-sofort-Kultur führt zu einer Erwartung von Durchbrüchen, Transformationen und Wundern. Meine Erfahrungen mit jedem, der mir in dieser Hinsicht vielversprechend vorkam, waren enttäuschend — und das waren nicht wenige. Diese Vorliebe, die wir für Wunder haben, steht im Einklang mit der Grandiosität des Narzißmus und dem inhärenten Narzißmus unserer Kultur.

Ich machte Larry auf all dies aufmerksam, indem ich ihm vermittelte, daß er meines Erachtens so gut vorankam wie nur möglich. Tatsächlich fand ich, daß er schnelle Fortschritte machte, und ich war sehr befriedigt von seiner Arbeit. Schließlich kennzeichnete ich seine ständige Selbstbenotung als eine Art von zwanghafter Aktivität, die er bisher gebraucht hatte, um seine Zeit zu strukturieren und sein Selbstbewußtsein aufzubauen. Früher war er ein *workaholic* mit vielen Episoden der Erschöpfung und körperlichen Krankheit gewesen. Er war sozial isoliert und führte ein Leben ohne Hobbies oder Vergnügungen. In der hier dokumentierten Periode hatte sich all dies beträchtlich gewandelt. Ich gab ihm deshalb zu bedenken, daß sein zwanghaftes Verhalten an diesem Punkt nur noch eine Gewohnheit, aber in einem sehr realen Sinn nicht länger notwendig sein könnte. Ich wies Larry darauf hin, daß er psychisch oder verhaltensmäßig im Grunde nicht mehr erheblich behindert sei und daß die Zwanghaftigkeit, mit der er sich benotete, im jetzigen Stadium eine *unnötige* seelische Quälerei darstellte.

Ich fügte hinzu, daß er wahrscheinlich nicht sehr schnell aufhören würde, sich zu benoten, daß er aber anfangen könnte, sich dabei einfach zu beobachten, und wenn er die Benotung mißbilligte, solle er diese Mißbilligung registrieren. Kurz, ich schlug ihm dieselbe Art der Intervention vor, die bei Phil verwendet wurde und die im IV. Kapitel dokumentiert ist. Ich gab ihm weiter zu verstehen, daß der Verlust dieser zwanghaften Krücke gelegentlich Angst bei ihm auslösen könnte, daß der Verzicht darauf letzten Endes aber eine intensivere Erlebnisfähigkeit bewirken würde. Daran schloß sich eine Periode der kognitiven Behandlung dieses unnötigen emotionalen Leidens, die sehr rasch ein erhöhtes Maß an Selbstbejahung bei Larry bewirkte und eine gesteigerte Fähigkeit, die Anerkennung und

Zuneigung entgegenzunehmen, die ihm inzwischen sehr verdientermaßen zuteil wurden.

Zu diesem Zeitpunkt der Arbeit unterhielt Larry persönliche Beziehungen zu vier Frauen, die zwar nicht alle seine Geliebten waren, zu denen er jedoch ein gutes Mann-Frau-Verhältnis hatte. Dies gab Larry reichlich Gelegenheit, sich als attraktiven, interessanten und liebenswerten Mann zu erleben. Er hatte natürlich auch reichlich Gelegenheit, seiner Gewohnheit zu frönen, diesen Frauen seine eigene Anerkennung und Bestätigung vorzuenthalten — aus Furcht vor den Verpflichtungen, die solche Äußerungen nach sich ziehen könnten. Gleichzeitig war er dadurch in der Lage, die ihm früh vermittelten Annahmen über implizite Verpflichtungen von anderen, insbesondere von Frauen, in Frage zu stellen und zu leben und sogar zu lieben, ohne sich durch vorweggenommene Verpflichtungen der anderen einschränken zu lassen. Er konnte mit einem Wort wiederholt die Entdeckung machen, daß nicht alle Frauen in der Welt wie seine Mutter waren. Tatsächlich konnten ihn die meisten so akzeptieren, wie er war, von ihm annehmen, was er zu geben hatte, ihn gehen lassen und für sich selbst sorgen. Das konnten sie speziell dann, wenn er ihnen gestattete, ihn so zu sehen, wie er wirklich war, mit seinen verständlichen Schwierigkeiten in bezug auf eine enge Bindung, mit seiner Unfähigkeit, sich voll und ganz einem anderen Menschen zu widmen, und seinem anhaltenden Bedürfnis, sich selbst zu finden und zu festigen, bevor er sich wirklich auf eine ernste Beziehung einließ. Für Larry wie für alle anderen in diesem Buch vorgestellten Menschen geht die Arbeit weiter.

Einzel- und Gruppentherapie ergänzen sich gegenseitig

Sowohl theoretische Erwägungen als auch unmittelbare Erfahrung bestätigen die Nützlichkeit von Gruppentherapie für Personen mit narzißtischer Problematik. Es steht auch außer Zweifel, daß Gruppen- und Einzelbehandlung einzigartige und einander ergänzende Beiträge zum Wachstum dieser Patienten leisten können. Schließlich deutet mein jüngstes Experiment mit der Betreuung derselben Klienten sowohl als Gruppen- wie auch als Einzeltherapeut darauf hin, daß diese Doppelrolle der Integration höchst förderlich sein kann.

Mehr als viele andere Patienten brauchen narzißtische Persönlichkeiten Gruppentherapie, weil sie in der einen oder anderen Weise sehr isoliert sind. Daß sie sich einerseits als minderwertig und andererseits als etwas besonderes empfinden, isoliert sie vom »Schiff der Menschheit«. Narzißtische Personen werden von dem bohrenden Gefühl geplagt, daß etwas

Schlechtes, Unzulängliches oder von Grund auf Unannehmbares an ihnen sei. Es ist ihr ständiger Versuch, diese Unannehmbarkeit zu verbergen, was sie von anderen trennt, aber auch ihr ständiges Bedürfnis, ihre Besonderheit, Einzigartigkeit und Vollkommenheit zu beweisen. Ich glaube, daß die meisten »narzißtischen Menschen« eine spezielle Umgebung brauchen, die gleichzeitig Geborgenheit bietet und sie unausweichlich mit der Realität konfrontiert. Diese spezielle Umgebung muß auf die Echtheit jedes Mitglieds einschließlich seiner oder ihrer Schwächen und besonderen Gaben Wert legen und diese auch akzeptieren.

In der eben vorgestellten Gruppe benutzte Bill die Gruppensituation häufig, um jene Dinge über sich zu gestehen, deren er sich schrecklich schämte und für die er bei anderen tiefen Ekel und Ablehnung erwartete. Jedes derartige Geständnis brachte ihn in Berührung mit unglaublich tiefsitzendem seelischen Schmerz. Doch jedes Erlebnis brachte ihn auch in Kontakt mit einer Realität seines Selbst, die er normalerweise nicht erlebte, und das Angenommensein, das ihm bei jedem solchen Anlaß zuteilwurde, gestattete ihm, ein immer größeres Maß an Selbstvergebung, Selbstbejahung und Selbstliebe zu verinnerlichen. Ebenso wie alle anderen Mitglieder der Gruppe ermöglichte er den anderen gewaltige Lernerfahrungen durch sein bloßes Beispiel. Die anderen Gruppenmitglieder erkannten an Bill ihre eigene, unglaubliche Selbstabwertung und ihren Selbsthaß, und wenn er sich dann selbst vergab und sich akzeptierte, merkte ich, daß sie dasselbe taten. Diese Männer erkannten ihre Ähnlichkeit miteinander, und als ihnen die Schönheit der anderen in all ihrer Verletzlichkeit und Echtheit aufging, begannen sie, auch ihre eigene zu erkennen. Effekte dieser Art sind offensichtlich in der Einzelarbeit nicht annähernd im gleichen Maße möglich.

Die Gruppe bietet der narzißtischen Persönlichkeit auch einen sozialen Kontext, der sonst vielfach fehlt. Diese liefert alle Arten von therapeutischem Material, das anders vielleicht nicht zur Verfügung stünde. In dieser Gruppe benutzten die Männer, von denen die meisten alleinstehend waren, einander zum Beispiel häufig zur Durcharbeitung persönlicher Probleme, wie sie dies ansonsten vielleicht im Kontext einer Familie getan haben könnten. Diese Projektionen, zwischenmenschlichen Verhaltensmuster oder Konflikte konnten dann unter der Supervision des Therapeuten in der Gruppe behandelt werden. Wie diese Transkripte veranschaulichen, konnte der Gruppenprozeß, wann immer es angezeigt war, durch intensivere Einzelarbeit ergänzt werden. Ganz allgemein bietet die Gruppentherapie Gelegenheit, Kommunikation und Intimität, deren der typische »narzißtische Klient« dringend bedarf, unter Aufsicht zu üben. In dieser Gruppe bestanden ebenso wie in anderen, die ich geleitet habe, fruchtbare außertherapeutische Kontakte, die das echte soziale Unterstützungssystem, das diese Klienten brauchten, ergänzten und bereitstellten. Die Wirkungen können besonders günstig sein, wenn sich der Gruppenkontakt mit anderen befriedigenden Beziehungen zu einem »sozialen Netz« ergänzt.

Auf diese Weise dient die Gruppe somit als Testgelände und Sprungbrett für das soziale Unterstützungssystem des Einzelklienten, in dem immer reifere Formen narzißtischer Übertragungen zum Zwecke der Selbststärkung realisiert werden können. Diese Übertragungsbeziehungen zwischen dem Selbst und anderen verankern und stärken das Selbst in seinen Lebenszusammenhängen. Erinnern wir uns daran, daß diese »Selbst-Objekt«-Übertragungen die Verschmelzung, Spiegelung, Zwillingsbildung und Idealisierung sind. (Kohut, 1971). Bei der reifen Version der Verschmelzungsübertragung finden wir bei jenen Personen Halt und Stärkung, mit denen wir in einer Weise zusammenleben oder eine Gemeinschaft bilden können, die uns größere Sicherheit im Leben gibt. Wir sind weniger allein, wenn wir in unserer Identifizierung mit einigen für uns wichtigen Bezugspersonen verschmelzen. Zweitens brauchen wir andere, um uns zu spiegeln — um uns wirklich sehen, verstehen, schätzen, anerkennen, für wertvoll halten und lieben zu können. Wenn diese Spiegelung unserem *wahren* und nicht dem falschen Selbst gilt, dann ermutigt uns das, unser *wahres* Selbst zu sein, uns zu entspannen, zu atmen, uns auszudrücken und einfach diejenigen zu sein, die wir sind. Ebenso entdecken wir uns selbst, schätzen wir uns und entfalten wir uns, wenn wir mit anderen in Beziehung treten können, die uns auf bedeutsame Weise ähnlich sind. In dieser Gruppe versorgten zum Beispiel die real vorhandenen Zwillingsverhältnisse die ganze Gruppe und speziell bestimmte Paare (zum Beispiel John und Martin, Bill und Larry) mit starker emotionaler Erregung und ermöglichten ihnen genaue Einfühlung und das Annehmen der eigenen Person und des anderen. Das Erkennen von Zwillingsverhältnissen in einem realen und reiferen Sinn ist geeignet, die Isolierung der narzißtischen Persönlichkeit erheblich zu vermindern und bestätigt ihr, daß sie in der Tat ein Mitglied der menschlichen Gemeinschaft ist — daß ihre Gefühle, Verletzlichkeiten, Vorzüge und Probleme alle ein Teil der menschlichen Erfahrungen sind.

Wenn die Neigung zur Idealisierung einmal gezähmt ist, weiß man echte Bindungen an andere zu schätzen, die unseren Respekt verdienen und die Eigenschaft verkörpern, die man selbst anstrebt. Diese Menschen werden dann nicht als unfehlbar oder in jeder Hinsicht gut und weise angesehen. Vielmehr werden sie legitimerweise für Eigenschaften bewundert, die man schätzt, und sie werden im Prozeß des Aufbaus eines Ethos, das funktioniert, als Modelle und Mentoren benutzt. Auch Ideale im abstrakteren Sinn dienen als Anker für das Selbst, indem sie ihm ein Leitbild bieten, an dem es sich orientieren kann, und nicht einen perfektionistischen Maßstab, dem immer entsprochen werden muß. Mit anderen Worten, gegen Perfektion ist nichts einzuwenden, wohl aber gegen Perfektionismus. In einer funktionierenden Gruppe kann man oft verfolgen, wie sich die anfangs primitivere Idealisierung durch Frustration zu ihrer reiferen Ausdrucksform entwickelt. Die im Gruppenkontext geforderte Echtheit macht es jedem Gruppenmitglied unmöglich, einen oder mehrere andere sehr lange unhinterfragt zu idealisieren. Und die für diese Entwicklung nötige Schärfung des Blicks wirkt sich auf die Reifung der Idealisierungsübertragung aus. Derselbe Effekt stellt sich sowohl im Einzel- wie Gruppenkontext natürlich auch gegenüber dem Therapeuten ein, obwohl er oder sie in der Regel den zeitlichen Ablauf dieses Desillusionierungs- und Anpassungsprozesses an die Realität in der Einzeltherapie besser steuern kann.

Die Gruppe stellt somit die Drehscheibe und das Testgelände für jene Art von menschlichen Beziehungen dar, die selbstaufbauend und selbstkräftigend sind. Die Gruppe formt und fordert den Umgang mit anderen über die potentiell regressive dyadische Beziehung der Einzeltherapie hinaus. Diese Erweiterung des Bezugssystems fördert unmittelbar die Entdeckung und Entwicklung des Selbst in einem sozialen Kontext. Sie führt einem die Grenzen dessen vor Augen, was andere für einen tun können, sie zeigt einem aber auch die erstaunlichen Möglichkeiten dessen, was in einer Gemeinschaft vollbracht werden kann. Sie stärkt das Selbst und demonstriert uns gleichzeitig die unerhörte Kraft des Miteinander.

All diese Wirkungen können durch ergänzende Einzeltherapie maßgeblich gesteigert werden. In diesem Setting kann in der Regel größeres Gewicht auf die Lebensgeschichte des Einzelnen, die Durcharbeitung archaischer Kränkungen, die Erforschung von Übertragungsaspekten aktueller Beziehungen und die Durcharbeitung echter Zweierbeziehungen gelegt werden. Trotz gewisser Risiken, die die Kombination bzw. die Integration dieser beiden Ansätze mit sich bringt, bin ich sehr beeindruckt von den Ergebnissen dieses ersten Experiments, bei dem ich für jedes einzelne Mitglied der Gruppe auch als Einzeltherapeut fungierte. Obwohl ich aufgrund dieses einen erfolgreichen Experiments vor der Aussage zurückscheuen würde, daß dies »die richtige Methode« sei, fühle ich mich zweifellos ermutigt, einen neuerlichen Versuch damit zu machen und auch anderen diese Möglichkeit zu empfehlen.

Um es auf eine knappe Formel zu bringen, die Gruppe begann mit der Zeit, eine Art Familienfunktion für jedes Mitglied zu erfüllen. Jeder einzelne verhielt sich zu der Gruppe ähnlich wie zu einer Familie und bot viele Beispiele des Umgangsstils, den er außerhalb dieses geschützten Settings anwendete. Das lieferte mir Informationen, die ich auf keine andere Weise hätte erlangen können. In gewissem Sinn war es, als praktiziere man Familientherapie und Einzeltherapie gleichzeitig — ich erlebte das zwischenmenschliche Verhalten der einzelnen und konnte kurz danach unter vier Augen darauf eingehen. Die Gruppenerfahrungen lieferten uns unschätzbares Material für die Einzelstunden, und meine Teilnahme an beiden schien die Integration der beiden Ansätze zu beschleunigen und zu erleichtern. So erkannte ich zum Beispiel schneller, wo jemand projizierte oder ein zwischenmenschliches Spiel der Idealisierung oder Abspaltung bzw. irgendein anderes Manöver in Gang setzte, das seine Entwicklungshemmung widerspiegelte oder von einem einschlägigen Konflikt zeugte.

Die Realität miterlebt zu haben, hilft einem zweifellos, seine Funktion der Realitätsüberprüfung zu erfüllen. Und so wie einen die Gruppenerfahrung bei der therapeutischen Einzelarbeit mit *Informationen* versorgt, liefern einem auch die einzeltherapeutischen Inhalte *Informationen*, die der Intervention im Gruppenkontext zugute kommen. Das größere Wissen, das einem die Einzelbehandlung in bezug auf die genetische Vorgeschichte, die Konflikte und die Entwicklungshemmungen liefert, kann höchst wirksam dazu benutzt werden, um die Art und Ebene der Intervention zu bestimmen, die sich im öffentlicheren Gruppenkontext am besten bewähren könnte. Kurz, der Hauptvorteil dieser Art von Integration ist, daß das in jeder dieser Therapieformen zutage tretende Material die Grundlage der Interventionen der jeweils anderen bildet und dazu beiträgt, daß diese beiden therapeutischen Formen in komplementärer Weise genutzt werden können.

Dieses Verfahren ist natürlich auch mit Risiken behaftet.

Bei der Erörterung mit Kollegen habe ich erfahren, daß manche Gruppen Schwierigkeiten hatten, wenn bestimmte Mitglieder beim Gruppenleiter in Einzeltherapie waren, andere dagegen nicht. Diese Art von Arrangement kann natürlich zu einer Art von Aufteilung in In-Gruppe und Out-Gruppe führen, was für alle Betroffenen kontraproduktiv ist. Insbesondere, wenn der Therapeut narzißtisch ist und Wert darauf legt, sich eine Anhängerschaft aufzubauen, könnte ein Arrangement dieser Art tödlich sein. Die Gruppenerfahrung kann auch bis zu einem gewissen Grad das spezielle dyadische Erlebnis beeinträchtigen, das manche Klienten so verzweifelt benötigen. Wenn solche dyadischen Bedürfnisse groß sind, dann muß die Gruppenteilnahme möglicherweise solange verschoben werden, bis die dyadischen Probleme angemessen durchgearbeitet oder von der Einzelarbeit getrennt wurden. Persönlichkeitsstörungen mit schizoider, oraler und symbiotischer Pathologie könnten speziell zu dieser Art von Risiko neigen.

Der Hauptnachteil, den ich bei diesem speziellen Experiment erlebte, war die unlösbare Aufgabe, meine therapeutischen Interventionen so zu modulieren, daß sie jedermanns Bedürfnisse gleichzeitig in optimaler Weise befriedigten. Von manchen Klienten weiß ich zum Beispiel, daß ich ihnen gegenüber relativ viel von mir zeigen kann, während ich von anderen weiß, daß es am besten ist, sich als die unbeschriebene leere Fläche zu präsentieren, die zur Projektion einlädt. Im Gruppenkontext ist es jedoch unmöglich, beides gleichzeitig zu tun. Sobald ich etwas zum Nutzen eines Patienten mitteile, wissen es auch die anderen, vielleicht zu ihrem Schaden. Ebenso ist es bei manchen Klienten erforderlich, längere Zeit hindurch große Geborgenheit zu bieten, sie anzunehmen und nicht zu konfrontieren, während andere der Konfrontation bedürfen. Obwohl diese Art von unterschiedlicher Reaktion auf Klienten sicherlich im Gruppenkontext praktiziert werden kann, wird der Klient, der Geborgenheit braucht, ja zwangsläufig Zeuge der Auseinandersetzung mit einem anderen, und das kann sich störend auf die Übertragung in den Einzelstunden auswirken. Außerdem ahmen Gruppenmitglieder die therapeutischen Reaktionen des Leiters nach, verfügen aber vielleicht nicht über dasselbe Maß an theoretischem oder individualgeschichtlichem Wissen, um ihre Reaktion in ähnlicher Weise abzustimmen. Obwohl der Therapeut sicher einen gewissen Einfluß darauf nehmen kann, erhebt sich dadurch ein anderes potentielles Problem. Angesichts dieser unterschiedlichen therapeutischen Reaktionen können die Klienten anfangen, ihre jeweilige dyadische Beziehung zum Therapeuten miteinander zu vergleichen und Rivalitäten untereinander zu entwickeln. Obwohl das für manche Klienten ein nützliches Untersuchungsgebiet sein mag, stellen diese Rivalitätsprobleme den Therapeuten oft vor Schwierigkeiten.

Das oben Gesagte ist nur eine kurze Auflistung der möglichen Risiken eines kombinierten therapeutischen Ansatzes dieser Art. Ich bin sicher, daß es noch weitere gibt. Aber jedes Risiko ist auch eine Chance. Probleme dieser Art führen oft zu einer produktiven Aufdeckung von Konflikten, Entwicklungshemmungen, Übertragungsreaktionen etc. Wie bei allem übrigen in der Psychotherapie müssen wir auch unter diesen Umständen die kenntnisreichsten Entscheidungen treffen, die uns möglich sind, und uns dann von unserem Urteil leiten lassen. Manche Klienten muß man zumindest eine Zeitlang von diesem doppelten therapeutischen Engagement fernhalten, und unser gruppentherapeutisches Verhalten wird sich unter diesen speziellen Umständen auf unsere theoretischen und praktischen Erfahrungen stützen müssen.

Alles in allem genommen fühle ich mich durch diese spezielle Variante der Gruppenarbeit ungeheuer ermutigt und bereichert. Ich glaube, daß die Gruppe aufgrund der vorangegangen Einzelarbeit mit mir weitaus rascher vorankam, als es sonst der Fall gewesen wäre. Diese Männer gelangten mit einem Minimum an Widerstand und Verzögerung in ein Stadium konstruktiver Intimität und ergiebiger therapeutischer Arbeit. Auch ergaben sich für mich als Therapeut und Lehrer dank dieser doppelten und integrierenden Rolle unzählige nicht vorhergesehene Vorzüge. Kurz, die Vorteile überwogen die Nachteile bei weitem. Ich plane eine Wiederholung dieses Experiments, wobei ich bei der Auswahl der Gruppenmitglieder sorgfältig verfahren und in bezug auf die potentiellen Risiken wachsam sein werde, die Grenzen dieses kombinierten Ansatzes aber jedenfalls zu erforschen gedenke.

Die Heilung einer narzißtischen Persönlichkeitsstörung bzw. eines narzißtischen Persönlichkeitsstils setzt immer einerseits eine Transformation im Problembereich der Selbstachtung und andererseits eine Besserung der sozialen Kontaktfähigkeit voraus. Gut orchestrierte Gruppenarbeit dient beiden miteinander zusammenhängenden Zielen in optimaler Weise. Durch alle die beschriebenen Verfahren fördert sie eine größere Selbstakzeptanz und fordert ein geschärftes Bewußtsein für andere und ein stärkeres Einlassen auf sie. Früher oder später ist die Gruppentherapie wahrscheinlich für die meisten Personen angezeigt, die ein erhebliches Maß an narzißtischer Pathologie aufweisen, denn die Entdeckung, Entwicklung und Heilung des wahren Selbst erfordert einen sozialen Kontext. Wenn ein solcher Kontext optimal funktionsfähig ist, dann kann das Selbst gar nicht anders, als sich entfalten und dasjenige zu nähren, was es selbst nährt.

8. Kapitel

Transformation: Möglichkeit oder leeres Versprechen?

> Der tragische Held, der Protagonist der großen Tragödien, die zu den kostbarsten Kulturschätzen der Menschheit gezählt werden müssen, ist ein Mensch, der trotz des Zusammenbruchs seiner körperlichen und geistigen Kräfte (wie etwa Oedipus) und sogar trotz seines biologischen Todes (wie Hamlet) letzten Endes triumphiert, weil seine Seele einen Höhenflug nahm, der nie ungeschehen gemacht werden kann und wird.
>
> — Heinz Kohut, 1984, S. 37

Was bedeutet Transformation? Sie bedeutet erstens einen Wechsel von der Kompensation des Mangels an Selbst zur Äußerung dieses Selbst. Auch wenn das so geäußerte Selbst zerbrechlich, unreif und ängstlich ist, setzt die Transformation ein mehr oder weniger bewußtes Engagement dafür voraus, dieses Selbst zu suchen, es zu äußern und es zu entwickeln. Ein solches Engagement bedarf des Mutes, und der erforderliche Mut beginnt als solcher zu einem Bollwerk des Selbst zu werden. Wie bereits dargestellt, ist es als bedeutsames Signal dieser Transformation anzusehen, wenn der oder die Betroffene anfängt, andere dazu zu benutzen, um zu entdecken und zu unterstützen, wer er oder sie wirklich ist, statt andere weiterhin zur Bestätigung der falschen Kompensation zu mißbrauchen.

Der Wechsel in der Orientierung vollzieht sich gewöhnlich, wenn nicht immer, schrittweise und ungleichmäßig. Die Gewohnheiten eines ganzen Lebens, die einem in der Regel geholfen haben, überwältigende Emotionen und tiefgreifende Desorganisation abzuwehren, können nicht von heute auf morgen einem furchtlosen und bewußten Engagement Platz machen. Ebenso wie die Bewußtseinsveränderungen, die in der frühen Kindheit eintreten, benötigt auch die Anpassung an eine radikal neue Weise sich selbst, andere und das Leben selbst zu erfahren, eine gewisse Zeit.

Dennoch sind die markierenden Ereignisse gerade in dieser Anfangsphase der *Neuorientierung* zum Leben oft die nachhaltigsten. Die Gipfelerlebnisse einer solchen Umbruchphase werden einem am ehesten wie die blitzartigen Erkenntnisgewinne erscheinen, die üblicherweise mit unserer Vorstellung einer »Transformation« verknüpft werden. Tatsächlich habe ich aus folgendem Grund gezögert, dieses Wort zu benutzen: Es impliziert oft eine plötzliche, vollständige und dauerhafte Metamorphose. Im Bereich der Persönlichkeitsveränderung ist dies eine tröstliche, aber trügerische Illusion, die entweder zum Schmerz der Desillusionierung oder, noch schlimmer, zur mühsam aufrechterhaltenen Lüge einer tatsächlich erfolgten Transformation führt. Eine solche Lüge wird in den Dienst des falschen Selbst gestellt und fördert eine echte Transformation nur dann, wenn sie den allmählichen Verlust falscher Gnade beschleunigt, der einen zu echter Transformation motiviert.

Viele aus der transformativen Bewegung haben unverantwortlich gehandelt, indem sie diese Illusion, sei es explizit oder implizit, genährt haben. Sie haben Veränderung durch pauschale Identifizierung gefördert — eine klassische Form der Übertragungsheilung — und dadurch die Rezeption des wertvollen Beitrags verzögert, den ihre Philosophien und Methoden zu einer echten Evolution des Bewußtseins leisten könnten.

Transformation im eben beschriebenen Sinn ist ein uneinlösbares Versprechen. Transformation, die mit einer *Neuorientierung* beginnt und an die sich eine kontinuierliche, wenn auch ungleichmäßige *Entwicklung* anschließt, ist eine sehr reale Möglichkeit. Diese kontinuierliche Entwicklung beinhaltet den Aufbau von Strukturen, die Aufdeckung und Lösung von Konflikten und die Entstehung einer wahrhaft reifen Weisheit, die sich während des ganzen Lebens weiterentwickelt.

Wenn wir von der Annahme ausgehen, daß eine Veränderung der Persönlichkeit naturgemäß Zeit erfordert, dann bleibt die Frage offen, ob eine solche Veränderung beschleunigt oder weniger schmerzhaft gemacht werden kann. Außerdem ist weiterhin zu erforschen, ob eine solche Veränderung mit einem geringeren *professionellen* Zeitaufwand erzielt werden könnte, obwohl der absolute Zeitbedarf für diese innere Verwandlung relativ groß bleiben mag. Ich glaube, daß diese letztgenannte Frage uneingeschränkt zu bejahen ist und daß eine intgrative Psychotherapie bei solider Verankerung in einer *umfassenden* Theorie dieses Ziel erreichen kann. Die Ergänzung des psychotherapeutischen Prozesses durch aktive Strategien zum Aufbau von Strukturen und zur Konfliktlösung kann die Zahl der erforderlichen Therapiestunden reduzieren und damit auch den Aufwand an professioneller Zeit verringern. Wenn wir beispielsweise dieselbe therapeutische Veränderung mit einer statt vier Wochenstunden erreichen können, dann haben wir die Kosten an professioneller Zeit um 75 Prozent gesenkt, selbst wenn sich die absolute Zeitspanne, die für diese Veränderung notwendig ist, nicht verändert hat. Meine Erfahrung deutet darauf hin, daß eine solche Einsparung bereits heute möglich ist.

Es gibt auch gute Gründe für die Annahme, daß die Förderung des therapeutischen Prozesses und die Reduzierung des professionellen Zeitaufwandes durch verschiedene therapeutische Strategien zu erreichen ist. Einige der Möglichkeiten zur Integration von Gruppen- und Einzeltherapie sind in den letzten beiden Kapiteln veranschaulicht worden. Eine Gruppenerfahrung verbreitert unter anderem die Basis der sozialen Unterstützung, liefert die Gelegenheit zu vermehrter Verallgemeinerung und vervielfacht die möglichen therapeutischen Interventionen bei gleichzeitiger Reduzierung der erforderlichen persönlichen Kosten und des professionellen Zeitaufwands. Die in der transformativen Bewegung so populären Marathongruppenerfahrungen weisen all diese Vorzüge auf bzw. erweitern sie und zeichnen sich durch weitere aus. So setzen die Marathonerfahrungen durch den Druck der längerfristigen Beteiligung unter anderem die Abwehrmechanismen außer Kraft. Darüber hinaus haben sie bei manchen Teilnehmern zumindest einige Gipfelerlebnisse eines Durchbruchs zur Folge, die eine positive Vorbildwirkung haben. Wenn solche Durchbrüche eintreten, dann lassen sie uns zumindest erahnen, wie das Leben ohne die Fesseln von *Lebens-Skripts* und Abwehrmechanismen sein könnte. Ich glaube, daß solche Durchbrüche in den meisten, wenn nicht allen, Fällen eine fortgesetzte Gruppen- oder Einzelarbeit erfordern, die konsequent auf die Konsolidierung und Integration der Veränderungen abzielt, welche in dem Gipfelmoment erlebt wurden. Eine Integration aller drei therapeutischen Modalitäten — Einzeltherapie, Gruppe und Marathon — könnte also durchaus den Prozeß beschleunigen, die damit verbundenen Schmerzen mildern und professionelle Zeit sparen, wodurch eine solche Persönlichkeitstransformation für mehr Menschen erreichbar wäre.

Zu welchen Lösungen man auch letzten Endes gelangen wird, ich glaube, wir sind verpflichtet, bei unserer Suche nach besseren Behandlungsmöglichkeiten empirisch orientiert zu bleiben. Gerade diese Erfahrungsorientierung veranlaßt mich zu dem Schluß, daß echte Persönlichkeitsveränderungen ein erhebliches Maß an Zeit in Anspruch nehmen und das Durchleben des notwendigen emotionalen Schmerzes voraussetzen. Es ist wichtig, daß wir in diesem Punkt nicht lügen und Menschen durch künstliche Mittel zu geben suchen, was sie immer haben wollten: rasche und schmerzlose Lösungen für die grundlegendsten Probleme des Lebens. Umgekehrt sind wir aber auch verpflichtet, für die Möglichkeiten einer solchen Veränderung bei geringerem absoluten oder professionellen Zeitaufwand offenzubleiben und alle Strategien zu überprüfen, die uns diesem Ziel näherbringen könnten. Wir haben auf diese Weise immer Fortschritte gemacht, und weitere sind möglich. Echter Fortschritt wird jedoch durch harte Arbeit an diesem Problem erzielt werden, nicht durch das Nähren magischer Illusionen.

Persönlichkeitsveränderung trägt zwar ihren Lohn in sich, sie ist jedoch anstrengend. Sie erfordert die Ausweitung unseres gegenwärtigen Verhaltensrepertoires während der ganzen Jahre unserer Evolution. Alle Bollwerke des Selbst, die uns gestatten, unser Selbst als sicher und unterstützt zu erleben, tragen dazu bei. Alles, was dem Selbst als Anker dienen kann, erhöht die Fähigkeit, die belastenden Erfahrungen zu ertragen, die die Gesamtstruktur verwandeln können. Wenn wir über solche selbstfestigenden Kräfte nachdenken, dann können wir uns solche Bollwerke des Selbst auf drei Ebenen vorstellen: (1) Auf der individuell-physiologischen, (2) der sozio-kulturellen und (3) der geistig-spirituellen Ebene.

Auf der individuell-physiologischen Ebene sind die gegenwärtig bekannten Strategien gewöhnlich in den Programmen zum Streßabbau zu finden. Dazu zählen Programme zur Entspannung, zur Meditation, zum Körpertraining und zur Ernährung. Diese von Psychotherapeuten so oft ignorierten, außerordentlich wertvollen Maßnahmen zielen auf ein funktionsfähiges körperliches Selbst ab, das den Belastungen des menschlichen Lebens gewachsen ist. Therapeuten halten es in unterschiedlichem Maße angebracht, dabei eine zentrale Rolle zu spielen. Zumindest könnte es jedoch Teil der unterstützenden und ichstärkenden Funktion des Therapeuten sein, die Arbeit auf dieser Ebene zu befürworten. Zu viele Störungen im Organismus machen jede Persönlichkeitsveränderung unmöglich. Unterstützt man die Reduzierung derartiger Störungen durch die erwähnten und vielleicht durch andere, noch zu entdeckende Methoden, dann legt man das Fundament für den evolutionären Veränderungsprozeß.

Auf der sozio-kulturellen Ebene zählen zu den Bollwerken des Selbst die selbststärkenden Aspekte der Familie und der größeren Gemeinschaft. Ein tiefreichendes Verständnis für das anhaltende Bedürfnis nach stärkenden *Selbst-Objekten* sowohl seitens des Therapeuten wie des Klienten werden zu dem immer selbstbewußteren Versuch führen, sich eine sozial unterstützende Umgebung zu schaffen und zu erhalten, in der eine echte Persönlichkeitsentwicklung möglich ist. Ein Verständnis des dauernden

Bedürfnisses nach immer reiferen Beziehungen, in denen Verschmelzung, Zwillingsverhältnis, Spiegelung und Idealisierung möglich sind, kann einen veranlassen, solche sozial unterstützende Beziehungen selbstbewußt aufzubauen sowie sie auch anderen zu bieten und eine echte Freude über die in ihnen mögliche Menschlichkeit zu empfinden. Tatsächlich besteht ein wichtiger Teil der »Humanisierung« des narzißtischen Persönlichkeitsstils darin, seine eigene *menschliche* Natur zu akzeptieren und zu bejahen, die das Verlangen nach solchen Beziehungen und der Befriedigung, die sie gewähren, einschließt. Wesentlich für den Beitrag des Therapeuten ist natürlich seine eigene, echte Menschlichkeit in der therapeutischen Beziehung selbst. Der Therapeut ist häufig der Vorsitzende des Begrüßungskomitees, das den Klienten bei seiner Rückkehr in die menschliche Gemeinschaft willkommen heißt. Ein Therapeut, der in Techniken welcher Art auch immer aufgeht, kann diese Funktion niemals wirklich erfüllen.

Jedes Studium der Geschichte wird einem schließlich zwangsläufig die überwältigende Macht von Wertvorstellungen und Idealen vor Augen führen, die geeignet sind, einem Menschen oder einem Volk in Zeiten der Not und des Unglücks Kraft und Halt zu geben. Werte verleihen dem Leben Form und Inhalt, und sie haben es Menschen immer wieder ermöglicht, belastende Situationen zu überstehen, die anders nicht zu bewältigen gewesen wären.

Anatoly Schtscharansky ist ein zeitgenössisches Beispiel eines Menschen, der von seinen moralischen Überzeugungen und Idealen aufrecht gehalten wurde. Schtscharansky verbrachte fast zehn Jahre im Gefängnis, oft unter den quälendsten Bedingungen, und wurde vielen harten Prüfungen, unter anderem langen Perioden der Isolierung, unterzogen. In dem Buch *Schtscharansky: Hero of Our Time* erzählt Gilbert seine lange, mutterfüllte Lebensgeschichte und macht einem begreiflich, wie ein Mann unter solchen Bedingungen die Kraft zum Überleben finden konnte. Nach seiner Festnahme 1977 wurde Schtscharansky ins Gefängnis geworfen, gefoltert, mit der Hinrichtung bedroht und sechzehn Monate lang in anderer Weise mißhandelt, bevor man ihm den Prozeß machte. In diesem Prozeß, bei dem ihm weder ein Verteidiger noch Entlastungszeugen zugestanden wurden, verhielt sich Schtscharansky ruhig, bezeichnete sich als unschuldig und widerlegte seine Kläger würdevoll. In seinem Schlußwort sagte er:

> Vor fünf Jahren habe ich meinen Ausreiseantrag nach Israel eingereicht. Jetzt bin ich weiter denn je von meinem Traum entfernt. Man könnte meinen, daß ich das

bedauern müßte. Aber das ist nicht der Fall — ich bin glücklich. Ich bin glücklich, daß ich ehrlich gelebt habe, in Frieden mit meinem Gewissen, und mich nie kompromittiert habe, selbst als man mir den Tod androhte.
Ich bin glücklich, daß ich Menschen geholfen habe. Ich bin glücklich, so aufrechte und mutige Menschen wie Sacharow, Orlow und Ginzburg gekannt und mit ihnen zusammengearbeitet zu haben, die die Traditionen der russischen Intelligenz fortführen. Ich bin glücklich, Zeuge der Renaissance der Juden in der UdSSR geworden zu sein. Ich hoffe, daß die absurden Anklagen gegen mich und die ganze jüdische Immigrationsbewegung die Befreiung meines Volkes nicht verhindern werden... Den Mitgliedern des Gerichtshofs, die lediglich ein von vornherein feststehendes Urteil bestätigen, habe ich nichts zu sagen. (Reddaway, 1986)

Diese und andere extreme Beispiele von Mut und Selbstvertrauen unter den verwirrendsten und bedrohlichsten Bedingungen veranschaulichen in dramatischer Weise die selbsterhaltende Rollen von Idealen und moralischen Werten. Als Psychotherapeuten ist es gewöhnlich nicht unsere Rolle, für bestimmte Werte einzutreten, aber wir können sie anerkennen und unterstützen und dadurch ihre selbststärkende Funktion steigern. Ein Verständnis für die wichtige Funktion von Werten, Idealen und Spiritualität im Leben ist eine sehr wesentliche Voraussetzung für einen Therapeuten, der am Persönlichkeitswandel mitwirken möchte. »Helden« wie Schtscharansky erfüllen auch die Rolle eines Selbst-Objekts für uns übrige in unserem weniger spektakulären Ringen nach innerem Zusammenhalt unter Streß. Und ihre erfolgreichen Strategien unter so extremen Umständen liefern uns wichtige Informationen darüber, wie man mit den Belastungen eines Persönlichkeitswandels fertigwerden kann. Schtscharansky hat zum Beispiel verraten, wie es ihm unter diesen entsetzlichen Bedingungen gelungen ist, nicht den Verstand zu verlieren. Er suchte und fand immer wieder »Halt an derselben Konstellation von Beziehungen, an der ich in früheren Jahren teilhatte«. Er berichtet, was er sich wiederholt vergegenwärtigte:

Bilder aus meiner Vergangenheit, Gedanken über Geschichte und Tradition, die hebräische Sprache und Bücher, die ich gelesen habe, all dies blieb in meinem Gedächtnis durch mein Studium von Mathematik und Schach, sogar Theaterbesuche und natürlich die Fähigkeit zu lachen — nicht über Witze oder kluge Wortspiele, sondern, als sei ich ein Zuschauer, der die Welt von außen betrachtet, ohne unnötige Melodramatik, und als einer der viele interessante Dinge entdeckt, die gleichzeitig komisch und absurd sind. All diese Mittel habe ich angewandt... in einem Kampf, den ich in meinem Inneren oder genauer gesagt mit meiner Angst austragen mußte.

Schtscharansky demonstriert hier jene Art von Humor und jenes Akzeptieren der Vergänglichkeit, die Kohut als charakteristisch für einen verwandelten Narzißmus bezeichnet. Das Selbst ist genügend gefestigt, um die eigene Bindung an das Selbst lockern und das Selbst sogar transzendieren zu können. Trotz der andauernden Abhängigkeit des Menschen von äußeren sozialen Faktoren behält er in einem manchmal unglaublichen Maß die innere Fähigkeit, sich das zu erschaffen oder wiederzuerschaffen, was ihm Kraft gibt. Es steht außer Frage, daß diese Fähigkeit in dem heroischen Ringen um die Bewahrung des Selbst über den Persönlichkeitswandel hinaus eingesetzt und gestärkt werden kann. Es stimmt natürlich, daß eine solche kognitive Betrachtung auch im Dienste der Abwehr, insbesondere der Verleugnung, eingesetzt werden kann. Die Lüge einer völligen Transformation, von der zu Beginn dieses Kapitels die Rede war, ist ein Beispiel für diese abwehrende, keine Entwicklung zulassende Haltung. Aber aufgrund unserer klassischen Ausbildung sind wir Therapeuten oft allzu überzeugt von der Abwehrrolle von Idealen und Werten und zu skeptisch gegenüber ihrer wesentlichen Funktion für die Erhaltung eines sicheren Selbstwertgefühls, das uns die Kraft gibt, die Belastungen des Wandels zu ertragen. Die Arbeiten von Kohut (1984) und Frankl (1962, 1969) markieren unter anderem signifikante Gegenpositionen zu diesem wissenschaftlichen Konservativismus.

Das Versprechen einer Persönlichkeitstransformation kann am besten im Kontext der Sicherheit erfüllt werden, die uns all die bisher besprochenen Bollwerke des Selbst bieten. In den letzten zwanzig Jahren konnte ich Erfahrungen sammeln, indem ich anderen als Führer diente und mich von anderen in einem sehr verschiedenen Kontext führen ließ. Ich habe bei herausfordernden Freizeitaktivitäten wie Klettern und Skifahren, die die Selbstentfaltung fördern, und gleichzeitig Angst hervorrufen, geführt und mich führen lassen. Bei diesen Anlässen habe ich auch gelernt, daß die Chance zum Wachstum und das Vergnügen dann am größten sind, wenn der Führer zwei Grundvoraussetzungen erfüllt: (1) Er verleiht Sicherheit durch seine Kompetenz im jeweiligen Bereich und durch sein Verständnis des Lernenden und seiner Bedürfnisse; er löst Vertrauen aus durch die Integrität und Fruchtbarkeit seiner Intention. (2) Er ist fähig, jene Aktivitäten entsprechend zu »dosieren« bzw. in die richtige Reihenfolge zu bringen, die dem Lernenden Gelegenheit geben, seine Grenzen zu überschreiten, bzw. die seine Furcht auslösen. Dieselben Faktoren sind am Werk, wenn wir einen Menschen durch eine Persönlichkeitsveränderung geleiten. In einem Geborgenheit bietenden Rahmen muß die Persönlichkeitsstruktur in Frage gestellt werden. Diese Herausforderung löst

Mißbehagen aus, aber in der Durcharbeitung dieses Mißbehagens wird Veränderung realisiert.

Die Transformation wird also durch alles gefördert, was die Persönlichkeitsstruktur des Klienten in optimaler Weise herausfordert. Zu diesem Zweck stehen uns viele Strategien zur Verfügung, von der konventionellen Konfrontation und Deutung bis zu den unkonventionelleren Verfahren der Gestalttherapie und Bioenergetik. Wir können ständig neue Techniken entdecken, die diesem Zweck dienen. Aber welche Techniken auch immer wir benutzen mögen, entscheidend wird der Kontext von Sicherheit und Unterstützung und die »Dosierung« der Herausforderungen bleiben, so daß sie optimal genutzt werden können, um Veränderung zu erzielen. In manchen Fällen mag es, insbesondere bei narzißtischen Persönlichkeiten, notwendig sein, eine Reihe verheerender Fehlschläge zu erleiden — der Tiefpunkt muß erreicht werden — bevor die Bereitschaft da sein wird, einen Verzicht auf die Kompensation auch nur in Erwägung zu ziehen. Dies sollte natürlich, wo immer es möglich ist, vermieden werden, und ein rechtzeitig hinzugezogener Therapeut kann sicher dazu beitragen, einen solchen Ausgang zu verhindern. Der durch Einzel-oder Gruppentherapie gebotene haltgebundene Rahmen sowie die Unterstützung, den eine therapeutisch angeleitete Familie bzw. Gemeinschaft bieten, können eine Krise verhindern helfen, die zu einer schweren Funktionsunfähigkeit führt bzw. einen sozialen Abstieg zur Folge hat. Mit der möglichen Ausnahme von Larry wurde dieser Tiefpunkt in allen in diesem Buch besprochenen Fällen vermieden, obwohl die affektiven Konsequenzen der Konfrontation mit dem Selbst für mehrere Beteiligte (z.B. Martin und John) äußerst schmerzhaft waren. Aber auch wir Therapeuten stoßen an Grenzen. Manchmal muß die falsche Kompensation zerbrechen, statt zu schmelzen, und wir müssen auch mit dieser Realität fertigwerden.

Damit sich eine beschädigte Persönlichkeitsstruktur wirklich entwickeln kann, muß eine Konfrontation mit dem wahren Selbst erfolgen, das zwangsläufig mächtige archaische Affekte, unrealisierbare Forderungen und ein anstrengendes Vakuum enthält, wo Strukturen sein sollten. Die Auseinandersetzung mit all dem ist notwendigerweise schwierig, und es dient unseren Klienten, wenn wir die Wahrheit darüber sagen. Die Existenz und erst recht ein Wandel sind nicht schmerzfrei. Sofern der Schmerz jedoch entsprechend »dosiert« und therapeutisch genutzt werden kann, braucht er nicht wiederholt zu werden.

Jede Psychotherapie, die diese Bezeichnung verdient, ist ein Prozeß, der Persönlichkeitsveränderung initiiert. Bei optimalem Verlauf wird der Veränderungsprozeß den Abschluß der Therapie überdauern und das ganze

Leben lang anhalten. Psychotherapie, die eine solche Transformation auslöst, kann kurzfristig oder längerfristig sein, aber der Veränderungsprozeß als solcher hält lange an. Dies galt sicherlich in bezug auf Chucks Kurztherapie (siehe V. Kapitel), wie das oft für Fälle zutrifft, bei denen die ursprünglichen strukturellen Ressourcen stark sind und eine Kurztherapie aufgrund einer Lebenskrise wie Scheidung oder Tod eines Partners angestrebt wird. Horowitz (1986) berichtet über denselben Effekt — die Erzielung einer langfristigen Veränderung durch eine kurze Verlusttherapie — wenn der oder die Betroffene von Haus aus über entsprechende Ich-Strukturen verfügt. Aber auch die Langzeittherapie ist nicht vorüber, sobald der therapeutische Kontakt endet. Vielmehr besitzt der einzelne am Ende einer erfolgreichen Langzeitbehandlung die Ich-Strukturen und -Kräfte um sich selbst innerlich wie äußerlich ein unterstützendes Milieu zu schaffen und die Herausforderungen seines Lebens selbst entsprechend zu »dosieren«.

Die Therapie ist somit ebenso wie das Leben ein Prozeß — eine Reise. Auf dieser Reise Orientierungshilfen zu erhalten, ist ein Bestandteil des kulturellen Vermächtnisses der Menschheit. Dasselbe gilt natürlich auch für das Gewähren dieser Hilfen. Geleitet zu werden, bedeutet, sich zu gestatten, nicht zu wissen. Flexibel zu geleiten, bedeutet zu wissen mit der jederzeit vorhandenen Bereitschaft, nicht zu wissen und dadurch zu lernen.

Anhang

Im folgenden werden Verfahren vorgestellt, die im Text erwähnt wurden und im ersten Band dieser Reihe —*Characterological Transformation*— enthalten sind. Sie werden hier mit geringen Änderungen zu Nachschlagezwecken angeführt. Dies ist keinesfalls eine erschöpfende Darstellung von Verfahrensweisen, sondern soll nur zur Erklärung der in diesem Band erwähnten Methoden dienen.

Innere Verfahren

Focusing

Die Methode Focusing (Gendlin, 1978) ist ein Beispiel eines relativ weniger zudringlichen körperorientierten Ansatzes, der keine äußeren Bewegungen seitens des Therapeuten oder Klienten erfordert. Sie ist nützlich für ein breites Spektrum therapeutischer Anwendungen.

Nachstehend eine kurze Beschreibung von Gendlins Focusingsverfahren in sechs Schritten.

1. Schritt: Raum schaffen

Ebenso wie viele andere Verfahren, bei denen die Aufmerksamkeit auf innere Prozesse gerichtet wird, beginnt auch dieses mit einer Prozedur, die darauf abzielt, eine ungestörte Konzentration zu erleichtern. Gendlin beschreibt einen anfänglichen Säuberungsprozeß, bei dem man alle Dinge aufzählt, die einen im Augenblick beunruhigen. Lassen Sie sich dabei von keinem einzelnen Problem niederdrücken oder aufhalten, sondern gestatten Sie einfach, daß diese Liste zustandekommt, indem Sie jeden einzelnen Punkt vorübergehend von sich schieben. Diese meditative Einstellung, Dinge hochkommen und vorüberziehen zu lassen, spielt bei vielen solchen Techniken eine Rolle. Und sobald Ihnen die Liste vollständig erscheint, empfiehlt Gendlin, sich den Satz vorzusagen: »Abgesehen davon, geht es mir gut.« Oft wird dieser Satz weitere Punkte für die Liste wachrufen, bis sie vollständig erscheint. An dieser Stelle werden Sie vielleicht eine Beruhigung verspüren, so daß Sie mit einigem Selbstvertrauen sagen können: »Davon abgesehen, geht es mir gut.« Dies bewirkt häufig eine Art von Distanzierung von der Liste als solcher. Obwohl das alles so ist, bewirkt die Auflistung eine Erleichterung und Distanzierung, die durch das Abtrennen der Liste von sich selbst bedingt sein kann. Ebenso wie manche Gestalt-Verfahren erfordert auch dieses eine Bewußtheit, die über das bereits bewußt Realisierte hinausgeht. Es wird also dabei sowohl Platz für den Vorgang des Focusings geschaffen, als auch dieser Vorgang bereits dadurch initiiert.

2. Schritt: Das Problem fühlen

Bei diesem Schritt beginnen Sie, die Essenz oder den Wesenskern des Problems *aufzuspüren.* Im wesentlichen fordern Sie Ihren Körper auf, Ihnen die Botschaft in einer kinästhetischen, sensorischen Weise zu übermitteln. Vermeiden Sie es, definieren, verstehen oder analysieren zu wollen, sondern lassen Sie sich Zeit, die Botschaft in der Sprache des Körpers und nicht in der des Verstandes zu spüren. Wir alle neigen fast automatisch dazu, in dieser zweiten Phase zu analysieren und zu schwätzen. Was nötig ist, ist Geduld und Zeit, damit die Empfindungen spürbar werden. Der Körper spricht im allgemeinen langsamer, und insbesondere, wo es um unangenehme Emotionen geht, sind oft eingefleischte Denkgewohnheiten vorhanden, die die Gefühle abblocken.

Gendlin empfiehlt, in dieser zweiten Phase die Details eines Problems zu ignorieren und es dafür in seiner Ganzheit zu erspüren. Er schlägt Fragen vor wie: »Wie fühlt sich dieses ganze Problem an?« »Welches ganze Problem fühlt sich an diesem speziellen Tag am schlimmsten an?« »Wie fühlt sich dieses ganze Ding an?« In diesem zweiten Schritt versuchen Sie, zu dem einen Gesamt*gefühl* zu gelangen, das alles einschließt, was in der Traurigkeit eine zentrale Rolle spielt. Ebenso wie es wichtig ist, das Gefühl nicht zu intellektualisieren oder zu analysieren, ist es auch wichtig, nicht zu versuchen, es zu verändern — bleiben Sie einfach dabei und vertiefen Sie es. Es ist, als vergegenwärtige man sich das zentrale Gefühl, das man beim Gedanken an eine bestimmte andere Person hat. Die Einzelheiten, das visuelle Erlebnis, das Verständnis jenes Menschen mögen da sein, aber sie sind nicht wesentlich für die Gefühle, die auftreten, wenn Sie an diesen Menschen denken.

Dieser Teil des Vorgangs ist in gewisser Weise am schwierigsten, insbesondere für einen »schizoiden Klienten,« weil er ihn eine neue Sprache lehrt — eine sensorische Form der Kommunikation mit sich selbst, die ihm relativ fremd sein wird. Es wird ihm wirklich schwerfallen, die Sprache und Botschaften körperlicher Empfindung in Worten zu beschreiben.

3. Schritt: Finden der »Crux«

Das Verfahren des Focusings ist im wesentlichen ein Training des Kontaktes mit den Gefühlen, dem Körper bzw. dem Unbewußten. Das Geheimnis dieser Art von Arbeit besteht darin, projektive Fragen zu stellen, auf Antworten zu warten und dabei rationale, bewußte, verstandesmäßige Antworten zu vermeiden, zu denen man auf rationalem Wege gelangt. Dieser dritte Schritt mag am schwierigsten zu erklären sowie von den vorangegangenen und den folgenden zu unterscheiden sein. Auch dabei geht es darum, verbale Fragen zu stellen und offen für Antworten zu bleiben, die oft nonverbaler, kinästhetischer oder visueller Art sind. Die Schlüsselfragen bei diesem dritten Schritt sind: »Was ist die Crux dieses Problems? Was ist das Schlimmste daran? Was ist das Entscheidende daran, das bewirkt, daß ich mich schlecht fühle?« Sie warten dann auf die Antwort, die sich einstellt.

Gendlin bemerkt, daß man in dieser Phase des Prozesses vielleicht feststellen wird, daß sich das Problem verändert. Diese Veränderung wird sich auf der Gefühlsebene vollziehen, so daß man weiß, daß man in dieser dritten Phase Fortschritte macht, sobald eine definitive Veränderung der körperlichen Empfindungen eintritt. Man weiß, daß man bei der Beantwortung der entscheidenden Frage des dritten Stadiums auf der richtigen Spur ist, wenn einem die körperliche Veränderung signalisiert: »Das ist richtig, das ist es.« Die Veränderung gleicht dem Gefühl, das man hat, wenn man sich plötzlich an etwas erinnert, von dem man weiß, daß man es vergessen hatte, aber nicht mehr wußte, was es war, oder wenn man sich erinnert, wo man etwas verloren Geglaubtes liegengelassen hat.

In dieser dritten Phase wird sich vielleicht eine verbale Bezeichnung einstellen oder man wird ein Sinnbild finden, das einem ein Verständnis der Crux des Problems vermittelt. Obwohl das in Ordnung ist, ist es nicht notwendig; und es ist wichtiger, diesen Prozeß zu verlangsamen, als ihn zu beschleunigen, um ihn abzuschließen. Wir lernen den korrekten Gebrauch einer neuen Sprache viel langsamer, als wir uns in der alten ausdrücken können, und es ist immer eine Versuchung, zur Mühelosigkeit der alten Sprache zurückzukehren. Wenn man den Vorgang des Focusings verlangsamt, dann hat man eher die Chance, die neue Sprache der Gefühle zu erlernen. Das Geheimnis des Fokussierens ist es, offene Fragen zu stellen und dann darauf zu warten, daß uns der Körper, »der Teil«, das Unbewußte oder wie auch immer man es nennen will, langsam die Antwort gibt.

4. Schritt:: Definition

In dieser Phase beginnen Sie nach Bildern oder Worten zu suchen, die von dem Gefühl herkommen, und dieses faktisch zu bezeichnen. Der Prozeß vollzieht sich jedoch wiederum nicht von oben nach unten, sondern von unten nach oben. Die Bezeichnung muß sich aus dem Gefühl ergeben und darf diesem nicht überstülpt werden. Im Grunde suchen Sie nach etwas, das Sie noch nicht kennen oder wissen, und die alten Bezeichnungen und Etiketten ermöglichen Ihnen nicht die Art von körperlicher Veränderung, die das Kriterium für einen erfolgreichen Fokussierungsvorgang ist. In der vierten Phase können Sie sich selbst fragen: »Was ist dieses Gefühl?« und dann auf die Worte oder Bilder warten, die aus den Empfindungen aufsteigen. Häufig ergibt sich diese Bezeichnung rasch und natürlich aus dem dritten Schritt, und das ist in Ordnung, solange sich die Bezeichnung aus dem Gefühl ergibt und gleichzeitig jene körperliche Veränderung erfolgt, die einen Abschluß, eine Lösung oder eine Veränderung signalisiert. Die körperliche Veränderung in dieser vierten Phase wird oft von einem »Aha« oder einem »Das ist es« begleitet, welches anzeigt, daß mehr erreicht wurde als die Wiederholung einer alten Erkenntnis oder Betrachtungsweise.

5. Schritt:: Vergleich mit dem Gefühl

In dieser Phase überprüfen Sie einfach das beim vierten Schritt erhaltene Bild oder die Bezeichnung an Ihren Gefühlen in bezug auf das Problem, um zu sehen, ob es paßt. Bei diesem Schritt fragen sie: »Ist das richtig?« Warten Sie wieder darauf, daß sich die Antwort auf diese Frage in Form von Gefühlen und nicht von Gedanken einstellt. Wenn die Empfindung, die sich auf diese Frage einstellt, eine bestätigende, beruhigende ist, dann können Sie zum nächsten Schritt übergehen. Wenn die empfundene Antwort weniger abschließend ist, dann warten Sie, ob sich aus dem Gefühl eine stimmigere Bezeichnung oder ein treffenderes Bild ergibt. Wie auch immer die Antwort in dieser Phase lautet, es ist wichtig, an dem Gefühl festzuhalten, statt aufzuhören zu fühlen, sobald Sie eine Bezeichnung dafür haben. Sie müssen das Gefühl und die Bezeichnung haben, bevor Sie das eine am anderen überprüfen können. Auch in dieser Phase können sich die Gefühle verändern. Es ist empfehlenswert, all dies fließen zu lassen — sowohl den Worten als auch den Gefühlen Gelegenheit zu geben, sich zu verändern, bis sich beides miteinander deckt. Wenn dies geschieht, gestatten Sie sich, das Gefühl und die Worte ein oder zwei Minuten lang zu fühlen bzw. auf sich wirken zu lassen.

Es ist wichtig, das Gefühl zuzulassen und nicht zu versuchen, es zu verändern. Gerade in diesen Minuten können ständig Veränderungen erfolgen, alles ist in Bewegung, und Gefühle der Befreiung und der Lösung sind möglich. Oft ist die Tendenz vorhanden, sich zu beeilen und dem Gefühl zu entfliehen oder es zu verändern. Es ist wichtig, dieser Tendenz zu widerstehen und eine Weile bei dem Gefühl und der ihm entsprechenden Bezeichnung zu bleiben.

6. Schritt: Wiederholung der Schritte in tieferen Schichten

Bei den Wiederholungen dieser Übung suchen Sie in immer tieferen Schichten nach weiteren Gefühlserlebnissen und den dazugehörigen Bezeichnungen. Sie nehmen beispielsweise an, daß Sie bisher erst in die oberste Schicht dieses Gefühlszustands eingedrungen sind. Durch Rückkehr zum zweiten Schritt fragen Sie sich erneut: »Welches sind meine Gefühle in bezug auf dieses Problem?« Wiederum wird dem Körper, dem Gefühl bzw. dem Unbewußten gestattet, langsam eine Antwort darauf zu geben. Durch Wiederholung des dritten Schrittes fragen Sie erneut nach der Crux und im vierten Schritt nach der Bezeichnung. Im fünften Schritt suchen Sie erneut nach der Entsprechung zwischen Worten bzw. Bildern und Empfindungen. Dieser Prozeß kann scheinbar unbegrenzt fortgesetzt werden, da immer tiefere Erlebnisse von Klärung und Veränderung im Zusammenhang mit dem Gefühl oder den Ablegern des Gefühls möglich sind, die im Laufe dieses Prozesses auftreten. Die Beendigung mag durch das Ende der Therapiestunde diktiert werden oder, was günstiger ist, indem man an einen Punkt gelangt, an dem die körperlichen Veränderungen zur Ruhe kommen und einem signalisieren, daß es angebracht ist, aufzuhören.

Beim Fokussierungsvorgang geht es darum, eine neue Sprache zu erlernen. Das erfordert Zeit und Übung und ein wachsendes Vertrauen zur eigenen Fähigkeit, mit seinem Körper und dem Unbewußten zu kommunizieren. Dies kann eine sehr *fremde* Sprache für uns sein und viele Wiederholungen und Geduld erfordern. Ich habe festgestellt, daß die Einleitung einer hypnotischen Trance, speziell in den Anfangsphasen des Prozesses, oft nützlich ist, um den Klienten zu ermutigen, auf seine üblichen bewußten Urteile zu verzichten, während er diese neue und oft bedrohliche Sprache lernt.

Das eben Gesagte ist nur eine knappe Skizzierung von Gendlins Fokussierungsverfahren, und obwohl Ihnen diese Beschreibung vielleicht ein Verständnis davon vermittelt, reicht sie möglicherweise nicht aus, damit Sie es wirksam praktizieren können. Gendlins Buch geht auf viele der Schwierigkeiten ein, auf die man beim Erlernen dieses Verfahrens typischerweise stößt, und obwohl sich vieles wiederholt, vermittelt es dem Leser ein tieferes Verständnis der Vorgänge, so daß es einem möglich wird, andere beim Fokussieren anzuleiten, nachdem man es bei der Lektüre des Buches immer wieder geübt hat. Da dies für die meisten Therapeuten wie auch für die Klienten eine neue Sprache darstellt, sind die Wiederholungen und sogar der Drillcharakter von Gendlins Buch meines Erachtens oft notwendig und begrüßenswert.

Umdeutung

Bandler und Grinder (1979, 1982) haben in ihrer Anwendung des Neurolinguistischen Programmierens auf die klinische Situation einige grundlegende Erkenntnisse zu allgemeinen Anleitungen für die therapeutische Arbeit umfunktioniert, so zum Beispiel das als Umdeutung *(reframing)* bezeichnete Verfahren. Der hier skizzierte Umdeutungsvorgang kann insofern sehr nützlich sein, als er einem Klienten helfen kann, die Funktion seines Widerstands bzw. seiner Symptome zu begreifen sowie neue Möglichkeiten zu finden, um diese Funktion zu erfüllen. Der Umdeutungsvorgang basiert auf der hilfreichen Fiktion, die Ich-Prozesse oder Verhaltensweisen in »Instanzen« *(parts)* aufzuspalten, wie das in der Gestalttherapie und der Transaktionsanalyse häufig getan wird. Beim Umdeuten geht es darum, mit diesen Instanzen zu kommunizieren bzw. diese miteinander kommunizieren zu lassen, wobei man sich darauf konzentriert, die verborgene *Intention* bzw. die Absicht oder das Ziel der problematischen »Instanz« zu begreifen und dann neue, weniger problematische Verhaltensweisen oder Einstellungen zu finden, die diesem Ziel dienen können. Nachstehend ein kurzer Überblick des Umdeutungsprozesses, gefolgt von einer detaillierten Anweisung für ihren Gebrauch.

Die Umdeutungs-Übung kann auf alle problematischen Verhaltensweisen, Einstellungen oder Gefühle angewandt werden. Nachdem das Zielobjekt des Verfahrens identifiziert wurde, empfiehlt es sich häufig, bei dem Klienten einen Zustand zwischen leichter Entspannung und tiefer hypnotischer Trance herbeizuführen, bevor man mit den folgenden Schritten beginnt. In diesem veränderten Bewußtseinszustand wird der

Klient aufgefordert, einen Kontakt mit jener Instanz in ihm herzustellen, der das problematische Verhaltensmuster auslöst. Nachdem dies geschehen ist, wird der Klient aufgefordert, die positiven Intentionen dieser Instanz zu entdecken. Danach ersucht man ihn, mit jener Instanz von ihm Verbindung aufzunehmen, die kreativ und einfallsreich ist. Er wird dann aufgefordert, unter Ausschöpfung aller Ideen seiner kreativen Instanz neue Wege zu finden, um die eben entdeckten Intentionen zu erfüllen. Als nächstes wird die Instanz die das problematische Verhaltensmuster verursacht, angewiesen, diese neuen Lösungen zu untersuchen, zu korrigieren bzw. der kreativen Instanz bei der Vervollkommnung dieser neuen Lösungen zu helfen, bis sie in jeder Hinsicht akzeptabel sind. Sobald alle neuen Lösungen akzeptabel sind, wird die Instanz, die die früheren problematischen Verhaltensmuster hervorbrachte, aufgefordert, die Verantwortung für die Anwendung dieser neuen Lösungen in den entsprechenden Zusammenhängen zu übernehmen. Schließlich ersucht man den Klienten, nachzuprüfen und zu schauen, ob es noch irgendwelche weiteren Überlegungen gibt, die ihn daran hindern würden, sich diese neuen Lösungen zu eigen zu machen.

Dieser Prozeß verläuft natürlich nicht immer so glatt wie beschrieben, und er bringt auch nicht immer unmittelbare oder tiefgreifende Veränderungen hervor. Dennoch habe ich das Schema dieser Umdeutungs-Übung als außerordentlich wertvoll für die Veränderung meiner eigenen Einstellung und der meiner Klienten zu den Problemen, die in der Psychotherapie auftreten, insbesondere den Problemen des Widerstands, empfunden. Jeder Widerstand dient im Grunde dem Selbstschutz, und man kommt einen großen Schritt weiter, wenn sich sowohl der Klient als auch der Therapeut dies voll und ganz bewußt machen. Sobald man das weiß, können viele Maßnahmen ergriffen werden, um der selbstschützenden Absicht des Widerstands zu genügen. Nachstehend folgt ein Schema und ein empfohlener Text für das Umdeutungs-Verfahren von Bandler und Grinder. Das Verfahren als solches kann erheblich abgewandelt werden; im jeweiligen Fall können bestimmte Schritte weggelassen oder erweitert werden. Das Schema ist insofern verführerisch einfach, als die Übung nicht immer so glatt abläuft, wie hier dargestellt, und erhebliche zusätzliche Arbeit nötig sein kann, um auch nur einen Schritt zu vollziehen. Dennoch stellt dieses Verfahren wie viele von Bandler und Grinder entwickelte Methoden eine meisterhafte Integration verschiedener therapeutischer Prinzipien dar und enthält nützliche Richtlinien für einen vollständigen Therapieverlauf, insbesondere im Zusammenhang mit Widerstandsproblemen.

Umdeutungs-Schema

1) Identifizieren Sie das Verhaltensmuster bzw. die problematische Situation, die verändert werden sollen.
2) Führen Sie einen veränderten Bewußtseinszustand herbei. Lösen Sie durch Entspannung oder hypnotische Induktion einen veränderten Bewußtseinszustand aus, bei dem der Betreffende stärker auf sein Inneres konzentriert und suggestibler ist als in seinem gewöhnlichen Bewußtseinszustand.
3) Nehmen Sie die Verbindung mit dem Teil auf, der das problematische Verhaltensmuster oder die problematische Situation hervorruft.

»Jetzt, da Sie ganz auf Ihr Inneres konzentriert und sich Ihrer selbst bewußt sind, möchte ich, daß Sie sich an eine Zeit erinnern, wo dieses problematische Verhalten auftrat. Rufen Sie sich diese Situation ganz deutlich ins Bewußtsein und verstärken Sie den Kontakt mit jenem Teil von Ihnen, der es auslöste. Während Sie das tun, möchte ich, daß Sie sich auf die Frage vorbereiten, die ich Ihnen gleich stellen werde. Wenn ich Ihnen diese Frage stelle, dann möchte ich, daß Sie alle Veränderungen registrieren, die sich in Ihrem Inneren abspielen. Das kann ein Gefühl oder ein Bild sein, oder Sie können ein Wort oder ein Geräusch hören. Registrieren Sie alle diese Veränderungen genau. Die Frage ist: 'Ist der Teil von Ihnen, der diese Situation herbeiführt, bereit, mit uns im Bewußtsein zu sprechen?'« Warten Sie und ersuchen Sie den Klienten, nonverbal zu signalisieren, wenn eine Veränderung oder Veränderungen stattgefunden haben. Sobald Sie das Signal sehen, fahren Sie fort: »Wenn diese Veränderungen ein Ja bedeuten, eine Bereitschaft zur Kommunikation, dann möchte ich, daß dieser Teil die Veränderungen intensiviert, um dieses Ja zu verstärken. Wenn Sie ein Nein bedeuten, dann soll die Intensität der Veränderungen nachlassen, um ein Nein zu signalisieren.« Lautete die Antwort ja und das Signal verstärkt sich, dann fahren Sie fort: »Gut, schwächen Sie das Signal jetzt ab, damit Sie wissen, wie ein 'Nein' aussieht, sich anfühlt und klingt. Jetzt habe ich eine weitere Frage an diesen Teil von Ihnen. Nämlich: 'Sind Sie sich Ihrer positiven, hilfreichen Intention bei der Herbeiführung dieser Situation bewußt?'« Es ist anzunehmen, daß dies bejaht wird; Sie gehen nunmehr zum nächsten Schritt über.

4) Rufen Sie die Intention des Verhaltensmusters bzw. der Situation ab: »Ist der Teil von Ihnen, der diese Situation herbeiführt, bereit, uns dies mitzuteilen?« Vorausgesetzt, dies wird bejaht: »Tun Sie das jetzt.«
5) Bringen Sie neue Lösungen hervor, um die positive Intention zu befriedigen.

»Ein Teil von Ihnen ist kreativ und einfallsreich. Dies ist der Teil, den Sie bei anderen Anlässen benutzt haben, wenn ein Problem einer neuartigen Lösung bedurfte. Wenn die alten Lösungen nicht paßten oder wenn Sie vor einer neuen Situation standen, die ein anderes Herangehen erforderte, dann trat dieser Teil in Aktion. Vielleicht in Ihrem persönlichen Leben oder bei Ihrer Arbeit, oder wenn Sie etwas reparierten. Lassen Sie diesen Teil jetzt hervortreten — gestatten Sie ihm, neue Lösungen zu finden, die der Intention entsprechen, die wir soeben aufgedeckt haben. Gestatten Sie ihm, mindestens drei neue Alternativen zu präsentieren, und geben Sie mir ein Signal, sobald dies geschehen ist. Sie sind sich vielleicht all der Lösungen, die Sie jetzt hervorbringen, nicht bewußt, und das Entdecken kann noch eine Weile dauern.« Sobald die neuen Lösungen gefunden und mitgeteilt wurden, gehen Sie zum nächsten Schritt über.

6) Eignen Sie sich die neuen Lösungen an.

»Jetzt möchte ich, daß der Teil von Ihnen, der das Verhaltensmuster oder die Situation bewirkt, zuhört und eine weitere Frage beantwortet: 'Werden Sie die neuen Lösungen akzeptieren, und übernehmen Sie die Verantwortung dafür, sie herbeizuführen, wenn Ihre Intentionen verwirklicht werden sollten?'« Dieser Schritt schafft sehr nützliche Gelegenheiten, die vorgeschlagenen Lösungen auszusortieren und durch bessere zu ersetzen, falls es Einwände gegen die eben vorgeschlagenen Lösungen gibt. Es kann zu einem Dialog zwischen dem Teil kommen, der das Verhaltensmuster hervorruft, und dem kreativen Teil, der die Lösungen vorschlägt. Sobald dies erfolgt ist, ist der Klient bereit für den nächsten Schritt.

7) Überprüfen Sie die ökologische Balance.

»Schauen Sie jetzt tief in sich hinein, ob es noch irgendeinen anderen Teil von Ihnen gibt, der reserviert oder besorgt über die Lösungen und Übereinkünfte ist, die hier getroffen wurden.« Auch dies ist ein sehr hilfreicher Schritt, um Lösungen auszusondern bzw. hinzuzufügen. Der Grundgedanke ist dabei, daß keine der gefundenen Lösungen in Widerspruch zu anderen Teilen des Betroffenen stehen sollte bzw. daß sie nicht gegen irgendwelche seiner anderen Intentionen verstoßen sollten. Sobald auch diese Zustimmung erfolgt ist, ist der Vorgang abgeschlossen.

Eine Übung dieser Art kann zwischen einer halben Stunde und vielen Sitzungen intensiver Arbeit dauern. Tatsächlich kann dieses Schema, wie bereits angedeutet, einen Großteil des therapeutischen Prozesses als solchen umfassen. In Fällen, in denen sich der Betroffene seiner Intention nicht bewußt ist oder der verantwortliche Teil nicht bereit ist, diese Intention mitzuteilen, kann das gesamte Verfahren auf einer Ebene außerhalb der Bewußtheit abgewickelt werden. Dies ist keinesfalls schwierig für Therapeuten, die mit hypnotischen Verfahren umgehen können, wird aber allen übrigen Unbehagen bereiten. Therapeuten, die sich mit der nützlichen Fiktion des Kommunizierens von Instanzen durch innere sensorische Erfahrungen nicht anfreunden können, werden dieses Verfahren vielleicht überhaupt nicht anwenden wollen. Aber es wird Ihnen meines Erachtens helfen, die diesem Verfahren zugrundeliegende Intention anzuerkennen und im Auge zu behalten — Verständnis und Respekt für die intendierte Funktion jedes hartnäckigen Verhaltensmusters und Unterstützung für das Erreichen dieses Ziels mit entwickelteren Methoden.

Aktive Verfahren

Die folgenden Verfahren sind aus der bioernergetischen Therapie abgeleitet. Mit Ausnahme des letzten, »Der Bock«, dienen alle der verbesserten Erdung des Klienten. Erdungsverfahren werden angewandt, um den Klienten in verstärkten Kontakt mit sich und seiner Umwelt zu bringen. Sie können für sich stehen oder als Vorbereitung für affektive Entladungsarbeit dienen.

Auf einem Bein stehen

Verschiedene Varianten des einfachen Auf-einem-Bein-Stehens können dazu benutzt werden, um die Beine mit mehr Energie und Ladung zu versorgen. Die simpelste Variante besteht darin, abwechselnd auf einem Bein zu stehen, dabei auf den Kontakt des Fußes mit dem Boden zu achten und zu spüren, wie sich die Ladung in dem Bein aufbaut. Stellen Sie sich nach einer Weile auf das andere Bein und wiederholen Sie den Vorgang. Eine zweite Variante erhöht die Ladung der Beine. Stellen Sie sich mit gebeugtem Knie auf ein Bein und strecken Sie das andere nur zur Unterstützung nach hinten, so daß Ihr gesamtes Gewicht auf einem Bein ruht. Halten Sie diese Stellung, bis ein Zittern eintritt, das 15 bis 30 Sekunden durchgehalten werden sollte. Wiederholen Sie dies mit dem anderen Bein.

Fest auftreten

Bei dieser Übung stampfen Sie abwechselnd mit den Füßen auf den Boden. Es empfiehlt sich oft, mit der Art und Weise zu experimentieren, wie dies geschieht, den Winkel zu verändern, mit dem Sie auftreten, nur mit dem Absatz zu stampfen etc. Diese Übung hat offensichtlich auch Symbolcharakter und kann im wörtlichen Sinn benutzt werden, wenn der oder die Betroffene »fest auftreten« muß. Wenn die Übung in dieser Weise benutzt wird, dann sollte sie durch entsprechende verbale Äußerungen ergänzt werden wie: »Nein; ich will nicht; Schluß damit«, etc.

An der Wand hocken

Lehnen Sie sich an eine Wand und gehen Sie dann, mit dem Rücken fest gegen die Wand gelehnt, in die Hocke. Verschränken Sie die Hände dabei hinter dem Kopf und atmen Sie tief und ohne Unterbrechung. Behalten Sie diese Stellung zumindest bei, bis ein Zittern auftritt. Diese Stellung ist besonders geeignet, um eine gute, hohe Energieladung in den Beinen aufzubauen und diese zu kräftigen. Es ist eine Übung, die zur Selbstanwendung empfohlen werden kann.

Springen

Springen kann in verschiedenen Varianten durchgeführt werden, nicht nur um die Erdung zu verbessern, sondern auch um anderer sensorischer Erfahrungen willen, die dabei auftreten. Nachstehend einige Varianten:

1) Springen Sie wiederholt hoch, wobei Sie mit den Füßen fest auf den Boden stampfen wie ein protestierendes Kind.
2) Springen Sie etwas höher, aber landen Sie auf den ganzen Fuß, um ein deutliches Gefühl des Bodens zu bekommen.
3) Verlagern Sie das Gewicht auf die Fersen und versuchen Sie, aus dieser Position zu springen. Dies veranschaulicht, daß diese für den oralen Charakter typische Fersenhaltung nicht nur eine Position ist, in der man leicht aus dem Gleichgewicht gebracht werden kann, sondern auch, daß man aus dieser Stellung »keine großen Sprünge« machen kann.
4) Stellen Sie sich auf die Zehen, springen Sie wiederholt hoch und machen Sie dabei die Erfahrung, hochzuschnellen, »einen Sprung zu machen« und leicht wieder auf dem Boden zu landen.
5) Übungen, die Sie selbst machen können: Benutzen Sie regelmäßig eine Springschnur oder ein kleines Trampolin. Konzentrieren Sie Ihr Augenmerk auf die Füße und Beine.

Vorgebeugte Stellung

Ich lasse den Klienten eine der grundlegendsten bioernergetischen Stellungen einnehmen und mache es ihm dabei vor, während ich ihm die Anweisungen gebe: »Senken Sie den Kopf auf die Brust und beugen Sie den Oberkörper nach vorn, bis Ihre Fingerspitzen den Boden berühren. Beugen Sie die Knie und atmen Sie. Beginnen Sie sich jetzt etwas zu bewegen. Beugen Sie die Knie beim Einatmen etwas stärker. Beim Ausatmen strecken Sie sie, aber ohne steif zu werden. Gestatten Sie sich, leicht und locker zu atmen und bewegen Sie sich zum Rhythmus Ihrer Atmung auf und nieder. Verlagern Sie Ihr Gewicht etwas nach vorn, damit Sie Ihren Körper hoch*drücken* können, wenn Sie ausatmen. Lassen Sie die Füße und Beine die Arbeit tun. Spüren Sie Ihre Füße und Beine und lassen Sie den Oberkörper einfach hängen. Sorgen Sie dafür, daß Ihre Fingerspitzen in Bodennähe bleiben, so daß sich bloß Ihr Unterkörper bewegt, während Ihr Oberkörper atmet und nach unten hängt.« Wie lange diese Übung dauert, hängt von der Toleranz und den Bedürfnissen des Klienten ab. Nach der Beendigung ist es immer ratsam, sich über die gemachte Erfahrung berichten zu lassen. Diese Übung verbessert ebenso wie die beiden folgenden die Erdung im buchstäblichen, physischen Sinn.

Fußübungen mit dem Kantholz

Für diese Übung sind zwei Kanthölzer mit einem Durchmesser von 250 x 180 mm bzw. von 60 x 60 mm und einer Länge von 60 cm bzw. 45 cm erforderlich. Ich lege den Stab gewöhnlich vor den Klienten und sage: »Beginnen Sie, indem Sie Ihren Fuß über den Stab rollen, den ich vor Sie hingelegt habe. Zuerst den einen und dann den anderen Fuß. Entspannen Sie die Muskeln in Ihren Fußsohlen und achten Sie auf die Punkte, die schmerzhaft sind. Wenn beide Füße genügend entspannt erscheinen, gehen Sie in winzigen Schrittchen über den Stab, indem Sie knapp hinter den Zehen beginnen und am Beginn der Ferse aufhören. Dies wird wahrscheinlich an manchen Stellen schmerzhaft sein; das ist okay, solange Sie es nicht forcieren und einen Muskel zerren. Verlagern Sie Ihr Gewicht entsprechend, während Sie »gehen«, so daß Sie Ihre Füße und vielleicht auch den Schmerz spüren, aber muten Sie sich nicht zuviel zu. Atmen Sie. Wiederholen Sie dies ein- bis viermal. Verlassen Sie jetzt den Stab, beugen Sie die Knie, atmen Sie und spüren Sie die verstärkten Empfindungen in Ihren Füßen.«

Der Bock

Der bioenergetische Bock ist eine Spezialanfertigung für diese Arbeit. Dieser Bock ist etwa 90 cm hoch und gleicht einem Sägebock, ist aber etwas schmäler. Der Bock ist oben gepolstert, so daß sich der Klient bei verschiedenen Übungen darüberlegen kann. Die häufigste Anwendung des Bockes erfordert eine Form des Rückenstreckens mit gebeugten Knien. Wenn ich die Klienten erstmals mit dem Bock bekanntmache, führe ich ihnen die gewünschte Stellung in der Regel selbst vor. Ich lege mich in Rückenlage so über den Bock, daß meine Schulterblätter genau auf der Scheitellinie ruhen. Diese Linie entspricht bei Frauen der Höhe des BHs auf dem Rücken. Ich strecke die Arme nach hinten und versuche mit jedem Ausatmen meinen Rücken zu strecken, indem ich die Hüften und Schultern soweit wie möglich senke. Dieselbe Streckübung kann auch über die gepolsterte Armlehne eines Sofas oder über einen gewöhnlichen Stuhl, der mit einem dicken Handtuch bedeckt ist, gemacht werden. Obwohl die Sofalehne bzw. der gewöhnliche Stuhl niedriger sein mögen, als optimal wäre, können diese Möbel dennoch für Selbsthilfe-Streckübungen benutzt werden, die man dem Klienten empfiehlt. Diese Streckübung lockert die Brust, erleichtert die Brustatmung und streckt die Bauchregion, das Kreuz, die Schultern etc.

Literaturverzeichnis

Abend, S., Porder, M. & Willich, M. (1983). *Borderline patients: Psychoanalytic perspectives.* New York: International Universities Press.

Adler, G. (1985) *Borderline Psychopathology and its treatment.* New York: Jason Aronson.

Bandler, R. & Grinder, J. (1982). *Reframing.* Moab, Utah: Real People Press.

Beckwith, L. (1979). Predictions of emotional and social behavior. In J. D. Osovsky (Hsg.). *Handbook of infant development* (S. 671-706) New York: Wiley.

Beres, D. (1956). Ego deviation and the concept of schizophrenia. *Psychoanalytic Study of the Child,* 11, 164-235.

Berne, E. (1964) *Games People Play* (deutsch: *Spiele der Erwachsenen*) New York: Grove Press.

Birns, B., Barten, S. & Bridger, W. (1969). Individual differences in temperamental characteristics of infants. *Transactions of the New York Academy of Sciences, 31,* 1071-1082.

Blanck, G. & Blanck, R. (1974). *Ego psychology. Theory and practice.* New York: Columbia University Press.

Blanck, G. & Blanck, R. (1979). *Ego psychology II: Psychoanalytic developmental psychology.* New York: Columbia University Press.

Boadella, D. (1977). *In the wake of Reich.* Ashley Books.

Bowlby, J. (1969). *Attachment and loss. Bd. I: Attachment.* New York: Basic Books.

Bowlby, J. (1973). *Attachment and loss. Bd. II: Separation: Anxiety and anger.* New York: Basic Books.

Bowlby, J. (1960). Grief and the mourning in infancy and early childhood. *Psychoanalytic Study of the Child, 15,* 9-52.

Bronson, W.C. (1966). Central orientations: A study of behavior organization from childhood to adolescence. *Child Development, 37,* 125-155.

Cameron-Bandler, L. (1985) *Solutions: Practical and effective antidotes for sexual and relationship problems.* San Rafael, CA: Future Pace, Inc.

Chessick, R.D. (1985). *Psychology of the self and the treatment of narcissism.* Northvale, NJ: Jason Aronson.

Davanloo, H. (1980). A method of short-term dynamic psychotherapy. In H. Davanloo (Hsg.) *Short-term dynamic psychotherapy.* New York: Aronson.

Dilts, R., Grinder, J., Bandler, R. & DeLozier, J. (1980). *Neurolinguistic programming Bd. I: The study of the structure of subjective experience.* Cupertino, CA: Meta

Emde, R.N., Gaensbauer, T. & Harmon, R. (1976). Emotional expression in infancy. *Psychological Issues, Monograph 37.*

Emde, R.N. & Robinson, J. (1978). The first two months: Recent research in developmental psychobiology and the changing view of the newborn. In J. Noshpitz & J. Call (Hsg.) *American handbook of child psychiatry.* New York: Basic Books.

Fraiberg, S. (1969). Libidinal object constancy and mental representation. *Psychoanalytic Study of the Child, 24,* 9-47.

Frankl, V. (1962) *Man's search for meaning: An Introduction to Logotherapy.* Boston: Beacon Press.

Frankl, V. (1969) *The will to meaning: Foundations and Applications of Logotherapy.* Cleveland: World.

Freud, A. (1936). *The ego and the mechanisms of defense.* New York: International Universities Press, 1967.

Gendlin, E.T. (1978). *Focusing.* New York: Everest House.

Gilbert, M. (1986). *Shcharansky: Hero of our time.* New York: Viking / Elizabeth Sifton Books.

Giovacchini, P. (1975). *Psychoanalysis of character disorders.* New York: Jason Aronson.

Goldberg, A. (1985) (Hsg.) *Progress in self psychology.* New York: Guilford Press.

Greenacre, P. (1959), Certain technical problems in transference relationship. *Journal of the American Psychoanalytic Association, 7,* 484-502.

Grinker, R. & Werbel, B. (1975). *The borderline patient.* New York: Jason Aronson.

Harlow, H.K. & Harlow, M.H. (1966). Learning to love. *American Scientist,* 54, S. 244-272.

Hartmann, H. (1964). *Essays on ego psychology.* New York: International Universities Press.

Hartmann, H. (1958). *Ego psychology and the problem of adaptation.* New York: International Universities Press.

Hilton, R. (1980). General dynamics of character structure development and the therapeutic process. In Cassius, J. (Hsg.) *Horizons in bioenergetics: New dimensions in mind-body psychotherapy* (S. 178-197). Memphis, TN: Promethean Publications.

Horner, A.S. (1979). *Object relations and the developing ego in therapy.* New York: Jason Aronson.

Horowitz, M. (1986). Persönliche Mitteilung

Jacobson, E. (1964). *The self and the object world.* New York: International Universities Press.

Johnson, S.M. (1985) *Characterological Transformation: The hard work miracle.* New York: W.W. Norton.

Keleman, S. (1981) *Your body speaks its mind.* New York: Simon & Schuster.

Kernberg, O. (1975). *Borderline conditions and pathological narcissism.* New York: Jason Aronson.

Kernberg, O. (1976). *Object relations theory and clinical psychoanalysis.* New York: Jason Aronson.

Kohut, H. (1966). Forms and transformations of narcissism. *Journal of American Psychoanalytic Association, 14,* 243-272.

Kohut, H. (1971). *The analysis of the self.* New York: International University Press.

Kohut, H. (1977). *The restoration of the self.* New York: International University Press.

Kohut, H. (1978). *The search for the self.* Ornstein, P. (Hsg.). New York: International Universities Press.

Kohut, H. (1984). *How does analysis cure?* Chicago, IL: University of Chicago Press.

Kohut, H. (1985). *Self psychology and the humanities: Reflections on a new psychoanalytic approach.* Strozier, C. (Hsg.). New York: W.W. Norton

Lowen, A. (1985). *The language of the body.* New York: Collier. (deutsch: Körperausdruck und Persönlichkeit, 2. Auflage, München: Kösel 1985)

Lowen, A. (1967). *The betrayal of the body.* New York: Collier. (deutsch: Der Verrat am Körper, Rowohlt TB 7660)

Lowen, A. (1983). *Narcissism: Denial of the true self.* New York: Macmillan. (deutsch: Narzißmus: die Verleugnung des wahren Selbst, 2. Auflage, 1986, München: Kösel)

Lowen A. & Lowen, L. (1977) *The way to vibrant health.* New York: Har-

per & Row. (deutsch: Lust — Der Weg zum kreativen Selbst)
Mahler, M.S. (1969). *On human symbiosis and the vicissitudes of individuation.* New York: International Universities Press.
Mahler, M.S. (1972). Rapprochement subphase of the separation individuation process. *Psychoanalytic Quarterly, 41*, 487-506.
Mahler, M.S., Pine, R. & Bergman, A. (1975). *The psychological birth of the human infant.* New York: Basic Books.
Malan, D.H. (1979). *Individual psychotherapy and the science of psychodynamics.* London: Butterworths.
Masterson, J. (1976). *Psychotherapy of the borderline adult.* New York: Brunner / Mazel.
Masterson, J. (1981). *The narcissistic and borderline disorders.* New York: Brunner / Mazel.
Masterson, J. (1985). *The real self: A developmental, self, and object relations approach.* New York: Brunner / Mazel.
Matheny, A.P., Riese, M.L. & Wilson, R.S. (1985). Rudiments of infant temperament: New born to nine months. *Developmental psychology, 21,* 486-494.
Miller, A. (1981). *The drama of the gifted child.* New York: Basic Books. (deutsch: *Das Drama des begabten Kindes.* Frankfurt / Main; Suhrkamp, 1979)
Miller, A. (1984). *Thou shalt not be aware: Society's betrayal of the child.* New York: Farrar, Straus & Giroux. (deutsch: *Du sollst nicht merken.* Frankfurt / Main: Suhrkamp, 1983)
Muller, E. (1982). L'Analyse du caractère à la Lumière de la psychologie de l'égo. *Analyse du corps,* Bd. I, S.1.
Norwood, R. (1985). *Women who love too much: When you keep wishing and hoping he'll change.* New York: Pocket Books. (deutsch: *Wenn Frauen zu sehr lieben*, Rowohlt, 1987)
Orme-Johnson, D.W. & Farrow, J.T. (1977). Scientific research on the transcendental meditation program. *Collected Papers,* Bd. I. New York: Mahraishi European Research University Press.
Prather, H. (1980). *There is a place where you are not alone.* Garden City, NY: Doubleday.
Reddaway, P. (1986) Menschen, A Review of *Shcharansky: Hero of our time.* In New York Review of Books. XXXIII, 14, S. 13-18.
Reich, W. (1942) *The dicovery of the orgone. V.I.: The function of the orgasm.* New York: Orgone Institute Press, Inc. (deutsch: *Die Funktion des Orgasmus,* Köln: Kiepenheuer & Witsch, 1969)
Reich, W. (1949) *Character analysis,* 3rd ed. New York: Orgone Institute

Press, Inc. (deutsch: *Charakteranalyse, Technik und Grundlagen,* 1933, Selbstverlag)

Settlage, C.F. (1977). The psychoanalytic understanding of narcissistic personality disorders: Advances in developmental theory. *Journal of the American Psychoanalytic Association,* 25, S. 805-833. Nachdruck in *Rapprochement: The critical subphase of separation-individuation,* Lax, R.F., Bach, S. & Burland, J.A. (Hsg.) (S. 77-100). New York: Jason Aronson.

Silverman, L.H. & Weinberger, J. (1985). Mommy and I are one: Implications for psychotherapy. *American Psychologist, 40,* 1296-1308.

Spitz, R. (1965). *The first year of life.* New York: International Universities Press.

Thomas, A. & Chess, S. (1977). *Temperament and development.* New York: Brunner / Mazel.

Thomas, A. & Chess, S. (1980). *The dynamics of psychological development.* New York: Brunner / Mazel.

Tolpin, P. (1983). A change in the self: The development and transformation of an idealizing transference. *International Journal of Psychoanalysis, 64,* 461-483.

White, E. (1983). *States of desire.* New York: E.P. Dutton.

Winnicott, D.W. (1953). Transitional objects and transitional phenomena. *The International Journal of Psychoanalysis, 34,* 89-97.

Winnicott, D.W. (1965). *Maturational processes and the facilitating environment.* New York: International Universities Press.

Wolf, E., Gedo, J. & Terman, D. (1972). On the adolescent process as a transformation of self. *Journal of Youth and Adolescence,* 1 257-272.

Wolf, E. (1979) Transference and countertransference in analysis of disorders of the self. *Contemporary Psychoanalysis,* 15, 577-594.

Register

James I. Kepner

Körperprozesse
Ein gestalttherapeutischer Ansatz

»Ich empfehle Jim Kepners Werk als einen bedeutenden Beitrag zur Psychotherapie und zur Gestalttherapie im Besonderen.« — Joseph C. Zinker

»James Kepner, den ich seit seiner Kindheit kenne, hat ein Buch geschrieben, welches für Studierende ein Lehrbuch und für praktizierende Psychotherapeuten ein anregendes Nachschlagewerk zu werden verspricht.« — Laura Perls

Im traditionellen Sinne betont die Psychotherapie den »psycho« Aspekt der Therapie-Gedanken, Ideen, Erinnerungen, Assoziationen, Träume ... — und vernachlässigt den »körperlich / leiblichen« Aspekt, was zwangsläufig zur cartesianischen Spaltung des Menschen zurückführt. James Kepner geht von dem holistischen Ganzheitsbild des Menschen aus und formuliert eine umfassende Darstellung der Integration sogenannter Bewußtseins-orientierter Therapien und verschiedener Körper-orientierter Ansätze, wobei ihm die Gestalttherapie als theoretische, methodische und philosophische Grundlage dient. Für alle, die ihre Arbeit hauptsächlich im Bereich der »Psyche« sehen, eröffnet dieses Buch neue Perspektiven der Einbeziehung leiblicher Existenz in den therapeutischen Bezugsrahmen; für jene, die bereits das Körperlich / Leibliche in ihrer Arbeit berücksichtigen, bietet Kepners ganzheitlicher Ansatz eine Basis sowohl für neue Erkenntnisse als auch für weitere Forschung.

Zum Autor:
Dr. James I. Kepner hat umfangreiche Ausbildung in mehreren Körper-orientierten Ansätzen genossen und seit 15 Jahren praktiziert und lehrt er Gestalttherapie. Dr. Kepner ist Mitglied des Ausbilderteams am »Gestalt Institute of Cleveland« und in privater Praxis als klinischer Psychologe und Psychotherapeut tätig.

Stephen M. Johnson

CHARAKTER-TRANSFORMATION
Erkennen – verändern – heilen

Neue, korrigierte Ausgabe
Mit einer Einleitung von Ulrich Sollmann zur Neuausgabe
Übers. Bernhard Maul
275 S. mit 12 Abb. · ISBN 978-3-89797-042-7

Johnsons integrativer Ansatz entwickelt Grundzüge der Charaktertypen für die Psychotherapie. Was steckt in uns? Was können wir sein? Was ist uns möglich?

Psychoanalytische Entwicklungstheorie, die Charakteranalyse der Objektbeziehungstheorie und die humanistischen Ansätze - in diesem Grundlagenwerk integriert der Autor diese vermeintlichen Gegensätze.

Ulrich Sollmann erarbeitet in seiner Einleitung zur neuen deutschen Ausgabe die Bedeutung dieses Grundlagenwerks für die möglichen Anwendungsfelder in der Körperpsychotherapie, der Beratung von Führungskräften in Organisationen, Medien und Politik.

»Ein unentbehrliches Handbuch für den Therapeuten, eine spannende Lektüre für den interessierten Laien.« (David Boadella

Erving Polster

JEDES MENSCHEN LEBEN IST EINEN ROMAN WERT

Erv Polster sucht die technischen Modalitäten der Psychotherapie mit der Erkenntnis der Heilwirkung zu verbinden, die sich für Menschen ergibt, wenn sie erfahren, wie außerordentlich interessant sie sind. Als Modell für diese Verbindung dient dem Autor die von ihm postulierte Verwandtschaft zwischen Psychotherapeuten und Schriftstellern, deren Gemeinsamkeit er in einem empathischen Erforschen des menschlichen Verhaltens und Bewußtseins sieht. Polster zeigt, wie Psychotherapeuten einen Sinn für das Drama im Leben jedes Menschen eher entwickeln können, wenn sie dieses Modell anwenden. Demnach sind sie dann in der Lage, die Lebensgeschichte jeder Person zu verfolgen, die einzigartigen Charakteristika und Ereignisse zu entdecken, den mikrokosmischen Beitrag, den das Leben jeder Person enthält, zu erkennen und die Klienten durch den unumgänglich kreativen Weg problematischer Erfahrungen hindurch zu begleiten. Sich auf seine Erfahrung als Psychotherapeut beziehend, beschreibt der Autor einige Wege, die die Integration der literarischen Perspektive und der psychotherapeutischen Methodik fördern. Sowohl die Schriftsteller als auch die Psychotherapeuten laden uns dazu ein, das Buch des eigenen Lebens aufzuschlagen und die Wunder zu bestaunen, die es enthält.

»Das ist kein lautes Buch und nicht ein Buch für Theoretiker; dem Praktiker, der bereit ist zuzuhören, hat Erv Polster etwas zu sagen: *Jedes Menschen Leben ist einen Roman wert* ... ein Buch für Therapeuten, wie sie ihrem faszinierendem Beruf die Faszination erhalten können, indem sie in jedem Klienten den einzigartigen Roman sehen statt die diagnostizierte Kategorie.«

Heik Portele

»Inzwischen gehen wir bereitwilliger auf die Lebensgeschichte unserer Patienten ein und sind selbst auch eher bereit, in der Therapie von unserer Lebensgeschichte etwas mitzuteilen. Erving Polsters Buch *Jedes Menschen Leben ist einen Roman wert* gibt hierfür ein Beispiel.«

Gary Yontef

Renaud van Quekelberghe

ANNA

Eine Lebenslaufanalyse

Anna, eine 30jährige, allein lebende Frau mit psychischen Problemen, wird in ihrem kreativen Sich-Einlassen auf ihre Biographie während ihrer einjährigen Lebenslaufanalyse detailliert geschildert.

In diesem Buch stellt der Autor vielfältige Auseinandersetzungsformen und Vertiefungsmöglichkeiten mit biographischen Themen dar. Dies geschieht auf dem Hintergrund einer perspektivisch-verstehenden Psychologie des Subjekts.

Zunehmend gewinnt die Lebenslaufanalyse Annas — trotz oder gerade wegen ihrer Einmaligkeit und Einzigartigkeit — an Beispielcharakter. Das Buch zeigt deutlich, wie es möglich ist, in einen konstruktiven Dialog mit seiner Lebensgeschichte zu treten und aus der Begegnung mit sich selbst neue Lebensperspektiven zu eröffnen.

Zum Autor:
Renaud van Quekelberghe, geb. 1944, Studium der Psychologie und Philosophie in Brüssel und Köln (Promotion 1972). Zunächst im psychiatrischen Bereich klinisch-psychologisch tätig, dann wissenschaftlicher Mitarbeiter am Institut für Psychologie der TU Berlin (Habilitation 1978). Seit 1979 Professur für Klinische Psychologie an der Erziehungswissenschaftlichen Hochschule Rheinland-Pfalz, Abt., Landau. Zahlreiche Veröffentlichungen auf folgenden Gebieten: Handlungstheorie, vergleichende Psychotherapieforschung, kognitive Therapie und Lebenslaufanalyse.

Bill Roller / Vivian Nelson

DIE KUNST DER CO-THERAPIE

Ein Handbuch für die Teamarbeit von Psychotherapeuten

291 Seiten / ISBN 3-926176-53-9

Die meisten Berater und Psychotherapeuten arbeiten irgendwann als Co-Therpeuten, vor allen Dingen in der Gruppen- und Familientherapie. Ständig wächst die Bedeutung dieser psychotherapeutischen Zusammenarbeit und entsprechend wächst deshalb das Bedürfnis nach sachkundiger Anleitung. Das vorliegende Handbuch vermittelt erstmals grundlegende Kenntnisse der co-therapeutischen Arbeit. *Die Kunst der Co-Therapie* ist das erste Buch, das nicht nur die Klärung der Beziehung zwischen Therapeut und Klient beschreibt, sondern auch die Klärung der Beziehung der Co-Therapeuten zueinander und die therapeutischen Möglichkeiten, die sich aus deren erfolgreicher Gestaltung ergeben. Ausführlich widmen sich die Autoren dem Aufbau der co-therapeutischen Beziehung, wobei sie die Bedingungen und Chancen für deren Gelingen herausarbeiten.
Mit Beiträgen von Virginia Satir, Mary und Robert Goulding, James M. Dugo und Ariadne P. Beck
„Ein lesenswertes Buch und eine gelungene Mischung aus Praxisnähe, professioneller Aufrichtigkeit und den Erträgen klinischer Forschung. Das Ergebnis oist eine exzellente Einführung in die Kunst der Co-Therapie."

Gary M. Yontef

AWARENESS, DIALOG, PROZESS

Wege zu einer relationalen Gestalttherapie

„In den letzten Jahren ist die Entwicklung in Richtung auf eine relationale Gestalttherapie weitergegangen, in der die Therapie von Therapeut und Patient co-konstruiert wird. Der Patient wird nicht vom Therapeuten irgendwo hingeführt.
Ich betrachte die gestalttherapeutische Theorie und Praxis als ein lebendiges System. Und als solches geht es entweder Verbindungen ein, wächst und entwickelt sich, oder aber es bleibt statisch, kreist um sich selbst und stagniert. Nur wenn wir uns als Gestalttherapeuten und -theoretiker dialogisch engagieren, nur wenn wir uns einlassen auf den Dialog mit Patienten, mit anderen Denksystemen und Methoden, wenn wir auf die sich wandelnden Bedingungen in der Welt zugehen, nur dann können wir Verstehen fördern.
Theorie als Dialog ist das systematische geistige Fundament unserer klinischen Praxis. Theorie erwächst aus menschlicher Beziehung.“

„Gary Yontefs Buch ist die bedeutsamste Ergänzung des Bestandes der Gestalttherapie-Literatur in den letzten zwanzig Jahren ... wird mit Sicherheit zum Grundlagentext in allen Gestalttherapie-Ausbildungen.“

The Gestalt Journal